株洲高新区 天元区 年鉴

ZHUZHOU GAOXINQU TIANYUANQU YEARBOOK 2022

株洲高新区·天元区年鉴编辑委员会 编

方志出版社
Publishing House of Local Records

图书在版编目（CIP）数据

株洲高新区·天元区年鉴. 2022 / 株洲高新区·天元区年鉴编辑委员会编. —北京 : 方志出版社, 2022.11
ISBN 978-7-5144-5336-2

Ⅰ. ①株… Ⅱ. ①株… Ⅲ. ①区(城市)－株洲－2022－年鉴 Ⅳ. ①Z526.44

中国版本图书馆CIP数据核字(2022)第228951号

责任编辑：高孟君
责任校对：刘玉霞
责任印制：梅中英
出 版 者：方志出版社
地　　址：北京市朝阳区潘家园东里9号（国家方志馆4层）
邮　　编：100021
网　　址：http://www.zgfzcb.cn
发　　行：方志出版社图书营销中心（010-67110500）
印　　刷：湖南雅嘉彩色印刷有限公司
开　　本：889毫米×1194毫米　1/16
印　　张：23.38
字　　数：576千字
版　　次：2022年11月第1版
印　　次：2022年11月第1次印刷
定　　价：288.00元

《株洲高新区·天元区年鉴》编辑委员会

顾　　问	邬凌云　　刘智勇
主　　任	何　柢
副 主 任	龙　潭　　周敦奎
委　　员	（按姓氏笔画顺序排列）

丁利英	万忠顺	王卫兵	王兴涛	王敏成	王　攀
文红武	方毅杰	龙超俊	田　亮	向曲钢	邬海涛
刘　勇	刘　真	刘　蔚	刘卫军	刘江云	齐　华
齐　赞	李　帅	李　浩	李向锋	李拥军	李祖成
李鹏程	杨益军	肖振华	吴　丹	吴琼瑛	邱　彬
何　忠	何成钢	言　方	言晓波	张　楠	张正根
张定富	张建坤	张珈铭	张思伟	陈　亮	陈灿星
陈雪桃	易作为	易湘锋	周　琦	赵　勇	赵　穗
赵　和	费　珏	袁建强	夏金文	徐向荣	殷慧敏
唐　芳	黄　亮	黄东梅	彭礼刚	彭建军	彭亭颖
彭曦辉	曾湘明	谭　勇	谭向前	谭洪军	颜　赛

《株洲高新区·天元区年鉴》编辑部

主　　编	邓　晔
副 主 编	冯军湘　　朱育红
执行主编	刘建军
审　　稿	段谭云　　谭泽鑫　　郑德丽
编　　务	刘献忠
校　　对	彭　皓

《株洲高新区·天元区年鉴》撰稿人员

（按姓氏笔画顺序排列）

丁吉祥	丁利英	于　芳	于　聪	万茜玥	马　珂
王会融	王志杰	王国森	王　咏	王　栋	王顺意
王剑怀	王　娅	贝先立	毛姣丽	文小倩	文声威
文思静	文洁利	文　霞	尹　昱	尹琳燕	邓　勇
龙珊珊	龙海燕	叶　彦	申竹奇	田　祎	田博菡
史维娜	成　峥	曲金刚	朱　添	危　双	刘礼锋
刘　军	刘秀兰	刘佳鹏	刘泽强	刘定安	刘建军
刘　玲	刘　羿	刘哲林	刘晓阳	刘　雅	刘雅琪
刘　鑫	齐芳毅	江双艳	汤其斌	汤振军	许　琳
苏　艺	苏　波	苏　骞	杜　鸥	李小燕	李　芳
李欣泽	李柳慧	李　倩	李　程	李　尊	李　筠
杨金龙	吴　双	吴俊贤	吴　斌	何天明	何其钢
何　京	余祯烨	邹思敏	邹　凌	言　溶	宋子利
张力群	张文兰	张　成	张　杨	张弥郁	张荐钧
张思敏	张淑君	张锦峰	张　慧	张　臻	张　璐
陈子宇	陈文美	陈旭宁	陈志威	陈灿华	陈　林
陈　亮	陈　姣	陈　雯	陈瑜婷	陈　韬	陈　熙
陈　睿	陈　毅	陈　曦	欧阳红	欧阳藩华	易成彪
易　芳	易稀梁	罗　专	罗倩妮	罗能艳	罗　敏
罗超颖	罗　辉	罗　蓉	岳晓明	周　岑	周　英

周建文	周　荣	周美丽	周艳娟	周　晓	周　圆
周　媛	周　鹰	庞天龙	郑　娣	郑　毅	赵灵芝
胡风辉	胡雨成	胡晓安	胡晓雨	胡润香	柳　节
柳刘花	钟一苇	钟楚红	钟睿怡	段　锐	侯海彬
施艳林	姚　宇	姚　雨	袁思锐	袁晓晴	顾　星
晏　雨	徐　东	徐　珺	徐朝晖	徐　鹏	殷　卫
凌向东	郭志芳	郭　星	唐子斐	唐　围	唐圆圆
唐　想	唐毅哲	陶阳谷	黄星亮	黄美玲	黄　勤
曹　洁	曹　钰	龚寻芳	龚湘华	梁宇声	梁　坤
彭　亚	彭争荣	彭丽嘉	彭珍楠	彭晓钰	彭婕妤
彭　皓	蒋准辉	蒋霞霞	喻骐骥	曾红军	曾　雅
曾慧芳	谢开祥	谢　宁	谢武林	谢姗姗	谢　莲
谢景彦	谢　翔	楚紫穗	赖珠清	雷　岚	蔡小燕
谭文英	谭　利	谭　艳	谭　瑛	谭景鑫	谭喧戈
魏　妮					

编辑说明

一、《株洲高新区·天元区年鉴（2022）》坚持以马克思列宁主义、毛泽东思想、邓小平理论、“三个代表”重要思想、科学发展观、习近平新时代中国特色社会主义思想为指导，坚持辩证唯物主义和历史唯物主义的立场、观点和方法，全面、系统、真实地记载2021年株洲高新区、天元区政治、经济、军事、文化和社会生活的基本情况和重大事件。所载内容除特载外，记述时限为2021年1月1日至12月31日。

二、本年鉴采用分类编辑法，设类目、分目、条目3个层次，部分分目下设子目，条目为记述基本层次。正文体例有概况、条目、附录、资料、图表等，以条目为主体，书中插排彩色专版。

三、本年鉴设特载、专辑、大事记、天元区概览、株洲高新区工委·天元区委、株洲市天元区人民代表大会、株洲高新区管委会·天元区人民政府、政协株洲市天元区委员会、株洲高新区纪工委·天元区纪委·天元区监委、民主党派、群众团体、法治、应急·救援、军事、经济管理、农业农村、工业·交通、商贸·招商·金融、城乡建设与生态环境保护、园区建设、教育·科技、文化·卫生·体育·旅游、生活·保障、街道·镇、附录、索引26个部类。

四、本年鉴所载资料由全区各部门、各单位专人撰写，年鉴编辑部编辑人员加工整理后再反馈原单位核对，领导审核签字。株洲高新区、天元区各级各部门负责人名录由区委组织部提供；统计资料由区统计部门提供；刊载照片多数为区委宣传部提供，其余为各有关单位提供，为防疏漏错误，照片不署作者姓名。

五、本年鉴计量单位使用国家颁布的法定计量单位。数字用法执行国家质量监督检验检疫总局、国家标准化管理委员会于2011年7月29日发布的《中华人民共和国国家标准出版物上数字用法》（GB/T 15835-2011）规定。行文规范、印刷设计遵行湖南省地方志编纂委员会提出的相关规定和要求。

XIN QU 2021
RONG YU

新区荣誉

- 中国先进制造业百强园区
- 全国社区治理和服务创新实验区
- 国家慢性病综合防控示范区
- 全省知识产权建设强区
- 湖南省平安县市区
- 湖南省健康促进县市区
- 中国年度最佳引才城市（区县级）
- 全国节水型社会建设达标区
- 全省法治政府创建示范区
- 全省平安建设先进县市区
- 湖南省安全生产和消防工作优秀县市区
- 湖南省“五化”民政建设先进区

庆祝中国共产党建党 100 周年活动

▲ 2021 年 6 月 17 日，“我心向党 唱响新区”株洲高新区（天元区）庆祝建党 100 周年合唱比赛（决赛）

▲ 2021 年 6 月 30 日，庆祝中国共产党成立 100 周年，株洲高新区（天元区）优秀共产党员、优秀党务工作者、先进基层党组织表彰大会

▲ 2021 年 7 月 1 日，株洲高新区（天元区）集中收看收听习近平总书记在庆祝中国共产党成立 100 周年大会上重要讲话

▲ 2021 年 6 月 30 日，“致敬百年 筑梦未来”株洲高科集团庆祝建党 100 周年活动暨七一表彰大会

党史学习教育活动

▲2021年4月1日，市委党史实践组调研志愿服务

▲2021年4月7日，株洲高新区（天元区）党史学习教育巡回指导汇报会

▲2021年4月9日，株洲高新区（天元区）党史学习教育巡回指导工作培训暨宣讲动员工作会议

▲ 2021 年 4 月 21—22 日，中共株洲高新区工委、天元区委理论学习中心组党史学习教育专题辅导

▲ 2021 年 8 月 31 日，天元区委办党支部“学党史、悟思想、办实事、开新局”专题组织生活会

天元区换届选举

● 区级换届选举

▲2021年7月29日，中共株洲市天元区第六次代表大会第一次全体会议（开幕式）

2021年7月29—30日，中共株洲市天元区第六次代表大会召开。会议选举邬凌云、何柢、张见平、王志强、袁哲明、刘辉、许大为、吴文静、刘亮、王文绮、凡金湘为区委常委，邬凌云为区委书记，何柢、王志强为区委副书记，张见平为区纪委书记。

▲2021年7月29日，中国共产党株洲市天元区第六次代表大会第三次全体会议

▲新当选的天元区委书记 邬凌云

2021 年 7 月 30 日，中国共产党株洲市天元区第六次代表大会选举投票 ▶

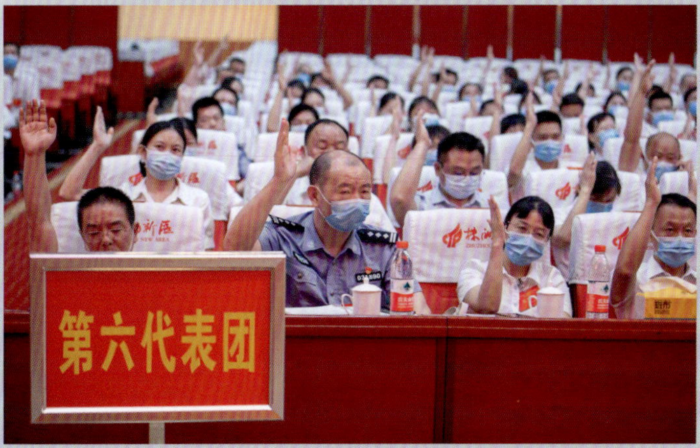

2021 年 7 月 30 日，中国共产党株洲市天元区第六次代表大会第六代表团举手表决 ▶

▲新当选的天元区人大常委会主任 周琪

2021年10月27—29日，株洲市天元区第六届人民代表大会第一次会议召开。会议选举周琪为区人大常委会主任，何柢为区人民政府区长，张见平为区监察委员会主任，谈培蕾、董运喜、王旭、刘根平、王维疆为区人大常委会副主任，刘辉、许大为、黄团结、包剑、黄志斌、蔡滔、谌华、龙潭为区人民政府副区长，帅团结为区人民法院院长，区人民检察院检察长人选王亚波报请市人大常委会批准。会议选举区出席株洲市第十六届人民代表大会代表。

▲2021年10月27日，株洲市天元区第六届人民代表大会第一次会议第一次全体会议（开幕式）

▲新当选的天元区人民政府区长 何柢

▲ 2021 年 10 月 27 日，人大代表选举投票

▲ 2021 年 10 月 25 日，政协株洲市天元区第六届委员会第一次会议

2021 年 10 月 25—27 日，政协株洲市天元区第六届委员会第一次会议召开。会议选举周玉智为政协株洲市天元区第六届委员会主席，袁丽凡、丁利英、袁峰、徐向荣、胡志清为副主席。

▲新当选的天元区政协主席 周玉智

▲ 2021 年 10 月 27 日，政协选举投票

▲新当选的天元区纪律检查委员会书记 张见平

▲ 2021 年 7 月 30 日，中国共产党株洲市天元区第六届纪律检查委员会第一次全体会议投票

▲ 2021 年 7 月 30 日，中国共产党株洲市天元区第六届纪律检查委员会第一次全体会议

• 镇·街道（村·社区）换届选举

▲2021年，泰山路街道广场社区“两委”成员民主测评会暨党员群众推荐会

▲2021年1月22日，嵩山路街道湘银社区“两委”换届选举工作调度会

◀ 举手表决

▲ 2021 年 1 月 28 日，栗雨街道湘湾社区第十届居民委员会换届选举大会

▲三门镇党代表认真填写选票

▲2021年8月30日，天元区雷打石镇第十四届人民代表大会第一次会议全体会议

▲2021年5月8日，群丰镇领导班子任期考核暨换届考察动员大会

重要事件与活动

▲ 2021 年 2 月 5 日，“智汇新区 共创未来”2020 年度中国动力谷“双创人才”政策兑现大会

▲ 2021 年 3 月 10 日，株洲高新区（天元区）首届志愿服务礼遇褒奖大会

▲ 2021 年 4 月 9 日，株洲高新区（天元区）践行“三高四新”战略之“抢抓机遇 乘势而上”2020 年度产业高质量发展政策兑现大会

▲ 2021 年 4 月 25 日，中科（湖南）先进轨道交通研究院揭牌仪式暨中国动力谷轨道交通学术交流会

▲ 2021 年 5 月 9 日，庆祝中国共产党成立 100 周年“传承红色基因 · 践行三高四新”2021 年长株潭城市群大型体育赛事系列活动启动式 2021 湘江马拉松赛 · 株洲站

▲ 2021 年 6 月 27 日，中国 · 株洲 2021 年新能源产业研讨会

▲ 2021 年 9 月 3 日，株洲高新区（天元区）争创全国文明典范城市动员部署大会

▲ 2021 年 10 月 14 日，2021 中国新能源汽车拉力赛 · 环洞庭湖站在株洲国际赛车场开赛

▲ 2021 年 11 月 6 日，株洲高新区（天元区）首届群众大会

▲ 2021 年 12 月 8 日，2021 中国国际轨道交通和装备制造产业博览会开幕式

项目建设

▲ 2021 年 6 月 16 日，“党建领航、多方联动，助推产业高质量发展”结对共建签约仪式

▲ 2021 年 11 月 11 日，加快建设现代化新天元智慧绿色能源互联网工作推进协议签约暨启动大会

▲株洲市二中附属第二小学项目建设

乡村振兴

▲ 2021 年 11 月 15 日，区委书记邬凌云调研石三门

▲ 2021 年 5 月 18 日，天元区乡村振兴培训班总结交流会

▲ 2021 年 6 月 11 日，天元区“网约新区乡村振兴”新媒体和网络大 V 采风

▲石三门

▲普发农庄全景

天元区行政区划图

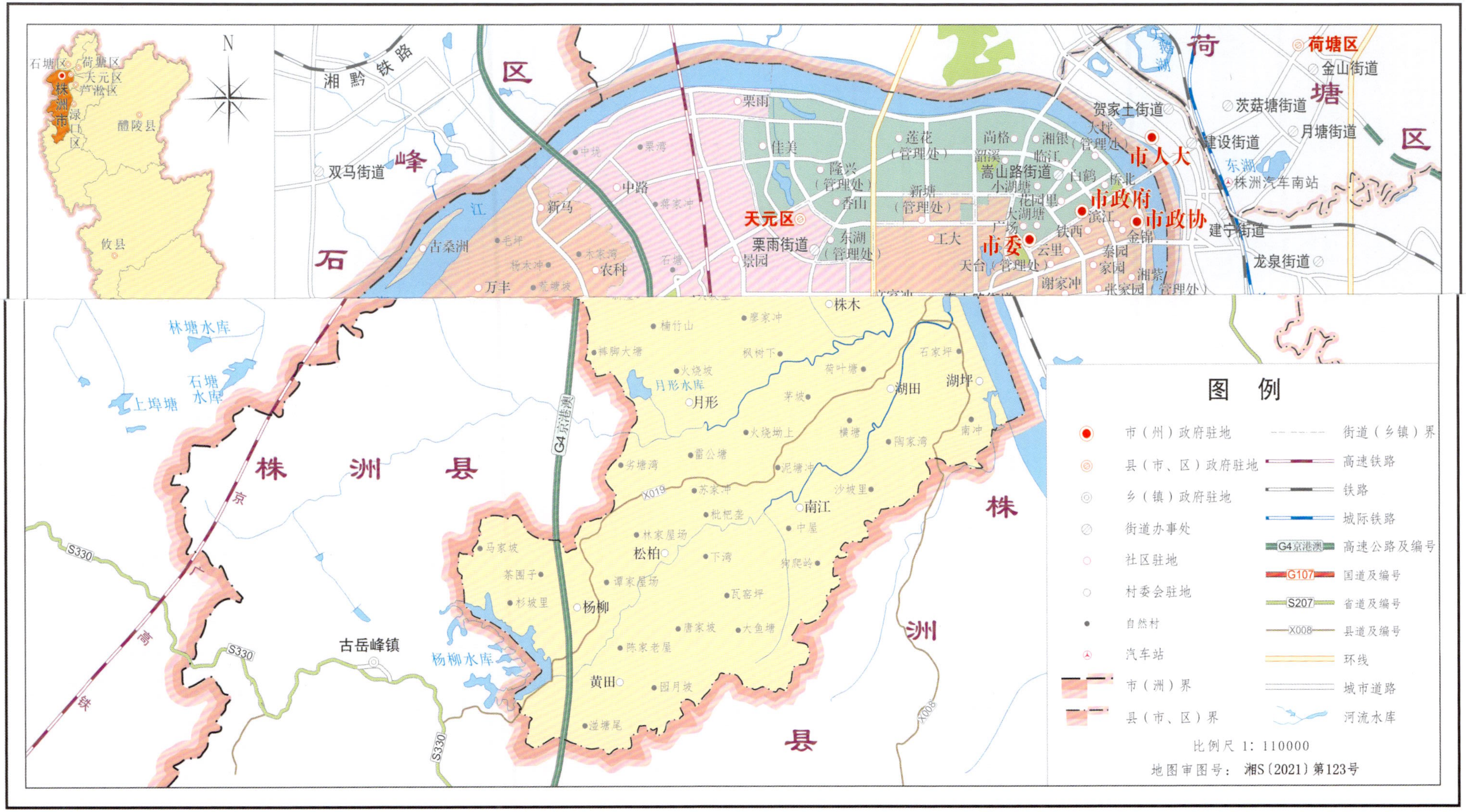

荷塘区
金山街道
茨菇塘街道
月塘街道
建设街道
贺家土街道
株洲汽车南站
建宁街道
龙泉街道
市人大
市政府
市政协
市委
天元区
栗雨街道
嵩山路街道
双马街道
湘黔铁路
古桑洲
株木
湖田
湖坪
南江
松柏
杨柳
黄田
月形
月形水库
杨柳水库
林塘水库
石塘水库
上埠塘
古岳峰镇
株洲县
石峰区
荷塘区
G4京港澳
S330
X008
X019
京广高铁
醴陵县
攸县
株洲市
图例
市（州）政府驻地
县（市、区）政府驻地
乡（镇）政府驻地
街道办事处
社区驻地
村委会驻地
自然村
汽车站
市（洲）界
县（市、区）界
街道（乡镇）界
高速铁路
铁路
城际铁路
高速公路及编号
国道及编号
省道及编号
县道及编号
环线
城市道路
河流水库
比例尺 1：110000
地图审图号：湘S〔2021〕第123号

目　录

特　载

专　辑

大事记

天元区概览

株洲高新区工委·天元区委

株洲市天元区人民代表大会

株洲高新区管委会 · 天元区人民政府

政协株洲市天元区委员会

株洲高新区纪工委 天元区纪委 天元区监委

民主党派

群众团体

法 治

应急 · 救援

军 事

经济管理

农业农村

工业·交通

商贸·招商·金融

城乡建设与生态环境保护

园区建设

教育·科技

文化·卫生·体育·旅游

生活 · 保障

街道 · 镇

附 录

索 引

营造活力高新 建设现代天元
努力在践行“三高四新”战略中实现更高质量发展

——在中国共产党株洲市天元区第六次代表大会上的报告

中共天元区委书记 邬凌云

2021 年 7 月 29 日

各位代表、同志们：

中国共产党株洲市天元区第六次代表大会，是在中国共产党成立 100 周年的重要时刻、“两个一百年”奋斗目标历史交会的关键节点，召开的一次极其重要的会议。主要任务是：总结回顾过去五年的工作成绩，科学谋划今后五年的发展任务，选举产生新一届区委和区纪委领导班子，团结带领全区上下共担使命、真抓实干，为营造活力高新、建设现代天元而努力奋斗。

现在，我代表中国共产党株洲市天元区第五届委员会向大会报告工作，请予审议。

一、凝心聚力、攻坚克难，奋力取得鼓舞人心的成就

过去五年，是我区发展历史上极其不易、极富挑战、极有成效的五年。面对错综复杂的发展环境和艰巨繁重的改革发展稳定任务，特别是面对突如其来的新冠疫情冲击，工委、区委坚持以习近平新时代中国特色社会主义思想为指导，深入贯彻习近平总书记对湖南工作重要讲话指示精神，紧紧围绕“凝聚中国动力、建设幸福天元”的工作主题，团结带领全区人民不忘初心、牢记使命，攻坚克难、砥砺奋进，党的建设全面加强，

综合实力大幅提升，经济社会取得长足发展，实现“十三五”顺利收官。

（一）党的建设全面加强。深入学习贯彻习近平新时代中国特色社会主义思想，把增强“四个意识”，坚定“四个自信”，做到“两个维护”的要求落实到推动全区改革发展稳定的具体实践中。加强党的政治建设和思想建设，扎实开展“两学一做”学习教育、“不忘初心、牢记使命”主题教育和党史学习教育。严格落实意识形态工作责任制，牢牢掌握意识形态工作领导权。实施“动力先锋”党建工程，率先在全市组建产业链企业联合党委、农村区域党建联合体，“两新”组织“两个覆盖”质量有效提升，党组织战斗堡垒、党员先锋模范作用充分发挥。推动大部制、竞聘上岗制、专业人才聘任制、薪酬绩效系数制、绩效评估全员制等园政融合改革，构建精准科学的知人识人体系，注重在产业招商、征地拆迁、信访维稳等一线选拔锤炼干部，打造出一支讲政治、有能力、能奉献的干部队伍。强化党管武装，区人武部被中央军委评为全军正规化建设先进单位。强化党要管党，全面从严治党，压实“两个责任”，扎实完成省委两轮巡视整改任务，实现五届区委巡察全覆盖，构建一体推进不敢腐、不能腐、不想腐的体制机制，形成强大震慑，风清气正的氛围更加浓厚。

（二）综合实力大幅提升。突出高质量发展，主要经济社会发展指标始终保持量质齐升、省市领先。经济实力跃上新台阶。高新区营业收入接近 2900 亿元、技工贸收入突破 2600 亿元，较 2015 年末分别增长 48%、56%，综合实力在全国国家级高新区排名保持 30 位左右、在全省园区排名连续三年稳居第二。天元区地区生产总值接近 500 亿元，较 2015 年末增长 74%；一般公共预算收入、地方收入分别突破 80 亿元、50 亿元，较 2015 年末分别增长 41%、37%，近三年税收占比稳定在 75% 以上。产业引擎得到新提升。创新推动产业链建设，支持新能源汽车、新一代信息技术、新材料等一批产业集群做大做强。持续推动产业项目建设，意华交通装备、凯睿思高速覆铜板等一批投资额大、带动力强、支撑性好的产业项目相继落地，连续五年在全市产业项目建设年活动中获评先进县市区。企业培育取得新突破。深入开展温暖企业“四联”行动，加大企业培育帮扶力度，新增市场主体数占全市 1/5，企业总数、“四上”企业数、高新企业数每年保持两位数增长。园区开发呈现新气象。每年以 5000 亩的征拆交地、3 平方公里的开发建设、30 万平方米标厂的建成速度快速推进，建成动力谷自主创新园、汽车博览园等一批特色园。加快片区综合开发，栗雨工业园、新马创新城日趋成熟，天易科技城南向发展迈出实质性步伐，园区功能价值、配套设施、亩均产出持续提升。

（三）发展动能加速聚集。坚持实施“创新引领、开放崛起”战略，创新资源不断汇集，内生动力聚合质变。大力建设创新载体，健全创新创业全链条孵化体系，五年累计建成国家级、省级研发机构 95 家，孵化企业 875 家，培育小巨人、单项和隐形冠军企业 71 家。高新区研发投入占 GDP 比重达到 8%，每万人有效发明专利拥有量 92 件，荣获国家级先进制造业和现代服务业融合发展示范区、全国科技创新百强区、国家级双创示范基地、国家五部委通报表扬的优秀产业转型升级示范园区等称号。建立中部地区极具优势的人才引进政策体系，创优人才服务机制，探索设立“人才飞地”，五年来累计引进“双创”项目 129 个、核心高端人才 522 名。高质量完成区属国有企业整并，积极推进国有平台公司转型升级，探索金融投资机制、增量配电试点等改革，公司资产规模不断做大，结构不断优化，园区运营和服务体系不断完善。深化“放管服”改革，工业投资项目审批控制在

30个工作日内，“最多跑一次”改革持续推进。大力发展开放型经济，全区外贸进出口总额年均增长超过10%，获批国家外贸转型升级基地、湖南机电（机动车）产业外贸基地，为园区企业抢占海外市场赢得了先机。积极融入长株潭一体化，与长沙、湘潭国家高新区携手合作、共赢发展。抢抓数字经济发展机遇，打造共享经济总部基地、人力资源服务产业园，为高质量发展注入了新动力。

（四）城市品质显著增强。积极回应人民群众对美好生活的向往，全力打造现代化生态宜居城市，城市功能和生活环境明显改善。着力完成老旧小区改造66个，既有住宅加装电梯140台，推动无物业管理小区自治30个，推进建宁驿站建设、停车位改造、农贸市场升级，建成一批城市小游园、微公园，居民生活更加舒适舒心。建成80余条城区园区道路，推动交通顽瘴痼疾整治，持续开展公路治超，开通调整6条城乡公交线路，创建全省“城乡客运一体化示范区”，居民出行更加便捷安全。开展城市管理体制改革，完善城市治违机制，违法建设得到有效遏制。推进新时代全域化更高水平文明城市建设，为全市夺得全国文明城市“三连冠”做出重要贡献。

（五）乡村风貌焕然一新。大力实施乡村振兴战略，产业兴旺、生态宜居、乡风文明、治理有效的美丽乡村画卷全面展开。建设石三门现代农业公园，引进首农裕农、湖南叁农等一批农业产业项目，打造响水田园综合体、悠移山庄等特色休闲乡村旅游景点，一、二、三产业加速融合发展，获评全省实施乡村振兴战略先进县市区。圆满完成农村人居环境整治三年行动，全面推进美丽乡村建设，获评全省美丽乡村建设先进县市区、全省农村人居环境整治先进县市区。开展河湖“清四乱”等专项整治行动，万丰湖、杨柳湖获评省“美丽河湖”。推进农村饮水安全工程，新增农村安全饮水人口近5万人。推出支持村集体经济发展系列举措，集体经济进一步壮大。

（六）“三大攻坚”卓有成效。坚决贯彻落实新发展理念，债务风险得到有效控制，生态环境质量总体改善，脱贫攻坚任务全面完成。坚决打赢风险防范攻坚战，坚持外争支持与自我化债同步走，债务风险进一步降低，债务结构不断优化，成功获批全国第二批建制县区隐性债务化解试点。坚决打赢污染防治攻坚战，深入推进“三战两行动”，抓实中央、省、市环保督察整改，坚决推进大气治理、城市雨污分流、黑臭水体治理、污水处理厂建设、土壤修复等工程，空气污染综合指数“五连降”，全域水质明显改善，土壤环境质量持续提升。全面推进城乡生活垃圾分类工作，全区公共机构垃圾分类投放设施全面覆盖，行政村生活垃圾治理长效机制全部建立。坚决打赢脱贫攻坚战，实行联村帮扶机制，整合联村帮扶力量，高质量完成全区脱贫质量“回头看”。圆满完成对茶陵县、泸溪县、扎囊县结对帮扶工作，为脱贫攻坚战全面胜利贡献了天元力量。

（七）民生事业不断夯实。坚持以人民为中心，将保障和改善民生作为发展的根本目的，人民群众获得感、幸福感、安全感持续提升。民生投入持续加大，民生类财政支出占比保持在70%以上。就业形势稳中向好，保障性住房、养老床位等民生保障不断扩面，城乡低保、特困供养、社保兜底、救残助残等标准不断提高。大力发展学前基础教育，普惠园在园幼儿占比持续上升。建成新马学校、隆兴中学等11所学校，“大班额”实现动态清零。成功引进长沙一中、湖南师大附中、雅礼学校三大名校，让群众在家门口就能享受优质教育资源。持续改善基层医疗条件，新建嵩山医养融合中心，启动泰山街道公共服务中心建设，大力推动区域医疗联合体建设，促进优质医疗资源进一步下沉。公共文化服务场所覆盖率进一步提高，基层文化体育活动百花齐放，文旅融合发展加快推进。积极推动市域社会治理现代化，社会治理体系和治理能力现代化水平显著提高。打造人人贡、人人享“新区志愿”品牌，创新经验被《人民日报》专题推介。全面深化依法治区、平安建设、扫黑除恶，连续十一年保持全省平安县市区称号。信访增量有效控制，存量持续下降。压实安全生产责任，连续三年获评省安全生产工作优秀县市区。深入推进食品药品安全专项整治行动，牢牢守住食品药品安全底线。以零容忍态度、超常规举措打响禁毒人民战争，取得显著成效。

五年来，工委、区委充分发挥领导核心作用，把党的领导落实到各领域各方面各环节；管委会聚焦产业招商、项目建设、科技创新、园区发展，推动了经济更高质量发展；区人大及其常委会围绕中心、服务大局，创新工作机制，增强监督实效，为经济社会发展和民主政治建设作出了积极贡献；区政府依法行政、狠抓落实，聚焦乡村振兴、社会治理、民生保障，推动了经济社会全面进步；区政协认真履行政治协商、民主监督、参政议政职能，聚焦改革发展，关注民生事业，广泛凝聚了智慧和力量；区人民法院、区人民检察院坚持公正司法，维护公平正义；全区统一战线充分发挥资源优势，凝聚各方力量，发挥了不可替代的作用；总工会、共青团、妇联、残联、侨联等群团组织主动融入发展大局，积极承担社会责任，彰显了担当和作为。

五年奋斗风雨无阻，五年成果振奋人心。五年来，我区发展质量更高了，城乡面貌更美了，生态环境更好了，服务保障更足了，群众获得感更强了。成绩的取得，是在省委、市委坚强领导下，区几大家班子全力履职、共同努力的结果，是全区各级党组织、广大党员和人民群众团结奋斗、砥砺前行的结果，是各民主党派、工商联、无党派人士肝胆相照、携手共进的结果。在此，我谨代表中国共产党株洲市天元区第五届委员会，向所有为我区改革发展稳定作出贡献的同志们、朋友们，表示衷心的感谢，致以崇高的敬意！

回顾五年来的奋斗历程，我们深刻感受到：必须坚持和加强党的全面领导。五年来，我们始终把党的领导贯穿经济工作全过程、社会治理各领域、民生保障各环节，凝聚了合力，激发了动力。特别是面对突如其来的新冠疫情，我们按照党中央和省委、市委的统一部署，不断加强党的全面领导，调动一切可以调动的力量，坚决打赢了疫情防控的人民战。实践证明，只要我们始终坚持和加强党的全面领导，众志成城、勠力同心，就一定能战胜一个又一个的困难、取得一个又一个的胜利。必须坚持把改革创新摆在更加重要位置。五年来，我们始终把改革创新作为第一动力，积极推进园政体制改革、国有企业转型，持续推动形成有利于创新发展的市场环境、产业环境，优化人才培养引进使用机制，营造出良好的创新生态。实践证明，只要我们始终坚持创新发展，就一定能积蓄更大的动力，形成更好的态势。必须坚持把产业项目建设作为高质量发展的重要支撑。五年来，我们持之以恒开展产业项目建设，实行领导联点、部门联动，挂图作战、贴旗督战，推动一大批项目入园落地，为高质量发展注入了强劲动能。实践证明，只要我们抓产业项目建设久久为功，就一定能为高质量发展提供强有力的支撑。必须坚持以人民为中心的发展思想。五年来，我们始终坚持人民至上，切实抓民生保障、办民生实事、优民生服务，用我们的辛苦指数换来了群众的幸福指数。实践证明，只要我们始终竭尽全力为群众解难题、谋幸福，就一定能赢得民心、汇聚民力。

二、把握形势、抢抓机遇，共同描绘未来经济社会发展的新蓝图

今后五年，是新区加快高质量发展、推进基本现代化建设的关键五年，更是大有可期、大有

可为的五年。

未来五年，我们面临的重大机遇依然很多。国家层面有“一带一部”、中部地区崛起、长江经济带发展等重大战略机遇，省级层面有“三高四新”、湖南自贸区建设等战略机遇。这些机遇交汇叠加必将释放更多利好，为我区发展创造良好的外部环境。区域层面长株潭一体化的规划同图、设施同网、三市同城等“十同”行动，将实质性推动三市资源共享、抱团发展。我们地处长株潭融城核心位置，发展潜力无限。特别是今年以来，省委、省政府对园区发展高度重视，明确加快创建“五好”园区的目标，推出“1+3”政策体系，提出一揽子支持园区发展的意见，我们完全可以乘势而上、顺势而为，加快高质量发展步伐。

未来五年，我们需要应对的挑战同样严峻。从外部看，当今世界正经历百年未有之大变局，新冠疫情形势依然严峻，经济全球化遭遇逆流，国际环境日趋复杂，不稳定性不确定性明显增加，对产业发展格局、经济贸易造成重大冲击；国内新兴发展动能支撑不足，实体经济面临不少难题，发展风险交织叠加，对各地治理体系和治理能力提出了更高要求。从自身看，我们经济体量还不大，产业结构还不优，大项目好项目还不多，加上部分行业下行压力较大，短期内无法弥补这一缺口；防范化解债务风险压力较大，财政各项支出大幅压减，一定程度上削弱了发展后劲；生态环境、乡村基础设施建设、基层社会治理等领域仍存在短板。总之，机遇与挑战并存，我们要充分把握机遇，积极应对挑战，努力赢得主动、赢得优势、赢得未来。

基于以上分析，未来五年，我区总的发展指导思想是：高举中国特色社会主义伟大旗帜，深入贯彻党的十九大和十九届二中、三中、四中、五中全会精神，坚持以马克思列宁主义、毛泽东思想、邓小平理论、“三个代表”重要思想、科学发展观、习近平新时代中国特色社会主义思想为指导，深入贯彻落实习近平总书记对湖南工作重要讲话指示精神和中央、省委、市委决策部署，大力实施“三高四新”战略，坚定不移贯彻新发展理念，坚持稳中求进工作总基调，以推动高质量发展为主题，把握产业发展、创新驱动、改革开放三大关键，统筹生态建设、城市更新、乡村振兴、民生保障、基层治理五大板块，全面提升发展环境和人居环境。到2025年，株洲高新区综合实力继续保持全国第一方阵，天元区主要经济指标走在全省前列，基本现代化建设步伐更加坚实。

实现这一发展目标，就要坚持以营造活力高新、建设现代天元为工作主题。营造活力高新，就是要立足“高”和“新”的发展定位，通过建设规划定位好、创新平台好、产业项目好、体制机制好、发展形象好的“五好”园区，加速聚集高端产业和创新资源，持续增强园区发展内生动力，不断激发干部队伍干事创业活力，努力实现发展质量和效益同步提升，综合实力和区域竞争力显著增强。建设现代天元，就是要大力推进工业现代化、农业现代化、科学技术现代化、治理体系和治理能力现代化，加快产业结构由中端向中高端、经济发展由要素驱动向创新驱动、城乡统筹向城乡融合、社会管理向市域治理转变，建设城市更有魅力、农村更具活力、公共服务更加优质、社会保障更加健全、风险防范更加有力的现代天元。

三、突出重点、真抓实干，加速开创“活力高新、现代天元”的新局面

今后五年，我们要着力抓好以下几个方面工作：

（一）坚持产业强区，打造国家重要先进制造业高地。要抓集群提能级。突出“一链一策”，持续开展“建链、强链、补链、延链”行动，支持新能源汽车、新材料等优势产业集群加快整合资

源、拓展市场、提升配套，不断提升集群的竞争力和市场占有率；支持新一代信息技术、新能源装备等战略产业集群抢抓先机，加快重大技术产业化，培育竞争新优势，着力打造一批高能级、特色化的现代产业集群。要抓项目育企业。围绕产业链重要环节、重点技术、重要领域，着力引进一批经济效益好、示范带动强、具有核心竞争力的高端项目，力争每条产业链都有一批当年洽谈、当年签约、当年落地、当年开工的项目。坚持做强大企业，培育小巨人，努力打造一批行业龙头企业、一批科技创新领军企业、一批专精特新冠军企业。要抓片区强载体。围绕生产、生活、生态“三生”融合目标，推进各片区规划形态、园区业态、产业生态“三态”协同发展。天台工业园按照“退二进三”的方向加快转型升级，力争两年初见成效、五年完成改造；国际汽车小镇五年内完成区域整体开发，打造集“车生活、车运动、车文化”于一体的产城融合特色小镇；天易科技城坚持规划引领、产业带动，全力拓展空间，打造高端产业集聚区和自主创业示范区；五云峰片区以高品质生活居住为主导，以文化、旅游、休闲、养老产业为支撑，打造宜居健康生态城；存量片区持续推动亩均效益改革，抓好集约用地，盘活利用好低效闲置土地。要抓融合促升级。聚焦产业数字化，引导广大中小企业“上云”，建设更多智能车间、智能工厂、智能企业，推进产业向高端化、智能化、绿色化发展。聚焦数字产业化，积极拥抱新技术、新产业、新业态、新模式，主动布局人工智能、5G应用等未来产业、前沿产业，加快培育数字经济新的增长点。

（二）突出创新引领，打造具有核心竞争力的科技创新高地。要做强创新平台。支持建设一批国家重点实验室、技术创新中心和产业创新中心，打造一批特色产业和产业链创新平台，培育培强一批新型研发机构。支持园区骨干企业联合高校和科研院所，建设市场化运行的高水平科创孵化平台和创新基地，不断增强企业核心竞争力。要培优创新主体。实施科技企业成长工程和企业研发机构倍增计划，支持企业开展核心技术、关键部件、先进工艺等领域攻关，支持领军企业组建创新联合体，推动产业链上下游、大中小企业融通创新。要聚集创新人才。进一步理顺人才工作体制机制，完善人才政策体系，加大海内外人才引进力度。建立紧缺技术人才需求目录和靶向引才、专家荐才等机制，培养引进一批科技领军人才和高端创新团队。

（三）深化改革开放，打造内陆地区改革开放高地。要坚决推进深化改革。坚持效果导向，深化园政体制改革，探索构建机构设置科学、职能界限清晰、运行高效灵活的体制机制，持续增强发展的动力与活力。推进国有平台公司转型升级，优化资源配置，转变发展模式，规范运营管理，健全现代企业制度，形成更高层次、更可持续的发展。推动园区开发运营市场化改革，逐步实现由政府主导型向市场主导型转变。实施亩均效益改革，建立健全工业用地产出约束机制、全流程监管机制、市场化退出机制，实现生产要素配置集约化、高效化。要持续扩大对外开放。加快推进“十同”行动，全面融入长株潭一体化发展。探索复制推广自贸区试点经验，积极参与“一带一路”建设，坚持高水平“引进来”，鼓励高质量“走出去”。做优做强二手工程机械以及机电产品等领域出口业务，打造国内知名的装备制造和机电、机动车产品出口高地。要全力优化营商环境。深入推进“放管服”改革，建立健全从产业招商、项目建设、竣工投产到后期培育的全过程全方位服务体系，持续开展温暖企业行动，用一流营商环境赢得企业扎根发展。

（四）守护绿水青山，建设生态宜居家园。要持续打好污染防治攻坚战。坚决抓好中央环保督察反馈问题整改，举一反三、标本兼治，着力解决一批大气、水、土壤环境突出问题，巩固整改成果，让天更蓝、水更清、地更绿，加快创建国家级生态文明示范区。要完善生态环境治理体系。健全源头预防、过程控制、损害赔偿、责任追究的生态环境保护体系，压实党政属地、行业监管、企业主体、社会共治“四方”责任。完善再生资源回收与利用体系，加快实现城市生活垃圾分类无害化处理全覆盖。严守长株潭城市群绿心保护底线，推进山水林田湖草生态保护修复。坚持“开门搞环保”，引导社会组织和公众共同参与环境治理。要建设绿色低碳园区。支持环保骨干企业发展壮大，鼓励污染防治新技术、新工艺、新装备应用推广，开发一批在全国具有一定影响的环保技术和产品。锚定“3060”碳达峰碳中和目标，制定实施行动方案，大力发展清洁能源、低碳能源。

（五）实施城市更新行动，提升城市功能品质。要推动宜居城市建设。开展完整居住社区设施补短板行动，实施老旧小区改造五年计划，分步推进一批“城中村”改造，完成一批农贸市场升级，加快城市无障碍建设，打造更高水平文明城市、更高品质卫生城市。要推动畅通城市建设。建设“五纵六横”城区园区路网、“三纵七横”农村交通网，推动“城市公交 + 镇村公交线”全面一体化。要推动公园城市建设。科学营造城市景观结构，实施一批微型公园进社区工程，新添一批公园景观，推动“城区公园化、公园景区化”。要推动智慧城市建设。建设“城市超级大脑”平台，构建智慧城市“一网统管”体系，加强智慧教育、智慧医疗、智慧基础设施建设。

（六）实施乡村振兴战略，推进农业农村现代化。要推动农业升级。加大农业项目招商引资和产业培育力度，积极发展休闲农业、智慧农业、创意农业等新业态，加快形成“三产促二产带一产”发展模式。大力推进石三门现代农业公园建设，打造国家级现代农业产业融合发展示范园。要加快乡村建设。深化农村人居环境整治，着力抓好垃圾污水治理、厕所革命和村容村貌提升，推进美丽乡村建设。加强乡村基础设施建设，推进中小型灌区续建配套与节水改造，完善农村饮水管网，打造“四好农村路”，创建“深化农村公路管理养护体制改革试点地区”。要深化农村改革。巩固和完善农村基本经营制度，深化农村土地制度改革，完善承包地“三权”分置制度。深入推进“三变”改革，释放更多农村资源潜力，吸聚更多资源下乡，以农村集体经济发展带动农民增收致富。

（七）坚持人民至上，增进民生福祉。要让就业更充分更高质量。实施就业优先政策，全力促进高校毕业生、退役军人、农民工、退捕上岸渔民、残疾人、城镇就业困难人员、失地农民等重点群体就业，确保零就业家庭动态援助实现 100%。加快国家级“双创”示范基地建设，发挥人力资源服务产业园优势，打造普惠性就业创业服务平台。要让社会保障更到位。加快健全覆盖全民、统筹城乡、公平统一、可持续的多层次社会保障体系。健全社会救助体系，分类做好困难群众医疗、住房、教育等专项社会救助，保障各类困难群众基本生活。健全关爱服务体系，完善以扶老、助残、爱幼、济困为重点的社会福利制度。推进退役军人事务系统“三个体系”建设，不断提升服务水平。要让公共服务更优质。持续推进公办幼儿园新建、改扩建工程，加快学前教育普及普惠发展。优化学校布局，建成长沙一中株洲实验学校、湖南师范大学附属万丰湖实验学校、株洲雅礼学校等一批学校，推进集团化办学，以优质均衡发展助推教育现代化。深化医疗改革，健全优质高效整合型基本医疗服务体系和完备的公共卫生服务体系，推进基层医疗基础设施建设，抓好“互联网 + 智慧医疗”服务，打造城乡居民 15 分钟医疗服务圈。巩固公共文化服务体系建设成果，创新数字文化服务方式，挖掘工业文化、红色文化、农耕文化，打造天元文旅品牌。要让投资消费更惠民。补齐民生基础设施短板，抓紧实施一批公共卫生、防灾减灾、应急物资储备改造等急需项目。提质升级神农城商业圈、栗雨湖 EBD 等一批商业综合体，建设培育万丰湖片区、武广片区等一批新商业综合体，统筹乡镇商业中心、农村电商网点建设。

（八）强化底线思维，筑牢安全防线。要坚决打赢风险防范攻坚战。牢固树立“过紧日子”思想，坚决守住隐性债务不新增、“三保”资金不断链、风险事件不发生的底线。持续防范化解金融风险，坚决打击各类非法金融活动。建立健全社会平安稳定风险评估与排查化解机制，织密织牢社会风险防护网。深入推进禁毒攻坚行动，坚决打赢禁毒人民战争。抓好疫情常态化防控，持续巩固防控成果。要深入推进市域社会治理现代化。持续开展智慧大脑、雪亮工程、全科网格、新区志愿“四大行动”，深化全国社区治理和服务创新实验区建设。加快“综治中心 + 网格化中心 + 矛调中心”一体化平台建设，构建人民调解、司法调解、行政调解相衔接的工作格局。统筹推进各群团体制机制建设，切实发挥群团组织在基层社会治理中的作用。要时刻绷紧安全这根弦。全面落实“党政同责”“一岗双责”，持续开展安全生产专项整治三年行动，坚决遏制较大及以上事故发生。深入开展自然灾害风险隐患大排查大整治，建立健全自然灾害风险防控长效机制。创建省食品安全示范区，着力保障群众“舌尖上的安全”。

四、强基固本、从严治党，全力为实现更高质量发展提供坚实保障

全面落实新时代党的建设总要求，坚持党的全面领导，弘扬实事求是、务实担当的优良传统，走好群众路线，涵养风清气正的政治生态，推动各项工作落到实处。

（一）始终坚持和加强党的全面领导。越是任务艰巨，越要把党的领导这个最本质特征坚持好、这个最大优势发挥好。要强化思想领导，坚持用习近平新时代中国特色社会主义思想武装头脑，持续增强“四个意识”、坚定“四个自信”、做到“两个维护”。要强化组织领导，深入贯彻新时代党的组织路线，深化党支部“五化”建设提质工程，深耕“动力先锋”党建品牌，加强高素质专业化的干部队伍建设，不断提升组织力和执行力。要筑牢意识形态主阵地，建设高水平融媒体中心，做大做强主流舆论，不断提升思想引领力和凝聚力。要强化各方统筹，充分发挥党委总揽全局、协调各方的作用，加强对人大、政府、政协、法院、检察院工作的领导，严格落实党管武装制度，发挥工商联、总工会、共青团、妇联等群团组织和各类社会组织桥梁纽带作用，凝聚最大人心、形成最大合力。

（二）切实用好群众路线的工作方法。群众路线是党的生命线和根本工作方法。要站稳群众立场，坚持一切为了群众，一切依靠群众，把群众观点、群众路线根植于思想中、落实到行动上，想问题作决策干工作都要从群众利益出发。要回应群众期盼，建立健全民意反馈平台、办理机制，第一时间解决群众“急难愁盼”的操心事、烦心事、揪心事，切实做到知民情、解民忧、纾民怨、暖民心，用看得见的变化回应群众的期盼。要改进工作方法，坚持共建共治共享的理念，既要让群众成为受益者，又要让群众成为参与者，有效拉近距离、增进互信、促进工作。

（三）大力弘扬实事求是的优良作风。实事求是是马克思主义的精髓和灵魂，也是党的基本路线。要坚持一切从实际出发谋划事业，多问基层群众、多问一线企业，把问题的全貌查清楚，把问题的本质弄准确，从政治高度、大局维度、现实角度等各个层面，让想出来的点子、举措、方案更加符合我区实际。要坚持具体问题具体分析，

准确把握事物发展阶段，尊重事物发展规律，以更大的力度破除思想束缚、打破思维定式、克服路径依赖，大胆尝试、边干边试，创造性地解决发展中的各类隐患和问题。要树牢正确的政绩观，多做打基础、利长远的事，不图政绩图实绩，不唯考核唯实效。

（四）着力淬炼务实担当的政治品格。干部敢于担当作为，这既是政治品格，也是从政本分。要强化务实担当之责，突出宗旨教育、理想信念教育，培养务实担当的自觉，引导广大党员干部面对艰巨任务、风险挑战，敢于冲锋在前、勇于奋战在先，以忠诚扛起责任，用实干担当使命。要提升务实担当之能，注重理论与实践相结合，坚持干中学、学中干，着力在产业招商、征地拆迁、社会治理等基层一线及急难险重任务中锤炼干部，不断提升干部专业素质、综合素养及实践能力。要打消务实担当之虑，树牢“上级为下级担当、组织为干部担当、干部为事业担当”的导向，坚决重用那些敢于担当、善于作为的干部，淘汰那些相互推诿、层层甩锅的干部。

（五）持续涵养风清气正的政治生态。政治生态好，人心就顺、正气就足。要压实“两个责任”，落实“一岗双责”，切实履行管党治党政治责任，推进全面从严治党向基层延伸。要把纪律和规矩挺在前面，精准把握运用“四种形态”，抓早抓小，防微杜渐，用纪律管住大多数，实现管党治党“全面”和“从严”的有机结合。持之以恒纠治“四风”，靶向治疗形式主义、官僚主义。要高压惩治腐败，坚持无禁区、全覆盖、零容忍，不断把反腐败斗争引向深入。要强化警示教育，进一步提升警示教育的针对性、严肃性、有效性，不断增强警示教育的震慑力，切实筑牢党员干部拒腐防变思想防线。

各位代表、同志们，初心照亮新征程，使命呼唤勇担当。让我们紧密团结在以习近平同志为核心的党中央周围，坚决落实党中央和省委、市委的决策部署，不忘初心继续前进，牢记使命担当作为，着力营造活力高新、建设现代天元，努力在践行“三高四新”战略中实现更高质量发展！

名词解释：

1. 两个覆盖：党的组织覆盖、党的工作覆盖。

2. “四上”企业：规模以上工业企业、资质等级建筑业企业、限额以上批零住餐企业、国家重点服务业企业。

3. “三战两行动”：蓝天保卫战、碧水攻坚战、净土持久战，国土绿化行动、农村人居环境整治行动。

4. “十同”行动：规划同图、设施同网、三市同城、市场同治、产业同兴、生态同建、创新同为、开放同步、平台同体、服务同享。

5. “五好”园区：规划定位好、创新平台好、产业项目好、体制机制好、发展形象好的园区。

6. “1+3”政策体系：“1”就是《关于创建“五好”园区推动新发展阶段园区高质量发展的指导意见》，“3”就是3个配套文件，即《关于创建“五好”园区推动新发展阶段园区高质量发展的若干政策》《湖南省省级及以上产业园区评价办法》《“十四五”产业园区发展规划》。

7. 三高四新：指打造“三个高地”和践行“四新”使命。“三个高地”：着力打造国家重要先进制造业高地、具有核心竞争力的科技创新高地、内陆地区改革开放高地；“四新”使命：在推动高质量发展上闯出新路子，在构建新发展格局中展现新作为，在推动中部地区崛起和长江经济带发展中彰显新担当，奋力谱写新时代坚持和发展中国特色社会主义的湖南新篇章。

8. 一带一路：“丝绸之路经济带”和“21世纪海上丝绸之路”。

9. “3060”碳达峰碳中和目标：2030年实现碳达峰，2060年实现碳中和。

10. “五纵六横”：“五纵”即滨江大道、湘江大道、乐山大道、湘芸路、科技大道，“六横”即长江西路、武广大道、健康大道、枫太路、仙太路、湘醴大道。

11. “三纵七横”：“三纵”即京港澳高速公路、湘江大道、滨江南路。“七横”即醴娄高速、长株潭南环线高速（株潭高速）、省道S327、S329、龙洲路、三谭线、三古线。

12. “四好”农村路：“四好”即把农村公路建设好、管理好、养护好、运营好。

13. 承包地“三权”：承包地所有权、承包权、经营权。

14. “三变”改革：资源变股权、资金变股金、农民变股东。

15. 退役军人事务系统“三个体系”：退役军人事务组织管理体系、工作运行体系、政策制度体系。

16. 党支部“五化”：支部设置标准化、组织生活正常化、管理服务精细化、工作制度体系化、阵地建设规范化。

17. 四种形态：第一种是党内关系要正常化，批评和自我批评要经常开展，让咬耳扯袖、红脸出汗成为常态；第二种是党纪轻处分和组织处理要成为大多数；第三种是对严重违纪的重处分、作出重大职务调整应当是少数；第四种是严重违纪涉嫌违法立案审查的只能是极少数。

政府工作报告

——在天元区第六届人民代表大会第一次会议上

天元区人民政府代理区长　何　柢

2021 年 10 月 27 日

各位代表：

现在，我代表天元区人民政府，向大会作工作报告，请予审议，并请政协委员和列席会议的同志提出意见。

砥砺奋进，取得鼓舞人心的新成就

天元区五届人大一次会议以来，我们坚持以习近平新时代中国特色社会主义思想为指导，深入贯彻习近平总书记对湖南工作重要讲话精神，在工委、区委的坚强领导下，在区人大、区政协的大力支持下，紧紧围绕“凝聚中国动力，建设幸福天元”工作主题，接续奋斗，砥砺前行，较好地完成了本届政府各项目标任务，稳步迈入了高质量发展新阶段。

五年来，我们紧扣发展要务，扩总量、提质量，综合实力实现跨越提升。高新区营业收入、技工贸收入分别从 1819 亿元、1669 亿元增长到 2891 亿元、2610 亿元，年均分别增长 9.7%、9.4%，综合实力在全国 169 家国家级高新区排名第 34 位，在全省 134 家省级以上园区排名第 2 位。天元区地区生产总值由 268.4 亿元增长到 467.3 亿元，年均增长 8.7%，总量跃升至全市第 2 位；固定资产投资年均增长 7.8%；一般公共预算收入、地方收入分别达到 84.6 亿元、53.2 亿元，总量连续五年保持全市第 1 位；城镇居民人均可支配收入达到 59331 元，年均增长 7.4%，排在全省前列。过去五年，我们率先在全市全面建成小康社会，先后荣获“全国科技创新百强区”“全国新型城镇化质量百强区”等 10 项国家级荣誉，工业高质量发展等 14 项工作获省政府激励表彰，荣誉数排在全市首位。

五年来，我们坚持产业强区，抓创新、促转型，现代产业体系加快形成。科技创新能力持续提升，全区研发投入占 GDP 比重达 3.65%，新增省级以上企业孵化器 5 家、省级以上创新平台 92 家，荣获省级以上科学技术奖 57 项，科技创新对经济增长的贡献率达到65%。强力推进创新型特色园区建设，动力谷自主创新园获评国家及省、市认证大满贯。支持引导企业进入资本市场，现有上市企业 4 家、新三板挂牌 7 家、区域股权交易市场挂牌 35 家。拥有高新技术企业 258 家、科技型中小企业 230 家、专精特新“小巨人”企业 46 家、规模工业企业 223 家。做强做大优势产业，新能源、电子信息、新材料产业产值年均增长 20% 以上，长城电脑、麦格米特等重点企业产值年均增长超过 30%。新兴产业蓬勃发展，现代服务业提质扩容，服务业贡献率达到 52.8%。规模工业总产值年均增速超过 16%。获评“全国优秀产业转型升级示范园区”“全国先进制造业和现代服务业融合发展示范区”。

五年来，我们聚焦风险防范，补短板、强弱项，三大攻坚战取得关键进展。防范化解重大风险攻坚战扎实推进，债务风险切实降低，债务结构不断优化，2020年政府隐性债务余额较2018年减少60.2亿元，综合债务率下降25.4个百分点，获批全国第二批建制县区隐性债务化解试点，守住了不发生区域系统性风险底线。持续开展蓝天碧水净土行动，关停“散乱污”企业17家，空气优良天数达到317天，空气质量综合指数和改善率排名全市城区第一；保护好湘江母亲河，湘江天元区段水质保持全域Ⅱ类标准，拆除非法洗砂场18处，落实好“十年禁渔”禁令，219名渔民得到妥善安置；金龙片石场、大禹恒基等6个工业项目退出绿心地区；受污染耕地安全利用率90%以上。全面完成脱贫质量“回头看”和对口帮扶任务，为助力打赢脱贫攻坚战贡献了天元力量。

五年来，我们用好关键一招，优机制、引资源，改革开放释放发展动能。园区管理体制改革稳步推进，完成高科集团整并重组，法人治理结构不断完善，公司实力得到增强。“拿地即开工”“两招三办”先行先试，“放管服”改革2次获省政府激励表彰。探索增量配电业务改革，兴新电力公司投入运营。深入开展温暖企业行动，加大企业培育帮扶力度，累计为企业减税降费13.1亿元，各类市场主体发展到4.1万户。主动对接融入“一带一路”等国家战略，实施“五大开放行动”，实际利用内资400亿元、外资21.8亿美元，获评“全国外资吸引力100强县市区”。外贸进出口总额年均增长超过10%，获批“国家外贸转型升级基地”“湖南机电（机动车）产业外贸基地”。强化产业链招商、基金招商、以商招商，引进各类项目709个，铺排省、市重点项目187个，完成投资731.5亿元。征拆交地2.5万亩，建成标厂150万平方米。株洲齿轮、中南高科、意华产业园等重点项目开工建设，长城电脑、新能源汽车检测中心、株洲国际赛车场等一批项目建成投产，为高质量发展提供了强劲动能。

五年来，我们注重统筹发展，强基础、提品质，城乡面貌绽放新姿。新城拓展、城市更新步伐加快，城区面积由33.8平方公里扩大至55.2平方公里，全区常住人口由25.8万人增加至47.8万人，“人口净流入”增速在全省各县市区排名第6位。栗雨中央商务区、湘水湾、武广新城等城市片区基本建成，新马创新城、天易科技城一期全面开发，万丰湖、博美馆、文化馆投入使用。完成棚户区改造1.1万户，老旧小区改造66个，既有住宅加装电梯140台，建成“建宁驿站”65个，一批城市小游园、微公园对外开放。建成湘江大道、新马大道等主次道路80余条，枫溪大桥、湘江七桥建成通车，湘江八桥开工建设。实施“十大文明行动”，有力提升了全国文明城市形象，擦亮了国家卫生城市名片，为全市顺利通过“创文”复检和“国卫”复审发挥了主力军作用。实施乡村振兴战略，实行多规合一，石三门现代农业公园建设稳步推进，响水田园综合体、首农裕农等一批农业项目相继建成，获评全省实施乡村振兴战略先进县市区。8个村（社区）获评省、市美丽乡村。完成农村人居环境整治三年行动，拆除“四类房”2015栋，改造农村居民厕所4910户。推进农村饮水安全工程，新增农村安全饮水人口近5万人。

五年来，我们突出以人为本，办实事、聚民心，民生福祉绘就幸福底色。持续加大重点民生领域投入，民生支出占财政支出比重保持70%以上。全力稳就业，城镇居民新增就业2.1万人，获评“全省创新创业带动就业示范区”。城乡居民人均住房面积达46.8平方米。提升养老服务水平，泰山路街道成为全国智慧养老示范单位。城乡低保标准提高50%。实施“名校入天元”工程，长沙市一中、湖师大附中、雅礼中学等名校入区。新建中小学校11所、增加学位2万个，义务教育大班额实现清零，率先试行校内课后托管服务、为农村地区师生提供免费午餐，义务教育均衡发展获得省政府激励表彰。新建、改造村卫生室 58 家，建成嵩山路街道社区卫生服务中心。基本医疗保险全民参保率 95% 以上。推进国家公共文化服务体系示范区建设，区图书馆建成开馆。新区志愿服务入选“湖南基层改革探索 100 例”。创建全国社区治理和服务创新实验区，“党建领航 · 三社联动”社区治理模式全面推行。深化依法治区、平安建设，开展扫黑除恶专项斗争、禁毒人民战争，开展安全生产专项整治行动，社会大局保持平安稳定。

五年来，我们坚持固本强基，转作风、提效能，政府职能实现深入转变。深学笃行习近平新时代中国特色社会主义思想，推动“两学一做”学习教育、“不忘初心、牢记使命”主题教育走深走实，坚持政府党组第一议题学习制度，把学习成果转化为推动事业发展的动力。认真贯彻落实《党组工作条例》，坚持民主集中制，规范决策程序。出台《天元区政府投资项目管理办法》，强化政府投资项目监管，提高财政资金的使用效益。着力防控廉政风险，持续深化反腐败斗争，驰而不息纠“四风”、治陋习。全面完成“七五”普法任务。严格执行区人大及其常委会的决议决定，自觉接受人大、政协和社会各界监督，认真办理人大代表建议 489 件、政协委员提案 505 件，切实解决了乡村公交出行、义务教育大班额化解等一批群众反映强烈的热点难点问题。

与此同时，国防后备力量建设成效显著，区人武部被中央军委授予全军“正规化建设先进单位”称号。老干、档案、机关事务、民族宗教等工作取得新成绩，总工会、共青团、妇联、侨联、残联、红十字会等人民团体为全区发展做出了新贡献。

各位代表！回顾五年来的奋斗历程，我们全力以赴打好“三大攻坚战”，社会风险防范、政府债务化解措施有力，污染防治、脱贫攻坚成效显著，经受了特大洪涝灾害、大棚房整治等一系列重大风险考验。尤其值得骄傲的是，去年 2 月份，面对突如其来的新冠肺炎疫情，我们同时间赛跑、与病魔较量，仅用 14 天实现确诊病例零新增，用 42 天实现确诊病例清零，做到了“患者零死亡、医护零感染”。今年株洲又遭遇德尔塔疫情，我们第一时间启动战时机制，紧张有序地推进疫苗接种、风险排查和全员核酸检测工作，坚决实现了“零确诊、零病例”工作目标。全区干部群众风雨同舟、守望相助，众志成城、共克时艰，诠释了伟大的抗疫精神，书写了气势磅礴的战疫篇章。

各位代表！五年奋斗充满艰辛，成绩来之不易，经验弥足珍贵。五年来，我们体会最深的是：推动高质量发展，必须坚持解放思想。观念决定行动，思路决定出路。我们将解放思想贯穿全过程，以全局视野、战略思维谋划发展，大力弘扬“敢为人先、创新不止”的新区精神，紧扣“两个走在前列”总目标、“一谷三区”总任务，实现了跨越式大发展。只有坚持一切从实际出发，打破思维定式、工作惯性、路径依赖，才能实现更大作为。推动高质量发展，必须勇于改革创新。我们用好改革“关键一招”，下好创新“先手棋”，大力推进放管服、园政管理体制等改革，全方位汇聚创新资源，高新区创新发展指数连续五年保持较高增长。只有始终把改革创新摆在发展全局的核心地位，才能持续塑造发展新优势。推动高质量发展，必须厚植为民情怀。江山就是人民，人民就是江山。我们稳步推进教育、卫生、文化等社会事业，全面升级民生保障，办好民生实事，新区居民人均可支配收入总量连续五年排名全市第一。群众的幸福感就是我们的成就感，只有始终将人民群众放在心上，才能战胜前进道路上的一切风险挑战。推动高质量发展，必须不断苦干实干。我们坚持一张蓝图干到底，狠抓执行落实，着手解决事关全局和长远的重大问题、群众反映强烈的突出问题。不畏艰险，迎难而上，打赢了一场又一场硬战。只有坚持干字当头、干在实处，才能把伟大事业不断推向前进。

各位代表！艰难方显勇毅，磨砺始得玉成。本届政府工作成绩的取得，得益于习近平新时代中国特色社会主义思想的根本指引，得益于市委、市政府和工委、区委的坚强领导，得益于区人大、区政协的鼎力支持，得益于全区干部群众的奋力拼搏。在此，我谨代表区人民政府，向各位人大代表、政协委员，向离退休老同志，向各民主党派、工商联、无党派人士和人民团体，向所有关心、支持、参与新区建设发展的社会各界人士，致以衷心的感谢和崇高的敬意！

在肯定成绩的同时，我们也清醒认识到存在的困难和问题，主要是：发展水平与新区在省、市的地位还不相称，综合实力、区域竞争力还不强；治理体系和治理能力现代化水平还不高，统筹发展与安全、防范各类风险的任务比较重；公共服务供给与群众对美好生活的向往仍有差距；少数干部的思想观念、作风能力与新时代新要求还不相适应。我们必须直面问题，采取更加有力的措施加以解决。

抢抓机遇，开启率先实现基本现代化的新征程

今后五年，是新区加快高质量发展、实现基本现代化的关键五年。从宏观形势看，世界百年未有之大变局加速演变，我国经济稳中向好、长期向好的基本面没有改变，“一带一部”、中部地区崛起、长江经济带等国家战略实施，为我们加快发展带来重大机遇。从区域发展看，省委大力实施“三高四新”战略，加快长株潭一体化融合发展，全面推进“五好”园区建设，市委第十三次党代会提出全力“培育制造名城、建设幸福株洲”，我区地处长株潭融城核心位置，迎来了多重利好政策叠加的战略机遇。从自身发展看，经过多年发展积累，综合实力明显提升，创新资源加速聚集，产业项目不断增强，特别是区委第六次党代会明确“营造活力高新、建设现代天元”工作主题，凝聚了广大干部群众建设现代化新天元的广泛共识，全区上下人心思进、人心思干，正处于大有可为、未来可期的黄金时代。我们要抢抓机遇，趁势而上，奋力跨越，开创高质量发展新局面。

今后五年全区经济社会发展的指导思想是：高举中国特色社会主义伟大旗帜，深入贯彻党的十九大和十九届二中、三中、四中、五中全会精神，坚持以马克思列宁主义、毛泽东思想、邓小平理论、“三个代表”重要思想、科学发展观、习近平新时代中国特色社会主义思想为指导，深入贯彻落实习近平总书记对湖南工作重要讲话指示精神和中央、省委、市委、工委、区委决策部署，大力实施“三高四新”战略，坚定不移贯彻新发展理念，坚持稳中求进工作总基调，紧紧围绕“营造活力高新、建设现代天元”工作主题，把握产业发展、创新驱动、改革开放三大关键，统筹城市更新、乡村振兴、生态建设、民生保障、基层治理五大板块，全面提升发展环境和人居环境，构建优良的产业生态和人的生态，朝着基本现代化迈出坚实步伐。

今后五年的主要奋斗目标是：高新区技工贸收入达到5000亿元，在全国高新区的排名继续保持第一方阵。天元区地区生产总值达到1000亿元，规模工业增加值年均增长15%以上，社会消费品零售总额年均增长10%，地方一般公共预算收入占GDP比重15%以上，城镇调查失业率控制在4.8%以内，城乡居民人均可支配收入达到8.7万元，整体进入1万美元中高收入阶层。

要实现今后五年的奋斗目标，我们必须全面贯彻落实区委第六次党代会精神，建设“五好”园区，建成国家重要先进制造业高地示范区、具

有核心竞争力的科技创新高地引领区、内陆地区改革开放高地先行区。大力推进工业现代化、农业现代化、科学技术现代化、治理体系和治理能力现代化，建设城市更有魅力、农村更具活力、公共服务更加优质、社会保障更加健全、人民生活更加幸福的现代天元。

奋勇争先，谱写“营造活力高新、建设现代天元”的新篇章

蓝图已经绘就，关键在于落实。我们将坚持“聚焦、裂变、创新、升级、品牌”十字方针，突出重点，攻坚克难，在实施“三高四新”战略，培育制造名城、建设幸福株洲中勇当主力军、展现新作为。

（一）聚焦产业发展，在打造国家重要先进制造业高地中勇当主力军。把先进制造业作为立区之本，坚定不移强产业、育企业、兴园区，确保2025年工业总产值突破1500亿元。壮大产业集群。围绕全市“3+3+2”产业体系，全力打造以新能源汽车、新能源装备为主导，以新材料、电子信息为特色的“2+2”产业集群。强化“一链一策”，持续开展“建链、强链、补链、延链”行动，增强产业链供应链的活力和韧性，提高产业集群的竞争力。大力发展生物医药和健康食品、绿色环保等战略性新兴产业，超前布局功率半导体、人工智能等未来产业，打造一批高能级、特色化的现代产业集群，形成新的竞争优势。推动先进制造业和现代服务业融合，加速产业数字化、数字产业化，培育发展平台经济、共享经济、数字经济，抢占未来发展先机。突出精准招商。优化招商机制、产业奖补机制，健全科学决策、履约监管、效益评价制度，聚焦央企、“三类500强”、上市公司、行业龙头，围绕产业链重要环节、重点技术、重要领域，引进一批具备核心竞争力、示范带动强、经济效益好的优质企业，不断提高招商工作质效和政策资金实效。聚力项目攻坚。围绕国家、省级重大战略、规划、政策，策划包装一批大项目、好项目，争取更多项目进入省、市笼子。完善项目推进机制，持续开展“产业项目建设年”活动，形成“开工一批、投产一批、续建一批、储备一批”的良性循环，确保凯睿斯覆铜板、河西500千伏特变电站等项目建成投产。强化企业培育。鼓励高成长性企业小升规、规改股、股上市，规模工业企业500家以上，新增上市企业6家以上。全力做强大企业，支持时代新材、中车株机、中车株所、608所、钻石切削、长城电脑等头部企业发展、裂变，不断拉长链条、提升价值，让更多“大树发新芽”，力争营业收入过100亿、50亿、10亿的企业分别达到4家、3家、10家。精心培育小巨人，健全专精特新梯次培育体系，出台扶持政策，推动企业深耕细分领域创新发展，力争培育小巨人企业100家以上，总产值突破200亿元。建设“五好”园区。突出“五好标准”，把园区作为引领产业发展的主阵地。加快园区管理由行政机构向“泛投资机构”转变，创新园区开发运营机制。强化要素保障，加快调规扩区、设施配套、标厂储备，不断提升产业承载能力。强化园区提质，推动天台工业园等片区加快城市更新；升级国际汽车小镇，打造以汽车赛事、进出口循环贸易为主题的特色小镇；加快天易科技城开发，打造以高技术研发、现代商务、创新服务为主体的现代科技服务业集群片区；启动五云峰片区开发。强化亩均效益评价，建立健全工业用地产出约束机制、全流程监管机制、市场化退出机制，开展闲置、低效土地治理行动，力争工业用地亩均税收30万元以上。

（二）聚焦创新引领，在打造具有核心竞争力的科技创新高地中勇当主力军。利用长株潭自主创新示范区等政策机遇，以创新激发活力，抢占平台、人才、技术制高点。做优双创平台。深化

厂所合作，推动园区龙头企业联合中车株所、国防科大、中南大学、湖南工业大学等组建公共服务平台、协同创新平台和技术转移平台。加强孵化体系建设，大力引进新型研发机构，搭建多层次创新创业平台。争取国家级研发机构达到20家、省市级研发平台220家以上。全社会研发投入占GDP比重4%，每万人有效发明专利拥有量40件，高新技术企业、科技型中小企业分别550家、500家以上。聚集创新人才。持续开展“招才引智”行动，通过靶向引才、专家荐才等形式，培育引进高精尖人才、高技能人才、优秀青年人才和高端创新团队。完善人才服务保障体系，依托人力资源产业园、动力谷成长学院等载体，打造中国动力谷人才工作品牌，让优秀人才在新区创业有机遇、发展有平台。加快技术攻关。围绕动力产业、新兴产业，依托5G、大数据等前沿技术，在新能源汽车“三电”、轨道交通、信创工程等领域开展关键核心技术攻关，突破一批“卡脖子”技术。打通科研成果转化通道，每年转化科技成果50项以上。

（三）聚焦动能激发，在打造内陆地区改革开放高地中勇当主力军。坚持向改革要动力，向开放要活力。推进重点领域改革。推进放管服改革，落实“一门一网一次办”“一件事一次办”“拿地即开工”要求，实现数据“多跑路”、企业群众“少跑路”。实施国企改革行动，以“深耕园区、做强高科、争取AAA”为目标，加快高科集团产业化、专业化、市场化转型，提升市场化盈利能力，打造成“产城融合发展商和国有资本运营商”。推进财政体制改革，着力构建“政府主导、财税主责、部门联动、绩效跟踪”的财源建设格局，推动财税收入平稳增长、质效提升。增强预算执行严肃性，加强财政资金使用绩效评价。推进隐性债务风险化解试点，控增量、化存量，坚决退出全省一类债务风险预警地区。提升对外开放水平。发挥“国家二手车出口试点城市”优势，扶持二手车出口试点企业发展。助推企业“走出去”，依托“国家外贸转型升级基地”等平台，支持优势企业“抱团出海”，鼓励中小微企业“破零倍增”，不断提升经济外向度。深度对接“一带一部”等区域发展战略，积极融入“湘江发展轴”建设，在科技创新、产业发展、基础设施、公共服务方面实现合作共赢。推动长株潭城际轨道交通、醴娄高速、湘江八桥等交通设施建设，参与长株潭人力资源服务产业联盟、跨境电商孵化基地建设，争当长株潭一体化融合发展的排头兵。营造一流营商环境。始终坚持“两个毫不动摇”，深化亲清新型政商关系，推动民营经济高质量发展。全方位构建产业生态，打造适合企业扎根、发展、壮大的“热带雨林”环境，让企业愿意来、来了留得住、持续发展好。落实减税降费政策，健全现代物流体系，完善人力资源服务，稳定企业能源供应，努力降低企业综合成本。搭建政银企对接平台，完善科技金融服务体系，破解中小企业“融资难、融资贵”。健全项目招商洽谈、落地开工、竣工投产全流程服务机制，当好“店小二”，无事不扰、有求必应，助推项目加快建成、企业加快发展。大力倡导“人人都是服务员，天天都是服务日”理念，真正把企业的事当成家里的事，把企业家当成自己人，把新区营商环境金字招牌擦得更亮、叫得更响。

（四）聚焦品位提升，在建设全国文明典范城市中勇当主力军。进一步擦亮“全国文明城市”“国家卫生城市”的品牌底色，提高城市承载力和宜居度。推进城市更新。开展社区设施补短板行动，改造老旧小区100个，既有住宅小区加装电梯300台，农贸市场提质改造实现全覆盖。完善万丰湖片区、月塘生态新城、武广新城、天易科技城基础设施，建成浣溪沙公园、博古山公园，建设一批“小游园、微公园”，实现“推窗见绿、出门见园”。

巩固“厕所革命”成果，加强“建宁驿站”精细化管养和市场化运营。推进园区“五纵六横”路网和城市支路建设，打通出行“最后100米”。做精城市管理。深入推动文明城管、文明交通等“十大文明”行动,大力实施交通治“堵”、环境治“脏”、市容治“乱”、服务治“差”、占地治“违”等行动，提升城市精细化管理水平，巩固文明城市创建成果。推进无物业管理小区业主自治。大力推动垃圾分类，基本实现无害化处理全覆盖。组建城市管家产业集团，致力于城市管理实现产业化。创新社会治理。坚持将群众工作理念和方法贯穿于社会治理的各方面、全过程，切实提升工作实效。推进“智慧大脑、雪亮工程、全科网格、新区志愿”四大行动,逐步实现市域社会治理现代化。打造“党建领航·三社联动·文明实践”等品牌，引导广大群众参与社会治理，逐步构建“政治、法治、德治、自治、智治”相结合的城乡基层治理体系。完善社会矛盾纠纷多元化解机制，及时解决群众合理诉求。强力推进禁毒攻坚行动，按期退出国家重点整治地区，创建全省禁毒工作示范区。落实安全生产责任制，坚决遏制较大以上安全生产事故。强化食品药品监管，建成省食品安全示范区。完善社会治安防控体系，做实新时代县域警务，常态化开展扫黑除恶斗争，深化平安天元建设，让群众乐享平安生活、欣享岁月静好。

（五）聚焦乡村振兴，在推进农业农村现代化中勇当主力军。顺应“三农”工作重心历史性转移的新形势新要求，加快推进农业农村现代化。促进农业高质高效。扛稳粮食安全政治责任，坚决遏制耕地抛荒，加强农田水利设施建设，稳定粮食生产面积6万亩以上。推进严格管控类耕地种植产业调整，深化农村一、二、三产业融合，支持近郊型都市农业发展。推进石三门现代农业公园建设，打造省级现代农业产业融合发展示范园，建成叁农肉冬瓜等特色产业园5个以上。规划建设适度规模的农产品加工产业园，促进加工农业、智慧农业、创意农业发展。推动农村宜居宜业。推进村庄规划“多规合一”,加强乡村基础设施建设，完善“三纵七横”农村路网，建成全省城乡公交一体化示范区。实施农村人居环境整治提升行动，推广农村垃圾分类，实现无害化厕所全覆盖，稳步推进农户生活污水治理。继续抓好农村饮水管网建设。以打造美丽屋场为重点，培育乡村文明新风尚，建设一批美丽乡村。实现农民富裕富足。加强边缘易致贫户、突发严重困难户的防返贫监测和帮扶。加强农村宅基地管理，发展家庭农场、特色农庄等30家以上。实施本土中青年人才归巢计划，支持鼓励农业人才下乡，培育新型经营主体和新型职业农民。深化农村集体产权制度改革，支持土地有序流转，全面消除农村集体经济薄弱村。

（六）聚焦绿色发展，在推进生态文明建设中勇当主力军。青山就是美丽，蓝天也是幸福。开展“碳达峰”“碳中和”行动，加快产业、能源和交通结构调整，探索绿色低碳发展新途径，让绿色成为高质量发展最鲜明的时代特征。坚持智慧管环保，落实“开门搞环保”，坚持“谁污染、谁治理”,以对环境违法“零容忍”的态度,破解“企业污染、群众受害、政府买单”的困局。让天更蓝。精准落实大气污染防治“五控”措施，着力整治工业废气排放、垃圾焚烧、道路扬尘、餐饮油烟，消除重污染、减少轻污染天数,巩固“蓝天300天”成果。让水更清。像爱护眼睛一样保护湘江“母亲河”。强化“河湖长”制,实现入江排口常态长治，加强饮用水水源地保护，坚决落实“湘江十年禁渔”。坚持系统治理、源头治理，加强湘江岸线综合治理，力争完成凿石港、陈埠港、栗雨高排渠、万丰湖等水系雨污分流治理，建成群丰污水处理厂，让湘江水更清、景更美。让土更净。加强受污染耕地修复治理，强化重金属污染土地治理，加强绿心保护，继续实施国土绿化行动。

（七）聚焦民生优先，在推动实现共同富裕中勇当主力军。人民对美好生活的向往就是我们的奋斗目标，今后五年我们将投入更大的财政支出来保障民生，让老百姓在家门口就能就好业、上好学、看好病、逛公园、看演出，日子过得更加稳稳当当、红红火火。推动就业服务升级。实施就业优先战略，加强技能培训，推动就业供需对接，统筹做好高校毕业生、退役军人、失地农民重点群体就业，力争实现零就业家庭动态援助率达到100%。以大众创业带动就业，鼓励更多群众自主创业致富。推动社会保障升级。完善社会保障体系，实施全民参保，加快社保、医保扩面提标。精准落实临时救助、托底救助，让更多需要救助的群体及时得到帮助。坚持居家为基础、社区为依托、机构为补充、医养相结合，补齐养老服务体系短板，实现村（社区）日间照料中心全覆盖，每千人拥有养老床位 40 张以上。加快殡葬改革，建设群丰公益性墓地。抓好“三孩”政策落实，促进人口长期均衡发展。推动教育发展升级。加快公办幼儿园建设，确保公办和普惠幼儿园在园幼儿占比 90% 以上。建成株洲雅礼中学、湖师大附中等 10 所学校，新增学位 2 万个。深入推进新时代教育评价改革，坚持“五育并举”，落实“双减”政策，巩固“名校入天元”办学成果，全面提高教育教学质量。推动公共卫生服务升级。加强公共卫生服务体系建设，全面落实常态化疫情防控措施，守护好群众的身体健康和生命安全。提升基层医疗机构服务能力，建成泰山路街道医养融合中心。推动医疗联合体建设，加强农村卫生人才培养，逐步解决群众“看病难、看病贵、看病远”的问题。推动文旅体事业升温。巩固公共文化服务体系建设成果，创作群众喜闻乐见的文艺精品佳作，满足人民群众日益增长的精神文化需求。围绕农耕文化、工业文化、优秀传统文化和红色文化等主线路，推进文旅融合，打造天元文旅品牌。推进全民健身，积极举办各类体育赛事。

履职尽责，展现忠诚干净担当的新形象

恰是百年风华，奋斗正当其时。新一届政府肩负重任、使命光荣，我们将以“起步就奔跑，开局就争先”的姿态，用工作体现忠诚、用成效体现执行、用发展体现担当，努力把蓝图变为现实、把愿景变为实景。

（一）坚持忠诚履职。深学笃行习近平新时代中国特色社会主义思想，把党的领导贯穿政府工作全过程，把增强“四个意识”、坚定“四个自信”、做到“两个维护”嵌入思想、注入灵魂、融入血脉。时刻与党中央和省委、市委、工委、区委保持思想同心、工作同向、行动同步，确保每一项重大决策部署、每一个重点任务在新区落地生根，以“努力到无能为力，拼搏到感动自己”来诠释对党和人民的绝对忠诚。

（二）坚持高效履职。站稳群众立场，走好群众路线，建立健全民意反馈平台，着力解决群众急难愁盼的问题，打通企业发展痛点堵点，俯下身子躬身为民、鞠躬尽瘁。解放思想、实事求是，不为定势所拘、不为传统所累、不为经验所缚，大胆尝试、边干边试。聚焦中心目标，狠抓工作落实，以“钉钉子”的精神，一锤接着一锤敲，做到干一件成一件。提高务实担当的能力，以“咬定青山不放松”的干劲、“千磨万击还坚劲”的韧劲，在产业发展、项目建设、征地拆迁、环保攻坚、社会治理等急难险重任务中淬炼初心、锤炼本领。完善奖优罚劣、容错纠错机制，树牢干事创业正确导向，让广大干部胸中有志气、脚下有底气。

（三）坚持依法履职。深入推进法治政府建设，善用法治思维和法治方式制定政策、解决问题，完善依法行政体系，建成全省法治政府示范区。

深入开展“八五”普法，提升全体公民的法治意识和法治素养。自觉接受人大、政协和社会各界监督，强化审计、统计监督，让权力始终在阳光下运行。认真办理人大代表建议和政协委员提案，全力办好人大代表票决制民生实事，做到一诺千金、说到做到、做就做好。

（四）坚持廉洁履职。以永远在路上的韧劲和执着，严格落实全面从严治党要求，深入推进政府系统党风廉政建设和反腐败斗争，扎紧制度篱笆，加强廉政风险防范。严格落实中央八项规定精神，锲而不舍纠“四风”、树新风，力戒形式主义、官僚主义，持续为基层减负、松绑、赋能。政府及政府部门要厉行节约，严控“三公经费”支出，以政府的“紧日子”换取百姓的“好日子”。

各位代表！万里征程风正劲，千钧重任再扬帆。让我们紧密团结在以习近平同志为核心的党中央周围，在省委、市委、工委、区委的坚强领导下，永葆初心、牢记使命，以“归零”的心态、“冲刺”的姿态、“赶考”的状态，一天当做两天用、两步并做一步走，奋力谱写“营造活力高新、建设现代天元”的高质量发展新篇章！

名词解释：

1. 专精特新“小巨人”企业：指专注于细分市场、创新能力强、市场占有率高、掌握关键核心技术、质量效益优的排头兵企业。

2. 三大攻坚战：防范化解重大风险攻坚战、精准脱贫攻坚战、污染防治攻坚战。

3. 拿地即开工：园区工业项目地块投资商完成土地摘牌，缴清土地款并办理土地不动产权证书，并在短时间内取得施工许可之后即可开工。

4. 两招三办：实施工程建设项目审批“指定代办”“部门快办”“联合督办”。

5. 五大开放行动：对接北上广优化大环境、对接500强提升产业链、对接新丝路推动走出去、对接自贸区提升大平台、对接湘商会建设新家乡。

6. 十大文明行动：指文明城管行动、文明交通行动、文明旅游行动、文明餐桌行动、文明网络行动、文明校园行动、文明家庭行动、文明乡村行动、文明社区行动、文明单位行动。

7. 四类房：违建房、危旧房、空心房、偏杂房。

8. 三社联动：指以社区为基础、社会组织为载体、社会工作为支撑的一种多元治理模式。

9. 两个走在前列：株洲要在全面建成小康社会进程中走在全省前列、在加快推进基本现代化进程中走在全省前列。

10. 一谷三区：中国动力谷，“一带一部”开放发展先行区、老工业城市转型发展示范区、城乡统筹发展幸福区。

11. 一带一部：东部沿海地区和中西部地区过渡带、长江开放经济带和沿海开放经济带接合部。

12. 中部地区崛起：促进中国中部经济区——河南、湖北、湖南、江西、安徽和山西6省共同崛起的一项中央政策。

13. 长江经济带：东起上海、西至云南，涉及上海、重庆、江苏、湖北、浙江、四川、云南、贵州、湖南、江西、安徽9个省2个直辖市。

14. “3+3+2”产业体系：“3个优势产业”指轨道交通、航空动力、先进硬质材料产业。“3个新兴产业”指电子信息、新能源、高分子新材料。“2个一批”指升级陶瓷、服饰等一批传统产业，布局功率半导体、永磁动力、生物医药等一批新兴和未来产业。

15. “三类500强”：世界500强、中国企业500强和民营企业500强。

16. 泛投资机构转变：强化市场化理念、淡化行政色彩、实现发展理念由“管理者、服务者”向“投

资者 + 投资管理 + 投资服务”的转变。

17.“一件事一次办”：将企业、群众需办理的“一件事情”或多件相关“一揽子事”整合成窗口统一办理的“一件事”，一次告知、一次表单、一次联办、一次办好，线上“一次登录、一网通办”，线下“只进一扇门、只跑一次”。

18.“两个毫不动摇”：毫不动摇巩固和发展公有制经济，毫不动摇鼓励、支持、引导非公有制经济发展。

19. 全国文明典范城市：是全国文明城市的升级版，是更高层次、更高水平、更具示范性、引领性的文明城市创建典范。

20. 园区“五纵六横”路网：“五纵”，科技大道、规划路、湘芸路、湘江大道、荷叶路；“六横”，武广大道、健康大道、慢城大道、湘醴大道、龙洲路、龙城路。

21. 县域警务：公安部门加强县域风险监测预警，通过加强情报指挥工作、升级风险防控平台、推动县域精准防控等。

22. 碳达峰：碳达峰是指我国承诺 2030 年前，二氧化碳的排放不再增长，达到峰值之后逐步降低。

23. 碳中和：直接或间接产生的温室气体排放总量，通过植树造林、节能减排等形式，抵消自身产生的二氧化碳排放，实现二氧化碳的“零排放”。

24. 双减：有效减轻义务教育阶段学生过重作业负担和校外培训负担。

党史学习教育

2021年，株洲高新区工委、天元区委把开展党史学习教育作为重大政治任务来抓，在市委党史学习教育第一巡回指导组悉心指导下，工委（区委）坚决扛起政治责任，强化担当学党史，融会贯通悟思想，用心用情办实事，真抓实干开新局，达到预期目的，取得重要成果。全区广大党员干部接受一次全面深刻的政治教育、思想淬炼、精神洗礼，各级党组织的创造力、凝聚力、战斗力明显提升。

聚焦党史学习，信仰根基不断筑牢。注重思想引领。工委（区委）以上率下，把开展党史学习教育作为一项重大政治任务，把学习习近平总书记重要讲话和指示批示作为“第一议题”，工委、区委理论学习中心组开展学习培训和交流研讨18次，不断提高中心组成员政治判断力、政治领悟力、政治执行力。开展“学习贯彻‘七一’重要讲话精神”“学习党的十九届六中全会精神”专题读书班，汇编专题研讨发言材料50余篇，使中心组成员以点面结合的方式清晰掌握党史事件及主要脉络，实现学习内容全覆盖。注重组织牵引。全区各党委（党组）上下同频，建立“四学联动”机制，明确“集中学原文、交流学要点、经常学精神”的学习思路，采取“专题党课解读学、评论文章跟进学、浓厚氛围扎实学”的方式，把“要点+解析”“金句+实例”“故事+感受”“演讲+写作”作为学习的有效手段，真正将学原文、悟原理落到实处。全区666个党支部开展“一支部一特色”实践创新，激活党史学习教育的“神经末梢”。注重目标引导。坚持党史学习教育与中心工作深度融合，组织领导班子成员结合党史学习教育主要内容以及省、市党代会精神等开展“大讨论”活动，全区240人历时3天，聚焦“高质量发展”“干部作风”两大主题35个问题开展研讨交流，以思想认识新飞跃打开工作新局面。领导干部带头深入园区企业、镇（街道）、村（社区）以及征地拆迁等一线开展调研，围绕“中国动力谷人才计划”“财源建设”“市场主体培育”等形成调研文章，推动党史学习教育工作取得新的进展和突破。通过党史学习教育，广大党员干部全面系统深入学习百年党史，在学史明理、学史增信、学史崇德、学

4月21日，株洲高新区、天元区300余名党员干部、13家企业的20名代表乘坐湘赣边红色客运列车，开展党史学习教育第二次专题学习

史力行中弘扬光荣传统、筑牢信仰之基。

聚焦宣传动员，政治引领全面彰显。专题宣讲有新意。综合运用党史学习教育宣讲团、“屋场夜话”“红色之声”“乡村大讲堂”“百场宣讲进基层”“红色党建、红色故事、红色宣讲、志愿服务”四个一进基层，策划“坐着智轨看园区——党的十九届六中全会串讲”节目等，以“小、微、云”为抓手，开展新思想“七进”等基层理论宣讲1200场次，受众超20万人，让有意义的理论变得有意思，有深度的思想变得有温度。《泰书传红·共述红色经典》推出100篇内容，通过线下宣讲、线上传播相结合的形式，让辖区百姓口述亲身经历的党史小故事，用身边最鲜活的教材传递精神力量。主题活动造氛围。精心策划党史学习教育系列活动，举行“百年风华天元力量”演讲比赛、“百舸争流千帆竞发”知识竞赛，出版《百年大事》《百年图志》，举办“百年铸辉煌火炬耀新区”美术书法摄影主题作品展，组织“民生100·百张笑脸迎百年”活动，组织100名新党员集中宣誓，开展中小学校“童心向党”艺术展演活动，开展“永远跟党走”群众性主题宣传教育活动，既凸显新区特色，又营造良好氛围。沉浸教育悟伟力。各党委（党组）既注重围绕习近平总书记关于党的历史的重要论述，读原著学原文悟原理，联系工作实际交流心得体会，又注重深入红色教育基地开展现场学习，身临其境感悟初心使命，全区累计赴炎陵、茶陵、渌口等红色教育基地开展学习500余批次。以“奋斗百年路 启航新征程”为统揽，融媒体中心累计发布天元区党史学习教育相关稿件920篇次，省级以上宣传报道250篇次；积极打造“线上指尖课堂”，开设“党史天天学”互动栏目，推送100期党史小故事，上线“党史天天答”在线答题系统，让党史学习“随身行”；在园区、社区、景区等开展以习近平新时代中国特色社会主义思想以及党史为重点的“四史”社会宣传，贯穿党史学习教育全过程。通过党史学习教育，广大党员干部增强政治认同、思想认同、情感认同，进一步筑牢坚定拥护“两个确立”，坚决做到“两个维护”的政治忠诚。

聚焦实事实办，民生福祉持续增强。“实”字为基，高标准谋划。出台《“学党史、当先锋——我为群众办实事”实践活动工作方案》，围绕助推“三高四新”战略落地、推进乡村振兴、保障基本民生需求等工作，落实5大类共47件重点实事清单，投入资金6.5亿元，解决问题1374个，受益群众达76万人次。建立区级领导联点社区（村）工作机制，副处级以上干部问需于民，认领“微实事”59件；区直部门和基层单位的广大党员干部深入镇（街道）、村（社区）和园区（企业）一线，听民声、访民意，实地解决群众关切问题。“干”字为本，高效率推进。建立多部门参与的联席会议制度，大事大力抓，好事共谋划，累计召开专题调度会、现场办公会190余场，群策群力解决“仙泉路拓宽工程”“莲花中学筹备”等问题。把“我为群众办实事”纳入党建日常工作范畴，开展“走访1户困难群众、帮助实现1个微心愿、向党组织提出1条合理化建议”的“三个一”活动；全区1.49万名党员干部进企业、进社区、进学校、进农村，为群众办好事、办实事、解难事1.87万件。完善“终身积分、星级评定、礼遇褒奖”办法，倡导“人人贡、人人享”，扩大“贡享联盟”，让“我为群众办实事”的有德之人有所得，共有260家爱心商家礼遇志愿者。“新”字为效，高质量落实。举办首届群众大会，表彰抗疫优秀群体、开展企业结对帮扶、展示群众志愿服务队风采，全区1800余人共同见证天元区“厚植为民情怀、践行为民初心”的生动实践；打造“我为群众办实事——党员速达”志愿服务品牌，在“新区志愿”App开通“志愿帮”板块，全区471支志愿服务队和4.7万名志愿者化身“快递员”，为群众提供一对一服务，开展志愿服务活动5.3万余场次。成立专项工作小组，重点解决“27区农民新村不动产权证20年未办理”的历史遗留问题，明确资金、开展环境提质及不动产权证办理工作。通过党史学习教育，广大党员干部从百年党史中不断感悟初心使命，深入践行党的群众路线，进一步树牢了宗旨意识和为民情怀。

聚焦蓄势赋能，高质量发展迈出新步伐。为“三高四新”战略“添砖加瓦”。把重大项目推进作为贯彻落实省“三高四新”战略的务实举措和具体行动，完成47项政务服务“跨域通办”改革；打造“五好园区”，培育国家级“小巨人”企业15家（占全市的45%），省级“小巨人”企业8家（占全市的36%）；建成全市首家商协会中心；动力谷等园区服务平台实施企业增值服务、生活配套服务等100项“我为企业办实事清单”；举行一批重大项目集中签约、开竣工，新签项目60个，重点项目开工48个，项目竣工投产42个，中国动力谷现代产业学院、智点智能新能源汽车总装项目竣工下线。为民生服务“充电赋能”。聚焦民生热点，解决学位、床位、车位、蹲位、梯位、摊位问题，“名校入天元”工程引进3所省、市名校合作办学，累计新增学位5253个，新增公办园位2070个；完成云里小区、交通局宿舍等6个老旧小区改造，另有9个老旧小区改造工作正在加紧推进；新建日间照料中心3个，累计建成长者餐厅13个（今年新建3个），为辖区老年人提供助餐、送餐服务7000余人次；全面查处房屋安全隐患1.6万处，逐一协调解决；推进“微亮化”“微公园”“微服务”三微工作，新建仙岭社区、型格广场等7个小游园；推动社保参保扩面，新增企业养老保险参保7000人；用“小切口”解决“大民生”。“法帮帮”为困难群众办理法律援助案例427件，“志愿帮”为700名群众解决急难愁盼的问题。为企业发展“纾困解难”。深入开展温暖企业“四联”行动，全区联企干部累计办结企业问题123个；召开产业高质量发展政策兑现大会，向429家企业发放奖补资金5160.8万元；为企业减免养老保险单位缴费部分1.5亿元，发放稳岗补贴190万元；开展“春风行动”“送岗下乡”等线下招聘活动，新增城镇就业8540人，缓解企业用工矛盾。为乡村振兴“保驾护航”。建设惠民综合服务中心2个，为村民小组集体土地农业机械托管1000亩，完成春秋机耕工作；新建修补三谭线等农村道路14.8千米；解决凤凰山村居民生活用水问题，惠及663户、近3000名村民；完成七零高排渠渠道修复工程；为农村地区放映公益电影400场；建成雷打石、三门2个综合运输服务站；推进乡村雪亮工程，建设505个乡村公共部位视频监控摄像头。通过党史学习教育，广大党员干部更加清醒地认识到新时代赋予的新使命，在干事创业中进一步提高把握新发展阶段、贯彻新发展理念、构建新发展格局的能力，凝聚推动天元区高质量发展的共同意志。（陈 亮 陈灿华 于 芳 曾红军 杨金龙）

庆祝中国共产党成立100周年系列活动

2021年株洲高新区、天元区举行庆祝中国共产党成立100周年系列活动，工委（区委）提高

株洲高新区、天元区优秀共产党员、优秀党务工作者、先进基层党组织表彰大会

政治站位、坚持正确的方向，突出庆祝建党百年主题主线，全区上下同频共振、凝心聚力，庆祝活动隆重热烈、安全有序。

聚焦“守正创新”，高水平开展庆祝活动。对标上级要求制定《株洲高新区（天元区）庆祝中国共产党成立100周年活动方案》，包含13项具体活动：持续深入学习贯彻习近平新时代中国特色社会主义思想；举办庆祝中国共产党成立100周年座谈会；组织“两优一先”评选表彰；收看收听庆祝中国共产党成立100周年大会实况；开展党史学习教育；打造“石三门党史学习教育基地”；举行一批重大项目集中开竣工；举办庆祝中国共产党成立100周年合唱比赛；召开理论研讨会和座谈会；开展群众性文艺创作和文化活动；开展功勋荣誉勋章发放和走访慰问活动；开展“永远跟党走”群众性主题宣传教育活动；组织做好系列新闻宣传和社会宣传。

聚焦“精准有效”，高效率办好民生实事。坚持面向基层、面向群众，把各类文艺活动结合起来，最大限度调动群众参与活动的积极性，组织开展“我心向党，唱响新区”合唱比赛，送戏曲、送书画、送培训进乡村等活动，积极调度群众参与积极性。百名人才同唱爱国之歌、百名新党员集中宣誓、百张笑脸迎百年民生·100图片展等，展现新区的家国情怀和昂扬风采。坚持把庆祝活动和推动改善民生结合起来，开展“学党史、当先锋——我为群众办实事”实践活动，围绕乡村振兴、产业项目建设、教育与医疗卫生、公共安全等民生项目，落实5大类47件重点实事清单，投入资金6.5亿元，解决问题1374个，受益群众达76万人次，不断增强人民群众的获得感、幸福感、安全感。

聚焦“三高四新”，高质量推动经济发展。突出贯彻落实“三高四新”战略，打造“五好园区”，实现2021年“341”目标（营业收入、技工贸收入突破3000亿元，培育高新技术企业达400家，培育小巨人企业和单项冠军达100家）；突出贯彻落实市委主要领导考察株洲有关指示精神，举行一批重大项目集中开竣工活动，为全区加快发展注入新的动力。

聚焦“凝心聚力”，高标准做好宣传引导。《株洲新区》报、“株洲新区”App，“株洲新区发布”公众号、抖音号、视频号、株洲高新网等区级融媒体平台，发布株洲高新区、天元区建党100周年有关新闻稿件1000余篇；积极开展全方位、立体式、高强度、高质量的外宣报道，上级媒体共发稿300余篇；举办“网约新区乡村振兴”新媒体和网络大V聚焦新区乡村振兴采风活动；“丹心百年路，动力株洲行”湘赣边红色专列株洲行全省媒体集中采访活动在区启动。积极做好建党100周年社会宣传，广泛悬挂展示建党100周年活动标识、标语，营造良好氛围。（刘玲）

村（社区）、镇、区三级换届

2021年，区委认真贯彻落实习近平总书记关于换届工作的重要指示精神和中共中央决策部署，坚持党的领导，科学统筹谋划，确保“绘出好蓝图、选出好干部、配出好班子、树立好导向、形成好气象”的目标顺利实现，为“营造活力高新 建设幸福天元”提供坚强的组织保障。

拿好换届工作“指挥棒”，靠前指挥超前谋划。区委切实履行主体责任，成立以书记为组长的换届工作领导小组，发挥总揽全局、协调各方作用，牢牢把握换届工作主动权；区委书记切实履行第一责任人责任，多次主持召开常委会、书记办公会专门研究、专题调度，确保换届各项工作有序开展。换届工作领导小组下设“一办四组”（换届工作领导小组办公室、风气监督组、人事工作组、宣传工作组、会务保障组），各组室组长均由常委成员担任，从统筹安排、风气监督、人事安排、宣传引导、后勤保障等多个方面明确责任分工，主要负责同志亲自抓总、靠前指挥，组织部门倒排工期、挂图作战，相关部门协调配合，充分加强部门联动，有力保证全区换届工作平稳有序进行。换届工作启动前夕，按照换届相关政策要求，提前对全区的干部队伍情况进行全面摸底，围绕领导干部的年龄、学历、专业、工作经历等情况，结合换届政策文件，提早一个月建立涵盖符合换届条件人选100余人的关联型资源库12个。在此基础上，全面研判分析换届人事安排工作，充分把干部队伍情况摸清摸透，先后形成专题报告6份，为区委选人用人提供决策分析基础。将平稳干部思想作为顺利推进换届工作的重点工作，由区委书记同不再继续提名、交流调整的领导干部逐个进行深入谈话，区委组织部部长同7个镇（街道）的班子成员逐一面对面谈心谈话，及时掌握干部思想动态，积极化解思想“疙瘩”。围绕换届，区镇两级开展谈话410余人次，特别是针对涉及岗位异动、退出和流转的10名干部，加大谈话频次和深度，进一步疏情导绪，统一思想，凝聚共识，营造良好的换届氛围。

用好人选产生“考量尺”，把好换届质量关口。从严从细审查人选资格条件，严格落实“九个一律”：政治上有问题的；严重损害国家和人民利益的；与敌对势力相勾结或接受国（境）外组织、个人参选资助或培训的；品行不端、道德败坏的；有行贿受贿、权钱交易行为的；因严重违纪违法被给予组织处理、纪律处分或被判刑以及涉嫌违纪违法正在接受调查处理的；有拉票贿选或其他不当竞争行为的；在身份上弄虚作假或身份与代表性不一致的；没有履职能力或履职不尽责、履职意愿不强的。“十五种不得提名推荐的负面情形”要求：政治上存在问题，有公开发表违背党的路线方针政策和国家大政方针、丑化党和国家形象、诋毁党和国家领导人等言论的；严重损害国家安全、政治、经济、文化利益，给人民生命财产带来严重损失的；与敌对势力相勾结或接受国（境）外组织、个人参选资助或培训的；有行贿受贿、权钱交易行为的；因违纪违法被给予组织处理、纪律处分仍在影响期内的（少数受诫勉、调整职务处理或者轻处分，因工作需要或者职务原因需要担任人大代表除外）；被判过刑以及涉嫌违纪违法正在接受调查处理的；有涉毒涉黄涉黑等违法行为的；未履行法定义务和责任，有恶意欠薪、偷税漏税、非法集资、列入法院失信被执行人名单等不良记录的；有拉票贿选或其他不正当竞争

三门镇村（社区）“两委”换届选举座谈会

行为的；参加邪教等非法组织，鼓动、组织非正常上访活动的；品行不端、道德败坏的；在身份上弄虚作假或身份与代表性不一致的；没有履职能力或担任人大代表后不尽责、履职意愿不强的；本人拥有外国国籍或取得国（境）外永久居留权或长期居留许可的，领导干部配偶已移居国（境）外或者没有配偶但子女均已移居国（境）外的（归侨人大代表人选及个别优秀归国人才经严格考察、审查后，可提名推荐为人大代表人选）；其他不宜推荐提名为人大代表人选的情形，建立“两代表一委员”资格23个部门区级联审机制，联审代表候选人初步人选676人，委员候选人初步人选238人，经联审调整优化45人，充分考虑代表性、广泛性和先进性。对符合换届条件人选进行严格考察，认真落实“凡提四必”要求，审核人事档案140余本，对相关干部的“三龄两历一身份”（年龄、工龄、党龄，学历、工作经历，干部身份）等情况充分核细，防止“带病提拔”。先后召开换届动员会、业务培训会、考察工作培训会，将换届政策、换届工作流程和考察工作重点向换届相关工作人员讲细讲透。切实紧扣工作重点、时间节点，充分酝酿讨论、发扬民主、行使权力，严格抓细推荐、考察、报批、公示、批复、选举等换届关键环节，确保换届工作步骤不少、程序不漏、环节不差。对代表、委员产生的各个环节进行充分细化，分阶段制定下发业务提示、流程图，清单化、模块化推进，高质量选举产生区党代表248名，提名区人大代表建议人选308名、政协委员建议人选170名。区镇两级领导班子换届中，19名专业素养好、领导现代化建设能力强，在“三大攻坚战”、疫情防控、实施“三高四新”战略等工作中表现突出的干部被提拔或进一步使用。其中镇领导班子结构全面调优，平均年龄由调整前的41.6岁优化至38.7岁，35岁以下干部10名，占比30.3%，其中34岁的同济大学全日制博士王兴涛被提拔任乡镇党政正职，充分体现新区“不唯年龄、不唯资历”，重实干、重实绩的用人导向；区委、区政府领导班子平均年龄45.2岁，较换届前降低2.9岁，研究生学历9人，占52.9%，较换届前增加9.2%，形成老中青合理搭配、知识能力相长、专业互补的梯次结构。区人大常委会委员中，继续提名的7名，新提名的19名，中共党员17名，非中共党员9名，占比34.6%，符合党外人士不少于30%的比例要求。区政协领导班子中，配备非中共党员副主席3名，区政协常委中，非中共党员22名，占比66.7%，符合政策要求。

织好执纪监督“纪律网”，确保换届风清气正。坚持教育在先、警示在先、预防在先，以主题党日、专题培训为抓手，组织干部集中观看警示教育片《警钟长鸣》，签订《严守换届纪律承诺书》300余份，切实教育广大干部知敬畏、守底线。用好“监督与服务微信群”，向全区390个村（社区）微信群发布换届纪律等相关信息，向区、镇（街道）、村（社区）三级干部推送换届纪律短信1000余条，在各个会场和代表住宿酒店发放换届纪律要求宣传卡200余张，不断提高换届政策的知晓度，扩大换届纪律的覆盖面，营造风清气正的换届氛围。畅通信访举报渠道，区委组织部在干部任期考核、换届考察工作等多个关键环节，加大对“12380”

举报平台的宣传力度，不断提高举报平台知晓度，派专人 24 小时负责接收来信、接听电话，确保信访举报得到实时受理。区纪委监委通过廉政官方账号发布风气监督公告，通过宣传卡、张贴栏等方式公布举报电话和受理举报地点，在代表委员驻地、会场设立举报信箱，联合中纪委“12388”举报平台、中组部“12380”举报平台，打造电话、短信、信访和网络“四位一体”监督体系，对换届人选的信访件及问题线索进行“大起底”，排查出涉及本次换届人选未结相关问题线索 3 条，并予以及时办结。完善监督机制，建立换届风气举报提级办理、快查快结机制，对换届中发现的违纪问题，早查处、早制止，对查处的违纪行为严肃处理、绝不姑息。开展一线监督，组建 3 个换届风气督查小组包片联点对 3 个镇落实严肃换届纪律工作责任、执行换届纪律情况全程监督，对发现的问题及时督促整改到位。实行驻团（组）监督，监督员驻团（组）对党代会、“两会”分团分组实行全程监督，派出监督员驻在酒店督查代表委员遵守纪律情况，派出监督查办小组在代表驻地周边的宾馆、酒店、娱乐休闲场所明察暗访，确保监督不留死角。

（钟一苇）

大事记

1月

13日 工信部发布第二批专精特新“小巨人”企业名单，辖内株洲菲斯罗克光电技术有限公司、株洲南方阀门股份有限公司2家企业上榜。

同日 中国动力谷自主创新园内启迪之星（株洲）公司被授牌为“湖南省新侨创新创业基地”。省侨联党组书记、副主席黄芳，市委常委、市委统战部部长覃万成出席授牌仪式。

14日 全国疫情防控工作电视电话会议、湖南省疫情防控工作电视电话会议后，区长姚永告迅速组织传达学习全国疫情防控工作会议精神，并对天元区冬春季疫情防控工作进行再安排、再部署、再推进。

同日 株洲高新区工委工作会议、天元区委五届十二次全体（扩大）会议暨株洲高新区工委、天元区委经济工作会议召开。工委、区委书记代表工委、区委常委会作工作报告，区长姚永告出席并讲话。

19日 湖南（株洲）二手车出口业务首发仪式在株洲汽博园举行，首批30台二手车将出口至尼日利亚、加纳等国家。副省长何报翔出席仪式并宣布湖南首批二手车出口从株洲正式起运。

同日 天元区召开镇（街道）纪（工）委书记、国有公司纪委书记和派驻纪检监察组长述职会议。

22日 天元区召开新冠肺炎疫情防控工作会议，研判分析全区疫情防控形势，对当前疫情防控工作进行部署和落实。

同日 株洲石三门现代农业公园叁农（月福）基地启动开工，株洲石三门现代农业公园管理委员会揭牌。基地建成后，将拥有康养蔬菜包装、康养蔬菜面食加工、卡通蔬菜食品加工和粤港澳大湾区菜篮子工程冷链物流四大业务板块。

24—26日 2021年株洲市农业农村高质量发展“看学议”活动开展。市委副书记王洪斌率全市“看学议”活动观摩团成员到天元区石三门现代农业公园现场观摩考察。

26日 省发展和改革委员会党组成员、副主任王亮方一行到天元区督导禁毒工作。

同日 召开株洲高新区、天元区“十四五”规划纲要专家评审会。会议听取省、市相关领域的特邀专家对《株洲高新区（天元区）国民经济和社会发展第十四个五年规划和二〇三五年远景目标纲要》的意见和建议。

27日 2020年度株洲高新区、天元区人才人力资源建设工作领导小组会议召开，听取人才工作相关情况汇报，研究并审议有关人才工作事项。

人才人力资源建设工作领导小组会议

29日 湖南叁农在湖南股交所举行挂牌仪式，成为湖南省首个蔬菜全产业链挂牌企业。

同日 中国动力谷自主创新园研发中心2021年第一批5个项目进行集中签约开工。签约项目涉及新能源汽车、新材料、工业软件设计等领域。

2月

1日 天元区召开专题会议，研究部署全面推进乡村振兴、加快农业农村现代化相关工作。

1—3日 政协天元区第五届委员会第六次会议召开。区政协主席谈志明作区政协常委会工作报告。

2—4日 天元区第五届人民代表大会第六次会议召开。区人大常委会主任周琪作区人大常委会工作报告。区长姚永告参加会议并代表区政府向大会作《政府工作报告》。区委书记参加会议并讲话。会上，159位区人大代表票决出天元区2021年重点办理的10项民生实事项目，这是天元区首次在区级层面实施民生实事项目人大代表票决制。

5日 株洲高新区、天元区召开2020年度“双创人才”政策兑现大会暨新政发布会，现场向符合政策的3000余名“双创人才”兑现4600余万元“红包”，较2020年增加1500余万元，涉及高层次人才、优秀青年人才、技能人才等各类人才。

24日 株洲高新区与钜成企业管理集团有限公司就株洲电竞谷、光电芯片产业园项目签订战略合作框架协议。该项目主要用于光芯片、光通信、5G通信、新能源等产业链上下游产品的研发、生产、制造。

26日 2021年天元区“干部素质提升工程”活动暨“天元新青年”干部培训班开班仪式在天元区举办。全区400余名青年干部参加开班仪式。

3月

1日 2021年湖南省重大项目集中开工株洲分会场活动举行。天元区作为县市分会场之一，有11个项目参与集中开工，总投资额49亿元，年度投资18亿元。

3日 天元区100个村（社区）开展“新春第一课”集中培训，为村（社区）新任班子“集中补钙，充电赋能”。

4日 天元区政法队伍教育整顿动员部署会议召开。

同日 省财政厅党组成员、副厅长何伟文率队实地考察天元区响水田园综合体。

5日 市文明办、团市委、市民政局主办，天元区文明办、团区委、区民政局承办的“雷锋家乡学雷锋·文明株洲我先行——‘3·5’学雷锋志愿服务月活动”在苏宁广场举行。

8日 天元区区直属党（工）委书记2020年度抓基层党建和落实意识形态工作责任制述职暨产业链联合党委、农村区域联村党委书记2020年度抓党建工作述职会议召开。

同日 天元区召开表彰大会，颁发平安家庭、最美家庭、最美女声奖、最美妇联执委、最美传播奖、最美她课堂和最美妇联组织7大奖项，涉及82个集体和个人。

10日 株洲高新区、天元区首届志愿服务礼遇褒奖大会召开。大会对星级志愿者进行授星，对“十佳”志愿服务品牌项目、“十佳”志愿服务社区、“十佳”志愿服务队伍、贡享爱心商家、贡享爱心达人等进行表彰。大会为株洲高新区（天元区）志愿服务贡享联盟授牌。

11日 2021年株洲高新区、天元区“产业项目建设年”和“营商环境优化年”活动动员大会召开，吹响大抓项目建设、大抓环境优化的集结号。

12日 天元区300多名机关干部职工到新马工业园新东路，开展义务植树活动。

同日 天元区组织的金融资本智慧系列专题讲座开讲。来自浙江大学的杨遴杰教授为株洲市近100家企业的负责人及管理人员解读和展望当前宏观经济形势。

15日 湖南·株洲高新区人力资源服务产业园揭牌开园，园内株洲高新区人力资源市场和株洲高新区政务服务中心同步揭牌运营。

16日 株洲市第六届（2021年）中小企业创新成长大会发布中国动力谷“十大消费品牌”（第三批），天元区北京汽车株洲分公司（北京牌）、湖南太子奶集团生物科技有限责任公司（日出/太子）和株洲瑞德尔冶金设备制造有限公司（瑞德尔品牌）3家单位入选。

17日 湖南省政法队伍教育整顿第三指导组组长袁友方带队到天元区开展政法队伍教育整顿督查指导，市委常委、政法委书记杨玉芳参加。

同日 长沙高新区党工委书记周庆年率长沙高新区党政考察团到天元区考察园区建设、产业发展等情况，并围绕深化对接合作展开座谈交流。

长沙高新区到区考察调研

18日 省体育局党组书记、局长李舜一行在副市长杨胜跃陪同下到泰山路街道大岭社区就“智能社区健身房”开展调研。

同日 2021年区“点亮万家灯火”“春风行动”“迎新春送温暖、稳岗留工”专场招聘会在株洲红星美凯龙一楼举办。136家企业发布岗位4800余个，1200余人应聘，达成初步就业意向681人。

中旬 天元区获评“全省五化民政建设先进区”。

20—21日 “神农福地·牛气冲天”天元区第四届汽车消费节在株洲汽车博览园举行。株洲市副市长杨英杰宣布活动开幕。天元区委、区政府主要领导参加开幕仪式。

21日 参战老兵、79岁的刘欲求老人到栗雨街道庆霞、凿石社区，通过忆往昔、讲党史，为辖区退役军人、机关和社区党员干部、居民宣讲红色故事。

23日 天元区召开创建省级食品安全示范区动员会，全面启动省级食品安全示范区创建工作。

同日 湖南省包装联合会第七次会员代表大会在天元区召开。湖南工业大学党委书记谭益民当选省包装联合会第七届理事会会长。

24日 天元区人大常委会成员到白鹤小学、天元小学、建宁实验中学调研视察全区义务教育阶段招生划片情况并召开座谈会。

同日 天元区非公有制经济组织和社会组织综合（行业）党委书记暨区直机关党组织书记履行基层党建工作责任制述职评议大会召开。

同日 天元区召开交通问题顽瘴痼疾集中整治2020年工作总结暨2021年工作部署会议。

25日 天元公安分局召开第五届特邀监督员聘请暨队伍教育整顿第一次座谈会。天元公安分局聘请10名来自新闻媒体、医院、企业等领域的代表作为特邀监督员。

同日 湖南省举行精神文明建设表彰会。三门镇南江村、雷打石镇获评省级文明村镇，中车电动、区民政局、区城管局获评省级文明单位，时代新材、省地质矿产局四一六队、区财政局获评省级文明标兵单位，嵩山路街道大湖塘社区的唐明揪家庭获评省级文明家庭，白鹤小学获评省级文明校园。

28日 菲斯罗克精密级光纤陀螺产业化项目，湖南交建新基建、环保产业及总部基地项目在天元区开工建设。

30日 株洲高新区工委、天元区委理论学习中心组开展党史学习教育第一次专题学习，深入学习习近平总书记在党史学习教育动员大会上的重要讲话精神，贯彻落实中共中央和省委、市委关于开展党史学习教育的决策部署，对天元区开展党史学习教育进行全面部署。

同日 天元区召开征拆征收2020年总结表彰暨2021年动员部署会议。会议回顾天元区2020年的征拆征收工作，对3个先进基层单位、5个先进社区和55名先进个人进行表彰，并部署2021年征拆征收的工作，向7个基层单位递交任务书。

4月

1日 天元区嵩山路街道白鹤社区和泰山路街道文家冲社区被评为“全国最美志愿服务社区”。

2日 株洲市举行“促招引开新局”2021年一季度重大招商项目签约仪式，现场30个重大招商项目签约，总投资额361亿元。其中，天元区获签5个项目，总投资额64亿元。

9日 株洲高新区召开2020年度产业高质量发展政策兑现大会，表彰为经济发展做出突出贡献的429家企业，发放奖补金额5160.8万元，其中发放给工业类企业的奖补资金近4500万元。40家企业代表现场领取奖补资金。

16日 天元区“侨胞之家”在动力谷众创空间揭牌。

20日 天元区召开全面从严治党述责述廉大会。12家单位和部门党组织现场对落实全面从严治党主体责任情况、落实纪律作风和廉洁自律情况进行口头述责述廉，深刻剖析存在的问题，提出整改措施，其他单位和部门进行书面述责述廉；参会的单位和部门党组织同时接受民主测评。

21—22日 株洲高新区工委、天元区委理论学习中心组围绕“学史增信”开展党史学习教育第二次专题学习。300余名党员干部、16家企业24名代表乘坐湘赣边红色客运列车，沿醴茶铁路前往茶陵县、炎陵县，参加党史学习教育“车厢课堂”学习，接受红色教育。

22—23 日 湖南省乡镇（街道）社会工作服务站项目专家督导、中国青年政治学院社会工作系教授孙莹到区开展社会工作服务站督导工作。

24 日 中科（湖南）先进轨道交通研究院揭牌仪式暨中国动力谷轨道交通学术交流会在动力谷自主创新园国际学术交流中心举行。

27 日 中国美协副主席、清华大学美术学院院长鲁晓波一行到天元区开展实地考察。北京株洲企业商会、中国动力谷（北京）会客厅相关人员参加考察。

同日 株洲市第十五届人大驻区代表团代表视察天元区文旅融合发展工作。

29 日 长株潭三市国家高新区推进区域一体化发展合作框架协议签订仪式在长沙举行，宣告横跨三地的首个国家级高新区“联盟”成立。

同日 株洲高新区离岸孵化器在长沙凯乐微谷产业园揭牌，全市首家“科创飞地”落户长沙。

5 月

4 日 市委书记曹慧泉，市委常委、市委秘书长何朝晖，副市长谭可敏深入天元区调研乡村振兴工作，先后到三门镇月福农产品加工产业园株洲裕农食品有限公司、湖南叁农现代农业（蔬菜）产业园，以及雷打石镇石三门现代农业产业融合示范园考察调研。

6 日 月福村与湖南叁农企业管理股份有限公司签订协议，开启村企“三三制”合作模式。企业负责种苗培育、提供技术标准、产品销售；村负责组织土地生产、日常管理和采摘回收。

9 日 庆祝中国共产党成立 100 周年“传承红色基因·践行三高四新”2021 年长株潭城市群大型体育赛事系列活动启动式暨战马 2021 湘江马拉松赛·株洲站在万丰湖开跑，现场 3000 余名选手参赛。

10 日 市委书记曹慧泉，市领导何朝晖、杨英杰到天元区督导检查防汛工作。曹慧泉强调要未雨绸缪，时刻绷紧防汛这根弦，全面排查整治风险隐患，扎实做好物资储备、动员演练等工作，提升应急处险能力，切实守护水安，确保安全度汛。

11 日 省农业农村厅副厅长兰定国一行在天元区开展农产品质量安全监管检查工作。

12 日 株洲市信息技术应用创新工程产业链链长工作调度会在天元区召开。市人大常委会党组书记、副主任、信息技术应用创新工程产业链链长彭建忠参加会议。

13 日 天元区召开株洲高新区新材料产业链联合党委成立大会，推动党组织的政治优势转化为产业发展的制度优势。

16 日 首届株洲·中国动力谷人才主题节在株洲高新区启动。中国工程院院士李培根，中车株洲所总工程师冯江华等专家学者，以及部分株洲市领导出席启动仪式。

首届株洲·中国动力谷人才主题节

20日 中国农技协理事长、中国农业大学原校长柯炳生一行考察天元区石三门现代农业公园、上橙有机（株木）生态循环农庄项目智能“鱼菜共生”基地、湖南叁农企业管理股份有限公司悠移公司壹加玖水果种植合作社，对农业科技小院选址进行实地调研，并听取相关情况介绍。

24日 “丹心百年路，动力株洲行”湘赣边红色专列株洲行全省媒体集中采访活动在中国动力谷展示中心启动。湖南卫视、湖南教育台等全省20多家媒体到株洲集中采访，市委常委、宣传部部长聂方红宣布活动启动。

25日 “同心向党，碳中和一”主题党日活动暨碳中和党员教育示范基地揭牌仪式在庞大贝宁北汽新能源汽博园旗舰店举行。

26日 天元区应急队伍抗洪抢险综合演练暨基干民兵点验大会在万丰湖畔举行。市委常委、株洲军分区政委周杰，天元区委、区政府主要领导观摩演练。

28日 天元区举行项目集中开工投产仪式。仪式上，湖南凯睿思高速覆铜板项目开工，中科存储芯片项目投产。

30日 天元区3个乡镇全部完成党委换届工作。此次换届后，3个乡镇选举产生新一届党委委员27人，平均年龄38岁，35岁以下年轻干部占比37%；党委委员中大学本科以上学历干部占比81%，其中研究生学历干部占比33%，班子结构进一步优化。

31日 中国首列出口欧洲的双层动车组在中车株洲电力机车有限公司下线，这是中国自主研制的满足欧盟铁路互联互通技术规范的双层动车组。

6月

1日 省民政厅党组书记、厅长曹忠平一行考察天元区新塘社区、社会组织孵化中心。

2日 团省委书记李志超到天元区调研少先队工作。

3日 湖南省产业园区高质量发展推进会在浏阳召开。株洲高新区作为全省园区唯一代表在会上作典型发言。

同日 市委副书记胡长春到三门镇裕农食品公司、叁农公司调研，详细了解企业经营发展、品牌建设、人才引进和农村“三变”改革等情况。

5日 天元区首台一体化“积木式电梯”（主体结构）在政华小区C栋2单元吊装成功。

11日 天元区“专家人才进校园点亮科技火种”启动仪式在凿石小学举行，党课专家人才、科技辅导专家人才、中小学校长等百余名代表参加仪式。

同日 天元区举办“网约新区乡村振兴”新媒体和网络大V聚焦新区乡村振兴采风活动。

16日 株洲高新区、天元区“双创”工作推进会议暨株洲高新区、天元区创新创业协会第二次会员大会召开，发布天元区首支天使投资基金——株洲高新区孵化器联合天使基金。

同日 天元区2021年“安全生产月”“安全生产万里行”启动仪式暨首届工伤预防进园区活动举行。

17日 株洲高新区、天元区“我心向党唱响新区”庆祝建党100周年合唱比赛（决赛）在神农大剧院举行。副市长杨胜跃、市政协副主席金继承等观看决赛。

同日 总投资50亿元的中博安全智能家居科技园一期项目开工，将打造成为中南地区最大的家居建材产业示范园区。

同日 天元区“百年铸辉煌 火炬耀新区”庆祝建党100周年美术书法摄影作品展在神农大剧

院举行，展出近 200 件美术、书法、摄影作品。

18 日 2021 年高新区银企对接会在人力资源服务产业园举行，50 家中小企业，20 家银行、担保、融资租赁等金融机构参加。

同日 天元区离退休干部“光荣在党 50 年”专题座谈会召开。区委组织部主要负责人向 15 名 50 年以上党龄的老党员代表颁发“光荣在党 50 年”纪念章。

21 日 株洲高新区、天元区 2021 年第二季度重大招商签约活动举行。7 个项目总投资额超过 206 亿元，涉及的产业分别来自新能源汽车、生物医药、现代农业、新材料等。

同日 省商务厅党组书记、厅长陈恢清率队前往株洲汽博园、湖南长城等地调研了解二手车出口交易以及外贸企业出口等情况。

23 日 中国工程院院士、武汉大学党委常委、副校长李建成到天元区考察相关项目推进情况，洽谈深化校地合作事宜。

23—25 日 湖南省开发区协会二届四次理事大会在天元区举行。

24 日 天元区和湘潭县签订政务服务“跨域通办”合作协议，梳理出 46 项“跨域通办”事项。

26 日 株洲首座禁毒主题公园正式开园。

27 日 “欢乐潇湘 · 颂歌向党”湖南省庆祝中国共产党成立 100 周年群众合唱比赛在长沙举行。天元区教师合唱团代表株洲夺得一等奖。

同日 株洲高新区动力谷创新创业服务中心被人力资源社会保障部认定为“全国创业孵化示范基地”，为株洲市首个“国字号”创业孵化示范基地。

同日 2021 年株洲新能源产业研讨会在天元区召开。

28 日 湖南智点智能新能源汽车有限公司汽车总装竣工，现场发布首款轻卡车型 X301，并向现场来宾展示后续产品计划。

同日 天元区嵩山广场小游园升级为株洲市首个党史教育主题“微公园”。

同日 全省首个落户产业园区的“现代产业院”——中国动力谷现代产业院在株洲高新区正式揭牌。产业院位于动力谷自主创新园国际学术交流中心，由株洲高新区工委、管委会牵头组建，“双创”中心和高科园创一体运营的新型产教融合平台。

同日 五凌电力汉兴株洲油氢电综合智慧能源站项目开工，为全省第一个油氢电综合智慧能源站。

30 日 株洲高新区、天元区召开优秀共产党员、优秀党务工作者、先进基层党组织表彰大会，分别授予陈妮等 70 名共产党员、刘玉富等 20 名党务工作者、中共株洲高新区新能源汽车产业链企业联合委员会等 10 个基层党组织“株洲高新区（天元区）优秀共产党员”“株洲高新区（天元区）优秀党务工作者”和“株洲高新区（天元区）先进基层党组织”称号。

为优秀党务工作者颁奖

6 月 2021 年首届“株洲 · 中国动力谷人才主题节”“专家人才进校园 · 点亮科技火种”——株洲高新区（天元区）专家人才进校园活动启动仪式举行。43 名专家人才分别被聘请为讲党课专家和校外科技辅导员。

7月

1日 市委书记曹慧泉深入天元区调研在建重点项目，慰问项目建设一线共产党员。

同日 株洲高新区、天元区各级各部门通过集中收看、个人收看等形式收看庆祝中国共产党成立100周年大会。

同日 位于神农大道株洲市民中心的大型方舱接种点“开舱”，单日接种量可达3000人次。湖南工业大学原方舱接种点正式停止使用。

5日 株洲高新区（天元区）庆祝中国共产党成立100周年座谈会召开。

5—6日 天元区召开区、镇两级人大换届选举工作会议，对区、镇两级人大换届选举工作进行部署，并开展专题培训暨镇（街道）人大工作座谈会。

6日 株洲高新区、天元区学习贯彻习近平总书记“七一”重要讲话精神专题研讨会召开。

7日 天元区政协党组书记、主席谈志明走访视察株洲市浙江商会。株洲市浙江商会会长蔡志林介绍商会基本情况及运营现状。

9日 区人大常委会党组书记、主任周琪率队到区工商联（总商会）开展营商环境调研，听取株洲市商协会中心入驻商协会负责人及企业代表意见建议。

11日 株洲高新区、天元区召开全区领导干部大会。市委常委、组织部部长李武宁出席会议并宣布省委、市委关于株洲高新区、天元区主要领导干部调整的决定：邬凌云任株洲高新区党工委副书记、天元区委书记、二级巡视员。

14日 株洲市首个建在产业园区的人大代表工作站——马家河街道人大代表联系群众工作站建成并投入使用。

15—16日 国家禁毒办副主任、公安部禁毒局副局长赵仲忱一行在湖南省禁毒办常务副主任、省公安厅禁毒总队总队长赵江文陪同下赴天元区调研禁毒重点整治工作，并听取汇报。市委副书记胡长春，副市长、市禁毒委常务副主任、市公安局局长李晓葵；工委副书记、区委书记、区禁毒委主任邬凌云；区长、区禁毒委第一副主任姚永告参加调研或汇报会。

16日 天元区工商业联合会（总商会）第六届第一次主席（会长）会议在株洲市商协会中心召开。区工商联主席胡志清介绍天元区工商联“十四五”规划整体思路，天元区工商联（总商会）兼职副主席、副会长、区工商联全体机关干部参加会议。

19日 株洲高新区、天元区召开全区领导干部大会。市委组织部常务副部长李余粮出席会议并宣布省委、市委关于株洲高新区、天元区有关领导干部调整的决定：何柢任株洲高新区工委委员、管委会副主任，天元区委副书记，提名为天元区人民政府区长候选人；姚永告不再担任天元区委副书记、天元区人民政府区长职务。

同日 工信部公布第三批专精特新“小巨人”企业名单。天元区博戈橡胶塑料(株洲)有限公司、湖南澳维环保科技有限公司、湖南科瑞变流电气股份有限公司、湖南立方新能源科技有限责任公司、湖南瑞邦医疗科技发展有限公司、湖南润伟智能机器有限公司、株洲艾美新材料有限公司、株洲齿轮有限责任公司、株洲火炬安泰新材料有限公司、株洲嘉成科技发展有限公司、株洲精工硬质合金有限公司、株洲肯特硬质合金有限公司、株洲瑞德尔冶金设备制造有限公司、株洲旭阳机电科技开发有限公司、株洲宏大高分子材料有限公司 15 家企业跻身“小巨人”企业国家队行列。

21 日　株洲高新区工委委员、管委会副主任，天元区委副书记、区长提名人选何柢调研全区生态环境保护工作，并对中央环保督察发现问题整改落实情况进行集中现场督办。

24 日　株洲高新区工委副书记、天元区委书记、二级巡视员邬凌云，株洲高新区工委委员、株洲高新区管委会副主任姚永告（主持管委会日常工作）赴长沙高新区学习交流，共谋两地高新区更广阔领域的合作。

27 日　天元区人武部党委第一书记任职大会召开。市委常委、株洲军分区政委周杰，工委副书记、区委书记、二级巡视员邬凌云，株洲高新区工委委员、管委会副主任，天元区委副书记，区人民政府党组书记、副区长、代理区长何柢出席任职大会。会上，周杰宣读关于任命邬凌云为天元区人武部党委第一书记的任职命令，并颁发任职证书。

29—30 日　中共天元区第六次代表大会召开。邬凌云代表五届区委向大会作题为《营造活力高新 建设现代天元努力在践行“三高四新”战略中实现更高质量发展》的工作报告。会议书面报告中共株洲市天元区第五届纪律检查委员会工作以及党费收交、使用和管理情况。邬凌云、何柢、张见平、王志强、袁哲明、刘辉、许大为、吴文静、刘亮、王文绮、凡金湘当选为区委常委。邬凌云当选为区委书记，何柢、王志强当选为区委副书记。张见平当选为区纪委书记。

8 月

7 日　株洲中车时代电气股份有限公司首次公开发行 A 股并在上海证券交易所科创板上市，成为株洲市第一家 A+H 两地上市企业。湖南省副省长陈飞，中国中车集团党委书记、董事长孙永才到场见证并致辞，市委书记曹慧泉出席，并共同为企业敲响开市锣。

12 日　芦淞区、天元区、长沙市岳麓区、湘潭市雨湖区的行政审批服务局相聚云端，用视频连线的方式开展“云签约”。

12—13 日　工委副书记、区委书记、二级巡视员邬凌云深入辖区中车系及新能源汽车产业重点企业调研，统筹疫情防控、生产经营及项目建设工作。

13 日　天元区全面重启新冠疫苗接种工作，并在农村和城区分别开设学生专场。

16 日　天元区召开区、镇两级人大换届代表选举投票工作动员部署会暨代表选举投票专题培训会。

19 日　湖南移动株洲分公司在天元区群丰镇建成并开通首个 700 兆 5G 示范基站，拉开全市 700 兆 5G 网络建设序幕。

23 日　湖南喜来高动物保健品有限公司“农牧产业园”在新马工业园奠基，株洲高新区又增添一家生物制药、饲料添加剂高新技术企业。

24 日　天元区完成新一届区、镇两级人大代表选举工作。选举出天元区六届人大代表 199 名、镇人大代表 199 名。

9 月

1 日　株洲高新区、天元区举行年轻干部夜谈会，110 位代表参加。工委副书记、区委书记、二级巡视员邬凌云与大家面对面座谈，深入交流。

3 日　天元区 2021 年禁毒工作会议召开。会议贯彻落实中央、省、市关于禁毒工作的决策部署；

回顾总结 2020 年全区禁毒工作情况，表彰先进；分析当前工作形势，研究部署下一阶段禁毒工作。

15 日 工委副书记、区委书记、二级巡视员邬凌云主持召开工委委员会议、区委常委会议，传达学习市委书记曹慧泉到株洲高新区、天元区调研时讲话要求，研究产业布局、园区发展等相关事项。

27 日 召开株洲高新区、天元区“三高四新”财源建设工作动员部署会议。

同日 湖南长城计算机系统有限公司首批无减速器结构的新型多关节机器人产品交付。该机器人产业化获得突破，一种新技术机器人正式面世。

技术人员调试无减速器结构的新型多关节机器人

10 月

2 日 市委书记曹慧泉调研株洲高新区、天元区环境问题整改、产业发展、民生服务等工作。市委常委、市委秘书长、副市长杨英杰参加。

9 日 市委副书记、代市长陈恢清在天元区调研督导小区雨污分流改造工作，并召开现场办公会，对相关工作进行再调度、再部署。

12 日 第 21 届天元区中小学生秋季田径运动会在隆兴中学运动场开幕。全区 29 所学校的 529 名运动员参加，在为期 3 天的赛程中进行 100 米赛跑、铅球、跳高等田径项目的角逐。

14 日 2021 中国新能源汽车拉力赛 · 环洞庭湖站在株洲国际赛车场开赛，是中国规模最大、影响力最广的新能源汽车赛事。

15 日 湖南省功率半导体产业对接会暨功率半导体行业联盟第七届国际学术论坛在株洲召开，行业专家及企业代表等 400 余人参加会议。活动由省工信厅、市政府、功率半导体行业联盟共同主办。市委书记曹慧泉出席并致辞。株洲高新区、渌口区和市国投集团与相关企业签署产业孵化、项目合作协议。

20—21 日 工委副书记、区委书记邬凌云一行到湖南省戴永红商业连锁有限公司、湖南世鑫新材料有限公司、株洲冶炼集团股份有限公司及株洲南方阀门股份有限公司 4 家企业，查情况、谈问题、话发展。

24 日 2021 年 CTCC 中国汽车场地职业联赛株洲站决赛在株洲国际赛车场举行。中国汽车摩托车运动联合会主席詹郭军，国际汽车联合会副主席万和平，副市长杨胜跃，工委委员、管委会副主任（主持工作）姚永告等观看比赛。

25 日 天元小学女子篮球队夺得市第十四届运动会暨 2021 年“三好杯”中小学运动会篮球赛小学女子组冠军。

25—27 日 政协天元区第六届委员会第一次会议召开。区政协党组副书记、区政协主席提名人选周玉智致开幕词，区政协主席谈志明代表政协天元区第五届委员会作工作报告。会议审议批准政协天元区第五届委员会常务委员会工作报告；审议批准政协天元区第五届委员会常务委员会关于五届政协期间提案工作情况的报告；会议选举周玉智为政协天元区第六届委员会主席，袁丽凡、丁利英、袁峰、徐向荣、胡志清为副主席。

27—29 日　天元区第六届人民代表大会第一次会议召开。天元区人大常委会主任周琪主持会议并受区五届人大常委会委托向大会作工作报告。天元区委副书记、副区长、代理区长何栀代表区人民政府向大会作《政府工作报告》。会议听取和审议区检察院检察长王亚波所作的《株洲市天元区人民检察院工作报告》，区法院院长帅团结所作的《株洲市天元区人民法院工作报告》。会议选举周琪为区人大常委会主任；何栀为区人民政府区长；张见平为区监察委员会主任；谈培蕾、董运喜、王旭、刘根平、王维疆为区人大常委会副主任；刘辉、许大为、黄团结、包剑、黄志斌、蔡滔、谌华、龙潭为区人民政府副区长；帅团结为区人民法院院长；区人民检察院检察长人选王亚波报请市人大常委会批准。会议选举区出席株洲市第十六届人民代表大会代表。

11 月

5 日　“领航·价值”2021 第十届金博奖全球高层次人才科技创新大赛——株洲·中国动力谷专场赛决赛，在株洲高新区人力资源服务产业园举行。25 个博士项目同台竞技；3 个组别 4 大领域项目路演；政府、投融资机构与博士面对面交流，共话创新 共谋发展。

6 日　召开株洲高新区（天元区）首届群众大会。现场 21 个志愿服务队，讲述他们的志愿帮扶工作。30 家企业获得抗疫爱心企业表彰，7 家企业与辖区群众志愿服务队进行结对帮扶。

9 日　市委书记曹慧泉在市领导杨英杰、王卫安陪同下调研天元区专精特新“小巨人”企业发展及培育情况。强调要大力实施专精特新“小巨人”企业培育行动，提升专精特新“小巨人”企业发展质量，助力实体经济特别是制造业做实做强做优，为实施“三高四新”战略，培育制造名城、建设幸福株洲提供坚强保障。

15 日　工委副书记、区委书记邬凌云率区领导刘亮、许剑鸣、包剑、彭炯赴石三门现代农业公园调研。强调全区上下要拧成一股绳，下狠功夫，行稳致远，以市场为主体，充分调动广大农民积极性，做实做真，做出效益，让乡村振兴的步伐越来越铿锵有力。

23 日　工委委员、管委会副主任（主持工作）姚永告携招商代表团在深圳举行“聚焦头部企业 共建产业生态”——湖南长城、株洲麦格米特专场推介会。会上，湖南长城、麦格米特和其配套的 30 多家企业、2 家上市公司共聚一堂，说需求、提疑问，共话新区优良营商环境。

30 日　株洲高新区、天元区召开领导干部会议，宣讲中共十九届六中全会精神，传达学习省第十二次党代会精神，全面部署贯彻落实工作。工委副书记、区委书记邬凌云传达省党代会精神并讲话。工委委员、管委会副主任（主持工作）姚永告主持会议。工委委员、管委会副主任，区委副书记、区长何栀宣讲中共十九届六中全会精神。

12 月

8—11 日　2021 中国国际轨道交通和装备制造产业博览会在株洲汽车博览园汽车交易中心举行。全国政协副主席郑建邦发表视频致辞。省委常委、常务副省长李殿勋宣布博览会开幕，副省长何报翔、中国贸促会副会长张慎峰致辞。阿联酋驻华大使阿里·扎希里视频致辞，缅甸驻华大使苗丹佩、泰国驻华大使阿塔育·习萨目出席。

开幕式由省政府副秘书长陈献春主持。中国贸促会、工信部、国家铁路局以及省直相关部门领导，中国工程院院士刘友梅、丁荣军，市委书记曹慧泉，市委副书记、代市长陈恢清等领导嘉宾出席。

2021 中国国际轨道交通和装备制造产业博览会

9 日　省委常委、省委组织部部长王成深入天元区基层宣讲中共十九届六中全会和省第十二次党代会精神，调研基层党建和人才工作。

17 日　《湖南省高新区创新发展绩效评价研究报告 2021》发布会暨湖南省高新区高质量发展论坛在长沙举行。会上发布 2020 年度全省高新区绩效评价综合得分，株洲高新区获得全省第二。

18—19 日　城市居民小区消防安全应急演练活动启动仪式在天元区湘湾社区红盾雅园小区举行。应急演练活动包括疫情防控、消防安全、燃气泄漏、电梯困人四类突发事件处置。天元区设 1 个主会场、4 个分会场开展情景演练，266 个小区以桌面推演、宣传教育的形式进行同步开展。（李　程）

天元区概览

自然地理

【区域位置】株洲国家高新技术产业开发区、株洲市天元区（以下简称“株洲高新区”）是随着株洲市经济社会发展和株洲湘江大桥通车而设立的新区。位于株洲市河西，湖南省东部中段，东经 112°59′18″～113°08′36″，北纬 27°31′05″～27°51′20″。株洲市辖区，市人民政府驻地。东临湘江，与株洲市河东地区隔江相望，南与渌口区古岳峰镇及龙船镇为邻，西与湘潭县接壤，北与石峰区以湘江为界。面积 327.6 平方千米，常住人口 48.35 万人。区人民政府驻株洲大道北 1 号。境内有武广高铁和京港澳高速贯穿南北，交通便利，区位优势明显。（张 臻）

【水系水文】天元区境内有湘江从南、东、北依次环绕流过。天元区段属湘江下游，湘江天元区段由三门镇湖坪村矮洲组入境，由马家河街道高塘社区井塘组出境，长 47.95 千米。全区年平均降雨量 1412.5 毫米。湘江株洲天元段江面宽 400～800 米，水深 2.5～3.5 米，水利坡度 0.102‰；枯水期水面宽约 100 米；年平均总径流量 664 亿立方米；水位、流量、流速平水期流量年平均值分别为 34 米、1800 米^3/秒、0.25 米^3/秒；历史最大值水位 44.59 米，最小值 27.83 米；流量历史最大值 22250 米^3/秒，最小值 101 米^3/秒。湘江两岸水文条件差异较大，右岸水流平缓且水浅，扩散稀释条件较差。

2021 年，天元区降水略偏少，汛期持平略偏少，发生 1 次明显洪水过程。汛期累计面平均降水量 1020.4 毫米，较历年同期均值 953 毫米偏多 7.1%。最强降雨发生在 5 月 18—21 日，全区普降暴雨，面平均降雨量为 123.3 毫米；受强降雨及上游来水影响，湘江株洲站 21 日 09 时到达警戒水位 40.00 米，22 日 13 时出现年内最高水位 41.18 米，超警戒水位 1.18 米，实测流量 1.7 万米^3/秒，全程涨幅 7.15 米，23 日 07 时水位退出警戒水位，过程超警戒水位时间持续 46 小时 15 分。（刘建军）

【气候特点】天元区位于湘东中、南部，纬度较低，受东亚季风影响很大，属亚热带季风湿润气候类型。冬季多为欧亚大陆干冷气团控制，北方寒流频频南下，造成雨雪冰冻，气候比较湿冷；夏季则多为低纬海洋暖湿气团影响，温高湿重；在春夏之交，正处在冷暖气团交替的过渡地带，锋面、切变线和气旋活动频繁，造成阴湿多雨，天气多变；而在盛夏期间，因副热带高压控制湘东、湘中一带，酿成高温酷热，晴热少雨，蒸发强盛；秋季多受稳定的大陆高压控制，前一个月多秋高气爽天气，后一个月受冷空气影响，则多秋风秋雨天气。一年之中，一般1月最冷、7月最热。主要气候特点是：气候温暖，四季分明；雨热同季、暖湿多雨；热量充足，雨水集中；春温多变，夏秋多旱；严寒期短，暑热期长。

2021年，天元区气温偏高；降水量正常略偏少，空间分布极度不均匀，呈北少南多的空间分布；日照时数偏多；主导风向为偏北风。年平均气温19.2℃，较历年偏高1.3℃；年平均最高气温为24.3℃，较历年偏高1.6℃，属于偏高年份；年平均最低气温15.7℃，较历年偏高1.2℃，属于偏高年份。春季气温正常，冬、夏、秋季气温偏高，其中冬季气温异常偏高。降水量正常略偏少，年平均降雨量1389.3毫米，较历年偏少7.8%；年平均降水日数151.4天，较历年偏少12.0天，属偏少年份。4月、5月和10月的雨日较历年偏多；1月和9月的雨日较历年显著偏少，6月的雨日数较历年偏少；其余各月雨日正常。平均年暴雨日数4.2天，较历年偏多0.2天；平均年大雨日数9.6天，较历年偏少2.4天；平均年中雨日数30.8天，较历年偏少0.8天，平均年小雨日数106.8天，较历年偏少10.2天。日照较历年偏多，总日照时数为1644.3小时，较历年偏多96.8小时；四季中日照时数冬季和春季偏多，夏季偏少，秋季显著偏少，2月、4月和8月日照充足，6月、7月、10月和12月日照显著偏少，9月日照异常偏少。

（刘建军）

建置·区划

【建置沿革】1954年3月31日，湘潭县第一农场划归株洲市，改名株洲市园艺试验场，1954年5月30日改名株洲市园艺场，隶属株洲市郊区。

1988年9月27日，市政府决定在株洲市园艺场地域上筹建株洲新技术产业开发试验区，市园艺场部分地域属株洲新技术产业开发试验区。

1992年2月10日，湖南省政府批准株洲新技术产业开发试验区更名为株洲高新技术产业开发区，为省级开发区。

1992年12月19日，国家科委批复，株洲高新技术产业开发区为国家高新技术产业开发区。辖株洲市郊区园艺场和株洲市农科所所在地域。下辖渡口、隆兴、东湖、大坪、张家园、天台、徐家冲、新塘、莲花、桥头10个管理处。株洲国家高新技术产业开发区由中共株洲市委、株洲市人民政府领导。

1997年7月20日，株洲市人民政府以株政发〔1997〕31号印发《关于市辖区行政区划调整的通知》，撤销东区、南区、北区、郊区，调整设立天元区、芦淞区、荷塘区、石峰区。天元区辖泰山路、嵩山路2个街道办事处。马家河乡、群丰镇2个乡（镇）。1997年7月，天元区成立，由中共株洲市委、株洲市人民政府直接领导。1999年3月，马家河乡撤乡设镇。

2000年10月20日，株洲高新区升格为副市级，仍属中共株洲市委、株洲市人民政府领导。

2008年12月，以株洲高新区为核心设立全省“两型”社会建设天易示范区，株洲高新区成为全省“两型”社会重点建设的5个核心示范区之一。

2011年1月，从株洲县划出雷打石、三门2个镇由天元区管辖。天元区辖泰山路、嵩山路2

个街道办事处，马家河、群丰、雷打石、三门镇4个镇。

2019年，天元区经2015年11月、2017年4月两次行政区划调整后，辖4个街道、3个镇。仍由中共株洲市委、株洲市人民政府直接领导。

2021年，天元区辖4个街道、3个镇。仍由中共株洲市委、株洲市人民政府直接领导。（刘建军）

【行政区划】2021年，天元区辖泰山路、嵩山路、栗雨、马家河4个街道，群丰、雷打石、三门3个镇，共28个村、72个社区、8个管理处。

泰山路街道辖滨江、大岭、工大、徐家冲、文家冲、张家园、新塘、谢家冲、湘紫、云里、铁西、天台、家园、泰园、泰西、金锦、广场17个社区，新塘、徐家冲、张家园、天台4个管理处。

嵩山路街道辖佳美、尚格、花园里、白鹤、桥北、莲花、湘银、大坪、大湖塘、小湖塘、香山、隆兴、东湖、临江、韶溪15个社区，隆兴、东湖、莲花、大坪4个管理处。

栗雨街道辖栗雨、南塘、王家坪、永安、凿石、浅塘、月塘、湘湾、景园、中路、庆霞、菱溪12个社区。

马家河街道辖高塘、太高、新马、仙岭、农科、万丰、泉源、金龙、古桑洲、大石桥10个社区。

群丰镇辖白莲、长岭、高台岭、合花、江璜、栗山、妙泉、旗云、石塘、湘滨、湘云、响塘、新文、新塘、竹溪、新街16个社区。

雷打石镇辖砖桥、神龙、伞铺、建龙、新龙、凤凰山、沙江、养鲤、先锋、胜塘、胜利、盘石、霞石、铁篱14个村，老街1个社区。

三门镇辖南江、月形、湖田、湖坪、响水、月福、苍霞、黄田、杨柳、松柏、株木、榇木、护塘、白石14个村，上节街1个社区。（张 臻）

人口·民族

【总人口及分布情况】2021年，天元区常住户籍人口109004户、320458人，较2020年人口104331户、311228人，增加4676户、9230人，分别增加4.5%、2.97%。其中，泰山路街道29474户、79018人；嵩山路街道30620户、81719人；栗雨街道14378户、44011人；群丰镇9056户、28861人；马家河街道4223户、17868人；三门镇9739户、34590人；雷打石镇11514户、34391人。总人口中，男性157372人，较2020年153239人增加4133人，增加2.7%，占人口总数的49.1%；女性163086人，较2020年157989人增加5097人，增加3.23%，占人口总数的50.9%。总人口中，17岁及以下76882人，占总数的23.99%；18～34岁58519人，占总数的18.26%；35～59岁133492人，占总数的41.66%；60岁及以上51565人，占总数的16.09%。（陈瑜婷）

【人口自然变动】2021年度，天元区出生2635人，较2020年3078人减少14.39%；死亡2475人，较2020年1951人增加26.86%。省内迁入12305人，较2020年13394人减少8.13%；迁往省内2497人，较2020年1808人增加38.11%；迁往省外704人，较2020年1043人减少32.5%。（陈瑜婷）

【民族】天元区是株洲市一个少数民族散居的行政区。2021年，常住的少数民族41个，人口约为3500人，少数民族流动人口2100余人，不包含辖区湖南工业大学467名少数民族学生。（于 聪）

【宗教】2021年，天元区有佛教、道教、基督教、伊斯兰教和天主教5大宗教信众。登记赋码的宗教活动场所共5处（3所佛教寺庙、1所基督教堂、1处

基督教固定聚会点)，民间信仰活动场所1处，宗教教职人员14人，一般信众1万人左右。（于 聪）

经济社会发展

【概况】2021年，天元区坚持稳中求进工作总基调，全面落实“三高四新”战略定位和使命任务，积极有效应对各种困难挑战，各行业指标顶住压力实现对经济的有力支撑，经济运行稳中有进、稳中提质，实现“十四五”规划良好开局。全区实现地区生产总值(GDP)512.6亿元，同比增长8.3%，增幅分别高于全国、全省0.2个、0.6个百分点，达到全市水平，总量居全市第二，占全市比重达到15%。其中，第一产业增加值增长6.9%；第二产业增加值增长9.6%；第三产业增加值增长7.4%。三次产业比重为2.1∶44∶53.9，与2020年同期比，第二产业提高1.7个百分点。其中，制造业提高1.2个百分点；第一、第三产业分别下降0.7个、1个百分点，三次产业对GDP增长贡献率分别为2.4%、48.7%和49%。其中，第二产业贡献率较2020年提高2.8个百分点，逐步接近于第三产业。服务业增加值同比增长7.4%。其中，交通运输、仓储和邮政业增加值增长11%；批发和零售业增加值增长8%；住宿和餐饮业增加值增长14%；金融业增加值增长0.6%；房地产业增加值下降0.4%；营利性服务业增加值增长14.3%；非营利服务业增加值增长10%。一般公共预算收入达到80.6亿元，下降4.7%。其中，税收收入73.2亿元，占总收入的比重为90.9%。深入实施“三高四新”财源建设工程，财政收入质量显著提升，地方收入完成47.8亿元。其中，税收收入完成40.4亿元，地方税收占地方收入的比重为84.6%，较2020年提高9.3个百分点。坚持有保有压，不断调整优化支出结构，集中财力优先保障“三保”等重点支出需求，一般公共预算支出完成54.7亿元，增长2.6%。（阳 倍）

【农业和农村】2021年，天元区农林牧渔业总产值12.6亿元，增长7.5%。粮食种植面积5137公顷。其中，稻谷4760千公顷，豆类90公顷，薯类130公顷。粮食总产量4.27万吨。其中，稻谷3.5吨，豆类265吨，薯类602吨。猪牛羊禽肉产量0.51万吨。其中，猪肉产量0.32万吨，牛肉产量0.01万吨，羊肉产量0.03万吨，家禽产量0.15万吨。年末生猪存栏3.07万头，出栏4.5万头；牛存栏

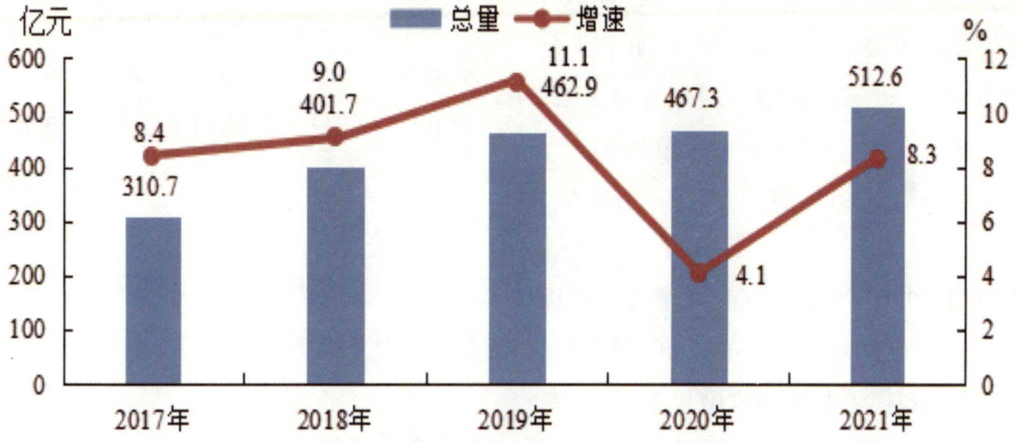

图1 2017—2021年GDP总量及增长速度

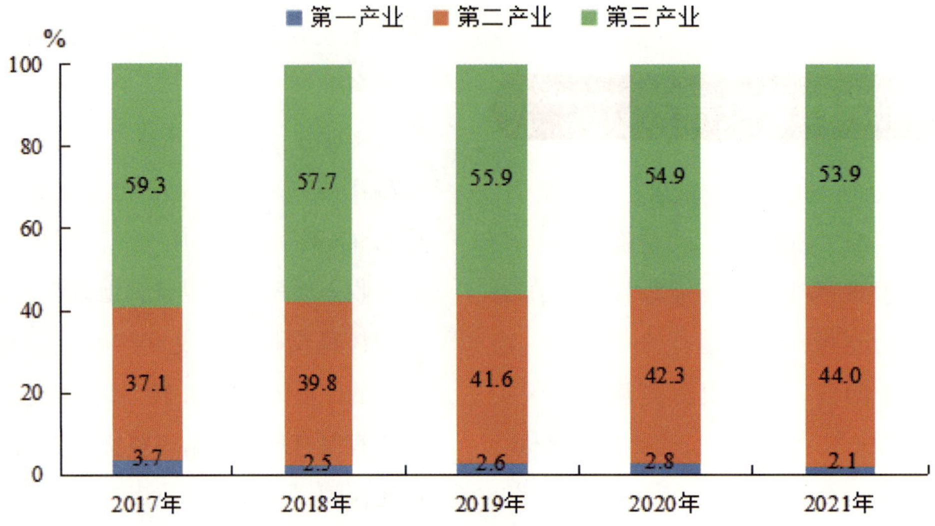

图 2　2017—2021 年三次产业增加值占 GDP 比重

0.04 万头，出栏 0.04 万头；羊存栏 0.82 万只，出栏 1.43 万只；家禽存栏 67.1 万羽，出栏 100.3 万羽。深入实施农村人居环境整治，开展 1 个省级水美湘村、6 个市级美丽乡村建设，完成厕所改造 3234 户，分散式生活污水治理 240 户。高标准建设“四好农村路”，农村公路提质改造 29 千米，石三门大道获评“湖南省最美农村路”。推进城乡客运一体化，新开通 6 条城乡公交线路，建成 4 个运输服务站场。市级以上龙头农产品加工业企业 24 家，休闲农庄 56 家。其中，国家五星 1 家，省五星 2 家，省四星 4 家。美丽乡村示范村 17 个，其中，省级 7 个、市级 3 个、区级 13 个。（阳　倍）

【工业和建筑业】 2021 年，天元区工业增加值增长 10.7%，对 GDP 增长贡献率为 45.9%，拉动 GDP 增长 3.8 个百分点。其中，规模工业增加值增长 11.2%。专精特新企业发展优势显著，全区专精特新“小巨人”企业 46 家，产值增长 12%。其中，国家级小巨人企业 17 家，产值增长 18%。营业收入过亿元的工业企业 65 家。其中，营业收入过 50 亿元的工业企业 3 家、过 10 亿的工业企业 10 家、过 5 亿元的工业企业 13 家。规模以上工业中，以新材料、电子信息为特色的“2+2”优势产业集群发展向好。新材料产业产值增长 32.9%，对规模工业产值增长贡献率 30% 以上；电子信息产业实现产值增长 65.9%，拉动规模工业增长 6.8 个百分点。工业产品平稳增长。新能源汽车整车 8.7 万辆，风力发电机组 182 万千瓦，锂离子电池 2294 万只，电子计算机整机 305 万台，电子元件 7 亿只、金属切削工具 1265 万件。资质建筑业总产值 99.1 亿元，增长 12%，实现建筑业增加值 34.4 亿元，增长 3.5%；房屋施工面积 206 万平方米，其中新开工面积 102 万平方米；房屋竣工面积 162 万平方米。（阳　倍）

【固定资产投资】 2021 年，天元区固定资产投资增长 4.5%。其中，公有制经济投资下降 23.8%，非公有制经济投资增长 12.5%；高新技术产业投

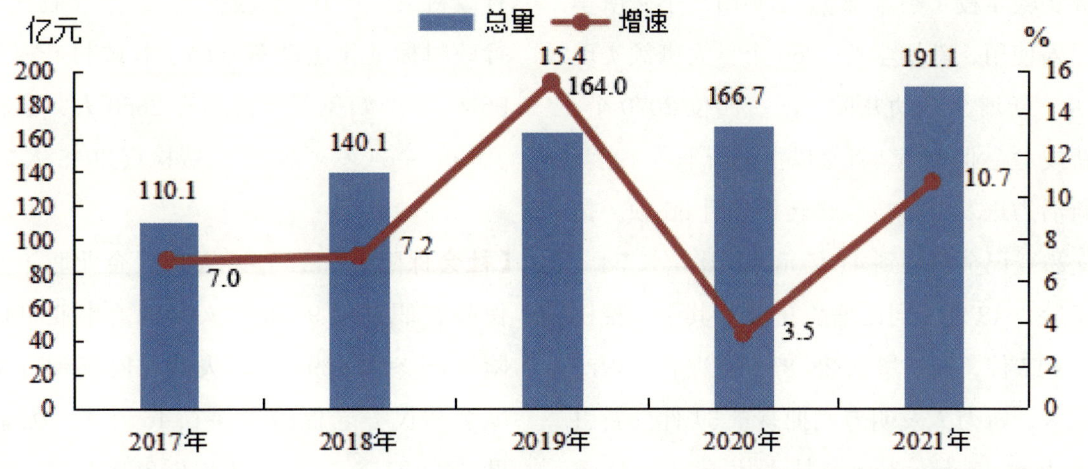

图 3　2017—2021 年工业增加值及增长速度

资增长 5.9%，占产业投资比重 28.1%；基础设施投资增长 19.7%。房地产投资高位维持平稳。房地产开发投资同比增长 17.9%，占全部投资的 45.3%，20 个重点房地产项目占全部房地产投资比重 60.4%。（阳　倍）

【项目建设】2021 年，天元区新增入库项目 193 个，完成投资额占总投资的比重 38.3%。各类施工项目个数 380 个，房地产开发项目 73 个，年内新开工项目 153 个，其中亿元及以上项目 51 个，增长 10.9%；5000 万元以上施工项目 167 个，增长 14.4%。深化产业项目建设年活动，博鲁斯潘精密机床、宏达 5G 电子等 53 个项目实现开工，意华轨道交通装备一期、株齿变速器及系统总成等 41 个项目竣工投产。立方新能源获评国家级工业产品绿色设计示范企业，钻石切削公司中标国家制造业高质量发展专项。完成征拆交地 35 宗 295.2 公顷，批回土地 166.67 公顷，标厂开工 46 万平方米，竣工 36 万平方米，总量均居全市前列。（阳　倍）

【贸易和招商引资】2021 年，天元区社会消费品零售总额同比增长 14.5%。限上消费品零售总额增长 14.9%。其中，限上批发业增长 171.7%，限上零售业增长 7.7%，限上住宿业下降 0.8%，限上餐饮业下降 24.8%。限额以上单位商品零售额中，石油制品类零售额增长 4.7%，汽车类零售额增长 9.0%。坚持市场化招商，依托大汉惠普信息产业园、中南高科产业园等“园中园”，引入 140 多家企业注册入驻园区。成功筹办“2021 年湖南—粤港澳大湾区投资贸易洽谈周”等 5 场大型集中签约活动，新签项目 89 个，引进“三类 500 强”项目 7 个。实际利用内资 144.3 亿元，增长 29%。实现外贸进出口总额 114.5 亿元，占全市总量的一半以上。积极开展二手车试点业务工作，完成二手车出口业务 74 辆，总货值 152.4 万美元。（阳　倍）

【教育科学】2021 年，天元区有义务教育学校 47 所（含 2 个教学点）。其中，公办 45 所，民办 2 所。在校中小学生 57331 人。其中，初中学生 15396 人，小学生 41935 人。幼儿园 128 所，在园幼儿 20468

人。各类在岗教师2499名（在编3142人）。长沙一中株洲实验学校（小学部）、二中附二小2所学校秋季投入使用，新增学位4860个，大班额实现全面清零。新增公办幼儿园6所、园位2070个。新增高新技术企业81家、省级以上创新平台12家；科技创新活力迸发，科技成果转化项目66项。技术合同交易登记金额达到41亿元，同比增长54%。专利授权量2648件，同比增长9.4%。其中，授权发明专利617件，同比增长28.8%。获评省知识产权建设强区，每万人发明专利拥有量54件。新引进高层次人才45人、省市科技人才65人、优秀青年人才和技能人才1262人，总量全市第一。高新技术企业（含高技术及高新技术产品企业）243家，较2020年增加32家，高新技术产业增加值同比增长16.1%，占GDP比重34.2%。（阳 倍）

【文化体育】2021年，天元区有各种体育场地927个，包含田径场地54个、游泳场地39个、足球场地56个、篮球场地280个。文化惠民工程深入人心。以庆祝建党100周年为契机，举办“我心向党·唱响新区”庆祝建党100周年合唱比赛、“百年铸辉煌 火炬耀新区”美术书法摄影主题作品展。开展大型文化活动32次，基层文艺创作作品推广活动17次，参与文化培训7万余人次。72个社区均建设15分钟健身圈，农村行政村体育设施覆盖率100%。赛事活动丰富开展。举办“湘江马拉松赛·株洲站”“永远跟党走·舞动中国梦”健身广场舞大赛及“我要上全运”暨湖南省第二届社区趣味运动会天元区排位赛等大型群众体育活动，参与1万人次。（阳 倍）

【卫计工作】2021年，天元区有各类医疗机构296家。其中，疾控中心1个，妇幼保健服务中心1个，卫生院及社区卫生服务中心7个，社区卫生服务站5个，行政村卫生室28个，其他254个；新建行政村卫生室16个，改扩建42个村（社区）卫生室，行政村标准化建设率100%、行政村产权公有化率95%。孕产妇免费产前筛查2850人，农村适龄妇女（35～64岁）“两癌”免费检查3045人。（阳 倍）

【社会保障】2021年，天元区企业职工基本养老保险在职参保9.53万人，机关事业单位养老保险在职参保4294人，失业保险参保5.73万人，城乡居民养老保险参保6.46万人。发放各类救助资金2174万元，惠及6.2万人次。新增社区日间照料机构4家、长者餐厅3家，高标准建成全省AAAAA级残疾人托养中心。依法依规办理结婚登记1228条、离婚登记562条，登记合格率100%。城镇失业登记率1.59%。城镇新增就业8392人，新增农村劳动力转移就业313人，零就业家庭动态援助100%。开展“清欠”行动，为劳动者挽回损失2000余万元。举办14场现场招聘会；开展政府补贴性培训5846人次；新增就业见习人员51名；发放就业困难人员灵活就业社保补贴1619人次；发放创业担保贷款56笔，放贷金额1088万元。（阳 倍）

【资源环境】2021年，天元区空气质量优良天数307天，优良率为84.1%，实现“蓝天300天”目标，空气质量综合指数排名市区五区第一。主要污染物$PM_{2.5}$、PM_{10}浓度39、49微克/立方米，空气质量持续保持稳定。湘江断面继续保持Ⅱ类，饮用水源水质达标率100%，辖区内水库达到水质功能区划的要求，黑臭水体整治持续推进。万丰湖成功创建国家水利风景区，建成14座城区小游园、小公园、小绿地。拆除违法建筑12.8万平方米，16个老旧小区换新颜，既有住宅小区加装电梯150台，加装电梯开工和竣工数全市第一。完成凿石

城区小游园

治目标，确保晴天及 8 毫米以下雨天无雨污混合水溢流湘江。完成老韶溪港上游市政道路 24 个雨污混接点改造及管道结构性修复，完成韶溪港 27 条道路的清淤，清淤长度 147 千米。（阳 倍）

【社会安全】 2021 年，天元区发生各类安全事故 5 起，同比减少 2 起；死亡 6 人，同比减少 1 人，无较大以上事故发生。亿元 GDP 生产安全事故死亡率为 0.0117 人 / 亿元；工矿商贸企业从业人员十万人生产安全事故死亡率为 0；煤炭百万吨事故死亡率为 0。开展食品安全抽检，全区抽检任务 1394 批次，抽检 1694 批次，完成率 121.5%。开展不合格食品核查处置 81 起，完成率 100%。开展农产品定性检测 4040 批次，检测合格率 100%。通过企业自查和监督抽检相结合的方式，督促 298 家食品生产经营单位严格落实食品安全主体责任，排查整改食品安全风险隐患 121 条。（阳 倍）

【人民生活】 2021 年,天元区常住人口 48.35 万人。城乡居民医疗保险参保超 22 万人，参保率全市遥遥领先。“清廉医保”纵深推进，追回医保基金 62 万元。退役军人服务保障实现镇（街道）全覆盖。城镇居民人均可支配收入 63781 元，增长 7.5%。其中，人均教育文化娱乐支出 6461 元，占居民消费总支出比重达到 10.1%。城乡居民人均住房建筑面积 52.3 平方米。（阳 倍）

株洲高新区工委·天元区委

工委、区委综述

【概况】 2021 年，面对经济下行、疫情冲击等挑战，中共株洲高新区工委、天元区委坚持以习近平新时代中国特色社会主义思想为指导，深入贯彻中央和省委、市委决策部署，始终践行新发展理念，全面落实“三高四新”战略定位和使命任务，坚定信心、砥砺前行，在负重克难中推动全区经济平稳健康发展，社会事业全面进步，实现“十四五”良好开局。（陶阳谷）

【政治建设】 2021 年，工委、区委始终坚持把政治建设作为党的根本性建设，不断夯实思想根基，把牢政治方向，完善制度保障。坚持把学习贯彻习近平新时代中国特色社会主义思想作为“第一议题”，围绕习近平总书记关于党史学习教育重要论述等主题开展集中学习，组织开展“七一”重要讲话精神等主题宣讲，扎实开展理论学习中心组集中学习 17 次。深入开展覆盖区、镇（街道）、村（社区）的“动力先锋”大培训，广覆盖高频次举办“屋场夜话”“乡村大讲堂”等基层理论宣讲活动 1200 场次，推动理论武装走深走实。班子带头深刻感悟“两个确立”的决定性意义，持续增强“四个意识”，坚定“四个自信”，做到“两个维护”。持续严格规范党内政治生活，班子带头参加组织生活会、民主生活会，深刻检查剖析，积极批评与自我批评，在党史学习教育专题民主生活会中检视问题 15 个，制定切实可行的整改措施，建立行之有效的规章制度，确保做到检视到位、认识到位、整改到位。严守政治纪律和政治规矩，持之以恒做好政治建设考察反馈问题整改，健全常委会“第一议题”、议事规则等长效机制，组织学习并严格执行《关于新形势下党内政治生活的若干准则》等党内规章制度，切实巩固整改实效。坚持民主和集中有机统一，召开常委会会议 32 次，严格按照程序集体研究、民主议定“三重一大”事项，不断提高决策民主化、科学化水平。坚持树立正确的工作导向，对中央作出的一系列重大部署，细化落实机制措施，结合新的实际，用新的思路、新的举措抓好贯彻落实。（陶阳谷）

【坚守高质量发展】2021年，工委、区委全面落实“三高四新”战略定位和使命任务，全区经济平稳健康发展，主要经济指标实现稳增长，实现“十四五”良好开局。围绕优势产业和头部企业强链条、促裂变，新能源装备、新材料等产业优势不断凸显，新能源汽车、电子信息等产业基础持续夯实。获评中国先进制造业百强园区，“着力打造小巨人企业”工作获省政府通报表扬。持续推进产业项目建设，强化项目全流程管理，凯睿思覆铜板、陕建机工程装备等56个产业项目签约入园，博鲁斯潘精密机床、宏达5G电子等53个重点项目实现开工，意华轨道交通装备、株齿变速器及系统总成等41个重点项目实现竣工。强化土地要素保障，集中力量开展为期2个月的清零攻坚行动，完成清零项目16个、286.67公顷，实现征拆交地35宗、293.33公顷。完善政府引导、企业主导、院所参与的科创平台共建机制，开办动力谷现代产业院，搭建人力资源服务产业园，推动中科（先进）轨道交通研究院、陕西能源化工院等一批新型研发机构运营，引入功率半导体创新中心孵化中心、先进硬质材料与装备创新实验平台等一批科创平台，形成更加完善的全链条孵化培育体系。加大科技创新政策引导，天元区社会研发投入占GDP比重4.3%，高新技术产业增加值增长5.5%，净增高新技术企业63家，园区创新发展综合能力位居全省第二位。动力谷创新创业服务中心获评全国创业孵化示范基地。稳步推进国有公司转型，健全完善企业制度，高科集团经受考验稳定发展。深化“放管服”改革，实现园区工业项目“拿地即开工”“交地即交证”，在全省“放管服”改革大会上作为唯一县市区代表作典型发言。扎实推进财源建设工程，制定切合区情的实施方案，构建“1+8+N”财源建设格局，强化上下联动、部门协同机制，着力打好“四项”税收清收、“五项”专项清查、“六大”领域培源增收系列组合拳，取得强基、堵漏、挖潜、培源的多重效果。仅用3个月时间，挖潜增收达5.7亿元，新增纳税主体1286户。深入融入长株潭一体化发展，一批高频政务服务事项实现“跨域通办”。推进国家外贸转型升级基地（装备制造）建设，二手车出口实现实质运作。承办2021中国国际轨道交通和装备制造产业博览会，外向度、影响力进一步提升。（陶阳谷）

【守好三条发展底线】2021年，工委、区委完整、准确、全面贯彻新发展理念，守好发展、生态、安全三条底线。积极实施城市更新行动，坚持从增量建设转向存量提质，完成16个老旧小区改造、150台电梯加装，新增一批小微公园，新建提质一批建宁驿站、无障碍设施等城市基础配套，深入推进文明典范城市建设，完成“创文、创卫、创园”复审，城市品质不断提升。大力实施“乡村振兴”战略，派出41支乡村振兴工作队、6支驻村工作队，扎实开展风险排查和问题整改，推动巩固提升脱贫成果与乡村振兴有效衔接。加快现代农业产业融合发展，纳入全省首批农业产业融合发展示范园创建范畴。扎实推进农村人居环境整治、厕所革命、美丽乡村建设、“四好”农村路建设，提升乡村颜值，推动乡村振兴。推进市政管网破损修复和雨污水管错混接改造，加大黑臭水体整治力度，中央、省、市环保督察以及“回头看”交办事项销号率达98%。全面贯彻落实“河长制”“林长制”职责，坚持前端发力、着力源头治理，全年空气质量优良率达84.1%，湘江断面水质持续向好，污染地块得到安全管控。万丰湖入选第十九批国家水利风景区。深入贯彻落实碳达峰、碳中和要求，支持风电产业发展，加快布局氢能等新能源产业，全面推进垃圾分类，积极倡导节能环保，绿色发展、低碳生活更加深入人心。深化平安建设、扫黑除恶，连续13年保持全省平安县市区称号，时隔5年再次获评全省平安建设先进县市区。优化领导包案和定期接访机制，高效推动积案化解工作，紧盯重要节点抓好安保维稳，实现特护期“五个不发生”（不发生政治性事件、不发生重大群体性事件、不发生重大安全生产方面的事故、不发生特种刑事案件和特种重大治安案件、不发生不实舆情炒作）。大力开展缉毒“百千万”等专项行动，毒情形势持续向好。持续推进安全生产和消防工作三年行动集中攻坚，连续4年获评全省安全生产和消防工作优秀县市区。开源节流、降本增效，推动综合债务率继续下降。打好疫情防控人民战争，领导干部勇于担当、率先垂范，党员干部冲锋在前、不畏辛劳，广大群众深度参与、众志成城，全面阻击疫情输入，实现“零确诊、零病例”。突出政治要求，建立健全保密工作制度，加强网络保密建设和管理，深入开展微信专项泄密整治行动，全力抓好各项保密任务的落实。（陶阳谷）

【民生福祉】2021年，工委、区委持续加大民生保障力度。从群众最关心、最直接、最现实的利益问题入手，坚持小切口、微服务，把暖人心的实事办实，坚决反对形式主义，坚决不做那些自己成就感很强、群众获得感很弱的事。公共预算支出80%以上投向民生，全面完成省市重点民生实事。实施就业精准帮扶，新增就业8300余人，零就业家庭实现动态清零。改革社会救助制度，实施城乡低保精准差额救助。新建一批长者餐厅、日间照料中心，推动一批特殊家庭居家适老化改造，高标准建成全省AAAAA级残疾人托养中心，养老、助残体系不断完善。新增公办幼儿园园位2070个、义务教育阶段学位4860个，新建长沙一中株洲实验学校（小学部）等2所学校，不断满足群众对优质教育的需求。扎实推进“双减”工作，义务教育阶段学校课后服务实现全覆盖。完成区疾控中心标准化建设，高标准提质改造村（社区）卫生室48家，启动泰山医养融合中心建设，推进中医药服务基层全覆盖，医疗卫生服务能力显著提升。深化文化惠民工程，加快公共体育场地设施建设，艺术精品创作不断涌现，基层文化产品和服务更加丰富，全民健身氛围日益浓厚。持续实施全科网格、雪亮工程、志愿服务等行动，推动一批社会治理现代化项目落地落实。坚持“党建领航·三社联动”，成功创建全国社区治理和服务创新实验区。坚持走群众路线，举办1800余人的首届群众大会，引导更多群众参与社会治理。想方设法争取社区服务用房资源，接收社区服务用房69处，面积3.1万平方米，为基层社会治理赢得更好条件。（陶阳谷）

【从严治党】2021年，工委、区委坚持党要管党、全面从严治党。坚决扛起政治责任，紧扣学史明理、学史增信、学史崇德、学史力行要求，高标准高质量开展党史学习教育，取得系列重要成果，实现学党史、悟思想、办实事、开新局的预期目标。精心策划庆祝建党100周年系列活动，深入学习中共十九届六中全会精神，全面开展思想大讨论活动，推动习近平新时代中国特色社会主义思想深入人心、落地生根。巩固主流意识形态主导地位，出台意识形态工作责任制实施办法，夯实“两新”、宗教、互联网和教育等重点领域意识形态工作。实施“幸福邻聚里”城市基层党建工程，全域推进小区党建，党支部“五化”建设整体提质。圆满完成区、镇、村三级换届工作，干部队伍结构进一步优化。坚持好干部标准，注重在疫情防控最前沿、经济建设主战场、乡村振兴第一线培选干部。健全引才机制，优化配套服务，获评2021中国年度“最佳引才城市（县区级）”。以刀刃向内的自我革命精神开展政法队伍教育整顿，政法队伍的纯洁性、战斗力不断提升。严格落实党委主体责任，旗帜鲜明地支持纪委监委和巡察部门开展工作。坚持从严从紧正风反腐，查办龙学工案等一批工程建设领域违纪违法案件，坚决整肃巢亮涉嫌严重违纪违法问题的不良影响，全面从严治党的氛围更加浓厚。持续为担当干部鼓劲撑腰，先后为8名受到不实举报的党员干部澄清正名。注重思想引导和实践淬炼相结合，大力弘扬务实担当、实事求是、走群众路线等优良作风，深入开展思想大讨论活动，旗帜鲜明反对不担当、不作为、形式主义、官僚主义，始终把干部的作风放到财源建设行动、信访积案化解行动、征地清零攻坚行动等具体工作中去淬炼。越来越多的干部思想更加解放，面对问题更加务实担当，与群众关系更加密切，全区上下焕发出发愤图强的新风貌。（陶阳谷）

工委、区委会议

【工委工作会议、区委五届十二次全体（扩大）会议暨工委、区委经济工作会议】2021年1月14日，株洲高新区工委工作会议、天元区委五届十二次全体（扩大）会议暨工委、区委经济工作会议召开。会议认真学习贯彻习近平总书记考察湖南重要讲话指示精神、中共十九届五中全会精神、中央经济工作会议精神以及省委、市委相关会议精神，审议通过《关于制定株洲高新区（天元区）国民经济和社会发展第十四个五年规划和二〇三五年远景目标的建议》，回顾总结2020年及“十三五”时期工作，分析当前经济形势，研究部署2021年及今后一段时期主要任务，动员全区上下弘扬新区精神，再创新辉煌，奋力打造国家重要先进制造业高地示范区、具有核心竞争力科技创新高地引领区、“一带一部”改革开放高地先行区、城乡融合发展幸福区，在实施省委“三高四新”战略和市委“一谷三区”总任务中干在实处、走在前列。工委书记、区委书记代表工委委员会、区委常委会作工作报告，区长姚永告出席并讲话。会议充分肯定“十三五”时期高新区发展取得的成绩以及2020年的工作。会议强调，2021年是中国共产党建党100周年，是“十四五”开局之年，也是天元区现代化建设新征程的重要一年，要锚定方向、乘势而上，全力确保“十四五”开局之年迈好第一步、见到新气象。全力抓好2021年重点工作落实，以更实行动推动经济社会高质量发展，突出重点抓产业项目、科技创新、改革开放、片区开发、乡村振兴、生态文明和民生保障；要强化务实担当，锤炼过硬作风，以更严要求加强自身建设，科学组织安排，全面统筹协调，以更高质量做好收官开局各项工作，以只争朝夕的干事精神起好头、开好局、谋好篇。（陶阳谷）

【中共株洲市天元区第六次代表大会】2021年7月29—30日，中国共产党株洲市天元区第六次代表大会召开。株洲高新区党工委副书记、天元区委书记邬凌云作《营造活力高新 建设现代天元 努力在践行“三高四新”战略中实现更高质量发展》的工作报告。大会书面报告中共株洲市天元区第五届纪律检查委员会工作报告；书面报告党费收缴、使用和管理情况。会议选举邬凌云、何柢、张见平、王志强、袁哲明、刘辉、许大为、吴文静、刘亮、王文绮、凡金湘为区委常委。邬凌云当选为区委书记，何柢、王志强当选为区委副书记，张见平当选为区纪委书记。（陶阳谷）

【株洲高新区（天元区）首届群众大会】2021年11月6日下午，株洲高新区（天元区）首届群众大会在市二中体育馆举行。株洲高新区工委副书记、天元区委书记邬凌云，株洲高新区党工委委员、管委会（主持工作）副主任姚永告，株洲高新区党工委委员、管委会副主任、天元区委副书

株洲高新区（天元区）首届群众大会

记、区长何柢出席活动。来自各镇（街道）、村（社区）的书记、志愿者、群众代表和园区企业、团体代表1800多人参会。大会首先进行抗疫表彰。邬凌云、姚永告、何柢分别为抗疫先进群众团体、抗疫爱心企业、抗疫优秀个人代表颁奖。展示分享环节，毛清、罗希颖、何任奇3名村、社区干部代表上台，用质朴的语言讲述他们践行群众路线的故事、感触和情怀。大会现场，群丰镇、雷打石镇、三门镇、泰山路街道、嵩山路街道、栗雨街道、马家河街道等21支群众志愿帮扶团队代表上舞台、当主角、展风采。爱心企业与镇（街道）群众志愿团队一对一结对和认捐。湖南火炬安泰新材料有限公司、湖南兴天宏实业有限公司等爱心企业代表上台递交认捐牌。邬凌云为全区21支群众志愿服务团队授旗，集体宣读倡议书。会上，邬凌云强调，不论政府职能怎么转，为人民服务的宗旨不会变。要坚持以人为本、执政为民，接地气、通下情，想群众所想，急群众所急，解群众所忧，用干部的辛苦指数，换来群众的幸福指数。（陶阳谷　唐子斐）

【工委委员会、区委常委会会议】2021年，共召开工委委员会、区委常委会会议32次。

1月4日，传达学习省委、市委经济工作会议精神；总结2020年经济工作情况，研究部署2021年度经济工作；研究村（社区）“两委”换届选举工作、干部人事工作。同意《天元区村（社区）党组织书记调整建议方案》《干部任免审批名单》。

1月11日，传达学习习近平总书记近期重要讲话精神和上级有关重要会议精神；研究民生实事人大代表票据制工作，专题民主生活会安排，株洲高新区工委工作会议，天元区委五届十二次全体（扩大）会议暨工委、区委经济工作会议安排，“十四五”规划和二〇三五年远景目标，人大、政协“两会”和人大、政协党组2020年工作报告。原则同意《天元区民生实事人大代表票决制工作实施方案（试行）》《工委、区委关于制定株洲高新区（天元区）国民经济和社会发展第十四个五年规划和二〇三五年远景目标的建议（讨论稿）》《天元区2021年镇（街道）人大范化建设提升年活动实施方案（试行）》。

1月28日，传达习近平总书记近期重要讲话精神和上级有关重要会议精神；研究2021年区级财政预算编制工作，2020年度文明建设先进评选表彰工作，2021年民生实事人大代表票决制候选工作，“十四五”规划和二〇三五年远景目标纲要，2021年人大、政协“两会”有关工作报告和政府、法院、检察院党组2020年工作报告，有关干部处分事项。原则同意2021年区级财政预算（草案）、2021年民生实事人大代表票决制候选项目名单、《株洲高新区（天元区）国民经济和社会发展第十四个五年规划和二〇三五年远景目标纲要》。

2月20日，传达学习省委副书记、省长毛伟明到株洲调研和在长株潭三地园区座谈会上讲话要求以及市委常委会对株洲高新区园区发展要求。强调要充分发挥高新区在经济发展中的主阵地、主战场、主力军作用，努力在践行“三高四新”战略中展现新担当实现新作为。

2月26日，传达学习习近平总书记近期重要讲话精神和上级有关重要会议精神；研究食品安全工作、妇联系列评选表彰工作、农业农村工作、产业链体系优化工作。原则同意《株洲市天元区区级党政领导干部食品安全工作责任清单》《补贴标准和规模经营户补贴标准调整方案》《防止耕地“非粮化”稳定粮食生产的工作方案》《关于进一步加强产业链建设和招商工作的实施意见》。

3月9日，传达学习习近平总书记近期重要讲话精神和上级有关重要会议精神；研究政法队伍教育整顿工作、庆祝中国共产党成立100周年活动、2021年“产业项目建设年”活动、区委全会精神任务分解。原则同意《株洲市天元区政法队伍教育整顿实施方案》《株洲高新区（天元区）庆祝中国共产党成立100周年活动方案》《株洲高新区（天元区）2021年“产业项目建设年”活动实施方案》《株洲高新区（天元区）2021年“营商环境优化年”活动实施方案》。

3月24日，传达学习习近平总书记近期重要讲话精神和上级有关重要会议精神；研究生态环境保护工作、党史学习教育工作、信访工作、2020年度相关产业政策奖励兑现工作，招商、城管、征拆征收工作考评办法。原则同意《株洲市天元区贯彻落实省生态环境保护督查“回头看”及黑臭水体治理专项督查报告反馈问题整改方案》《关于开展党史学习教育的实施方案》《天元区2021年信访维稳工作月度考核办法》《促进产业高质量发展的若干政策措施兑现方案》《工业项目引资中介人奖励和工业项目厂房租售政策兑现方案》《农业招商引资及产业扶持政策兑现方案》《金融服务实体经济奖励政策兑现方案》《产业链招商引资考核奖励办法》《2021年城市管理绩效考核奖惩办法》《土地要素保障工作考核办法》。

4月1日，传达学习中央、省、市纪委全会精神和区纪委五届六次全会精神；研究干部人事工作。原则同意《区纪委五届六次全会工作报告》《天元区五届纪委第六次全体会议方案》《干部任免审批名单》。

4月19日，传达学习习近平总书记近期系列讲话精神；研究统战工作、党史学习教育第二次专题学习活动、信访工作、绩效评估工作、重点项目工作。同意党史学习教育第二次专题学习等活动安排、2020年各单位绩效考核结果、绩效评估结果奖金奖惩标准和兑现程序。

4月23日，研究管理机构清理规范工作、干部合规性审查工作、换届工作、“两优一先”推选工作、干部人事工作。原则同意《株洲高新区清理规范开发区管理机构的实施方案》《天元区换届工作领导小组名单》《天元区换届工作实施方案》《天元区乡镇领导班子换届工作实施意见》《干部任免审批名单》。

5月14日，传达学习习近平总书记近期重要讲话精神和上级有关重要会议精神；研究党委（党组）意识形态工作、全国文明城市建设省检测评和“扫黄打非”工作、中国动力谷大学（拟）筹建工作、区工商联（总商会）第六次会员代表大会、2020年度高科集团考核工作、绩效考核系数设置工作、2021年基层党建工作、干部人事工作。原则同意《高新区（天元区）落实党委（党组）意识形态工作责任制实施方案》《天元区“扫黄打非”行动方案》《中国动力谷大学（拟）筹建工作方案》《2021年基层党建工作重点任务》《干部任免审批名单（乡镇换届人事方案）》。

5 月 21 日，工委、区委理论学习中心组集中学习。研究区镇两级人大换届、2020 年区管领导班子和领导干部年度考核、干部人事等工作。原则同意《株洲市天元区第六届人民代表大会代表资源摸底工作方案》《株洲市天元区第五届人民代表大会代表任期履职考核方案》《株洲高新区（天元区）公务员平时考核工作实施方案》《干部任免审批名单（乡镇换届人事方案）》。

工委、区委理论学习中心组第七次集中学习

6 月 17 日，传达学习习近平总书记近期重要讲话精神和上级有关重要会议精神；研究贯彻执行防止干预司法“三个规定”、禁毒、庆祝建党 100 周年有关工作、“学党史、当先锋——我为群众办实事”实践活动。原则同意《株洲市天元区庆祝建党 100 周年安保信访维稳工作方案》《株洲高新区（天元区）“学党史、当先锋——我为群众办实事”实践活动工作方案》。

6 月 27 日，研究中国动力谷现代产业院组织机构设置、区镇两级人大换届选举、区政协换届、全面深化改革、干部人事等工作。原则同意《中国动力谷现代产业院组织机构设置方案》《株洲高新区（天元区）全面深化改革委员会 2021 年工作要点》。

7 月 6 日，传达学习 2021 年全省、全市总河长会议精神；研究生态环保督察整改、政法队伍教育整顿、2020 年度安全生产表彰、五届区委巡察等工作。原则同意《天元区落实中央生态环境保护督查通报典型案例整改方案》《天元区 2021 年总河长会议方案》。

7 月 19 日，研究区、镇两级人大换届选举，镇人大代表、政协委员提名推荐，市、区两级党代表大会代表选举，养老保险待遇核查“回头看”，政府债务风险防范化解等工作。原则同意《天元区养老保险待遇核查“回头看”工作方案》。

7 月 24 日，研究区第六次党代会、区纪委五届七次全会、市第十三次党代会、干部人事等工作。原则同意《中国共产党株洲市天元区第六次代表大会选举办法（草案）》《中共株洲市天元区第五届纪律检查委员会第七次全体（扩大）会议方案（草案）》《干部任免审批名单》。

8 月 2 日，研究疫情防控工作。强调全区上下必须把疫情防控作为当前压倒一切的重要政治任务，齐心协力、众志成城，坚决打赢疫情防控攻坚战。

8 月 6 日，研究疫情防控、区第六届人大代表提名工作。原则同意《区第六届人大代表提名人选名单》。

8 月 10 日，研究干部人事工作，决定优先提拔（重用）一批在疫情防控工作中表现突出的领导干部。同意《干部任免审批名单》。

9 月 2 日，传达学习习近平总书记近期重要讲话精神和上级有关重要会议精神，研究创建全国文明典范城市、意识形态、河长制、安全生产、禁毒、城区污水治理、政府债务风险防范化解等工作。原则同意《天元区区级河长设置方案》《株洲市天元区黑臭水体河（湖）长名单》《株洲高新区（天元区）党政领导干部安全生产责任制实施细则》《株洲市天元区安全生产和消防工作考核办法》《天元区禁毒工作奖惩问责实施办法》。

9 月 15 日，传达学习市委书记曹慧泉在调研株洲高新区园区高质量发展工作座谈会上的讲话要求；研究市第十六届人大代表提名推荐工作。原则同意《天元区株洲市第十六届人大代表拟提名推荐人选名册》。

9月22日，传达学习市化债专题调度会精神；研究财源建设、区第六届人民代表大会第一次会议等工作。原则同意《关于服务“三高四新”战略实施财源建设工程的意见》《关于积极服务“三高四新”战略，强化经济发展绩效管理，高质量推进财源建设的实施方案》。

9月29日,研究干部人事工作。原则同意《干部任免审批名单》。

10月13日，研究区人大、政协“两会”换届，政协天元区第六届委员会提名人选、债务风险防范化解等工作。同意《天元区第六届人大常委会换届人事安排建议方案》《天元区第六届人大专门委员会兼职委员人事安排建议方案》《天元区人民政府换届人事安排建议方案》《天元区监察委主任、法院院长、检察院检察长换届人事安排建议方案》《政协株洲市天元区第六届委员会换届人事安排建议方案》。

10月20日，研究天元区第六届人民代表大会第一次会议、政协天元区第六届委员会第一次会议、区人民政府工作报告、区人民法院工作报告、区人民检察院工作报告等工作。原则同意《株洲市天元区人大常委会工作报告》《中国人民政治协商会议株洲市天元区委员会常务委员会工作报告》《政府工作报告》《株洲市天元区人民法院工作报告》《株洲市天元区人民检察院工作报告》。

11月9日，研究反对形式主义、官僚主义有关工作。强调要坚持以上率下、上下同心，驰而不息狠抓思想作风建设，把力戒形式主义、官僚主义的斗争进行到底。

12月9日，研究“2+9”产业体系、林长制、平安建设、县域共青团基层组织改革试点、干部人事工作。原则同意《株洲高新区创建“五好”园区实施方案》《株洲高新区头部企业发展方略》《株洲高新区（天元区）专精特新“小巨人”企业培育方案》《株洲高新区科技创新体系建设方略》《株洲高新区工业软件产业发展方案》《株洲高新区（天元区）推进企业上市工作实施方案》《株洲高新区(天元区)园区闲置低效用地处置工作方案》《株洲市天元区全面推行林长制的实施方案》《天元区深入推进全国县域共青团基层组织改革试点工作实施方案》《干部任免审批名单》。

12月18日，研究当前财政形势、区绩效评估等工作。原则同意《株洲高新区（天元区）2021年度绩效评估实施方案》。

12月18日，传达学习习近平总书记关于国防和军队建设系列重要讲话精神和上级有关重要会议精神；研究提高民兵建设质量、加强辖区大学毕业生兵员征集、加强专武干部队伍建设、落实军人军属优待等工作。

12月24日，研究争资引项、征拆征收、信访积案化解、协税护税、污染防治、疫情防控等工作。强调2022年要驰而不息抓好干部思想作风建设，坚持以人民为中心的发展思想，增强居安思危的忧患意识，加强朝气蓬勃的干事劲头，提升攻坚克难的能力水平，树牢求真务实的工作理念，永葆“闯”的精神、“创”的劲头、“干”的作风，扎实做好经济社会发展各项工作，努力开创高质量发展的新局面。

12月27日，传达学习习近平总书记近期重要讲话精神和上级有关重要会议精神；研究打击治理电信网络诈骗犯罪和跨境突出犯罪、天元区第六届人民代表大会第二次会议、政协天元区第六届委员会第二次会议、农村发展党员违规违纪问题认定和处理等工作。原则同意《天元区关于贯彻落实〈湖南省打击治理电信网络诈骗犯罪和跨境突出犯罪工作责任制规定〉的实施意见》。

【专题办公会议】2021 年，工委、区委共召开专题办公会议 16 次。

1 月 16 日，召开高科集团重点工作调度会。研究优化招商机制、完善“151”机制及片区划分、标准厂房结算机制、园区运营服务结算机制、重点项目推进工作。

3 月 15 日，召开征地拆迁重点项目遗留问题专题调度会。研究长沙市一中建设项目、新城控股项目、65.93 公顷项目征拆遗留问题。

4 月 13 日，召开第二季度拟开工重点项目调度会。研究博鲁斯潘精密机床一期等 9 个重点项目，强调各相关部门要责任上肩、主动服务，为项目建设保驾护航，确保“产业项目建设年”活动深入推进、取得新战果。

5 月 14 日，召开高科集团重点工作专题调度会。听取高科集团关于 2021 年经营计划及资金状况、片区开发实施方案、重点招商项目等工作情况的汇报。

5 月 25 日，召开工委、管委重点工作专题推进会。传达学习省委书记许达哲、省长毛伟明关于环保督察有关批示精神，以及市委常委会有关会议精神，听取当前重点工作情况的汇报，对下一步工作进行部署。

5 月 31 日，召开税费调研专题会议。听取税务局税费工作情况的汇报，对财源培植、协税护税等工作进行部署。

6 月 25 日，召开 2021 年第二季度集中签约项目工作推进会。听取区招商局、高科集团、现代农业产业组关于第二季度集中签约项目工作推进情况的汇报，并就下一步工作进行部署。

7 月 19 日，召开区第六次党代会筹备工作调度会。强调要高质量完成区委换届工作，选出坚强有力的新一届区委领导班子，为推动新区更高质量发展奠定坚实基础。

8 月 24 日，召开首届群众大会筹备工作专题调度会。听取工委办（区委办）关于首届群众大会筹备工作方案的汇报，对首届群众大会工作进行部署。

9 月 10 日，召开生态环境问题整改工作专题调度会。听取生态环境分局、住建局关于重点环境问题整改工作的汇报，对下一步工作进行部署。

9 月 23 日，召开化债工作和高科集团资金研究会议。听取区债务办关于化债工作情况的汇报和高科集团关于资金筹措情况的汇报。

11 月 8 日，召开化债工作专题会议。传达学习市委关于化债工作的会议精神。

12 月 11 日，召开园区招商引资工作座谈会。分析当前园区发展面临的新形势、新变化，讨论交流下一步工作思路和举措。

12 月 17 日，召开园区招商引资工作座谈会。强调要进一步统一思想认识，聚焦主导产业，集中市区两级资源，统筹新区承载能力，不等不靠、主动出击，加快推动 2 ～ 3 个具有核心竞争力、产业辐射带动强的产业项目落地。

12 月 22 日，召开化债工作会议，对当前债务化解工作进行部署。

12 月 24 日，召开重点工作部署会。对动力谷自主创新园提质升级、园区闲置低效土地清理、重大招商项目、债务化解等重点工作进行部署。

（陶阳谷）

深化改革

【概况】2021 年，株洲高新区、天元区认真落实中央、省委、市委改革部署，紧跟工委、区委改革步伐，守正创新，奋力攻坚，取得一些新的经验成果、实践成果。其中，放管服改革经验在国家部委会议上作了典型发言；信创工程建设等事项受到年度省政府督查激励表彰。创新“三社联动”社区治理模式获得省、市改革办推介，“志愿服务”等案例入选《湖南基层改革探索案例》。召开全面深化改革委员会会议2次，开展改革专题调研活动2次，形成报告2份。坚持系统观念搞好整体设计。研究制定全区《2021年改革工作要点》和责任分解表，绘制改革施工图，做到全区改革施工一张图纸、落实一个步调。坚持典型带动提升改革效能。实施改革典型培育工程，构建起“1+1”改革宣传平台，加大对改革典型的培树、总结、推广力度。坚持试点引路撬动改革全局。对改革试点实行台账式管理、项目化运作，充分发挥改革试点的“金种子”“破冰船”“探路石”作用。坚持制度为重，健全工作机制。坚持和完善领导领衔推进、“一部门一改革重点”等制度，构建起顶格推进、多方联动、协同高效的工作运行机制，力促基层改革工作制度化、规范化。截至12月末，区委年度改革任务完成。（吴俊贤）

【园区体制机制改革】2021年，株洲高新区、天元区建好人才集聚“洼地”。坚持“真金白银＋政策扶持”并驾齐驱，出台“中国动力谷人才计划”，形成完整的“1+4+5”人才政策体系，人才补贴由原来的100万元提高到最高1000万元。全区各类人才突破14万人，拥有谭铁牛等两院合作院士16名，省科技创新人才33名；创建中国动力谷智库云人才工作管理平台，下设“一院两系”（动力谷企业成长学院、人才申报系统、人才大数据管理系统），成长学院8年来吸引来自深圳、长沙、武汉等城市约3000家次企业及1.4万人次人才学习交流，参与线下培训、线上观看课程人数超100万人次。组建全省首个落户产业园区的“现代产业院”——中国动力谷现代产业院，成功整合高

产业链（组）建设工作推进会

新区动力谷企业成长学院、中欧技术合作与人才培养平台等各类优质教培资源培养产业高质量人才；搭建人力资源公共服务平台。采用线上线下融合方式，构建集人力资源线上服务平台＋人才市场＋政务服务中心相结合的专业化人力资源公共服务平台。企业孵化管理提质提效。全区建成孵化器（众创空间）43家，其中国家级孵化器3家，培育高新技术企业330余家。建成研发类创新平台151家，其中国家级企业技术中心、重点实验室等12家。国家先进轨道交通装备创新中心是全国第十家、湖南省及轨道交通行业首家国家级制造业创新中心。全区研发投入占GDP的比重达4.34%。万人发明专利拥有量达50.64件，超过全省平均值5倍。近5年，累计获省级以上科学技术奖57项。深化金融改革创新。打造金融综合服务平台，入驻企业100余家、金融机构近30家，上线金融产品62个，推动“产业链、创新链、资本链、服务链、人才链、价值链”良性互动。加快建设“五好”园区，推动园区高质量发展。打造园区“135”工程升级版，全面推进亩均效益评价，向存量要效益，深入开展园区“清低治违”行动。实施国有平台公司改革。将4家平台公司整合成高科集团1家，集团资产总额960亿元，净资产384亿元。撬动社会资本搭建80亿元的基金矩阵平台，运营2年来成功控股1家上市公司，参与1

家银行定增，投资20余个资本市场看好、具有上市前景的项目，引入50余家企业（团队）。（吴俊贤）

【园区开发运营机制改革】2021年，株洲高新区、天元区开展园区开发运营机制改革。产业招商升级。以“聚焦、裂变、创新、升级、品牌”为工作思路，着眼建链、补链、强链、延链，探索通过“以商招商”方式，以本地专精特新“小巨人”企业为中心，辐射珠三角及长沙、湘潭“小巨人”企业，整合资源，打造产业生态链。针对园区土地资源“开源节流”。加强园区土地资源数据梳理，结合高新区历年来履约清理行动的各种成果，加大园区闲置低效用地清理工作，探索存量土地盘活政策路径，提升产业招商的亩均效益。强化招商履约管理，加强入园项目的评价评估，严格按照相关标准，督促项目履约，或执行项目退出机制，强化项目入园及退出管理，建立项目履约预警管理机制、落实进度考核制、跟踪责任制和定期通报制。做优营商环境。注重服务专业化，在公务员队伍中选拔一批专业人员，创新机制聘用一批政府雇员，通过园区国企引进一批专业人才，组建高素质专业化招商和企业服务团队。建立健全金融服务、转型升级、双创人才等方面政策体系。坚持“再难没有企业难，再苦也要帮企业”的理念，坚决兑现各种承诺，年内累计兑现各类政策性奖补资金近5亿元。推动配售电改革。成功入选国家第二批增量配电业务改革试点，与省电力公司和其他社会股东，合资成立混合制配售电公司，成为全省第二批试点项目中第一家进入正式运营的单位。全年实现售电量3.1亿千瓦时，销售收入2.4亿元，稳居全省第一。深化项目审批制度改革。优化工程建设项目审批流程，180多天审批周期缩减到40天；缩短建设项目从竣工到办理不动产首次登记及转移登记全过程时限，审批事项从串联式改变为并联式，多个事项从前置变为容缺，实现拿地即开工模式。核费从10多项缩减到3项核免，零收费；施工图审查从线下变为线上集中审查，全部政府购买服务。持续扩大“轨博会”影响。以中国国际轨道交通和装备制造产业博览会为契机，凝聚改革开放共识，吸引线上线下800多家国内外企业参展参会，企业数量较上一届增加约1倍。为期4天的展会，6万余人次线下观展，比上届增加约1倍。建好开放平台。主动融入“一带一路”、粤港澳大湾区等国家战略，依托正式开通的中欧班列，发挥铜塘湾物流保税中心作用，提升在国内大循环、国内国际双循环中的价值。依托株洲国际汽车小镇，加快建设汽车后市场，获批国家外贸转型示范基地、国家二手车出口试点城市和湖南机电（机动车）产业外贸基地。“放管服”改革。深入推进“放管服”改革，全面促进营商环境优化提升。按照“一次办好”改革要求，加快制度创新、流程再造，全面优服务、提效率。简政放权上，涉企审批事项100%容缺受理，涉企审批环节和时限分别缩短五分之三和三分之二，审批事项80%以上实现即时办结。推行“互联网+政务服务”的服务模式，积极探索审批前置工作法，实现更多审批事项秒批秒办。涉企服务上，不断健全完善真帮真包、专班推进、现场观摩等体制机制，以最优环境让企业家专心创业、放心投资、安心经营。（吴俊贤）

【农业农村改革】2021年，天元区坚持农业农村优先发展，注重抓统筹、兴产业、增后劲，初步构建起乡村振兴制度框架和政策体系，积极申报国家农村产业融合发展示范园区。进一步巩固和完善农村基本经营制度，深化农村土地制度改革，完善承包地“三权”分置制度。巩固农村集体产权制度改革成果，盘活农村资产，保障农民财产权益。在各镇、村（社区）全面推行村（社区）供销社与村（社区）惠农服务社建设。壮大农村集体经济，出台区级扶持工作方案，扶持6751个集体经济性质的产业发展，优先支持产业空白村，做到农村强、农民富。（吴俊贤）

【民主法制和司法领域改革】2021年，天元区强化民主法治和司法领域改革。全面加快基层治理创新。坚持科学统筹各类基层资源，构建党委领导、政府负责、社会协同、公众参与的基层治理体系。突出发挥基层党组织引领作用，在农村、城市社区、中小学等领域精心打造“红色品牌”。统筹推进新时代文明实践所、镇街党校、矛盾调解中心等基层阵地建设，加速资源共享、功能互补、力量叠加，打通服务凝聚、宣传教育、组织动员党员和群众的“最后一公里”。全力打造多功能基层网格，将党建、创城、信访等各类管理网格整合为一个综合网格，条块联动、齐抓共管，一揽子解决基层社会突出问题。在全市率先出台全科网格、雪亮工程、智慧大脑、新区志愿“四大行动”特色工作方案，全面推动体制现代化、防范化解“五类风险”（政治安全风险、社会治安风险、社会矛盾风险、公共安全风险、网络安全风险）、发挥“五治作用”（政治引领作用、法治保障作用、德治教化作用、自治强基作用、智治支撑作用），市域社会治理现代化11个项目的落地落实。坚持品牌创建。推动打造新时代文明实践站、雷锋驿站、135协商治理、最美红袖章等一批品牌项目，坚持政社联手打造共建共治共享样板。（吴俊贤）

【民生保障领域改革】2021年，天元区积极开展民生保障领域改革。完善临时救助制度。加强急难型救助，逐步取消户籍地、居住地申请限制，由急难发生地直接实施救助。加强支出型救助，采取一次审批、分阶段救助的方式跟进救助。加强和改进生活无着流浪乞讨人员救助管理。积极为走失、务不着工、家庭暴力受害人等离家在外的临时遇困人员提供救助帮扶。做好重大突发公共事件困难群众急难救助工作。推进教育评价、教育督导体制机制改革。将师德师风作为评价教师队伍素质的第一标准，对学生全面发展和个性特长情况进行全过程评价。制定《株洲市天元区深化新时代教育督导体制机制改革的实施方案》，设立并完善教育督导机构。深化养老服务改革。推动医养结合服务，推进家庭养老床位建设，探索推进“物业＋养老”服务模式，加强农村互助养老建设，积极探索“公办民营”“民办公助”“政府购买服务”等养老服务机构经营管理模式，引导和激励社会力量积极参与养老服务业发展。进一步推进天元区敬老院提质扩建项目、天元区老年养护中心项目建设，满足老年人多样化、多层次的养老服务需求。扩大养老护理员培训和岗位补贴群体，培育一批专业、优质的养老护理员。巩固全国社区治理和服务创新实验区创建成果。以成功创建国家实验区为新的起点，巩固提升“党建领航·三社联动”成果，拓展“五社一心”（社区、社会组织、社会工作者、社区志愿者、社会慈善资源、心理服务）工作格局，进一步推动社区治理和服务创新走深走实，不断提升居民群众获得感、安全感和幸福感。创新发展“互联网＋医疗健康”。引进“微医”“家医云”，与农业银行合作，由其出资400余万元，在天元区建设“智慧天元大健康平台”，将公卫3.0、医疗3.0、医保支付、金苗系统、人口监测、就医全流程等系统之间的壁垒打通。重点打造嵩山和泰山医养融合中心，先后投入1亿元将医疗、养老、康复、文体有机融合，成为全省一流的医养融合示范中心。创新农村公路管理养护体制改革，建立健全长效管养机制，成功申报全国深化农村公路管理养护体制改革县级试点区，全面实行政府主导、交通主力、部门参与、分级负责、镇村联动、群管群养的养护机制，积极探索推行“路长制”。持续推进“四好农村路”，助力乡村振兴。（吴俊贤）

【党建和纪检监察体制改革】2021年，天元区干部选拔坚持以德为先，突出以实绩作为重要衡量标准，注重从“奋战一百天·冲刺双过半”劳动竞赛、“双比双看”大竞赛活动等重大活动的表彰获得者里面优中选优，为天元区经济社会发展作出积极贡献的个人提供培训机会，推动形成见贤思齐、争做先锋的良好氛围。注重从多维度、广视角选拔培训，切实为有担当、能作为的干部提供学习成长平台，使培训真正成为优秀干部的成长福利。在疫情防控、防汛救灾、三大攻坚战、脱贫攻坚等急难险重任务中发掘有勇气、重责任、敢担当的干部。打好“组合拳”，创新推行“党校+夜校”“党校+企校”“党校+新媒体”模式，全力打造“红色动力·新区夜校”，开辟“红色动力·党校微课堂”专栏，由青年干部讲授党史知识、讲述红色故事，或结合所学专业、工作领域进行微科普；阵地建设以“实”为突破口，推进党校本部阵地建设升级，在现有教研室、教室、情景活动室、接待室的基础上继续完善硬件设备。利用各类基层示范点、实践基地、优质国有企业等资源优势，建成联合教学阵地，作为分校由区委党校挂牌运行，推动党校品牌覆盖天元区。落实学习新思想第一议题制度。坚持第一议题学习习近平总书记重要讲话和指示批示精神，全区800余个基层党组织全面建立第一议题制度，1.4万余名党员及时跟进学习新思想。将习近平新时代中国特色社会主义思想作为主课，全面纳入党员教育、干部教育教学计划和教学布局。开发学习贯彻典型案例。重点打造“中国动力谷，世界正瞩目——贯彻习近平总书记创新发展理念的株洲实践”典型案例。打造宣传新思想基层品牌。充分调动基层党组织直接教育党员、管理党员、监督党员和组织群众、宣传群众、凝聚群众、服务群众的主动性、创造性，探索打造泰山路街道“泰书传红”、群丰镇“咱们支部有力量”、雷打石镇“屋场夜话”、栗雨小学“红色领头雁”等一批学习宣传新思想的特色品牌创新培训形式；持续压紧压实党委（党组）落实全面从严治党政治责任，做实日常监督，紧盯领导干部“关键少数”，督促党员领导干部开展廉政谈话836人次。完善巡察工作规范化建设，编制《巡察组工作指引》《巡察组示例汇编》，加强巡察工作信息化建设，选派干部学习巡察单机系统及巡视巡察工作网络平台操作，完成巡视巡察工作网络平台组织机构、全覆盖任务、信息化建设等数据录入560余项。（吴俊贤）

工委办、区委办工作

【综合调研】2021年，工委、区委综合调研工作从大局着眼，从中心工作着力，组织全区性的重大调研活动，撰写全会报告等各类文稿，先后围绕区委全会报告、“十四五”规划、党代会报告、园区高质量发展、基层治理等开展调研，形成一批调研成果，服务全区工作。（陶阳谷）

【保密工作】2021年，全区保密工作坚持突出重点、立足防范、全面覆盖、分级负责的原则，保密工作进一步实现常态化、规范化、科学化。组织重点部门、涉密单位开展保密自查自评，对自查发现的安全保密风险和失泄密隐患及时整改。利用普法加大保密法律法规宣传，结合党史学习教育、“幸福邻里节”等活动推动保密宣传教育活动进校园、进机关、进社区、进企业。配合市委保密办

对区政府周边文印店、重点企业开展保密检查，督促涉密单位配备涉密设备，确保办公环境安全稳定。（吴俊贤）

【机要工作】2021 年，区委机要密码工作主动服务疫情防控和经济社会发展，全面推进安可替代工程，不断加强干部队伍思想作风建设，充分发挥机要密码“命门”“命脉”特殊重要作用，天元区委办获 2021 年度全省机要密码先进工作单位。确保上级指示政令安全畅通，服务全区经济社会高质量发展。通过电子政务内网电子公文系统收文 155 份，收取、办理电报 235 份，保障党委视频会议室 180 次，无一差错。根据机要密码工作新形势和新要求，对现有工作制度梳理完善，调整更新《天元区普通密码使用管理规定》等工作制度，确保制度都能真正落实到工作中。工委委员、区委常委、工委办（区委办）主任关于信创工程的署名文章在省级内部刊物上刊发。加强与长城计算机公司对接，为信创产业链发展提供便利的营商环境。（吴俊贤）

【公文处理】2021 年，工委、区委公文处理工作坚持以优质、高效服务为着眼点，秉承精细化、规范化、科学化的原则，严把政治关、政策关、文字关，规范送审关、签批关、校对关，做到处理及时、发放准确、分类归档。对文件收、发、传、送、退等环节做到程序化、规范化、制度化。收登、办理中央、省、市等上级文件 500 余份，核发本级文件 135 件。重要文件切实做到处理及时、校核准确。上级文件随到随收、本级文件及时办理，无拖沓、遗失和泄密情况。严格执行年度发文计划和临时性发文立项制度。印发《公文代拟和报送工作的规定》，明确办文时间要求、程序要求，严格追责制度。（吴俊贤）

【信息工作】2021 年，工委、区委信息工作围绕中心、服务大局，充分发挥反映社情民意、辅助领导决策、展示发展成效的作用。畅通信息渠道，强化报送力度，向省委办、市委办报送信息 300 余篇，《着力提升我国新能源汽车安全性能》等 78 条信息被省委办公厅、市委办采用。守住紧急信息底线，报送紧急信息 60 余条。创刊区级信息内刊《要情汇报》，为全区各单位提供展现工作成效、指出问题困难、提出意见建议的平台。（陶阳谷）

【文件备案】2021 年，工委、区委规范性文件备案审查工作秉承规范有序、优质高效的原则，实行目录管理和分类管理的工作标准，严格遵守中央修订的《中国共产党党内法规制定条例》《中国共产党党内法规和规范性文件备案审查规定》《中国共产党党内法规执行责任制规定（试行）》等规章条例，对本级党委部门的文件备案审查工作进行监督和审查，向上级部门报备文件，维护党内法规制度体系统一性和权威性。工委办、区委办向上级部门报送备案规范性文件 10 份，内容涉及纪检监察、财政、禁毒、机构职能等领域，全部通过规范性文件审查。（曾慧芳）

【督查督办】2021 年，工委、区委督查工作创新推行“立单销号”“建账清零”“限时办结”工作办法，力促上级和工委、区委重大决策部署落实见效。按照中央、省委、市委工作要求及工委、区委工作实际，制定《2021 年度督查检查考核事项清单》，聚焦区级大事要事难事和“轨博会”防疫、国家文明城市创建和卫生城市复审以及重点任务开展专项督查，精准推动上级精神贯彻落实和政令畅通。坚持“全程督办跟进、按期回访办结、及时反馈销号”原则，认真办理市委“马上就办”督查平台交办件 78 件，办理市委领导批示、市委督查室督办件 58 件，区委主要领导批

示件、常委会会议决事项 138 件，编发《新区督查转报》20 期。（罗能艳）

【绩效工作】 2021 年，株洲高新区、天元区绩效评估工作再创佳绩，在全市年度绩效评估工作中获“优秀”等次，保持全市第一位次。面对市对区绩效评估指标全面改革、考核方式全新的双重挑战，区长何柢召开绩效评估专题部署会和调度会。区绩效办及时会商区财政、产业、统计等 39 家区直单位，科学调整、校核、设置考评内容和计分权重，按期完成“2021 年县市区重点工作绩效评估指标完成情况”模拟测评和自查自评，协调汇总报送全区表彰情况及“省政府 2021 年督查激励事项情况”的收集整理和汇总分析，各项迎检工作做到精准谋划、精心组织、精细实施。推动本级绩效评估实施，牵头制发《株洲高新区（天元区）2021 年绩效评估管理实施方案》，完善制定“绩效评估加扣分标准实施细则”，严密对照既定的时间、步骤、程序和标准，积极稳妥地推进绩效评估环节任务落细落实。（罗能艳）

【公务活动】 2021 年，株洲高新区、天元区组织召开工委委员会、区委常委会会议，区委全会暨工委、区委经济工作会议，市党代会精神及相关讲话要求大讨论等重要会议 47 次。召开中共天元区第六次代表大会。承接上级公务活动 59 次，开展区级公务活动 55 次。牵头组织赴炎陵开展党史学习教育活动，配合完成首届人才节、首届群众大会等涉及人数多、规模大、效果好的全区性活动。（钟睿怡）

组织工作

【概况】 中共天元区委组织部为株洲高新区党工委、天元区委主管组织、干部和人才工作的工作部门，对外加挂中共天元区直属机关工作委员会、中共天元区委老干部局、中共天元区委非公有制经济组织和社会组织工作委员会、天元区公务员局牌子。内设办公室（研究室）、组织组、干部组（干部监督组、干部信息组）、人才办。归口管理机构编制委员会办公室，领导和管理区委党校、人才服务中心、老干部服务中心 3 个事业单位，有干部 21 人。截至 2021 年 12 月底，全区有 17 个直属党（工）委、31 个党组，管辖 36 个基层党委、77 个基层党总支、699 个基层党支部，党员 1.59 万人。全区有非公经济组织党组织 213 个、社会组织党组织 46 个。

2021 年是中国共产党建党 100 周年的重要年份。区委组织部认真组织开展建党百年系列庆祝活动，实施“幸福邻聚里”城市基层党建工程，打造党员教育亮点品牌，基层基础更加牢固；高质量完成村（社区）、镇、区三级换届工作，组织意图圆满实现；举办首届株洲高新区“5·16”人才节，成功当选 2021 中国年度最佳引才城市（地区）；切实发挥老干部优势，统筹优化机构编制工作，提高机构编制资源使用效率及配置能力，服务中心大局更加坚定。（文声威 史维娜）

【村、镇、区换届】 2021 年，天元区高质量、高标准完成村、镇、区三级换届工作，聚焦“绘出好蓝图、选出好干部、配出好班子、树立好导向、形成好气象”的“五好”目标，抓住换届关键环节，细化责任分解，明确目标任务，倒排时间节点，精细业务指导，强化组织把关，为株洲高新区、天元区党的建设和各项事业发展提供坚强有力的组织保障，工作经验做法得到《湘组信息》重点推介。全区 100 个村（社区）选出 686 名“两委”干部，村（社区）“两委”班子结构“一降四升”（平均年龄下降、交叉率上升、年轻干部比例上升、女性干部比例上升、高层次学历比例上升),“一肩挑”比例达98%。全区3个乡镇共选举产生新一届党委委员27人，平均年龄为38岁，35岁以下年轻干部占比37%；党委委员中大学本科以上学历干部占比81%，其中研究生学历干部占比33%，班子结构进一步优化。（田博菡）

【党建基层基础建设】2021年，区委组织部推进各领域党支部“五化”建设提质升级，小湖塘社区党委等7个基层党组织被评为全市先进基层党组织。全面落实党员领导干部联片包支部，深入开展“领导联点、部门帮扶、企业结对村（社区）”党建帮扶活动，7名区级领导联系指导7个镇（街道),23名处级领导、81名科级干部对口联系村(社区)，127家机关、事业单位、国有企业、非公企业与村（社区）帮扶结对，帮助基层党组织解决实际问题，在促进发展和提升组织力方面实现“双促进、双提升”。落实学习新思想“第一议题”制度，全区800余个基层党组织全面建立“第一议题”制度，1.5万余名党员及时跟进学习新思想，打造泰山路街道“泰书传红”、群丰镇“咱们支部有力量”、雷打石镇“屋场夜话”、栗雨小学“红色领头雁”等一批学习宣传新思想的特色品牌。分层分类分领域开展培训，突出基层党组织书记、党务骨干、村（社区）“两委”干部等重点群体。举办区级培训班12期，培训覆盖9553人次，覆盖比例达全区党员总数的60%。（史维娜）

【党员管理】2021年，天元区新发展党员400人。其中，产业工人59人，农牧渔民60人，高知识群体36人，少数民族5人。在非公有制企业中发展党员94人、社会组织中发展党员14人。开展农村发展党员违规违纪问题排查整顿工作，涉及栗雨街道、马家河街道、群丰镇、雷打石镇、三门镇的77个党组织、616名党员。通过排查，最终认定违规违纪问题25个。运用纪委处分结果开除党籍1人，移交问题线索建议给予警告处分1人，重新履行入党手续3人，视情形重新履行相应手续3人，给予批评教育、提醒谈话6人。对4名时任镇党委书记进行提醒谈话，给予4名时任镇党委副书记、组织委员批评教育，对6名时任党支部书记进行通报批评（其中1人责令作出书面检讨并进行通报批评）。做好区级党代表选举工作，经过18个选举单位选举产生天元区第六次党代表大会代表248人，其中各级领导干部代表占58.87%，先进模范人物代表占20.97%，专业技术人员代表占20.16%；女党员占56%；少数民族党员占2.4%。做好乡镇党代表选举工作，群丰镇、雷打石镇、三门镇选举产生乡镇党代表317名，其中村（社区）和企事业单位一线代表占85.8%，女性党员代表占39.4%，35岁以下代表占25.8%，大专以上学历代表占67.8%。推选天元区出席省第十二次党代表大会代表1名、出席市第十三次党代表大会代表11名。（文声威 史维娜）

【庆祝建党100周年“两优一先”评选表彰】2021年是中国共产党成立100周年。经过层层推荐、严格考察、综合比较、公开公示等程序，全区组织评选表彰100名（个）“株洲高新区（天元区）优秀共产党员”“株洲高新区（天元区）优秀党务工作者”和“株洲高新区（天元区）先进基层党组织”。6月30日召开表彰大会，分别授予陈妮等70名共产党员、刘玉富等20名党务工作者、中共株洲高新区新能源汽车产业链企业联合委员会等10个基层党组织“株洲高新区（天元区）优秀共产党员”“株洲高新区（天元区）优秀党务工作者”和“株洲高新区（天元区）先进基层党组织”称号。经过区级推选，杨伏初等 7 名共产党员、王虎等 7 名党务工作者、中共天元区嵩山路街道小湖塘社区委员会等 6 个基层党组织分别获评“株洲市优秀共产党员”“株洲市优秀党务工作者”和“株洲市先进基层党组织”称号；粟蒲先、言英姿 2 名党务工作者获评“湖南省优秀党务工作者”称号。　（史维娜 刘 军 苏 骞）

幸福邻里节

【城市基层党建】2021 年，区委组织部紧扣市委“动力党建·活力家园”建设，实施“幸福邻聚里”城市基层党建工程，推进城市基层党建引领城市基层治理。创新组织共建、社企共联、基层共治、资源共享四项举措，建成小区党支部 163 个、小区党群服务站 159 个，各小区党群服务站全域推进“阅读、调解、便民 + 特色”的“3+X”服务项目。街道推行“大工委制”，社区推行“兼职委员制”，小区推行“四方议事”（小区由小区党组织牵头，业主委员会、居民代表、物业企业负责人共同参与的四方议事，整合资源力量，为小区解难事办实事）、“一月一主题、月月有活动”，泰山公馆小区作为全市主会场成功举办株洲市第一届“幸福邻里节”，红盾雅园小区作为全市主会场成功举办株洲市城市居民小区消防应急演练活动。泰山公馆小区党支部、财富湘江小区党支部、朝阳小区党支部、西域名邸小区党支部 4 个小区党支部被评为市级“五星”小区党支部，富景园小区党支部等 8 个小区党支部被评为市级“四星”小区党支部。党建引领基层治理，打造泰山路街道“社情民意请进来”“党建共同体”、小湖塘社区“15 分钟幸福服务圈”、白鹤社区“最美红袖章”、泰山公馆小区“邻里一家亲”、春藤小镇小区“春风暖、小镇融”等基层治理品牌。　（田博菡 史维娜）

【农村基层党建】2021 年，天元区组织开展党建联点帮扶活动，明确 24 名区级领导联系指导 42 个村（社区），7 名区级领导包片指导 7 个镇（街道）党建工作。结合党建帮扶活动，为全区 41 个村（社区）安排 53 名队长、131 名队员。6 个区级乡村振兴示范创建村、5 个软弱涣散村（社区）党组织全部选派“第一书记”（工作队长），驻村工作队认真落实相关规定，开展五类人员大走访、入户宣传等联村帮扶工作统筹协调各方资源，帮助争取政策、资金，推动村（社区）发展。持续整顿软弱涣散村（社区）党组织，按照“五个一”措施[1 名区级领导班子成员联村、1 名镇（街道）领导班子成员包村、1 名第一书记或 1 支工作队驻村、1 个区级机关单位结对]，对 5 个软弱涣散村（社区）党组织开展集中整顿提升工作，一村一策认真制定整顿方案，为 5 个村（社区）党组织各明确 1 名区级领导联点、1 名镇（街道）领导班子成员包村和 1 个区直机关单位作为“后盾单位”结对，并从后盾单位中选派 5 名副科级以上党员干部担任第一书记，指导软弱涣散村（社区）党组织开展整顿工作，全部完成软弱涣散村（社区）党组织摘帽验收，强化基层党组织政治功能，整顿软弱涣散，推动乡村振兴。探索党建联合体引领乡村振兴的新途径，充分发挥三门镇响水区域联村党委、雷打石镇先锋区域联村党委

2个农村区域党建联合体作用，加强配套基础设施建设，串联周边村布局和发展，整合资源发展村级集体经济，促进村民持续增收，实现80%以上的行政村村级集体经济收入在5万元以上的目标，白石村“金丝贡菊”、伞铺村“小香薯”、铁篱村“黄金贡柚”等一批集体经济发展成果深受群众喜爱。

（刘　军）

【“两新”党建】 2021年，天元区委“两新”党工委以开展党史学习教育为契机，以提升组织力为主线，以优化“两个覆盖”为重点，在“两新”党组织中扎实推进“标杆党组织”创建和“党建引领、助力千企”行动，推动“两新”党建工作高质量发展，助力“三高四新”战略实施。持续推进“常态化摸排、动态化组织、规范化提升”工作，新组建“两新”党组织24家，选派475名党建指导员，覆盖1358个“两新”组织。开展党史学习教育工作，在全省率先打造“碳中和”党员教育示范基地，将党史学习教育搬进“碳中和体验馆”；1693名“两新”组织党员乘坐红色专列，赴红色教育基地开展党史学习。持续实施“两新”党建“标杆引领”计划，48家“两新”组织党组织争创“五大标杆”，湖南科瑞变流电气股份有限公司获评省“两新”领域标杆党组织。深入开展“党建引领、助力千企”3年行动，24名区级领导、24名党建工作指导员联系24家民营企业，收集企业意见和建议43条，解决问题38个，为企业良好正常经营铺平道路。动员“两新”党组织和党员参与“学史力行践初心，我为群众办实事”活动。100余家“两新”组织党组织、1000余名党员参加疫情防控志愿服务，捐赠抗疫物资；湘银集团、特种链条等100余家民营企业和社会组织持续开展贫困助学、进村帮扶等活动，贡献“两新”力量，彰显社会责任担当。

（王　栋）

【干部队伍建设】 2021年，区委组织部始终坚持党管干部原则，深入贯彻新时代中共建设总要求和新时代组织路线，绘出好蓝图、选出好干部、配出好班子、树立好导向、形成好气象，把区镇两级领导班子建设成为忠实践行习近平新时代中国特色社会主义思想的坚强领导集体，为“营造活力高新 建设幸福天元”提供坚强的组织保障。突出政治过硬、对党忠诚，突出能力过硬、堪当重任，突出责任过硬、敢于担当，突出作风过硬、为民服务，突出纪律过硬、廉洁干净，坚持以正确选人用人导向，选出德配其位、才配其位的高素质干部，配出功能优化、堪当重任的领导班子，让组织放心、群众满意、干部服气，推动形成“心齐气顺干事业、心无旁骛促发展”的良好局面。聚焦重大斗争一线生动实践，选拔使用对党绝对忠诚、素质能力过硬、堪当时代重任的优秀干部。特别重点考察在三大攻坚战、疫情防控等急难险重任务中扛硬活、打硬仗，一贯表现好的优秀干部。8月初，在区党代会与疫情“无缝衔接”时，深入防疫一线考察识别干部，将在疫情防控中表现突出的3名干部提拔重用交流至基层正职岗位。着眼事业发展需要，选拔政治过硬、业绩突出的优秀年轻干部。以区镇两级换届为契机，充分贯彻落实换届政策要求，选配年轻干部，优化领导班子结构。12名35岁以下干部调整至重要岗位。镇党委换届中，党政正职从年龄、学历、专业和工作经历等方面全面调优，6名党政正职平均年龄从换届前的43.8岁优化至41.2岁，其中有35岁以下年轻干部1名。进入镇领导班子的30岁以下优秀年轻干部3名。

（钟一苇）

【入选2021中国年度“最佳引才城市（区县级）”】 2021年，株洲高新区（天元区）新引进高层次人才31人（累计422人）；新引进优秀青年人才195人（累计达2621人）；新引进高技能人才219人

（累计 991 人）；获评市级高层次人才 136 人，占比 14.5%；申报关键人才市级指标 54 名，完成任务的 120%，从中推选 7 人作为省关键人才候选人。截至 2021 年年底，全区拥有各类人才 14 万余人，拥有谭铁牛、桂卫华等合作院士 16 名，省级科技创新人才 33 名，市级领军人才 58 名，动力谷专家、人才库专家 856 名。获得 2021 中国年度“最佳引才城市（区县级）”荣誉称号。（楚紫穗）

【首届“5·16”人才主题节】2021 年 5 月 16 日，举办 2021 年株洲高新区首届中国动力谷人才主题节启动仪式，现场开展院士主题演讲、株洲新区人才大数据白皮书发布、高端人才项目签约、新区人才 IP 发布、三地大学生实践营、参观人力资源服务产业园、空中 offer 直通车等活动。同步开展金博奖创新创业大赛、人才品牌 IP 形象推广、双创之星评选、大学生实践营、专家人才进校园、“人才健康服务进园区关怀周”等人才主题节系列活动。专家人才进校园活动开展讲党史 20 余场次，聘请校外科技辅导员 30 名，征集来自区内 20 余家企业的 112 名高层次人才和高级技师的技术服务意愿 150 余条，活动充分激发专家人才创新创业活力和内生动力，激发人才爱国奉献热情。2021 年第十届金博奖全球高层次人才科技创新大赛，吸引国内 52 个优质博士项目参与角逐，链接政府、企业、人才、高校、科研院所、金融、科技服务等各个创新要素，加速科技成果转化、落地。（楚紫穗）

【系列人才活动】2021 年，区委组织部开展“春节优待人才六大畅享”系列活动，让广大专家人才在安心稳心暖心中就地过年。其中“人才畅享购”活动共有 628 位人才在平台上购买商品 920 次，“一元抢戴永红 100 元购物卡”限量 500 张一小时内一抢而空。“人才畅享学”三场企业云端培训，吸引超过 2 万人次观看学习。开展“我在天元过大年 ·2021 环万丰湖新年第一跑”活动，100 多名参赛选手拥抱“爱情湖”，在奔跑中感受快乐，迸发奋斗的力量。开展“三八”节慰问女性人才代表活动，为 4 位女性人才代表送去节日祝福和礼物。（楚紫穗）

【打造优质人居环境】2021 年，区委组织部集中走访企业 50 余家，解答人才政策困惑，加深与企业、人才的沟通交流；为 24 家瞪羚企业提供贴息贷款额度扶持 6130 万元；对新认定的高新技术企业，一次性给予 5 万元补助，重新认定的企业，一次性给予 3 万元补助；安排人才适龄子女入学 26 人次；截至年底，为 90 位“高层次人才”办理中心医院绿色就医通道卡 170 余张；为 42 位新引进的高层次人才发放中心医院 2000 元体检卡；为 105 位高层次人才进行家庭医生签约，并为人才及家属提供医疗咨询及医疗服务 300 余人次。（楚紫穗）

宣传思想工作

【概况】2021 年是实施“十四五”规划、开启全面建设社会主义现代化国家新征程的第一年，是中国共产党成立 100 周年。中共天元区委宣传部以习近平新时代中国特色社会主义思想为指导，学习贯彻中共十九大和十九届历次全会精神，深入贯彻落实习近平总书记考察湖南重要讲话精神，统筹中华民族伟大复兴战略全局和世界百年未有之大变局，自觉担负起举旗帜、聚民心、育新人、兴文化、展形象的使命任务，紧紧围绕学习宣传贯彻习近平新时代中国特色社会主义思想，围绕开局“十四五”、开启新征程，围绕立足新发展阶段、贯彻新发展理念、构建新发展格局，突出庆祝中国共产党成立 100 周年，坚持正确政治方向，坚持以人民为中心的工作导向，坚持稳中求进、守正创新，坚持系统观念，坚持敢于斗争、善于斗争，坚持忧患意识、底线思维，着力加强理论武装，着力唱响爱党爱国爱社会主义的时代主旋律，着力提高社会文明程度，着力推动文化高质量发展，为“营造活力高新，建设现代天元”提供坚强思想保证和强大精神力量。（刘 玲）

【理论武装】2021 年，中共株洲高新区工委、天元区委始终把深入学习宣传贯彻习近平新时代中国特色社会主义思想作为首要政治任务，严格落实第一议题制度，开展专题学习 21 次，第一时间传达学习习近平总书记“七一”重要讲话精神、中共十九届六中全会精神、省市党代会精神，高标准严要求多形式完成党史学习教育专题学习。工委（区委）理论学习中心组集中学习 18 次。结合党史学习教育成立督导组对 48 个党委（党组）理论学习中心组实现巡听督导全覆盖。以“学习强国”平台为总抓手，开展“专题读书班”“干部夜谈会”“专题研讨会”“党史知识竞赛”等活动，采取“专题党课解读学、评论文章跟进学、浓厚氛围扎实学”的方式，把“要点+解析”“金句+实例”“故事+感受”“演讲+写作”作为学习的有效手段，在全区上下掀起学习热潮。综合运用党史学习教育宣讲团、“屋场夜话”“红色之声”“乡村大讲堂”等，以“小、微、云”为抓手，开展新思想“七进”等基层理论宣讲 1200 余场次，受众 20 万余人次，让有意义的理论变得有意思，有深度的思想变得有温度，党的创新理论飞入寻常百姓家。第一时间召开全区干部大会，传达学习中共十九届六中全会精神、省第十二次党代会精神。围绕市第十三次党代会精神，全区 240 名干部历时 3 天，聚焦“高质量发展”“干部作风”两大主题 35 个问题开展大讨论，以思想认识新飞跃打开工作新局面，以发愤图强、重振雄风的坚定决心，全面落实“三高四新”战略定位和使命任务，推动高质量发展，以优异成绩迎接中国共产党二十大胜利召开。（张淑君）

【意识形态工作责任制】2021 年，中共株洲高新区工委、天元区委以上率下，自觉履行意识形态工作全面领导责任，工委委员会、区委常委会研究宣传思想文化工作 14 次。落实意识形态工作责任制监督检查，对 15 个党组织开展区委五届第十二、第十三轮意识形态专项巡察，实现意识形态工作巡察全覆盖，启动区委六届第一轮意识形态专项巡察。工委（区委）书记自觉扛牢“第一责任人”责任，将意识形态工作融入党工作的各领域，经常听取宣传思想和意识形态工作情况报告，尤其注重对庆祝中国共产党成立 100 周年、学习宣传贯彻中共十九届六中全会精神、争创全国文明典范城市、户外低俗网络直播等重要事情、重大舆情亲自调度。建立健全制度体系，修订完善《株洲高新区（天元区）落实党委（党组）意识形态工作责任制实施方案》和意识形态工作正负面清单，加强舆情预警和风险评估工作，制定《换届工作舆情应急处置工作方案》《食品安全突发事件舆论引导工作预案》等，召开专题舆情分析研判会 11 次，召开网络意识形态分析研判会 4 次，定期研判全区意识形态领域风险问题，开展“扫黄打非”检查 30 余次，开展户外低俗网络直播专项整治，确保大庆之年、换届之年意识形态领域平稳可控。注重学习培训，邀请省委宣传部意识形态处处长肖金华为全区领导干部作关于《强化风险意识，提升履职能力》的专题辅导，邀请市委宣传部意识形态科为新换届的村、社区书记作《新形势下党的意识形态工作》专题培训，并将意识形态培训纳入“两新”党组织书记、出资人、党建业务骨干专题培训班等重要内容，全面夯实工作基础。（张淑君）

【株洲高新区（天元区）首届志愿服务礼遇褒奖大会】2021 年 3 月 10 日，株洲高新区（天元区）举办首届志愿服务礼遇褒奖大会。对星级志愿者进行授星，对“十佳”志愿服务品牌项目、“十佳”志愿服务社区、“十佳”志愿服务队伍、贡享爱心商家、贡享爱心达人等进行表彰。三星级志愿者罗菊香、汪伟、刘曼洋 3 人，二星级志愿者谭利平、周智、王勇等 19 人，一星级志愿者彭明伟、袁正坤、刘龙香等 108 人获得星级志愿者荣誉证书、星级勋章和星级礼遇大礼包。大会为株洲高新区（天元区）志愿服务贡享联盟授牌。（周 媛）

【新闻宣传】2021 年，区委宣传部在产业项目建设、党史学习教育、园区发展、营商环境、民生实事等方面做好宣传报道工作，弘扬主旋律，传播正能量，为全区经济社会高质量发展营造良好的宣传舆论氛围。“株洲新区”App 累计发稿 6400 余篇，平均每篇稿件流量 9000+，累计浏览量 4500 万 +，访客量达 100 万 +；“株洲新区发布”微信公众号，在湖南政务微信影响力排行榜稳居前三，发稿 1000 余条，其中阅读量破万的稿件 70 条，浏览量 10 万 + 的稿件 2 条；“株洲新区发布”微信视频号发布短视频 140 余条，平均点击量 5 万 +，其中疫情期间发布的《让城市安静三天》短视频本平台浏览量 60 万 +，全网流量 100 万 +；《株洲新区》出版至第 751 期。真正实现媒体资源大融合，充分展示融媒矩阵的强大合力。在上级媒体发稿 2000 余篇，其中省级以上媒体发稿 1000 余篇，深入报道株洲高新区、天元区经济社会发展的新思路、新举措。围绕产业链建设，策划推出《经视观察》“新能源的春天”三期访谈节目；围绕“三高四新”发展，推出湖南广播电台《三高四新湘当有为》新闻访谈节目。聚焦重大主题活动，开展首届志愿服务礼遇褒奖大会、首届“株洲·中国动力谷人才主题节”、第二季度重大招商项目集中签约、产业高质量发展政策兑现会、“碳中和”党员教育示范基地揭牌、中国动力谷现代产业院揭牌等集中宣传报道，全面展现株洲高新区、天元区在落实“三高四新”战略中真抓实干、担当作为，经济社会高质量发展的良好局面。（唐圆圆 张弥郁）

【网信工作】2021 年，区委宣传部制定《天元区 2021 年换届工作舆情应急处置工作方案》《食品安全突发事件舆论引导工作预案》等工作预案，有效防范各类重要时间节点和重要事件的负面舆情。12 月 25 日，组织召开区委网信委第三次会议。召开专题舆情分析研判会 11 次，编发《天元舆情》交办函 468 期，处置回复率 100%，编发领导专报《舆情专报》《舆情周报》50 期。对全区户外低俗网络直播行为进行多次集中整治行动，30 余名主播签署《天元区户外网络直播自律承诺书》，发放《天元区“规范网络直播”倡议书》100 余份，有效遏制低俗网络直播乱象滋生蔓延。（陈 亮）

【志愿服务】2021 年，区委宣传部以志愿服务为抓手，推动新时代文明实践中心建设。出台《株洲高新区（天元区）星级志愿者认定、功勋人物评定细则（试行）》《株洲高新区（天元区）“新区志愿”App 志愿服务活动和积分违规记录处理办法（试行）》《株洲高新区（天元区）新时代文明实践志愿服务贡享爱心商家和贡享爱心达人管理办法（试行）》，进一步完善志愿服务制度建设。结合党史学习教育打造党员速达志愿服务品牌——我为群众办实事“志愿帮”，4 万多名“新区志愿”App 注册志愿者以及各级党组织化身“快递员”，为群众提供快捷、精准的一对一服务，构建群众“点单”，志愿者、各级党组织“接单”，群众“评单”工作闭环，共为群众提供一对一志愿服务800多场，精准解决群众急难愁盼问题。截至2021年年底，“新区志愿”App注册志愿者4.7万名，发布活动5.1万多场次（其中2021年发布活动36572场次），注册队伍471支，形成志愿服务品牌项目50个，案例制积分项目20个。贡享联盟2021年度新招募贡享爱心商家80家，贡享爱心达人10人，建成贡享超市线下兑换店23家（其中2021年新建成14家），兑换商品11528件，兑换积分53657分。

《株洲天元区：探索志愿服务积分制 打造文明实践新平台》入选“湖南基层改革探索100例”；《创新志愿服务，助力基层社会治理》入选“湖南省第一批基层治理典型案例”；王勇、龙香兰获评湖南省2021年度学雷锋志愿服务最美志愿者，一路有“礼”文明劝导项目获评湖南省2021年度学雷锋志愿服务最佳志愿服务项目。泰山路街道泰园社区获评株洲市2021年度最美志愿服务社区；天元区武术健身气功协会获评株洲市2021年度最佳志愿服务组织；嵩山路街道九·久志愿服务项目获评株洲市2021年度最佳志愿服务项目；志愿者朱传桂、汪伟获评株洲市2021年度最美志愿者。（陈灿华）

【文明建设】2021年，区委宣传部完善文明建设工作机制。建立“周督查+月考核”机制，将城市管理与文明城市创建工作考核融合，根据各单位的工作职责，对照最新《全国文明城市测评体系》，每月对区城管局等12个职能部门和泰山路街道等7个基层单位进行文明建设工作考核，促进工作落实。充分发挥各部门在建设全国文明城市工作中的作用，定期召开专题调度会，成立9个创文督查组，分行业、分领域、分片区开展督查，下发督办函85份，整改通知书100余份，及时发现问题，迅速组织整改，确保了创建工作顺利推进。加强公民思想道德建设。扎实做好典型推荐选树工作，潘平洋获评中国好人、湖南好人，王青年获评湖南好人；谢怀忠等10人获天元区第六届道德模范，苏映芝等10人获提名奖。深入发现挖掘身边的典型，共设置道德模范等先进典型宣传栏100余处，通过海报、宣传栏等形式，展示在各村、社区的显著位置，推动各村、社区形成良好的文明创建氛围。积极培育时代新人。株洲市二中段俞彤获评湖南省“新时代好少年”；建宁实验中学张夏卿、银海小学刘昕玥获评株洲市“新时代好少年”；组织开展天元区“新时代好少年”系列活动评选表彰活动，晏温芯等30名学生获区“新时代好少年”。广泛开展社会宣传。实现电视、网络、手机客户端全方位宣传，株洲电视台法制频道开通专栏《文明实践在天元》，已播出56期；在株洲文明网新时代文明实践专栏刊登《文明实践在天元》系列稿件61篇；同时，运用社会宣传、活动宣传、入户宣传等多种方式，形成全民参与文明实践的良好氛围。（曾红军 张锦峰 陈文美）

区委书记邬凌云深入基层社区慰问志愿者

【《株洲新区》停刊】2021年10月18日，为进一步适应新媒体发展，加快媒体融合步伐，创刊于

2003 年 10 月 1 日的《株洲新区》出刊最后一期（第 751 期）即停刊。融媒体中心将继续坚持导向为魂、移动为先、内容为王、创新为要，讲好新区故事、传播好新区声音、展示好新区形象。（刘 玲）

【中国好人及湖南好人】2021 年，天元区有 1 人获评中国好人，1 人获评湖南好人。

潘平洋，株洲市天元区雷打石镇人，左掌因意外导致缺失。2021 年 5 月获评见义勇为类湖南好人，2021 年 8 月获评见义勇为类中国好人。2021 年 4 月 15 日上午 8 时左右，潘平洋正在株洲市天元区雷打石镇霞石村的邻居家帮忙。突然，邻居的电话响起，一个焦急的声音传来，“汽车开到鱼塘里了，快来救人”。一旁的潘平洋听到后，立马放下手中的活计，驾车冲到鱼塘路边。深吸一口气，潘平洋潜入水下，凭借独掌勇敢救起落水司机，被大家称为“独掌英雄”。

王青年，现年 93 岁，天元区雷打石镇公道社区居民，2021 年 7 月获评助人为乐类湖南好人。王青年曾先后参加过抗日战争、解放战争和抗美援朝战争，其间担任过伤员看护兵、后勤医疗保障人员。转业回乡后，先后在雷打石镇石灰厂和瓷厂担任医师直到退休。回到家乡，他用自己累积的医疗技术，坚持义务为民看病 30 年，被乡亲们称为“活雷锋”。（陈文美）

【文化发展】2021 年，天元区积极开展“扫黄打非”工作，打造小湖塘社区为省级“扫黄打非”进基层示范标兵、湘湾社区为省级“扫黄打非”进基层示范点。持续开展“书香天元”工程，开展“万丰湖畔童声飘”“红色宣讲进校园”“我的书屋我的梦”等各类阅读活动百余场，打造天虹商场、中传影院两家“贡享爱心书吧”，推荐文家冲社区书屋入选“湖南省最美阅读空间”候选名单。开展“映百部红色电影，学百年辉煌党史”电影展映展播活动，在各镇、村免费放映红色电影 400 余场，吸引 2 万余居民、村民观影，组织党员、干部、职工开展“光影铸魂”电影党课、“湘观影”职工观影、新区青年人才观影等活动。结合党史学习教育，依托石三门现代农业公园响水园核心景区，在游客服务中心、房车营地、樱花山庄、百花园、鸿雁公园等项目基础上，打造了党史学习教育基地项目，建成党史陈列馆、乡村振兴文化展示长廊、红色公交教育专线等红色景点，将景区打造成具备开展党建、工会、团建、研学、拓展等复合活动体验式学习教育基地。做好文化产业资金扶持申报，推荐“株洲高科园创众禾文化传播有限公司”在湖南区域性股权市场文化产业专板挂牌，推荐“新区志愿文化新业态品牌建设与推广项目”获市级文化产业引导资金。天元区被评为湖南省诗词之区，天元区文联组织参与由省委宣传部、省文联举办的庆祝中国共产党成立 100 周年“欢乐潇湘”全省美术书法摄影活动，《眼中有光，哪里都是暖阳》美术作品获省一等奖，《株洲智轨》摄影作品获省三等奖。（何天明 丁吉祥）

统战工作

【概况】中共天元区委统一战线工作部（以下简称“区委统战部”）有在职干部 8 名。内设综合办公室、党派工作办公室、民族宗教工作办公室（加挂区民族宗教事务局、区人民政府侨务办公室），下属 1 个事业单位（党外知识分子联络服务中心）。

2021 年，区委统战部深入贯彻落实习近平总书记关于加强和改进统战工作的重要思想和《中国共产党统一战线工作条例》，最大限度凝聚人心、汇聚力量，努力开创全区统一战线各领域工作新局面。《湘赣边区乡村振兴示范区红色文化资源开发振兴研究》获株洲市统一战线理论政策研究立项课题二等奖；《创新企业服务平台，助推现代天元建设——株洲高新区成立全市首家商协会交流中心》获株洲市统战工作实践创新成果奖；天元区委统战部被株洲市反恐工作领导小组评为2021年度全市反恐怖工作先进基层单位。（陈 姣）

【民主党派参政议政】天元区范围有民革、民盟、民建、民进、农工党、致公党、九三学社7个民主党派。7个民主党派联系紧密，各民主党派含湖南工业大学、中心医院等23个支部。2021年，全区党外代表人士提交统战课题调研论文63篇，其中21篇获优秀成果奖，部分涉及民生实事、生态环保、经济发展等方面的调研课题被应用到实际工作中。全区送培10余名党外干部、民主党派人士、无党派人士、非公经济人士赴株洲市委党校（株洲市行政学院）、湖南省社会主义学院深造学习。先后集中召开“政府工作报告征求意见协商会”、民主党派座谈会、政情通报会等会议6次。创新方式开展统一战线党史学习教育，组织各民主党派代表人士、无党派代表人士、党外知识分子联谊会、新的社会阶层人士联谊会、非公经济代表人士、侨界代表人士等40余人乘坐红色专列赴炎陵县开展“筑同心 跟党走”主题活动暨天元区各界人士庆祝中国共产党成立100周年座谈会。（陈 姣）

“筑同心 跟党走”主题活动

【同心项目建设】2021年，区委统战部紧密结合全区中心工作，着力对接乡村振兴战略，采取民主党派与村（社区、项目）创建结对的模式，助力相关创建点申报创建省、市级“同心项目”。民进天元区工委主导的“同心民企法援站”成功创建省级同心项目；民盟天元区工委携手雷打石镇先锋村，成功创建市级“同心美丽乡村”。（陈 姣）

【党外人士统战工作和新的社会阶层人士统战工作】2021年，天元区党外干部439人，其中副科级及以上有48人（副处级干部9人，科级干部39人）。11月26日，区委统战部组织党外知识分子联谊会、新的社会阶层人士联谊会全体成员集中学习中共十九届六中全会精神。依托中国动力谷·天易科技城优势，打造占地面积2000平方米的“天易悦创汇”新的社会阶层人士统战工作实践创新基地，联手10名创业导师、500万元种子资金、多家金融合作机构，发挥多个平台作用，实现资源最大限度整合共享。集中培训7场次，参训人员300余人次，发放宣传资料700余份，为高新区（天元区）新的社会阶层人士开展创新创业等提供公益培训服务。（陈 姣）

【民族宗教工作】2021年，天元区认真贯彻落实党的民族宗教政策，引导各民族同胞、宗教界人士爱国爱党和实现对中国特色社会主义的认同；扎实推进“民族宗教政策法规宣传月”和“民族团结进步宣传月”活动；牢牢把握统战领域的意识形态，实现对网络宗教内容及舆情监管全覆盖。严格落实三级网络两级责任，持续深入开展宗教界教风整治，会同公安、泰山路街道等部门多次取缔在株洲湘江四桥的非法放生；依法开展查处境外基督教渗透专项行动；深入开展宗教活动场所消防安全专项整治行动；督促宗教场所建立完善财务管理制度。对标建立健全全区少数民族底册，走访少数民族代表 100 余人次，解决少数民族小孩入学问题 10 个；春节期间，慰问困难少数民族 8 户，发放慰问金 5000 余元。（陈 姣）

【服务民营经济】 2021 年，区委统战部指导工商联换届，顺利选举产生出第六届区工商联（总商会）执行委员会。深化“百会千企大走访”“国企带民企，大手牵小手”和“温暖企业行动”，500 余名干部对接 700 余家企业，解决问题 1000 余个。投资 600 余万元，建设规划使用面积 1291.98 平方米的株洲高新区（天元区）商协会中心，为其提供相对集中、信息交流、资源共享的载体，搭建民营企业、商协会与党委、政府的直通交流平台，有效整合异地商会、行业协会资源，拓宽政府对外经贸洽谈交流渠道。10 月，株洲商协会中心在湖南省委统战部内刊、市委统战部内刊分别作为基层经验推介。（陈 姣）

【归侨统战工作】 2021 年，区委统战部以动力谷众创空间为中心，辐射党建基地天易科技城、澳侨基地澳维环保、创客基地桂鑫房地产、联谊基地泰山房地产、文化基地星期三书画院的侨联组织布局初步形成。其中，侨胞之家文化基地——星期三书画院 10 月成功申报“省侨联 2022 年度华侨事务预算专项经费项目”；侨企湖南澳维环保科技有限公司 11 月获批“省侨联新侨创新创业企业”。全区录入系统海归 194 人，侨企 53 家；走访困难归侨、侨眷 20 人次。（陈 姣）

【牵头组建天元区居家隔离工作专班】 2021 年 8 月新冠肺炎疫情期间，区委统战部根据区委的安排，牵头组建天元区疫情防控居家隔离工作专班。区委统战部通过统筹调度全区统战力量和资源，有序推动全区居家隔离工作，建立阻断疫情扩散的第一道屏障，为全区疫情防控居家隔离工作积累经验办法。其间，号召全区统一战线捐资捐物 300 余万元，1000 余人次赴一线参加志愿服务。（陈 姣）

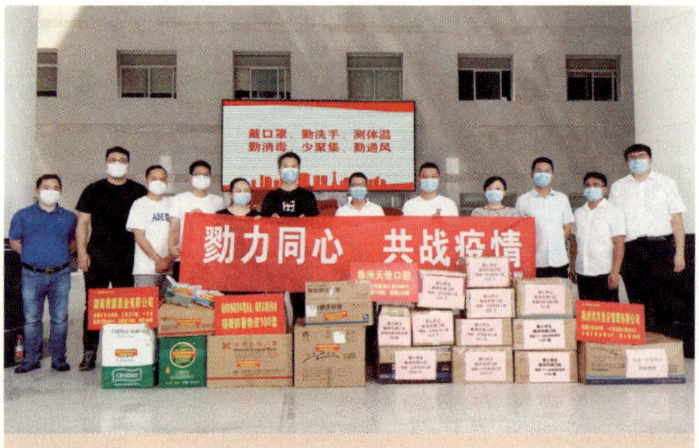

勠力同心　共战疫情

机构编制

【概况】 中共天元区委机构编制委员会办公室（以下简称“区委编办”）为天元区委机构编制委员会的常设办事机构，负责全区行政体制和机构改革、事业单位分类改革、机构编制的日常管理和事业单位登记管理工作，是天元区委工作机构，列入党委机构序列，归口天元区委组织部管理。区委编办内设综合办公室，核定行政编制为 3 名。所属事业单位区机构编制事务中心为副科级公益一类事业单位，核定事业编制 3 名。

2021 年，区委编办牢牢把握党委机关定位，践行党对机构编制工作的集中统一领导，坚定不移贯彻《中国共产党机构编制工作条例》，把学习党的政治理论作为编委会、室务会第一议题，树立“大组工”思维，更加主动地在党管干部资源和机构编制资源的大前提下谋划推动工作。促成省委编办政策法规与改革处支部和天元区委组织部（编办）支部结对共联，开展支部共建互动；结合中国共产党建党 100 周年和党史学习教育活动制作了机构编制系列宣传视频，在“动力先锋”党建品牌引领下宣传党史和机构编制理论知识；组织开展机构编制核查，全区各机关事业单位完善全区机关事业单位基本信息、干部职工的个人基本信息数据在湖南省机构编制管理系统信息得到全面更新完善；扎实推动开发区机构规范、乡镇权责清单梳理等重大改革以及机构编制资源的调剂、配备等工作，向市委编办争取机构和编制支持，助力新区事业发展。（刘佳鹏）

【机构设置】2021 年，株洲高新区管委会设“五局一室一中心”6 个副处级内设机构和 1 个副处级事业单位。即办公室、产业发展局、财政局、劳动人事局、开发建设局、招商合作局、动力谷创新创业服务中心（株洲留学人员创业园）。此外，设有直属正科级事业单位企业发展服务中心（行政审批代理服务中心）。天元区委设党的机关 8 个。即区纪律检查委员会机关、区委办公室、区委组织部、区委宣传部、区委政法委员会、区委统战部、区委编办、区委巡察办。其中区纪律检查委员会机关与监察委员会机关合署办公，实行一套工作机构、两个机关名称；株洲高新区纪工委机关与区纪律检查委员会机关实行一套工作机构、两个机关名称。天元区人民政府工作部门 26 个。区政府办公室、区科技和工业信息化局、区财政局、区人力资源和社会保障局、区住房和城乡建设局、区发展和改革局、区教育局、区民政局、区司法局、区交通运输局、区水利局、区农村工作局、区商务和粮食局、区文化旅游广电体育局、区卫生健康局、区审计局、区退役军人事务局、区应急管理局、区城市管理和综合执法局、区统计局、区政府金融工作办公室、区信访局、区医疗保障局、区行政审批服务局、区自然资源局、区市场监督管理局。此外，区人民防空办公室，既是区国防动员委员会常设办事机构，又是区政府工作机构，与区住房和城乡建设局合署办公，实行一套工作机构、两个机关名称。天元区设区发展研究中心、区委党校、株洲新区报编辑部、区网格化管理服务中心、区优化营商环境协调事务中心、区园区产业促进服务中心、区机关事务服务中心、区征地工作协调服务中心、区物业服务指导中心 9 个直属正科级事业单位。（刘佳鹏）

【园区清理】2021 年，区委编办为积极争取株洲高新区权益，多次赴省委、市委编办就如何开展开发区清理机构设置进行有效沟通。拟订三套不同模式的园区体制改革方案供省、市、区领导决策。最终确定的方案获得省委编办认可，批复方案与上报请求基本一致，在清理规范要求全面减少机构职数的前提下取得增加 1 个副处级机构限额和 2 名副处级职数的成果。（刘佳鹏）

【基层建设】2021 年，区委编办为完善和提升基层治理能力，组织推动基层权责清单梳理，加强基层建设。与行政审批服务局、司法局、基层代表和区直各对口业务部门逐条对基层权责清单进行“五方会审”，现场确定权限边界，征集镇（街道）、区直部门 40 余条反馈意见，梳理出 183 项乡镇权责清单。助推行政复议体制改革，健全和完善区级政府行政复议管理和应诉管理体制机制，为社会治理体系和治理能力现代化向前推进做好基础工作。（刘佳鹏）

【机构编制争取】2021 年，区委编办为更好保障新区事业发展，积极向上争取。争取增加正科级机构 2 个，副科级机构 3 个，增加处级职数 2 名、正科职数 2 名、副科职数 4 名，增加基层卫生编制 124 名，增加教师编制 240 名，继续获得教师周转编制 240 名。支持区教育局招聘教职工 303 人，支持卫生系统招考工作人员 33 名，支持乡镇人才

招录、空编补招录率 53%，为天元区教育、卫生和乡村振兴事业发展提供保障。（刘佳鹏）

【机构编制核查】2021 年 10 月，区委编办组织全区各机关事业单位完善湖南省机构编制管理系统信息。全区 246 个单位基本信息、4076 名干部职工的个人基本信息数据得到全面更新完善，为机构编制管理数据信息化打下基础。（刘佳鹏）

【创新机构编制工作方法】2021 年，区委编办把握党的机构、办事机构和参谋助手角色定位。创新联动方式。与组织、人社、财政、教育等部门建立更为紧密的机构编制工作联动机制，加强沟通汇报，共同研究机构编制管理中出现的问题。创新开展“微改革·一招鲜”。组织调研政府职能向社会组织转移、城市大管家、编外人员清理规范调研、物业职责调研等相关工作，为领导决策服务。创新宣传方式。结合中国共产党建党 100 周年和党史学习教育活动制作了机构编制系列宣传视频，在“动力先锋”党建品牌引领下宣传党史和机构编制理论知识，创立机构编制宣讲员“新编课”卡通形象，在省市各大主流媒体点击率颇高，获得省委编办、市委编办领导支持和认可。（刘佳鹏）

【省区对口结对】2021 年，区委编办加强党委机关定位，落实请示汇报制度积极促成所在党支部与上级党支部结对共建。7 月 23 日，省委编办政策法规与改革处支部和天元区委组织部（编办）支部结对共联，开展支部共建互动。（刘佳鹏）

【编制使用】2021 年，全区核定行政编制 569 名。其中，区直行政单位使用行政编制 384 名，政法专项编制 26 名，乡镇街道使用行政编制 159 名。全区核定事业编制 3867 名。其中，区直事业单位使用编制 778 名，公办教师使用专项事业编制 2484 名，公办幼儿园教职工使用专项事业编制 32 名，基层卫生领域使用专项事业编制 375 名，乡镇街道使用事业编制 180 名。（刘佳鹏）

【机构编制管理】2021 年，区委编办着力提高机构编制管理水平，按照“总量不增，盘活存量，优化结构，动态管理，服务发展”的思路，注重调研实效，规范申报流程；平衡调整各单位编制，优化编制资源配给；确保将机构编制这一重要执政资源向重点领域、重要部门、中心工作、基层一线倾斜。主动开展机构编制管理业务评估和机构编制核查，做精做细机构编制管理，实现编制管理科学化、规范化。（刘佳鹏）

老干部工作

【概况】截至 2021 年年末，中共天元区委老干部局（以下简称“区委老干部局”）管理离退休干部 74 人，其中本级管理离休干部 2 人、企业代管离休干部 1 人，平均年龄 71 岁。设党总支 1 个，下设 2 个党支部，党员 68 人。（谢姗姗）

【党组织建设】2021 年，区委老干部局以“红心向党·银领先锋”为主题，开展“七个一”系列活动，为中国共产党百年诞辰送上美好祝愿和祝福，充分展示离退休党员在党爱党、在党言党、在党为党的政治本色。多渠道推进“美在金秋”老党员之家建设，建成 4 个示范站点，选聘老干部、老党员组建“六员”（“两新”组织党建指导员、理论政策宣讲员、社区矛盾调解员、红色小区规划员、青苗呵护员、新时代文明实践辅导员）人才队伍，把党组织服务管理逐步向基层延伸。4 月，省委老干部局调研时，天元区“美在金秋”老党员之家建设工作得到充分肯定。区离退休干部党总支书记粟蒲先被授予2020年湖南省优秀党务工作者荣誉称号，受邀参加省庆祝中国共产党建党100周年座谈会并作交流发言。（谢姗姗）

【服务保障】2021年，区委老干部局以落实两项待遇为重点，开展亲情化服务。财政全力保障老干部政治、生活待遇、活动经费落实到位，全年组织开展前往桑植县贺龙纪念馆、湘西十八洞村、攸县谭震林纪念馆、醴陵左权故居、渌口杨得志故居、株洲齿轮有限责任公司、天元区人武部等地参观学习。发挥老年大学主阵地作用，设立“初心讲堂”“金秋书画苑”“国学荟萃”等精品课程，开展有益于老年人身心健康的门球月月乐、书画展评、钓鱼等文体活动。根据老干部需求定期举办保健讲座、健康咨询，保证“周周有安排，月月有活动”。整合社会资源，对接养老服务机构，为离休干部提供“一人一策”精准定制服务，提升幸福感。完善困难帮扶机制，不断拓宽离休干部困难帮扶渠道，扩大帮扶覆盖面，走访慰问生活困难党员120人次，送去慰问金9.8万元。（谢姗姗）

【作用发挥】2021年，区委老干部局着力打造“红霞映天元”志愿服务品牌，组建党史志愿宣讲队，走进社区、农村、校园宣讲30余次，为传承红色基因和弘扬红色文化贡献智慧和力量。宣讲员向鸣主讲的《伟人的情怀》，在湖南省“金秋颂党恩·启航新征程”讲红色故事比赛中获优胜奖。新冠疫情期间主动做好新冠肺炎疫情群防群治工作，开展爱心捐款、慰问活动，担任核酸检测点志愿者，创作抗疫漫画为抗疫一线加油鼓劲。借助五老机构平台，在社会公益事业等领域助力凸显，区关工委牵头开展法制进校园、百年党史宣讲，教育基金开展贫困助学，老科协助推精准扶贫、“创百”工作等取得显著成效。（谢姗姗）

机关党建

【概况】截至2021年12月底，中共天元区直属机关工作委员会（以下简称“区直机关工委”），覆盖41个机关单位，下辖5个党总支，52个党支部，22个党小组，867名党员。2021年天元区深入贯彻落实关于加强和改进新时代全市机关党的建设的实施意见，坚持引领与规范并举，融合与服务并进，引领机关党组织和党员干部干在实处、走在前列，着力创建“三表率一模范”（在深入学习贯彻新时代中国特色社会主义思想上做表率；在始终同党中央保持高度一致上做表率；在坚决贯彻落实党中央各项决策部署上做表率；建设让党中央放心、让人民群众满意的模范机关）机关，不断提升机关党组织政治功能和组织力。（龚湘华）

【政治引领】2021年，区直机关工委坚定不移推行“第一议题”制度，22名党员领导干部担当区宣讲团主力，成立“红霞映天元”老干部党史志愿宣讲队，走进基层宣讲近600场次。组织600余名机关党员干部乘坐湘赣边红色专列，开展红色教育50余次。持续整治机关党建“灯下黑”，选派党务干部参与区委巡察，深入开展“回头看”，确保整改成效。组织开展上一堂红色党课等“七个一”（过一次“政治生日”、重温一次入党誓词、上一堂红色党课、参与一次志愿服务、瞻仰一次红色教育基地、进行一次“学习强国”知识挑战赛、开展一次帮困活动）主题党日活动，41个单位开展“感党恩话初心”活动，为25名老党员颁发“在党50周年”纪念章，11支机关干部队伍参加中国共产党建党100周年合唱比赛，21名青年干部参加“百年风华、天元力量”演讲比赛，区直机关工委在“百舸争流、千帆竞发”党史知识竞赛中获一等奖，评选表彰一批区直机关“两优一先”（优秀共产党员、优秀党务工作者、先进基层党组织）优秀单位和个人。其中，先进基层党组织 10 个，优秀共产党员 20 个、优秀党务工作者 10 个。（龚湘华）

【服务中心大局】2021 年，天元区发挥产业链 + 招商优势，100 余名机关干部参与招商工作，引进 54 个优质新兴项目。深入开展温暖企业“四联”行动，500 余名联企机关干部上门服务，解决问题 141 个。实施“中国动力谷人才计划”，构建智慧服务人才生态链，服务园区发展。成立石三门现代农业公园管委会办公室临时党支部，18 名机关党员干部驻点指导，打造一批特色农产品品牌。选派 42 支联村帮扶工作队进驻乡村，成功申报村级集体经济中央扶持项目 2 个，助力乡村振兴。深入推进“我为群众办实事”活动，抓实落地 47 个重点项目清单。做实“党员在行动”志愿服务，引导 700 余名在职党员进社区（小区），开展志愿服务活动 8000 余次。新冠肺炎疫情防控期间，成立 9 个临时机关党支部，组建 108 支志愿服务队、150 名信息采集员、7 支驻村（社区）防疫工作队下沉一线，协调解决问题、建议 700 余个（条），彰显机关党员干部责任担当。（龚湘华）

【基层基础建设】2021 年，区直机关工委探索建立模范机关评选机制，推动党支部“五化”建设提质，“三表率一模范”机关建设工作经验获全市推介。开展 2 次党务干部专题培训，指导培养 55 名新党员，推选 69 名党员干部出席天元区第六次党代表大会。举办新青年夜校培训班、新区干部夜谈会等活动 4 场次，区级领导等 3000 余人次参与，引导青年干部追求政治进步。健全党建带群建机制，采取“六引领六同步”（“六引领”：引领思想建设，

株洲高新区（天元区）年轻干部夜谈会

补好精神钙；引领组织建设，扩大覆盖面；引领队伍建设，建强主力军；引领作风建设，建立新风尚；引领制度建设，推进规范化；引领活动开展，增强凝聚力。“六同步”：党工组织同步设，党工任务同步定，党工阵地同步建、党工教育同步抓、党工经费同步筹、党工检查同步促）工作法，引导群团组织承担公共服务职能。依托“青年之家”开展青少年“四点半课堂”综合素质教育，开展“2021 家庭教育 17 件实事”，出台《关于加强基层党建带工建工作的实施方案》，引领新建“小三级”工会 200 多家。（龚湘华）

档案·党史·地方志

【概况】天元区档案馆于 2019 年机构改革期间重组，属天元区委办公室正科级公益一类事业单位，对外加挂区党史和区志研究室牌子，核定全额拨款事业编制 6 名。主要职责是严格贯彻执行国家关于档案工作的方针、政策，负责制定天元区档案馆工作规章制度；研究出台天元区档案馆近期和远期规划，并组织实施；切实做好档案法律法规的宣传，依法依规推动天元区档案馆各项工作创新发展；负责全区的修志工作，为组织地方志的资料及收集和编纂、出版工作提供服务；负责

区内党史资料的收集、整理、编撰工作。

2021 年，区档案馆围绕主要职责，认真做好档案征集、保管、开发与利用工作。切实做好脱贫攻坚、疫情防控“两类”档案入库、电子目录报送及新增档案入库工作。围绕“6·9”国际档案日在全区各单位开展档案征文、电子屏宣传等活动，组织学习新修订的《中华人民共和国档案法》。稳步推进档案信息化工作，加强档案安全保护。围绕中国共产党成立 100 周年开展庆祝活动，深入贯彻落实习近平总书记关于党史工作重要论述精神，完成《中国共产党天元区（高新区）百年大事》《中国共产党天元区（高新区）百年图志》编纂出版发行工作。收集整理编纂天元区党史人物《刘先胜传》，编纂出版工作正在进行中。高质量高标准完成《株洲高新区 · 天元区年鉴（2021）》公开出版发行工作。获评 2021 年度湖南省地方志系统先进集体、全省党史工作先进单位。（刘建军　彭　皓）

【档案安全利用宣传】2021 年，区档案馆切实做好脱贫攻坚、疫情防控“两类”档案的入库、报送、利用工作。报送脱贫攻坚专题档案目录 644 条，疫情防控专题档案目录 1509 条；专题档案已经全文扫描并挂接电子目录，“两类”档案查阅利用手续齐全。接收全区 11 家单位 3426 卷档案入馆入库；接待来电来访 1160 人次，查借阅档案 1960 卷，档案利用 2 万余份。围绕“6·9”国际档案日在全区各单位开展档案征文、电子屏宣传活动，收集征文 25 篇，评选一等奖 2 篇，二等奖 3 篇，三等奖 5 篇，优秀奖 15 篇，对获奖作品颁发荣誉证书，优秀征文汇编成册。开展湖南省档案科技项目研究工作，申报的“基于安全可控与紧耦合方式的电子文件在线自动归档系统的研究”进入结题阶段。对库存近 10 万卷档案逐卷逐件进行清查，对堆积的各级各类获奖实物档案进行分类上架。信息化工作稳步推进，完成库房重要民生、文书档案 45 万页全文扫描及信息化加工工作。累计完成库房重要文书档案近 125 万页全文扫描及信息化加工工作。对档案综合管理系统进行升级与维护，新增联想服务器硬盘 8 个、服务器内存 1 个。根据馆室安全配置标准与要求，对库房设施设备进行部分完善：新增橱式档案密集架 29 个、加厚档案柜 16 个，更换火河密码锁 10 把，2 间库房添置温湿度控制仪与除湿机。（刘建军　彭　皓）

“6·9”档案日宣传

【党史资料收集编研】2021 年，区档案馆开展庆祝中国共产党成立 100 周年活动，深入贯彻落实习近平总书记关于党史工作重要论述精神，完成《中国共产党天元区（高新区）百年大事》《中国共产党天元区（高新区）百年图志》编纂出版发行。《中国共产党天元区（高新区）百年大事》24 万字，记录境内 1919—2020 年百年发生的大事、要事；《中国共产党天元区（高新区）百年图志》刊登图片 520 张，图文并茂、形象直观反映境内百年的发展变迁和人物。根据《中共株洲市委办公室关于印发〈株洲市中共党史和地方志编研项目库实施方案〉的通知》要求，组织实施征编党史人物《刘先胜传》工作。（刘建军　彭　皓）

【《株洲高新区 · 天元区年鉴（2021）》出版】2021 年，株洲高新区、天元区年鉴编辑工作 3 月全面启动，12 月由方志出版社公开出版发行。全书设特载、亮点、大事记、天元区概览、中共株洲高新区工委 · 天元区委、株洲市天元区人民代表大会、株洲高新区管委会 · 天元区人民政府、政协株洲市天元区委员会、区纪委监委、民主党派、群众团体、法治、应急 · 救援、军事、经济管理、农业农村、工业 · 交通、商贸 · 招商 · 金融、城乡建设与生态环境保护、园区建设、教育 · 科技、卫生 · 文化 · 体育 · 旅游、生活 · 保障、街道 · 镇、附录 25 个部类，收集照片 456 张，字数 60 万字。（刘建军　彭　皓）

党校工作

【概况】2021 年，中共天元区委党校认真贯彻《党校工作条例》，紧紧围绕区委区政府中心工作，锐意进取，务实创新，把握办学规律，注重培训质量，不断提高干部教育培训的针对性和实效性，党校充分发挥培训党的各级领导干部的主渠道作用，凸显党校理论宣传教育功能，举办各类主体班、专题班 8 期，培训学员 1000 余人次。（陈　熙）

【实体化培训】2021 年，区委党校吸纳全区报送的精品党课，充分融合外部资源，提升干部综合素质。2 月 26 日，“天元新青年”干部培训班开班，2 月—4 月，利用工作日晚上业余时间开设夜校课程，提升青年干部各项技能水平。9 月 16—18 日，举办 2021 年度天元区机关公务员初任及事业单位新聘工作人员入门培训，30 名学员通过课堂教学、素质拓展、实践考察等形式进行培训。11 月 22 日至 12 月 19 日，举办“2021 年度高新区、天元区中青年干部综合素质提升培训班”，选派全区各单位中坚力量参训 40 人，系统学习习近平新时代中国特色社会主义思想，有针对性地组织实践教学和异地培训，围绕贯彻落实“三高四新”战略要求组织开展专题调研、学习培训，提高学员理论素养、党性修养和领导能力。（陈　熙）

【突出创新融合】2021 年，中共天元区委继续探索“党校 +”模式，创新推行“党校 + 企校”“党校 + 新媒体”“党校 + 夜校”等多种办学模式，充分吸纳融合区内外资源，提升干部综合素质。以“青年干部夜谈会”为平台，围绕全区中心工作或热点难点问题，构建年轻干部与工委、区委的双向沟通渠道，同时建立青年干部之间的交流平台，提升青年干部对株洲高新区、天元区的认同感与责任感。构建涵盖培训学员、教师在内的教学资源库，为开展系统性培训工作奠定基础。（陈　熙）

株洲市天元区人民代表大会

人大综述

【概况】2021年，株洲市天元区人大常委会完成区五届人大六次会议确定的各项目标任务。召开常委会会议12次、主任会议18次，开展主任会议视察4次、执法检查3次、专题调研6次，发出审议意见书13份，依法选举产生199名区人大代表和199名镇人大代表，新一届区人大常委会，区人民政府领导班子，区监察委员会主任，区人民法院院长，区人民检察院检察长。（梁宇声）

【服务中心大局】2021年，区人大常委会全面贯彻落实工委、区委决策部署，在项目建设、联企帮扶、文明创建、征地拆迁、防疫抗疫、禁毒工作、信访维稳、财源建设等全区重点难点工作中主动担当作为，确保人大工作与中心工作同频共振、同向发力。坚持人大工作的重大问题、重要会议、重要工作、重要人事向区委请示报告，向工委、区委专题汇报7次。紧扣新区发展大局履行人大职能，批准《天元区国民经济和社会发展第十四个五年规划和二〇三五年远景目标纲要》、2021年财政预算、2020年财政决算、加强检察建议等重大事项决定49项，依法任免国家机关工作人员55人次。2021年是换届选举年，区人大常委会严格执行《中华人民共和国全国人民代表大会和地方各级人民代表大会代表法》《中华人民共和国全国人民代表大会和地方各级人民代表大会选举法》《中华人民共和国地方各级人民代表大会和地方各级人民政府组织法》，在代表资源库建立、代表名额分配、选区划分、选民登记、投票选举等环节，严格依法依程序进行，确保本届代表素质高、能力强、结构优。选举委员会提名的199名正式候选人全部当选，代表选举的参选率、得票率创历史新高，一线代表比例提高到58.8%。代表结构充分体现新区特色，重点规模企业、“两新”组织、园区、侨联、宗教、军队代表都占有一定比例人数。区六届人大一次会议胜利举行，依法选举产生新一届区人大常委会，区人民政府领导班子，区监察委员会主任，区人民法院院长，区人民检察院检察长；全区3个镇规范召开新一届镇人大一次会议，依法选举产生新一届镇人大主席团、镇人民政府领导班子。区人大常委会指导辖区3个镇开展民生实事项目人大代表票决制工作，并首次在区级层面推行该工作，票决产生建设长沙市一中株洲实验学校、市二中附二小等10项区级民生实事项目，形成“群众提、代表定、政府办、人大督”的推进模式。组织代表每季度进行一次督办、每半年听取一次区人民政府落实情况，10项区级民生实事项目全部实施到位。创新开展代表建议办理工作满意度测评，推动“一站两室”建设，成立人大代表专业小组，引导代表参与监督、效果评估和社会调查等工作，把群众意愿转化为审议意见、决议决定。（梁宇声）

【常委会自身建设】2021年，区人大常委会突出习近平新时代中国特色社会主义思想总指引，坚持集中学和个人自学相结合，坚持党组会议政治理论学习第一议题制度，坚持常态化开展党组理论学习中心组集中学习制度，深入学习研讨中共十九届六中全会精神、中央人大工作会议精神、习近平总书记视察湖南重要讲话精神和省、市、区党代会精神，开展党组理论学习中心组学习12次，党组班子成员分别到7个基层代表团开展中央人大工作会议精神的宣讲，班子成员讲党课6次，开展大讨论大学习座谈4次，扎实开展党史学习教育活动，切实把增强“四个意识”、坚定“四个自信”、做到“两个维护”落实到具体行动上。进一步强化常委会党组管党治党的政治责任，切实发挥把方向、管大局、保落实的领导作用。践行民主集中制，严格落实“一岗双责”制度、“两个责任”和意识形态工作责任制，支持纪委监委派驻组工作，全年开展廉政谈话18次，筑牢拒腐防变意识，让咬耳扯袖、红脸出汗成为常态。加强人大常委会及人大专门委员会建设，将一批专业精、善履职、有活力的代表选为常委会委员及各专门委员会委员，配强工作力量、增加委员数量、优化年龄结构，人大机关履职能力得到大幅提升。全面梳理常委会及机关各项制度，制定专项视察、民生实事人大代表票决制、公务接待等11项工作操作规程，机关运转更加规范高效。开展全区人大工作专项督查，联合区委、政府督查组，对全区贯彻落实《关于进一步加强和改进人大工作的实施意见》文件精神情况进行全面督查，进一步明确镇（街道）人大干部职责定位，强化区人大常委会和基层代表履职保障。注重在实际工作中培养锻炼人大干部，有计划地安排人大机关干部到征拆、扶贫、乡村振兴、优化营商环境、疫情防控等中心工作中锻炼本领，培养知大局、干实事、敢担当的能力素质。推进“镇（街道）规范化建设提升年”活动，为加强对镇（街道）人大的联系和指导，制定《天元区人大常委会主任会议成员对口联系指导镇（街道）人大工作方案》，建立一月一清单、一季一例会、半年一座谈、一年一考核的“四个一”工作机制，使镇（街道）人大工作者理顺工作思路、找准工作方向、提升工作干劲；出台《天元区2021年镇（街道）人大规范化建设提升年活动实施方案》《2021年天元区镇（街道）人大绩效考核办法》，以量化的指标使基层人大工作者做到有“章”可依、遵“规”而行；结合全区实际在全省率先出台《天元区街道人大工作实施办法（试行）》，探索街道人大工作新路径。各镇（街道）人大开创“人大代表+N”“码上通”“代表履职‘微’阵地”“夜话家常”等一批生动鲜活、效果突出、广受好评的天元人大工作品牌。（梁宇声）

人大会议

【区第五届人民代表大会第六次会议】2021年2月2—4日，天元区第五届人民代表大会第六次会议在高新大厦会议中心大会议室举行。会议出席代表169名，列席人员、特邀列席人员199名。大会以习近平新时代中国特色社会主义思想为指导，以贯彻落实中共十九大和十九届二中、三中、四中、五中全会精神为主线，以更加强烈的责任意识和政治担当，坚持党的领导、人民当家作主和依法治国有机统一，紧紧围绕区委“打造一流园区，建设幸福天元”的战略目标，恪尽职守、奋发进取、勇于实践、善于创新，为加快打造中国动力谷、建设美丽智慧城、加快建设现代化新天元而不懈奋斗。大会听取和审查天元区人民政府工作报告；审查和批准《天元区国民经济和社会发展第十四个五年规划和二〇三五年远景目标纲要》；审查和批准《天元区2020年国民经济和社会发展计划执行情况与2021年计划草案的报告》，批准《天元区2021年国民经济和社会发展计划》；审查和批准《天元区2020年财政预算执行情况及2021年区本级财政预算草案的报告》，批准《天元区2021年区本级财政预算》；书面听取《天元区2020年环境状况和环境保护目标完成情况及2021年环境保护目标的报告》；听取和审查天元区人民代表大会常务委员会、区人民法院、区人民检察院工作报告；票决民生实事项目；审议通过有关决议、决定等。（梁宇声）

【区第六届人民代表大会第一次会议】2021年10月26—28日，天元区第六届人民代表大会第一次会议在高新大厦会议中心大会议室举行。出席代表199名，列席人员72名。大会听取和审查天元区人民政府五年工作报告；听取和审查天元区人民代表大会常务委员会五年工作报告；听取和审查天元区人民法院五年工作报告；听取和审查天元区人民检察院五年工作报告；选举周琪为天元区第六届人民代表大会常务委员会主任，谈培蕾、董运喜、王旭、刘根平、王维疆为副主任，王卫兵、文宏、文波、文洁利、文艳云、龙泳言、刘赛、刘文娟、齐赞、李逸群、杨海涌、陈挺、陈曦、易平、易飞翡、易水良、易湘锋、洪伟、贺文祥、陶理、彭勃、蒋茜、曾湘明、蔡亮、廖铁卿、潘录德为委员；选举何柢为天元区人民政府区长，刘辉、许大为、黄团结、包剑、黄志斌、蔡滔、谌华、龙潭为副区长；选举张见平为天元区监察委员会主任；选举帅团结为天元区人民法院院长；选举王亚波为天元区人民检察院检察长，报经株洲市人民检察院检察长提请株洲市人民代表大会常务委员会批准；选举胡长春、钟燕、朱振湘、张胜全、刘利忠、万宇宾、王芳、文新宇、邓钢、邬凌云、刘敏、安绍平、李升付、李慧鹏、李德朝、杨勇锋、何柢、邹德辉、言继春、张付黔、陈妮、林勇、罗朝阳、周琪、郑琳、俞天兰、姚永告、贺亦峰、柴攀、席力克、黄立新、彭军、彭华文、彭晓玮、董运喜、蔡安烈、颜梦香、蹇顺为株洲市第十六届人民代表大会代表；表决通过陶理为天元区人大监察和司法委员会（法制委员会）主任委员，刘文娟为副主任委员，杨海涌、宋开明、陈曦为委员；蔡亮为天元区人大财政经济委员会主任委员，李逸群为副主任委员，尹婷、彭勃、吴奇玉为委员；文洁利为天元区人大教育科学文化卫生委员会（民族华侨外事委员会）主任委员，文艳云、张湘红、廖铁卿、释妙开为委员；龙泳言为天元区人大环境与资源保护委员会主任委员，杨鹏、常结梅、田勇、罗利斌为委员；文宏为天元区人大农业与农村委员会主任委员，包小军、王毅、姚先林、张泽国为委员；贺文祥为天元区人大社会建设委员会主任委员，徐亚纯、李亦武、胡乐、刘希为委员；审议通过有关决议、决定等。（梁宇声）

【区第五届人大常委会会议】2021年1月29日，区第五届人大常委会第三十次会议召开。听取和审议《关于召开株洲市天元区第五届人民代表大会第六次会议的决定》。听取天元区第五届人民代表大会第六次会议筹备情况。听取和审议《关于株洲市天元区国民经济和社会发展第十四个五年规划和二〇三五年远景目标纲要（草案）》《关于株洲市天元区2020年国民经济和社会发展计划执行情况与2021年国民经济和社会发展计划（草案）的报告》及2021年计划草案。表决通过《关于株洲市天元区人民政府关于提请审议2020年财政预算调整方案的议案》《株洲市天元区人大常委会工作报告（征求意见稿）》。审议通过有关人事任免事项等。

3月31日，区第五届人大常委会第三十一次会议召开。审议通过《2021年天元区镇（街道）人大绩效考核办法》。听取关于区五届人大六次会议期间代表建议、批评和意见的交办意见，通过《天元区人大代表建议办理工作考核办法》。会议审议通过《天元区人大常委会2021年区政府民生实事票决项目监督工作实施方案》等。

5月28日，区第五届人大常委会第三十二次会议召开。审议通过有关人事任免事项。表决通过《关于重新确定我区各镇人民代表大会代表名额的决定》。听取《株洲高新区（天元区）优化营商环境工作情况汇报》等。

6月18日，区第五届人大常委会第三十三次会议召开。会议补选市十五届人大代表，补选胡长春为株洲市第十五届人民代表大会代表。

6月28日，区第五届人大常委会第三十四次会议召开。审议《关于接受朱志祥辞去株洲市第十五届人民代表大会代表职务的议案》，接受朱志祥辞去株洲市第十五届人民代表大会代表职务。

7月22日，区第五届人大常委会第三十五次会议召开。审议任命何柢为天元区人民政府副区长，决定何柢为天元区人民政府代理区长。接受姚永告辞去天元区人民政府区长职务。依法设立天元区三门镇选举委员会、雷打石镇选举委员会、群丰镇选举委员会。听取和审议《关于确定区镇两级人大代表选举日的议案》。听取和审议区人民政府关于2021年上半年民生实事人大代表票决制项目完成情况的报告，《关于株洲市天元区2020年财政决算草案及本级预算执行情况的报告》和《关于2020年度天元区本级预算执行和其他财政收支的审计工作报告》。听取、审议和通过《株洲市天元区人民政府关于提请审议〈2021年1—6月新增地方政府债务限额及预算调整方案〉的议案》等。

8月19日，区第五届人大常委会第三十六次会议召开。审议通过《关于确定新一届镇级人民代表大会主席团具体名额的议案》。会议对提名为正式候选人的周琪、凡金湘、王维疆、刘蔚、贺文华、易平、齐赞、殷慧敏等8名区选举委员会成员辞去职务进行依法备案。听取和审议《关于天元区实施乡村振兴战略工作情况汇报》，听取和审议《关于株洲市天元区2020年度国有资产管理工作情况报告》《关于天元区贯彻实施〈中华人民共和国残疾人保障法〉湖南省实施〈中华人民共和国残疾人保障法〉办法》情况的调查报告，要求区人民政府及相关部门要认真抓好整改落实。

9月27日，区第五届人大常委会第三十七次会议召开。审议通过有关人事任免事项。听取和审议《株洲市天元区人大常委会代表资格审查委员会关于区第六届人民代表大会代表的资格审查报告》《关于株洲市天元区政府性债务管理情况的报告》，审议通过《关于召开株洲市天元区第六届人民代表大会第一次会议的决定》等。

10月12日，区第五届人大常委会第三十八次会议召开。听取和审议天元区人大常委会执法检查组关于《中华人民共和国水污染防治法》实施情况执法检查报告等。会议接受刘蔚、贺文华、曾小平、易祝明、郭大存、王胜华等6人辞去区六届人大代表职务的请求。

10月22日，区第五届人大常委会第三十九次会议召开。听取区六届人大一次会议筹备工作情况汇报。听取和审议《天元区人大常委会〈关于加强检察建议工作的决议〉(草案)》，审议通过《天元区人大常委会关于加强检察建议工作的决议》等。（梁宇声）

【区第六届人大常委会会议】2021年11月30日，区第六届人大常委会第一次会议召开。听取和审议《2020年度天元区本级预算执行和其他财政收支审计查出问题整改情况的报告》。听取审议区审计局对本级预算执行和其他财政审计对查出问题整改情况的专项报告。听取审议通过《关于提请调整2021年民生实事票决项目的议案》，并报株洲市天元区第六届人民代表大会第二次会议备案。审议通过有关人事任免事项等。

12月17日，区第六届人大常委会第二次会议召开。审议通过有关人事任免事项。听取和审议《关于接受部分市、区人大代表辞去代表职务的议案》。会议接受朱振湘、姚永告辞去株洲市第十六届人民代表大会代表职务，姚永告、颜赛辞去株洲市天元区第六届人民代表大会代表职务。听取和审议《预算绩效监督“四评”工作报告》。听取《天元区人民政府2021年民生实事票决项目专项工作报告》、天元区人民政府关于2021年民生实事票决项目的推进情况。书面听取和审议关于天元区贯彻实施《中华人民共和国禁毒法》《湖南省实施〈中华人民共和国禁毒法〉办法》整改落实情况的报告等。（梁宇声）

依法履职

【概况】2021年，区人大常委会切实增强监督力度和实效，服务发展造福民生，坚持正确监督、有效监督、依法监督，努力以人大监督的高水平推动天元区高质量发展。用心激发代表工作动力和活力，优化履职保障、发挥代表主体作用，积极引导和支持代表参与国家和社会事务的管理，推进全过程人民民主，彰显服务为民本色。（梁宇声）

【保障经济发展】2021年，区人大常委会推动全口径审查、全过程监督，将计划、预算审查关口前移，依法审查和批准国民经济和社会发展计划、预算调整、财政预决算、国有资产管理等情况报告，创新开展财政专项资金绩效“四评”监督，推动区人民政府科学合理配置财政资源，提高公共服务质量和水平。严控债务风险，审查区人民政府债务管理与化解工作，督促政府建立健全债务管理体系和防控机制。聚焦服务产业发展，为辖区营商环境“把脉问诊”，专题调研并提出优化营商环境、精准施策、完善制度等建议，推动全区经济持续健康发展。积极探索税源经济、加强税收征管新思路和新方法，协同税务部门对辖区19家代表性企业进行税收征管专题调研，对驻区7000多家纳税企业采用大数据分析研判近两年收入规模、税源结构及政府产业扶持资金投入情况，形成《关于天元区经济和税收高质量协同发展的路径思考》调研报告。开启预算联网监督二期升级建设，完善指标体系、优化流程管理、新增监督模块，着力打造预算、国有资产、审计整改等综合监督平台。（梁宇声）

【推进法治建设】2021年，区人大常委会审查“两院”2021年度工作报告，听取区政府关于《中华人民共和国社区矫正法》贯彻实施情况，贯彻落实认罪认罚从宽制度情况、2021年度规范性文件备案审查工作等报告，依法审查16件文件合法合规性。对天元区《中华人民共和国残疾人保障法》

《中华人民共和国水污染防治法》《中华人民共和国禁毒法》贯彻落实情况开展执法检查，制定问题清单并提出审议意见，以执法检查推进依法治区。开展检察建议工作调研，出台《天元区人大常委会关于加强检察建议工作的决议》。开展案件质量评查和案件听审听证工作，督促公检法司依法行政、依法办案。组织区人大代表参加有关社会热点案件的庭审和听证，不断促进司法公平公正。受理和接待群众来信来访 12 人次，及时将信访案件交转相关责任部门，有效化解社会矛盾。依法组织 39 名“一府一委两院”拟任人员参加任前法律考试，进一步提高天元区国家机关依法行政、依法办事和公正司法能力。（梁宇声）

【改善民生福祉】2021 年，区人大常委会听取天元区 2021 年环境状况和环境保护目标完成情况报告，助推环保基础设施建设项目落地见效，督促各级环保督察问题切实整改到位；视察“河长制”落实情况，实地查看雨污分流工程建设进度、水资源保护、水域岸线管理、水污染防治、水生态修复等情况，助推辖区内主要河流生态保护及综合治理；加大山水林田湖草系统、农村人居环境、黑臭水体整治力度，贯彻落实绿色发展理念；开展全区宗教事务、“全科网格”行动专项工作调研，促进各方面融合发展、推动城市精细化管理。聚焦城乡建设和民生保障，针对老百姓关心关切的老旧小区改造、电梯加装、物业服务指导等工作，及时组织视察，给出合理化建议；开展全区城乡供水保障工作调研，听取区政府关于农村供水保障工作情况汇报，督促有关部门加快供水管网和城乡供水一体化项目建设；调研乡村振兴、农业产业发展情况，为区发展农业产业集群和进一步激发农村集体经济组织作用提供思路。聚焦教育发展和健康事业，视察全区义务教育阶段招生划片情况，加快破解义务教育阶段“入学难”“择校热”问题；视察全区养老工作，推动天元区养老服务工作再上新台阶。（梁宇声）

5 级人大代表调研长株潭绿心地规划调整和保护利用

【代表履职平台建设】2021 年，区人大常委会制定出台《天元区镇（街道）人大代表联系群众“一站两室”建设实施方案》，在天元区 7 个镇（街道）建设人大代表联系人民群众工作站，每个镇（街道）选取 2 个村（社区）进行“两代表一委员”工作室提质改造，致力打造“创新履职的好平台、联系选民的好桥梁、学习交流的好阵地”的“三好”代表履职平台。结合天元区“园政合一”特点，探索把站（室）建设延伸到园区和产业链上，在马家河街道建成全市首个设在园区的人大代表工作站，在北汽集团分公司建成全市首个新能源汽车产业链上的人大代表工作站，服务范围覆盖 360 余家企业、1.3 万余名员工、7 万余名辖区居民。建立 5 级人大代表接待群众工作机制，推动“一站两室”真正发挥实效。组织承办“学党史做表率，为群众办实事”株洲市 5 级人大代表长株潭生态绿心天元区段保护与利用调研座谈，为解决新马社区居民生产生活问题和动力谷发展空间创造条件。

代表工作站（室）开放以来，接待选民群众343人次，为群众解决实际问题和困难143件。（梁宇声）

【代表履职能力建设】2021年，区人大常委会创建“人大工作讲堂”学习品牌，把专家、学者“请进来”，以时政热点、法律和业务知识为主题，定期为辖区5级代表授课，举办5级人大代表履职能力提升专题培训、解读《中华人民共和国禁毒法》《中华人民共和国民法典》等7场专题讲座，代表的综合素质和履职水平得到全面提升。带领基层代表团“走出去”，组织代表赴醴陵、浏阳等地考察学习代表履职阵地建设和履职管理办法，基层代表、基层人大工作者的业务知识和专业能力大幅增长。不断强化代表履职管理，建立代表履职管理档案，制定履职清单，实现5级代表“一人一档”全覆盖。（梁宇声）

【增进代表履职】2021年，区人大常委会充实代表事务服务中心工作力量，人员配备增加至5名。制定《天元区人民代表大会代表建议、批评和意见工作办法》，进一步规范建议办理流程，完善预审、交办、沟通、督办、经费筹措、考核测评6项程序，推动建议内容高质量、办理高质量。协调承办单位与代表“面对面”，充分领会代表意图；健全建议督办工作机制，采取重点督办、现场督办与会议督办相结合的方式，保证建议办理及时到位；安排代表建议办理专项资金350万元，定期监督资金使用效果，为推动重点难点代表建议办理提供支持和保障。首次开展代表建议办理工作满意度测评，选取7个重点承办部门，听取建议办理情况并进行现场测评。区五届人大六次会议及闭会期间收到的80条建议得到高效推进，已办结的见面率100%、满意率97.5%。（梁宇声）

株洲高新区管委会·天元区人民政府

管委、政府综述

【概况】2021年，株洲高新区、天元区坚持以习近平新时代中国特色社会主义思想为指导，深入贯彻落实“三高四新”战略定位和使命任务，统筹推进疫情防控和经济社会发展，实现“十四五”规划的良好开局。株洲高新区营业收入、技工贸总收入分别突破3000亿元、2900亿元，获评中国先进制造业百强园区，创新发展综合能力位居全省园区第二位，在全省园区高质量发展大会作典型经验发言，“着力打造小巨人企业”工作获得省政府通报表扬。天元区完成地区生产总值513亿元，增长8.3%；社会消费品零售总额、固定资产投资分别增长14.5%、4.5%；完成一般公共预算收入80.57亿元，其中税收收入73.2亿元；获评全国社区治理和服务创新实验区、2021中国年度最佳引才城市（区县级）。（曾 雅）

【产业升级步伐加快】2021年，天元区规模工业总产值、增加值分别增长14.1%、11.2%。新增市场主体9051家，新增规模工业企业30家、“四上”企业106家、高新技术企业82家。“培育国家、省级专精特新企业15家、8家”，省级以上专精特新企业累计达到46家。中科湖南轨道交通研究院、陕研新材料研究院等研发机构投入运营，新增省级以上创新平台6家。动力谷创新创业服务中心获评国家级优秀孵化器。出台中国动力谷人才计划，举办首届人才主题节，新引进高层次人才25人、优秀青年人才195人、高技能人才298人。高新技术产业增加值增长16.1%，每万人发明专利拥有量54件，获评全省知识产权建设强区。（曾 雅）

【项目建设加速】2021年，株洲高新区、天元区博鲁斯潘精密机床、宏达5G电子等53个项目实现开工，意华轨道交通装备一期、株齿变速器及系统总成等41个项目竣工投产。成功筹办港洽周等5场大型集中签约活动，新签项目89个，引进“三类500强”项目7个，凯睿思覆铜板、阿诺硬质合金、陕建机工程装备等项目落户天元区。实际利用内资144.3亿元，增长29%。完成征拆交地35宗295.2公顷，批回土地166.67公顷，标厂开工46万平方米、竣工36万平方米，总量均居全市前列。（曾 雅）

【城乡面貌改善】2021年，天元区改造老旧小区16个，既有住宅小区加装电梯150台。14座小游园、小公园、小绿地建成开放，新建3座建宁驿站，建成新马垃圾直运站。拆除违章建筑12.8万平方米。高质量通过全国文明城市复检和国家卫生城市省级评估。完成粮食播种5666.67公顷，出栏生猪4.2万头。白石水厂实现国有化运营，凤凰山农村安全饮水工程有序推进。深入实施农村人居环境治理，建成2个省级美丽乡村示范村和1个省级特色精品乡村，完成农村改厕3234户。新建规划158路、新里程路等道路，提质改建农村公路26千米，石三门大道获评湖南省最美农村路。醴娄高速（天元段）启动建设。新开通6条城乡公交线路，建成4个运输服务站场。抓好环境污染治理攻坚，空气质量优良天数达到307天，空气质量综合指数排名城区第一；湘江天元段水质稳定保持国家Ⅱ类标准。加快中央和省级环保督察交办问题整改，完成韶溪港、凿石港、陈埠港等排口末端治理，实施29个雨污分流、管网修复项目。获评全国节水型社会建设达标区。万丰湖成功创建国家水利风景区。（曾　雅）

【人民生活提升】2021年，天元区城镇居民人均可支配收入达到63781元，增长7.5%。民生支出超过公共预算支出的80%，“民生100工程”任务和人大代表票决10件民生实事全部完成。新增城镇就业8300人，城镇登记失业率低于3%，人力资源产业园建成使用。新增企业养老保险6613人。发放各类救助2174万元，惠及6.2万人次。新增社区日间照料中心4家、长者餐厅3家，高标准建成全省5A级残疾人托养中心。长沙市一中株洲实验学校（小学部）、市二中附二小建成开学，新增学位4860个。新增公办幼儿园6所、园位2070个。完成58家村卫生室和区疾控中心标准化改造。代表湖南省迎接国家公共卫生工作绩效考核获得好评，成功创建省健康促进县市区。完成“门前三小”示范点30家，建成区级公共文旅综合服务平台，获评全省公共文化服务高质量发展示范区。圆满举办首届群众大会。接收社区服务用房69处、3.1万平方米。打好疫情防控人民战争，实现“零输入、零确诊、零病例”。强力推进禁毒攻坚行动，国家中期评估获得肯定。深入推进平安建设、扫黑除恶，连续13年保持省平安县市区称号，时隔5年再次获评全省平安建设先进县市区。（曾　雅）

管委、政府会议

【政府常务会议】2021年，共召开区政府常务会议10次。

1月27日，审议《2021年区政府工作报告》《株洲高新区（天元区）国民经济和社会发展第十四个五年规划和二〇三五年远景目标纲要》《2020年国民经济和社会发展计划执行情况与2021年计划草案的报告》《2020年财政预算执行情况及2021年财政预算草案的报告》《2020年环境状况和环境保护目标完成情况及2021年环境保护目标的报告》。研究群丰砂场整治工作、湘水湾生态公园遗留问题、东旭光电等项目有关情况。通过《株洲高新区（天元区）文明建设和文明创建先进评选表彰办法》。

2月22日，研究商务和开放型经济工作、医疗保障制度改革工作。研究创建全省食品安全示范区工作，通过《株洲市天元区创建省食品安全示范区实施方案》。研究城管奖励办法。研究全区月清“三地”、林业工作。部署四水厂饮用水源保护区排口整治工作。部署闲置粮库（店）资产移交处置工作。审议《株洲市天元区行政事业单位财务管理制度》。

3月14日，研究基本公共卫生服务、新冠疫情防控、慢性病综合防控、国卫提升等工作。通过《株洲市天元区2021年度协税护税工作实施方案》《株洲市天元区集体资产管理办法》。研究全区粮食生产工作。审议《2021年天元区区本级政府投资计划项目》《株洲高新区2021年度园区开发建设计划》《促进产业高质量发展的若干政策措施》《工业项目招商引资奖励办法》《工业项目厂房租售相关优惠政策》《金融服务实体经济奖励办法》《促进现代农业招商引资项目和产业发展的若干意见》。

4月15日，研究国卫复审、新冠疫苗接种等工作。通过《关于支持建安房地产企业高质量发展的实施办法》《株洲市天元区城区水体（渠道）长制久清管理细则》。研究禁毒工作。研究争资工作，通过《天元区2021年度争取上级资金工作实施方案》。通过天元区安全生产工作先进表彰名单。

5月17日、18日，部署疫情防控工作。通报第二轮第三批中央环保督察典型案例，研究中央环保督察反馈问题整改情况。部署“四上”企业培育工作。研究社会保险基金管理防风险堵漏洞专项整治工作、省长经济责任审计相关问题整改落实情况。通过2021年义务教育阶段学校招生工作实施方案。研究受污染耕地管控工作。研究白石水厂经营权回收工作。

6月23日，研究当前信访工作。部署创建省“平安农机”示范区、美丽乡村建设、农村“厕所革命”工作。研究打击治理电信网络新型违法犯罪、处非工作。研究医保工作。部署省开发区协会二届四次理事大会暨常务理事会筹备工作。通过2020年度无偿献血工作先进单位、先进个人名单。

7月27日，部署天元区疫情防控，通过《健康天元行动实施方案》。通过天元区第七次全国人口普查公报。审议天元区2020年度村（社区）工作目标管理考核结果。研究治理超限超载工作。

8月30日，研究安全生产工作。研究区本级预算执行和其他财政收支审计工作。部署禁毒工作、粮食收购工作。通过《天元区民政系统开展惠民惠农财政补贴资金“一卡通”问题专项监督检查的实施方案》。研究2020年种植结构调整工作。研究秋季开学工作。

10月29日，调度争取省政府真抓实干督查激励工作。通过《天元区农村生活污水治理专项规划（2020—2030年）》。研究天元区参加株洲市第十四届运动会及承办赛事活动。部署“护网2021”网络安全攻防演练工作。

11月26日，研究“双碳”电网建设工作，通过《关于成立天元区“双碳”电网建设工作领导小组的通知》。研究城市生活垃圾分类投放设施建设和全省垃圾分类现场推进会考察点建设工作。通过《株洲市天元区林长制的实施方案》。部署粮食（中晚稻）收购工作。部署中国国际轨道交通和装备制造产业博览会展馆提质改造工作。研究老龄工作。（曾　雅）

【管委会、政府工作例会】 2021年，共召开管委会、区政府工作例会9次。

2月5日，总结前阶段工作，研究部署下阶段工作。会议要求，坚决落实好中央、省、市关于疫情防控工作的各项部署，始终抓好疫情防控工作。积极谋划部署春节期间各项工作安排，做好节前信访、安全生产工作、困难群体的慰问帮扶等工作。完善确定一批重点项目、基础设施建设、融资等工作计划，掀起第一季度产业项目建设高潮。认真贯彻落实省委农村工作会议精神。进一步压实大部长责任，建立大部长责任制，切实推动大部制高效运转。全面抓好协税护税有关工作。进一步做好禁毒、环保等有关工作。

3月11日，会议对“产业项目建设年”和“营商环境优化年”进行动员部署，总结分析前期工作，研究部署下阶段工作。会议要求，要着力抓好中国共产党建党100周年和株洲市建市70周年系列活动的筹备工作。落实好“2121”目标，全力推动产业项目建设取得更大成绩。要对标《株洲高新区（天元区）“营商环境优化年”活动实施方案》持续优化营商环境。抓紧抓实全区农村工作会议等一系列重大会议的筹备安排。高标准完成环保督察回头看有关问题整改，认真做好退捕禁捕有关工作，抓实抓细春耕生产，强化大数据要素保障支撑，充分发挥基层经济发展职能，办好人大代表票决制“十件民生实事”。进一步规范做好公务和接待、安全生产、信访相关工作。

4月7日，会议对配合第二轮中央生态环保督察工作进行动员部署，总结分析第一季度工作，研究部署下阶段工作。会议要求，全力支持配合做好第二轮中央环保督察工作，动真碰硬抓好突出生态问题整改。加强经济运行的监测和分析，确保一季度实现“开门红”。深入开展“双比双看”活动，加快推进产业链现代化建设。全力以赴做好国卫复审有关工作。加快推进园区“151”机制，理顺和推进园区（片区）发展。加强“长株潭一体化”等系列政策的研究分析。加快推进长沙市一中、雅礼中学和湖师大附中三所名校的建设。强化措施、攻坚克难，确保高新区排名实现突破，进一步转变工作作风，狠抓工作落实。进一步做好疫情防控、禁毒、防汛、粮食生产等工作。

5月8日，会议对当前经济形势进行了分析，总结分析前期工作，研究部署下阶段任务。会议要求，要结合当前经济形势，科学申报数据，做好项目入统和企业培育等工作。持续加强常态化疫情防控，加强疫苗接种工作。深入开展“三比三看”大竞赛活动，确保在全市成绩排名靠前。加强生态环境保护相关工作，全力做好征拆征收工作。结合党史教育深入开展“我为群众办实事”活动。进一步做好名校建设、农业农村、禁毒、安全生产、信访、督查督导等工作。

6月4日，会议对“三比三看”活动进行动员，总结分析前期工作，研究部署下阶段工作。会议要求，深入开展“三比三看”大竞赛活动，推动全年项目建设、经济发展和营商环境优化各项目标任务完成。持续加强常态化疫情防控。全力做好园区高质量发展工作，实现“341”目标（即营业收入、技工贸收入突破3000亿元，培育高新技术企业400家，培育“小巨人”企业和单项冠军企业100家）。全力以赴冲刺“双过半”，主要经济指标排全市前列。做好中央环保督察反馈问题整改、招商引资和项目落地、应急防汛、安全生产、信访、乡村振兴等工作。全力做好人大代表票决制项目和“我为群众办实事”工作。深入推进禁毒工作，全力做好化债工作。进一步做好历史名人挖掘、资金保障、征拆征收、企业服务、协税护税相关工作。

7月5日，会议全面总结回顾上半年的工作完成情况，研究部署下阶段任务。会议要求，要严格按照“双过半”要求，认真做好经济运行的监测、分析、研判。持续巩固和加强常态化疫情防控，确保高效有序完成疫苗接种任务。加快推进以中央环保督察反馈问题整改为重点的污染防治工作。深入开展“三比三看”大竞赛活动。切实抓好征拆征收、“五好”园区建设、“三高四新”财源建设工作。加快推动国有企业转型发展。充分分析利用第七次全国人口普查的数据和成果，确保全面小康等各项工作做大总量、保持均量、提升质量。办好办实高质量教育。进一步做好安全生产、信访、禁毒、防汛、督查督办相关工作。

9月2日，对建党100周年和冲刺“双过半”等中心工作进行讲评，研究部署下阶段工作任务。会议要求，要全力抓好经济运行的调度、监测、研判，扎实推进“项目建设年”“营商环境优化年”“三比三看”等工作，持续加强重点招商引资项目的协商、沟通、洽谈。加快推进“五好园区”建设，加强产业链建设。全面落实高科集团风险防范、信用维护、转型升级、片区开发、债务化解等目标任务。紧盯安全生产、信访、禁毒等工作，全面守牢发展底线。认真抓好常态化疫情防控工作、环保督察系列问题整改，努力做好财源建设和债务化解工作。全力争取省政府真抓实干督查激励表彰。加大征地拆迁攻坚力度。办实办好人大代表票决制民生实事项目。

10 月 13 日，总结分析前期工作，研究部署下阶段任务。会议要求，全力加强经济运行监测和分析研判，确保各项指标能够按目标任务完成。持续抓好疫情常态化防控工作、生态环保系列问题的整改、财源建设化债工作。要推进省政府真抓实干督查激励工作，抓好民生实事办理。高度重视、认真抓好安全生产工作。加大学校建设资金筹措力度。持续加强信访与积案化解工作，重点抓好恒大、华晨、浅塘小区商品房等群访对象的稳控工作。加快整体服务体系的构建，深入开展产业发展和科技创新工作。加快对低效用地的清理，加强一批招商项目的洽谈和落地，启动征拆征收“清零”行动。统筹组织好人大、政协“两会”的召开。深入认识县域警务工作的重要性，推动县域警务各项工作落到实处。认真筹备国际轨道交通展会。

11 月 16 日，梳理 2021 年扫尾工作重点，研究部署下阶段工作任务。会议要求，要严格抓好疫情防控工作，全力争取省政府真抓实干督查激励表彰，办实办好一批民生实事。坚决落实生态环保系列问题的整改，做好经济运行监测和分析研判。全力抓好产业项目建设工作、市区两级考核工作、安全生产和信访工作。加快推进征地拆迁工作。切实提高土地利用效率。全力做好化债工作。持续推进招商引资工作。支持高科集团稳信用、稳发展，深入开展营商环境的评价工作。研究解决长沙市一中株洲实验学校等学校建设问题。常抓不懈禁毒工作。（曾 雅）

【区长办公会议】2021 年，共召开区长办公会议 5 次。

3 月 23 日，分析研判第一季度经济形势。研究新冠肺炎疫苗接种工作。贯彻落实省、市民政工作会议及有关文件精神。通过《天元区 2021 年村庄规划编制工作方案》。部署城乡供水一体化工作。研究悦湖国际租赁相关工作。部署新马动力创新园项目结算及审计工作。听取华融湘江银行株洲分行关于支持相关发展事项的汇报。

4 月 28 日，通过《2021 年天元区“民生 100”工程考核指标任务分解表》。部署迎接国务院安委会安全生产和消防工作考核巡查工作。研究耕地保护相关工作。传达学习习近平总书记关于统计工作的重要讲话、指示批示精神。通过《天元区生活无着的流浪乞讨人员救助管理服务质量大提升专项行动实施方案》。研究长沙市一中株洲实验学校合作办学政策支持。通过《天元区创新型县市区建设专项扶持资金使用方案》。研究“无费区”工作。

5 月 26 日，听取调查研究工作汇报，通过《株洲高新区管委会、天元区人民政府 2021 年调研工作任务分解》。通过《株洲高新区（天元区）2021 年“产业项目建设年”招商引资攻坚行动方案》、2019 年“产业项目建设年”活动先进个人名单和温暖企业“四联”行动先进个人名单。研究开展社会救助改革创新和殡葬管理有关工作。研究建设天元区公共文旅综合服务云平台、文化馆提质改造工作。通过《株洲高新区（天元区）金融服务实体经济奖励办法》。研究地方临储超标稻谷销售处置工作，审议《株洲高新区（天元区）全面推动开放型经济高质量发展实施方案》。部署孵化器管理和天使基金设立工作，同意《株洲高新区、株洲市天元区科技企业孵化器管理办法》。通过真抓实干激励表彰财政奖补资金使用计划。研究防洪薄弱环节治理工作。研究禁毒宣传工作。

7 月 2 日，通过《天元区落实中央生态环境保护督察通报典型案例整改方案》。部署省生态环境保护督察“回头看”及黑臭水体治理专项督察报告反馈意见整改工作。研究中央生态环境保护督察交办件办理工作。部署雷打石镇老街社区综合治理工作。研究群丰镇长岭工业小区治理工作。

7月12日，研究天元区创建省“健康促进区”建设工作。通过《关于落实〈株洲市人民政府湖南省农村信用社联合社深化金融服务推进经济社会高质量发展合作协议〉实施意见》。研究瞪羚企业评审工作。通过《株洲市天元区本级政府偿债准备金管理办法》。明确区行政事业单位公务用车管理职责。研究白鹤小学扩建、株洲雅礼实验学校建设相关事宜。研究垃圾分类收运一体化、建筑垃圾资源化利用和园林绿化垃圾资源化利用工作。研究粮食收购及储备粮轮换工作。（曾　雅）

管委办、政府办工作

【概况】株洲高新区管委会办公室、天元区人民政府办公室（以下简称“管委办、政府办”）实行两块牌子、一套人马。主要负责株洲高新区管委会、天元区政府公务活动的组织协调工作；文件文稿起草、校核、印发，文书处理、档案管理工作；研究、审核和协调部门及基层单位呈报的请示、报告和反映的重要问题，提出处理意见；区政府总值班室值班及市长热线、区长热线办理等工作；重大方针政策、重要工作部署和领导重要批示、批件贯彻落实情况的督促检查，组织办理人大代表和政协委员有关建议、提案；管委会、区政府对外接待、后勤服务等工作。管委办、政府办内设综合科、秘书科、信息科、文电科、接待科、督查室6个科室，授权管理天元区经济研究中心。（曾　雅）

【综合调研】2021年，管委办、政府办综合科牵头完成2021年《政府工作报告》、2021年换届选举政府工作报告，统筹做好省、市主要领导到区调研考察的材料起草；承担区委、政府“三比三看”（比项目建设，看推进力度、比全年任务，看完成进度、比营商环境，看满意程度）、产业项目建设年、营商环境优化年等专题汇报讲话材料30余篇；重大项目开工等活动的领导致辞、主持词等各类文稿60余篇；高质高效完成管委例会、区政府常务会、区长办公会会议纪要，在省委机关刊物《湖南工作》等刊物上发表典型经验文章。积极推进课题调研，形成《2020年管委会、区政府调研报告汇编》，其中管委会、区政府领导课题19个，部门和基层单位课题26个。印发《管委会、区政府2021年调研工作方案》，持续推动领导、部门调查研究，为领导决策提供参考。参与全区“十四五”规划、政府工作报告等相关主题调研。（曾　雅）

【政务督查】2021年，管委办、政府办督查室认真落实“马上就办、真抓实干”工作理念，对工委、管委、区委、区政府的重大决策和区委全会报告、区委经济工作会议精神、区政府工作报告谋定的重点工作，进行重点督查，抓好跟踪调度。办理各类交办件288件，督办跟进领导批示件264件，承办转办省市平台交办任务108件。围绕疫情防控、环保督察问题整改、创文创卫等工作，开展各类专项督查近40次；按时间节点，对省、市、区政府工作报告工作任务、民生100工程、区人大代表票决制民生实事开展督查，有效推进重要工作落实落地。（曾　雅）

【文电工作】2021年，管委办、政府办文电科严格执行中央八项规定及其实施细则精神，开展集中整治形式主义、官僚主义自查自纠和问题整改工作，发文808件，发文总量较2020年精简14%。按照《印章使用制度》严格规范印章管理，更新并完善收文电子管理台账。坚持追踪管理，有效缩短文件运转时间，办理收文2886件。（曾　雅）

【会务接待】2021年，管委办、政府办接待科切实提升接待水平，完成各级领导督查调研、外地单位学习考察、各类活动会议的接待和后勤保障任务1360批次。其中，承接省级及以上会议活动104批次；省、市级会议360批次；区级会议活动111批次，筹备经济运行监测分析会议、日常例会等区级会议785批次。（曾　雅）

【应急管理】2021年，管委办、政府办坚持“预防为主，积极应对，快速处置”原则，及时妥善处理一系列突发事件。出色完成春节、国庆等法定节假日及“党代会”“两会”“疫情防控”“防汛抗旱”等特护期的值班值守、信访等任务，做好突发公共事件信息报送。受理市长热线10483件，办结率100%，按期办结率99.99%以上，市长热线考核保持全市前列。（曾　雅）

【信息工作】2021年，管委办、政府办信息科做到信息报送日常化，每日对全区重要动态、工作进行跟踪收集、梳理和报送，积极完成国办、省、市办约稿，全年报送政务信息200余条。（曾　雅）

【建议提案办理】2021年，管委办、政府办牵头办理区人大建议112件、政协提案70件，办结完成率、办理态度满意率、结果满意率均100%。（曾　雅）

民生实事

【概况】2021年，天元区承担“民生100”工程任务指标69项以及票决制民生实事1项，其中省实事指标19项，内容涵盖就业增收、社会保障、素质提升、全民健康、安居宜居、优质服务、人文关怀、环境提质、乡村惠民、交通畅行、公共安全、帮扶解困等12个方面，涉及全区34个责任单位。多项指标任务工作成效明显，提前超额完成年度目标，获得市级考核部门肯定。（刘定安）

2021年天元区“民生100”工程项目指标完成进度一览表

表1

事项	序号	考核指标	工作目标	累计完成	完成目标的百分比	责任单位
一、就业增收工程（6项）	1	▲新增城镇就业	7000人	8392人	119.89%	区人社局
	2	高校未就业毕业生就业服务率	100%	100%	100%	区人社局
	3	实现“零就业家庭”动态援助	100%	100%	100%	区人社局
	4	新增农村劳动力转移就业	240人	313人	130.42%	区人社局
	5	▲开展政府补贴性职业技能培训	职业技能培训3000人次，其中农村转移就业劳动者培训500人次	职业技能培训5846人次，其中农村转移劳动者1816人次	职业技能培训194.87%，农村转移劳动者363.2%	区人社局
	6	残疾人职业技能培训	60人	60人	100%	区残联

续表 1

事项	序号	考核指标	工作目标	累计完成	完成目标的百分比	责任单位
二、社会保障工程（8 项）	7	新增企业养老保险参保人数	4400 人	8441 人	191.84%	区人社局
	8	实现军转干部安置率	100%	100%	2021 年由市级统筹安置到我区的军转干部 1 人	区退役军人事务局
	9	▲困难残疾人生活补贴和重度残疾人护理补贴提标	100 元 / 月	100 元 / 月	100%	区民政局
	10	▲提高城乡居民低保标准和救助水平	城市低保、救助不低于 630 元 / 月、504 元 / 月；农村低保、救助不低于 7560 元 / 年、373 元 / 月	城市低保标准 630 元每月、城市低保人均救助水平 552 元每月；农村低保标准不低于 7560 元每年、农村低保人均救助水平不低于 432 元 / 月	城市低保标准 100%；城市低保人均救助水平110%；农村低保标准 100%；农村低保人均救助水平 116%	区民政局
	11	探索推行“长者餐厅”	2 个	3 个	150%	区民政局
	12	老年人居家适老化改造	40 户	51 户	127.50%	区民政局
	13	新增社会化运营社区日间照料中心	4 家	4 家	100%	区民政局
	14	持续开展殡葬改革	全市出台身后一件事一次办实施方案，机关事业单位党员干部火化率 100%，完成殡葬基础设施建设任务	100%	100%	区民政局、区行政审批局
三、素质提升工程（4 项）	15	▲增加公办幼儿园学位	2000 个	2070 个	103.50%	区教育局
	16	城区优质学校建设	2 所（长沙一中株洲实验学校、二中附二小）	2 所（长沙一中株洲实验学校、二中附二小）	100%	区教育局
	17	农村免费放映公益电影	387 场	400 场	103.40%	区委宣传部
	18	推广“门前三小”经验	建设城乡居民家门口的小广场、小课堂、小书屋 30 个	30 个	100%	区文旅广体局
四、全民健康工程（6 项）	19	▲实施疾控中心标准化建设工程	1 家疾控中心达到国家标准	1 家	100%	区卫健局

续表 1

事项	序号	考核指标	工作目标	累计完成	完成目标的百分比	责任单位
四、全民健康工程（6 项）	20	▲推进中医药服务基层全覆盖	7 个社区卫生服务中心、建制乡镇卫生院中医药服务有人员、有场地、有服务、有设施	7 个	100%	区卫健局
	21	▲完成孕产妇免费产前筛查	2850 人次	2850 人次	100%	区卫健局
	22	▲完成农村及城镇适龄妇女“两癌”免费检查	3000 人	3045 人次	101.50%	区妇联、区卫健局
	23	提高城乡居民高血压、糖尿病门诊用药保障水平	支付比例 70% 以上，享受待遇 3500 人次以上	支付比例 70%，享受待遇 6168 人次	176%	区医保局
	24	扩大特殊病种门诊享受	全年待遇支付不低于 300 万元，人数 2500 人次以上	待遇支付 356.61 万元，人数 2588 人次	待遇支付完成 118%；享受待遇人次 103%	区医保局
五、安居宜居工程（7 项）	25	既有住宅加装电梯	150 台	178 台	119%	区物业服务指导中心
	26	▲城镇老旧小区改造	6 个	6 个	100%	区物业服务指导中心
	27	新增住房公积金建制人数	6700 人	13928 人	207.88%	区政府办
	28	5G 基站建设	65 个	70 个	107.70%	区产业局、区发改局
	29	▲提升农村通信网络	1 个基站，1 个光纤工程	1 个基站，1 个光纤工程	100%	区产业局
	30	▲ 10 千伏及以下行政村配电网改造工程	完成投资 800 万元	800 万元	100%	国网株洲天元供电公司
	31	解决不动产登记历史遗留办证问题	654 户	764 户	117%	区自然资源局
六、优质服务工程（1 项）	32	免减缓交诉讼费	120 件、60 万元	397 件；166.18235 万元	330.8%；277%	区法院
七、人文关怀工程（3 项）	33	农村大龄青年“鹊桥”工程	建立一个数据库、一支乡村红娘队伍、一条红娘热线、2 场相亲活动	1. 建立一个数据库；2. 一支乡村红娘队伍；3. 一条红娘热线；4. 开展 2 场“鹊桥”活动	100%	区妇联

续表 1

事项	序号	考核指标	工作目标	累计完成	完成目标的百分比	责任单位
七、人文关怀工程（3 项）	34	“芙蓉情缘”单身职工联谊活动、青春恋爱季活动	200 人	430 人	215%	区总工会、团区委
	35	关心关爱老归侨、侨眷	慰问 3 人、体检 1 人	慰问 10 人、体检 1 人	慰问 333.3%；体检 100%	区委统战部
八、环境提质工程（6 项）	36	拆除违法建设	7.6 万平方米	12.88 万平方米	100%	区城管局
	37	继续推进城市“微亮化”建设	4 条社区小街小巷照明提质；4 个景观照明提质	9 条社区小街小巷照明提质；4 个景观照明提质	225%；100%	区城管局
	38	推进、建设城区微公园（小游园）	17 个	湘芸路（武广大道—创业大道）西侧后绿化带、凿石港沿线生态复绿（衡山中路绿化带）、株洲汽车博览园北片区景观、天易自主创业园生态景观轴一期、湘湾路绿化带工程、月塘生态新城绿化隔离带生态复绿（分段实施）：五号地块（竹山路—栗雨东路段）均基本完成；8 个小游园均已完工并进入养护阶段；西环线东司塘小游园已完工；云里路云里社区小游园已完工	100%	区城管局
	39	推进城市生活垃圾分类	栗雨、嵩山路 2 个街道	已完工	100%	区城管局、区机关服务中心
	40	农村生活污水处理	2 个村、240 户	2 个村、240 户	100%	生态环境局天元分局
	41	▲改新建农村户用厕所和农村公共厕所	6000 户，后调整为“今明两年完成”，2021 年目标任务改新建数量完成率不低于总任务的 50%	3234 个	100%	区农业农村局
九、乡村惠民工程（6 项）	42	扶持农机专业合作组织	3 家	3 家	100%	区农业农村局
	43	新建、维修、改造农村机耕道	40 千米	40 千米	100%	区农业农村局
	44	土地托管服务	1000 亩	1030 亩	103%	区农业农村局
	45	惠民综合服务中心（社）建设	2 个	2 个	100%	区农业农村局

续表 1

事项	序号	考核指标	工作目标	累计完成	完成目标的百分比	责任单位
九、乡村惠民工程（6 项）	46	农村饮水安全工程维修养护工程	1 个	1 个	100%	区水利局
	47	农村安全饮水检测	4 次	4 次	100%	区水利局
十、交通畅行工程（8 项）	48	智慧停车道路临时泊位三期建设	2700 个	2700 个	100%	天元交警大队
	49	新建公共停车场（库）	2 个	2 个	127%	区城管局
	50	拉通南塘路、白云路等“断头路”	南塘路等 5 条	拉通“断头路”4 条	100%	区住建局
	51	打通新华桥、先峰路等交通堵点	马王路—王家坪立交桥段地下通道工程 1 个	1 个	100%	区住建局
	52	建设建宁大桥等城区匝道（辅道）	建宁大桥西桥头南辅道等 3 个	建宁大桥南北辅道 2 个	100%	区住建局
	53	▲建设农村公路安防设施	15 千米	15 千米	100%	区交通运输局
	54	▲农村公路提质改造	29 千米	29 千米	100%	区交通运输局
	55	新建智能自助洗车便民点	1 个	1 个	100%	区城管局
十一、公共安全工程（6 个）	56	▲实施乡村“雪亮工程”	450 个	826 个	183.50%	天元公安分局
	57	食品监督抽检达到	1394 批次	1738 批次	124.68%	区市场监督管理局
	58	提高电梯责任险覆盖率	5551 台完成投保	5593 台	100.76%	区金融办
	59	建立智慧消防全服务平台	60 家消防重点单位接入系统	6 家	10%	区消防救援大队
	60	打通生命通道工程	完成 593 个单位和住宅消防通道标线；完成 70% 老旧小区无物业管理消防治理；规范 1000 个小区停车位	完成 593 个单位和住宅消防通道标线；完成 70% 老旧小区无物业管理消防治理；规范 1000 个小区停车位	100%	区消防救援大队
	61	加强构建“人防 + 技防”地质灾害监测预警系统	2 个	2 个	100%	区自然资源局
十二、帮扶解困工程（8 项）	62	巩固脱贫成果	572 名边缘易致贫人口不出现一例致贫	572 名边缘易致贫人口不出现一例致贫	100%	区农业农村局
	63	资助家庭经济困难学生 6 万人，不让一名学生因贫失学	500 人	1277 人	255.40%	区教育局

续表 1

事项	序号	考核指标	工作目标	累计完成	完成目标的百分比	责任单位
十二、帮扶解困工程（8 项）	64	帮扶救助困难职工	300 人次	927 人次	309%	区总工会
	65	职工医疗互助	6000 人	15289 人	254.82%	区总工会
	66	▲办理法律援助案件	360 件	648 件	180%	区司法局
	67	道路交通事故救助	5 人次	9 人次	180%	天元交警大队
	68	▲贫困残疾人家庭无障碍改造	20 户	25 户	125%	区残联
	69	▲残疾儿童康复救助	65 名	85 名	130.80%	区残联

注：▲为省重点民生实事项目。（刘定安）

人力资源管理

【概况】 株洲高新区劳动人事局、株洲市天元区人力资源和社会保障局（以下简称“区劳动人事局”）内设综合科、人事管理科、社会保障科、争议调解仲裁科 4 个科室，归口管理社会保险中心、人力资源开发服务中心（就业服务中心）、机关退休人员服务中心、劳动保障监察大队 4 个机构，在职干部职工 69 人。主要负责全区事业单位人事工资福利、劳动行政管理与监察、劳动仲裁、人力资源开发、劳动就业培训、社会保险、机关退休人员服务与管理、省市为民办实事及民生“100 工程”督查考核等各项工作，年服务对象 60 万人次。

2021 年，区劳动人事局获评 2020 年度湖南省根治拖欠农民工工资工作先进县市区、全省城乡居民基本养老保险经办管理服务工作优秀单位等称号。（刘定安）

【专技人才职称评审】 2021 年，区劳动人事局积极做好企业专技人才职称评审服务工作，其中初级职称初任通过 52 人、评审通过 36 人，初审上报中级职称 42 人、高级职称 87 人、正高级职称 1 人。推进事业单位职称评定，其中中小学系列二级教师初任通过 182 人、评审通过 19 人，一级教师评审通过 62 人，初审上报高级教师 43 人、正高级教师 1 人、“基教高” 4 人、资深乡村教师 2 人，卫生系列初审上报 “基卫中” 1 人、“省卫高” 4 人。新增技能人才 219 人。（刘泽强）

【职工技能培训】 2021 年，天元区立足 “六稳”（稳就业、稳金融、稳外贸、稳外资、稳投资、稳预期）、“六保”（保居民就业、保基本民生、保市场主体、保粮食能源安全、保产业链供应链稳定、保基层运转）和企业发展需求，在做好疫情防控的同时推进职业技能培训开展，实现企业职工技能培训工作的攻坚突破。深入调研辖区企业需求，对有职业技能提升需求的 200 余家企业，统筹安排电工、焊工、钳工、叉车司机、计算机操作员、茶艺师、插花师、紧急救助员、劳动关系协调员等工种培训。开设职业技能培训 112 期，培训 4663 人次，企业职工 1134 人次，帮助劳动者掌握新技能，改善新生活，日益增强幸福感。（赖珠清）

【事业单位干部履职能力培训】2021年，区劳动人事局在做好17名事业单位新聘工作人员入门培训的基础上，启动全区3000余名事业单位工作人员“线上培训与线下培训相结合、以线上培训为主”的培训工作，帮助相关人员更好地适应工作岗位，提升履职能力。（刘秀兰）

【用工环境】2021年，区劳动人事局接待各类劳动纠纷咨询和举报1400余起，立案和调查处理23起，解答咨询710起，协调处理投诉600余起，为1100余名劳动者挽回经济损失2000多万元，充分维护劳动者的合法权益。处理全国欠薪平台案件280件，全省“两网化”平台案件66件，省信访件、市长热线、天元舆情等交办件251件，处置率和办结率100%，位居全市前列。巡查检查在建工地项目130次，处置工地欠薪突发事件17起，会同区住建局开展建设领域农民工工资支付情况专项摸排检查33次，与公安、检察机关对涉嫌犯罪的重点欠薪案件进行部署研究12次，积极配合司法机关办案与执行，形成案件联合处理工作链，切实提升劳动者获得感、幸福感。（龙珊珊）

行政审批服务

【概况】天元区行政审批服务局（以下简称“区行政审批局”）内设综合办公室和行政审批办公室。管理株洲高新区企业发展服务中心。2021年，区行政审批局获评市级“文明标兵单位”荣誉称号；5月，天元区在全省“放管服”改革大会上作为唯一的县市区代表作典型发言。（易成彪）

【高新区政务服务中心运行】2021年3月15日，在动力谷园区株洲高新区人力资源服务产业园内，株洲高新区政务服务中心正式投入使用，大厅服务面积约1000平方米，分为自助服务区、业务办理区和综合服务区3个功能区；进驻事项352项，其中综合事项187项，涉税事项165项；开设企业开办运营、人力资源服务、人才管家综合服务、产业政策兑现和园区综合服务5个片区、14个业务窗口，提供税务、社保、医保、公积金、银行开户、公章刻制、人才落户、子女就学等全流程服务和咨询；通过“一窗办、网上办、自助办、帮代办”等方式，推进政务服务进园区，为辖区企业提供“一站式”“零距离”服务。（易成彪）

株洲高新区政务服务中心

【“一件事一次办”改革】2021年，区行政审批局梳理公布湖南省第三批“一件事一次办”事项清单96项，组织编制服务指南；梳理发布“一件事一次办”事项清单296项；组织全区20余个审批单位“一把手”积极参与政务服务走流程办事体验活动。（易成彪）

【企业开办“一窗通办”】2021年，政务服务大厅2个企业开办“一窗通办”专窗，公布企业开办“一窗通办”服务事项和服务指南，整合市场监管、税务、公章刻制、社保、住房公积金、银行开户预约6个环节，有效实现企业开办必需环节办理时限压缩到1个工作日以内，线下办理135家。（易成彪）

【推进园区赋权】2021年，区行政审批局组织园区赋权事项梳理工作，开展简政放权落实情况“回头看”，严格对标《湖南省园区赋权指导目录》，积极对接林业、住建、发改、卫健、城管等市级赋权主体部门，与株洲高新区（天元区）完成17项市级园区赋权事项签订和委托行使协议。（易成彪）

【推动“跨域通办”改革】2021年，区行政审批局推广使用“长株潭一体化跨域通办”业务系统，与长沙市岳麓区、开福区，湘潭市雨湖区、湘潭县，株洲市芦淞区签订政务服务一体化合作协议，71项政务服务事项实现“跨域通办”；同时，在政务服务旗舰店上开设“跨省通办”专区，17项政务服务事项可通过网上“跨省办”。（易成彪）

【电子政务建设】2021年，区行政审批局在动力谷园区、镇（街道）配备一批自助终端设备，提供24小时自助服务。开展“一件事一次办”微信小程序运用推广。做好区政府大楼网络及电子政务外网日常维护和管理，完成全区视频监控系统镇、街道新建及教育系统升级改造项目建设；全区电子政务外网平台、政务OA系统等系统顺利通过三级等保测评；区人社、区医保专网平台搭建完成，区级电子政务外网出口完成升级改造，顺利通过国家级网络安全检验。（易成彪）

【政务公开服务】2021年，区行政审批局全面做好政府信息公开，优化调整区政府门户网站界面与栏目设置，严格落实信息安全制度，开展涉及个人隐私信息排查工作，政府门户网站发布各类信息3000余条，办结已申请公开事项17件；全面清理规范区内各类政务App、微信、微博等，对区直单位政务新媒体的更新和互动进行全面检查，保证政务新媒体良好运行。更新文章200余篇，实现全部新媒体平台可互动交流；清理政府门户网站重点领域信息公开栏目和部门信息公开目录等，完成26个基层领域标准目录的梳理，健全完善公布服务事项、办事指南、办事流程、办事机构等信息，确保全区部门信息公开栏目到位。（易成彪）

【窗口服务】2021年，株洲高新区企业发展服务中心严格窗口规范管理，大厅所有工作人员着装、佩牌上岗，自觉使用文明用语，微笑服务，认真落实首问负责制、一次性告知制、限时办结制、服务承诺制等窗口服务制度，推进窗口服务标准化，形成制度化成果；用好“好差评”制度，建立督查考评机制，设置投诉窗口，公开投诉电话，广泛征求意见建议，自觉接受监督；常态化奖优促劣，激励窗口工作人员立足窗口、提升效能、高效服务。持续开展绿色通道、预约、上门、免费邮寄等特色服务，办理各类审批服务事项28.97万件，办结率99.8%；开展延时服务400次、上门服务30次，绿色通道服务22次，免费邮寄1018次。（易成彪）

【“帮代办”服务】2021年，株洲高新区企业发展服务中心对产业项目，以“帮办代办，一次办好”为宗旨，事前提供咨询，指导企业准备申报材料；事中连通政府和企业，高效协调，跟踪解决问题，既“带着企业跑”，又“代替企业跑”。代办企业项目265个，其中工商注册159个、报建代办106个，代办审批事项1000余项，投资总额640亿元，

德智新材“拿地即开工”项目交证仪式

获32家企业锦旗感谢。其中，德智新材项目实现24小时核发“四证”（建设用地规划许可证、建设工程规划许可证、建筑工程施工许可证、不动产权证），意华股份、株洲齿轮项目7天实现“竣工即交证”。（易成彪）

退役军人事务

【概况】天元区退役军人事务局（以下简称“区退役军人事务局”）是天元区人民政府组成部门，正科级行政机关，承担全区退役军人的管理服务职责。负责移交安置、服务管理、待遇保障、优抚优待、退役军人思想政治和权益维护、无军籍退休职工管理工作。内设办公室，核定行政编制3名。下设二级机构退役军人事务服务中心，为股级公益一类事业单位，负责全区退役军人事务的日常公益服务职能，核定全额拨款事业编制4名。2021年，持续采集全区退役军人及优抚对象信息，加强人员动态管理，及时更新人员信息数据。（姚　雨）

【服务保障机构建设】2021年，区退役军人事务局对全区服务对象300人以上的退役军人服务站开展示范型创建工作。泰山路街道的家园、滨江、铁西、泰西和嵩山路街道的大湖塘、小湖塘6个社区退役军人服务站顺利通过示范型创建达标验收。4月，组织镇（街道）退役军人服务站工作人员开展“业务大练兵”。6月，对全区7个镇（街道）和100个村（社区）服务站工作人员近114人进行系统性的业务培训和工作指导。（姚　雨）

【成立退役军人志愿服务队】2021年5月，区退役军人事务局举行区百支退役军人志愿服务队成立大会暨授旗仪式，区、镇、村三级共成立退役军人志愿服务队108支，队员1200余名。6月，开启退役军人“牵手学子，助力圆梦”困难帮扶志愿活动，帮助雷打石镇2名贫困学子圆大学梦。7—8月，500余名退役军人志愿者积极参与疫情防控，实行轮班制度，24小时值岗，累计志愿服务2万余小时，捐赠口罩1.06万个、矿泉水120箱等物资，价值3.2万元。12月，100余名退役军人志愿者参与清除冰雪志愿者活动。天元区退役军人志愿服务队被退役军人事务部、《湖南日报》等多家单位宣传报道。（姚　雨）

【移交安置】2021年，区退役军人事务局安置工作开展“一站式”服务，认真审核退役军人档案，积极与部队对接，补充完善退役士兵缺失档案，做好档案审核工作。与退役士兵逐人面谈，核实信息，办理落户手续、转接党组织关系。积极与组织、人社、编办对接协调符合政府安排工作的退役军人、军属安置事宜。（姚　雨）

【开设“画笔绘党史、永远跟党走”专栏】2021年，区退役军人事务局联合辖区退役军人刘泽湘开设全市唯一连期刊载的退役军人栏目“画笔绘党史、永远跟党走”，发布水口建党、罗学瓒、罗哲、李立三、刘先胜5个手绘故事。（姚　雨）

【老兵永远跟党走】2021年，区退役军人事务局组织退役军人参加“老兵永远跟党走”知识竞赛，积分位列株洲市第一，被省退役军人事务厅授予“老兵永远跟党走·党旗飘扬在心中”知识竞赛优秀组织奖。退役军人范启刚的《诗歌联赋》被退役军人事务部评为优秀作品，退役军人吴爽获省退役军人事务厅演讲类第三名。开展“百名退役军人宣讲红色故事 传承红色基因庆党百岁生日”党史学习教育100余场，3000余人参与。组织退役军人在红色神农湖开展接力跑100千米、“画”党徽、歌声献给党、重温入党誓词等庆祝中国共产党建党100周年主题活动。（姚　雨）

党史学习教育

【退役军人就业创业】2021年，区退役军人事务局用“四个+”组合拳，促进退役军人就业创业。一是“能力+学历”提升退役军人就业竞争力。以适应性培训为基础，建立技能培训与学历教育互为补充的教育培训体系，全区积极发动自主就业退役士兵参加技能培训。办理10名自主就业退役士兵的国家教育资助申请，创新开设退役军人免费培训抖音课程。二是“引导+推介”提升退役军人就业成功率。联合区公安局、禁毒办等单位。线上发布招聘信息25次，推动辅警、禁毒专干等岗位招录退役军人。联合区人社邀请专业讲师。线下组织退役军人参加编制报考培训，11名退役军人成功考上全额编制。联合产业局开展退役军人就业创业摸底调研。调研企业招聘退役军人情况，了解招聘需求，搭建企业招聘与退役军人就业之间的“桥梁”。三是“政府+企业”提升退役军人就业精准率。积极搭建“订单式+大型综合式”招聘平台，举办6场招聘会，达成初步就业意向50余人，就业供给与需求之间的匹配率90%。四是“宣传+扶持”提升创业积极性。开展退役军人就业创业政策宣讲，发放宣传资料1000余份，为退役军人优惠税收280余万元。为2020年退役士兵发放一次性自主就业补助。扶持天元区小蜜蜂物业管理有限公司、德瑞汽车销售服务有限公司、欣贝职业技能培训学校3家企业，申请一次性创业补贴。（姚　雨）

【部分退役士兵社保接续】2021年，区退役军人事务局上户宣传政策，确保符合政策的退役士兵完成个人补缴部分，并及时向财政申请补助单位部分养老保险，确保部分退役士兵及时享受其合法权益。年内，为符合政策的退役士兵办理社保接续，缴费率98%。（姚　雨）

【褒扬纪念】2021年，区退役军人事务局联合区人武部为天元区现役立功军人送喜报上门，给予荣立二等功的龙辉5000元奖励资金，给予荣立三等功的胡志、肖尧、刘柯灵、罗林每人2000元奖励资金，并上光荣榜，形成“一人获奖，全区光荣”的浓厚氛围。年内，悬挂光荣牌60块。（姚　雨）

【“五个一”欢迎仪式】2021年，区退役军人事务局设立“五个一”欢迎接待站（设立一个接待站，悬挂一条欢迎横幅，发放一封欢迎信及报到须知，递上一瓶矿泉水，传递一份区委、区政府领导的深情问候），为株洲籍光荣返乡退役士兵提供优质服务保障。（姚　雨）

【纪念革命英烈】2021年，区退役军人事务局开展“祭扫革命英烈 传承红色基因”党史学习教育主题祭扫活动。充分整合辖区红色资源，带动全区20家单位430余名党员干部和辖区退役军人在罗学瓒烈士墓前举行纪念活动。组织烈士遗属在株洲市烈士陵园开展公祭。协调迁移3座零散烈士墓至市烈士陵园。（姚　雨）

【缅怀先烈】2021年4月，区退役军人事务局跨市联合多部门帮助烈士后代田国标在湘潭县谭家山镇紫竹村找到谭明德、谭桂林 2 位烈士合葬的墓地，了却 60 余年的寻墓心愿。随即，召开烈士墓修缮协调会，决定在烈士墓原址原貌上维护修缮，打造党史学习教育基地，传承英烈精神。5 月，天元区退役军人事务局、雷打石镇神龙村、湘潭县退役军人事务局和湘潭县谭家山镇紫竹村 4 个党支部 100 余人在湘潭县谭家山紫竹村开展“红色基因牵红线 支部共建同传承”支部共建主题活动。（姚 雨）

【“双拥”工作】2021 年 8 月，区退役军人事务局联合人武部举办“军民鱼水情 共筑中国梦”联欢会。演绎 3 台精彩节目，表彰 25 名“优秀老兵”、10 名“关爱退役军人工程”先进个人。区退役军人事务局被市委、市政府、株洲军分区评为爱国拥军模范单位。（姚 雨）

【优抚优待】2021 年，区退役军人事务局赠送辖区退役军人专属台历，该项工作被退役军人事务部作为工作典型宣传报道。开展在册优抚对象及 60 岁农村籍退役士兵全面身份核查。开展退役军人口腔健康义诊活动，为辖区 7 个镇（街道）的退役军人提供口腔健康免费检查等服务。开展关爱退役军人眼健康活动，为全区退役军人免费检测视力、裂隙灯检查、干眼雾化体验、口腔护理免费检查及宣讲小知识等，排查白内障、青光眼、角膜炎、泪道堵塞、干眼等常见眼疾，惠及退役军人及家属 300 余人。为辖区伤残军人换发残疾证，评定 9 名伤残人员，采集 6 名退役军人精神病患者信息，开展“崇尚荣誉·重温新婚·关爱退役军人”公益摄影活动，为 296 对夫妻拍摄婚纱照。（姚 雨）

【优抚对象医疗救助】2021 年，区退役军人事务局多渠道、多形式地解决重点优抚对象的医疗问题，为 525 名 60 岁以上的农村籍退役士兵购买商业医疗保险 19.95 万元，理赔 77 人次近 22.7 万元；为 7 ～ 10 级伤残军人、带病回乡退伍军人、老复员军人购买商业医疗保险，理赔 31 人次 9.15 万余元；为 48 人次进行优抚医疗救助补助 13.4 万元。（姚 雨）

【做实“关爱退役军人工程”】2021 年，区退役军人事务局牵手 13 家企业开展“关爱退役军人工程”志愿服务合作，加油优惠、消费打折、体检免费、就业优先、创业帮扶，惠及退役军人 2000 余人。（姚 雨）

“情暖光荣之家 关爱退役军人工程”志愿服务合作单位签约

信 访

【概况】天元区信访局为区人民政府工作部门，为正科级，主要职责为接待和处理群众来信来访，承办上级机关和区委、区政府领导交办、拟办的信访事项，检查、督促、参与协调处理信访突出问题。根据区委、区政府的安排承担区信访工作联席会议办公室、区信访事项复查复核委员会办公室的日常管理工作。内设办公室、督查办公室，下设全额拨款事业单位天元区人民来访接待中心（信访大厅）。

2021 年，区信访工作以深入推进信访工作制度改革为主线，紧紧围绕落实信访工作责任制，畅通信访渠道，完善信访工作机制，推动群众合理诉求及时就地解决。接待群众来信来访1809批7113人次，先后完成全国“两会”、中国共产党建党100周年等多个重要特护期间的接访劝返工作，全年没有出现极端恶性上访事件，没有出现因信访问题引发的重大群体性事件，没有出现影响社会大局稳定的信访问题。（刘雅琪）

【领导接访】2021年，天元区继续开展领导干部接访工作，出台《关于继续开展领导干部接访工作的通知》。按照《关于进一步健全信访工作长效机制推动解决群众信访问题的意见》“县市区领导干部每月至少1天接待来访群众”要求，株洲高新区、天元区23名党政领导参与每月日常接访工作，每个工作日都有区领导接访。值班区领导对曾经接访的重点人员、重点信访事项及包案对象认为有必要的进行重点约访、回访。坚持采取重点约访、专题接访、带案下访等多种方式接待来访群众，积极引导信访群众依法逐级走访。值班区领导接待来访群众103批362人次。（刘雅琪）

【积案化解】2021年，株洲高新区、天元区摸排87件信访积案，信访积案基数相比2020年上涨40%左右。株洲高新区党工委副书记、天元区委书记邬凌云和区长何柢带头包案，32名区委、区政府领导主动认领，7个镇（街道）和30个区直部门共同负责，形成一级抓一级、层层抓落实的良好工作格局。所有信访积案均按照“五个一”（一个案子、一名领导、一个班子、一套办法、一包到底）要求，将筛选出的信访积案实行区领导包案。化解信访积案28件，化解率32%。（刘雅琪）

信访积案化解攻坚工作动员部署会议

【信访联席会议】2021年，根据区信访局进一步完善联席会议议事规则、程序，坚持每月定期研究部署信访工作、解决信访突出问题，不定时进行专项督导检查，推动各单位协作配合。区委常委会议、区政府常务会议和区党政联席扩大会议先后专题研究信访问题。区信访联席会议专题研究信访突出问题18次。区委书记邬凌云、区长何柢多次组织会议，对全区信访工作“三无”（无到京非接待场所登记和超额进京越级上访，无到市以上规模集体上访，无超额的初信初访按期办结后和积案交办件化解后重复信访）单位创建活动、领导干部值班接访、信访积案领导包案和特护期的接访劝返等工作作出指示，邬凌云分别于10月、11月召开全区信访积案化解工作调度会议、天元区信访积案化解攻坚工作动员部署会议，对信访积案工作进行调度。（刘雅琪）

【网上信访】2021年，区信访局根据国家、省、市信访局的统一部署，全力推进网上信访综合平台建设，把来访、来信、网上投诉等不同形式反映的信访事项，在网上统一流转，真正让“数据多跑腿，群众少跑路”。区信访信息系统办理中央、省、市、区群众来信、来访、网上投诉1401件次，信访总量同比下降38.34%。其中，来访588批次，来信496件次，网上信访671件次（含网上投诉、网上建议、领导信箱)。信访事项及时受理96.15%,按期办结率97%,群众满意率60%,一次性化解率86.7%,重复信访占比54.5%。（刘雅琪）

【引导群众依法逐级走访】2021年,区信访局规范信访事项受理办理程序,积极引导群众依法逐级走访,制作逐级走访指南、逐级走访知识解读等500份。在“信访法治宣传月”“宪法宣传月”等活动发放群众上访“一册通”、信访指南1万份,张贴《关于依法处理违法上访行为规范信访秩序的通告》,引导群众依法逐级走访,强化《信访条例》宣传,营造法治宣传氛围。（刘雅琪）

机关事务管理

【概况】天元区机关事务服务中心(以下简称“区机关事务中心”)为天元区政府直属正科级全额拨款事业单位。

2021年,区机关事务中心内设综合室、物业服务室、财务室3个科室,核定编制12名。负责高新大厦及附楼、会议中心、火炬大厦物业管理以及物业公司的监管和考核,协调物业公司和各部门的工作;对机关食堂监管,提升服务质量;负责区级公务用车保障服务、高新大厦大院办公部门的行政后勤服务。（万茜玥）

【机关疫情防控】2021年,区机关事务中心持续做好常态化疫情防控工作。全面落实各项疫情防控措施。区机关事务中心严格做好进出人员管理、环境消杀、用餐安全、疫情防控用车保障等办公大楼疫情防控工作;配合做好疫苗接种和核酸检测。对区直机关单位开展新冠肺炎疫苗接种摸底、宣传、组织发动及统计工作;配合区卫健局设置核酸采样点,组织机关干部有序进行采样、在安全距离等候排队,并协助医护人员录入信息;做好防疫期间后勤保障工作,为防疫工作人员发放预防中药包2.7万袋,涵盖镇街、城管环卫等50多个单位;为医务人员和部分社区提供餐饮保障,外送盒饭7000盒;派驻公车和司勤人员在疾控中心、株洲西站值班,做好用车出行保障;做好平台管理工作,统计物业、食堂、公车平台工作人员疫苗接种率,做到应接必接;指导三平台员工“绿码上岗”,动态监控个人健康情况,确保办公场所的疫情防控安全。（万茜玥）

【提升后勤服务效能】2021年,区机关事务中心加大对物业、食堂及公务用车的动态监督力度,与时俱进不断提升后勤服务质量。启动食堂“焕新”方案,丰富菜品种类,满足更多机关干部的个性化需求。对高新大厦停车位进行改造,根据现行停车位状况分析,在高新大厦主楼后西头新增40个停车位,缓解大院停车难问题。优化快递收寄站点,在食堂小超市后方建设一个“驿收发”快递驿站,用于集中收发快递,有效解决快递点堆放杂乱问题。引进智慧会务系统,通过智慧会务系统,预定会议室由从前的“电话预定、人工操作”升级为“线上预定、部门审核”,简化会议室预定流程,提高办公效率。打造智能洗车服务点,为机关干部提供高效便捷、经济实惠的洗车服务。（万茜玥）

【健康活动中心竣工验收】天元区直机关健康活动中心项目于2020年3月27日开工,2021年12月竣工并完成验收。项目内容包括土建装饰、采购、消防、电梯4部分内容,投资700万余元。由高新大厦附楼顶部隔热层改建,有外设电梯直达,集瑜伽、乒乓球、台球、理疗、书吧等为一体。（万茜玥）

【引领垃圾分类】2021 年，区机关事务中心推进办公大楼生活垃圾分类工作，并取得良好成效。举办天元区公共机构垃圾分类知识培训。培训现场 67 人参会，涵盖天元区政府 7 个基层单位和 49 家区直单位。完成垃圾分类示范点提质改造工作。区机关事务中心对照《株洲市公共机构生活垃圾分类重点示范单位提质清单》逐条梳理，细化整改措施，完成增设可回收物和有害垃圾暂存点等 9 条整改项目，推进了机关大院的垃圾分类配套体系建设。强化宣传推广。营造浓厚的垃圾分类氛围，创新性地将疫情期间临时存放应急物资的集装箱作为可回收物，重新利用到垃圾分类事业中。

天元区公共机关垃圾分类培训

集装箱不仅可以遮风挡雨、存放各类可回收垃圾，还能够张贴宣传画，打造一个垃圾分类收集宣教综合体。（万茜玥）

政协株洲市天元区委员会

政协综述

【概况】2021 年,政协天元区委员会(以下简称“区政协”)围绕中心，忠实履职，坚持发扬民主和增进团结相互贯通、建言资政和凝聚共识双向发力，为促进新区高质量发展做出贡献。坚持党的领导，强化思想政治引领。把握正确政治方向，以习近平新时代中国特色社会主义思想统领政协一切工作，教育和引导全体委员捍卫“两个确立”，做到“两个维护”。自觉接受区委领导。政协的主要工作、重大活动和重要事项都向区委请示汇报，把区委的决策部署转化为政协委员的共同意志和自觉行动。开展协商议政，推进民主监督。围绕全区中心工作和社会关注的热点、难点问题协商，紧扣园区发展、民生事业、农村工作等议题,提出 80 余条意见建议。通过提案督办实行全程监督，收到委员提案 84 件，立案交办 63 件，见面率和满意率 100%，一批民生实业问题得到有效解决或推进。发挥委派民主监督组作用，提出意见建议 30 余条。拓展监督的内容和途径，100 余人次受邀参加政法队伍教育整顿相关座谈会、旁听法院开庭。夯实基层基础，加强自身建设。夯实政协履职基础。在区委的领导下，按照《政协章程》规定和上级工作要求，完成换届工作，增强六届政协委员的归属感和凝聚力。规范委员工作室管理。已建成 1 个专委会工作室、7 个镇(街道)工作室共 8 个线下委员工作室,实现“三个全覆盖”。引导政协委员运用“政协云”，做好日常履职。参与中心工作，主席会议成员按照区委统一部署，在全区中心工作中联系征拆工作及重大项目 10 个、重点企业 12 个。 (龚寻芳)

【政协自身建设】2021 年，区政协指导委员小组活动与履职结合。如城区组开展“走访委员”“调研报告研讨会”“传承红色基因”“学习提案撰写”等主题活动；政法组开展“学习民法典”“城市生活垃圾分类调研”系列活动。推进委员工作室建设，用好“政协云”,做好日常履职。组队参加第六届“万步有约”拓展赛(湖南)获团队一等奖，实现“万步有约”三连冠。 (龚寻芳)

【换届工作】2021年是区政协换届之年，按照《中国人民政治协商会议章程》规定和中央、省、市、区换届工作要求有序进行。六届区政协界别的设置，设有22个界别，分别是：中共、民革、民盟、民建、民进、农工、致公、九三、无党派、工商联、新社会阶层、工会、共青团、妇联、经济、科技、农林、教育、医卫、文体、台胞与华侨、少数民族。在22个界别中，中共36名，民革4名，民盟5名，民建3名，民进3名，农工4名，致公4名，九三5名，无党派13名，工商联20名，新社会阶层10名，工会2名，共青团2名，妇联1名，经济24名，科技7名，农林4名，教育5名，医卫7名，文体6名，台胞与华侨1名，少数民族4名。在170名委员中，保留五届政协委员48名，占委员总数的28.24%；新推荐委员122名，占委员总数的71.76%。中共委员68名，占委员总数的40%；非中共委员102名，占委员总数的60%。女性委员61名，占委员总数的35.88%。非公经济委员32名，占委员总数的18.82%。文化结构情况：在170名委员中，大专及以上学历的委员共123名，占总数的72.35%；其中硕士以上研究生学历的委员19名，占委员总数的11.18%；本科学历的委员104名，占委员总数的61.18%；大专以下学历的委员有47名，占委员总数的27.65%。（龚寻芳）

【表彰先进】2021年，政协天元区第五届委员会第六次会议根据《政协株洲市天元区委员会优秀委员、先进委员活动组、优秀委员活动组组长、优秀提案、优秀调研报告评选办法》《政协株洲市天元区委员会政协联工委考核办法》有关规定，通过考核评比，经区政协五届十三次常务委员会会议审议通过，经济一组、经济二组、城区组、医卫组4个活动组被评为先进委员活动组；彭湘军、徐清林、朱松梅、王丹、杨长江、欧阳芳、陈绪军、肖波、张利、唐长青、张清、郭稳华、易星、刘佳、陈卫华、胡舜钦、童心、王兴夏、胡伟、王庆、谢恺俐、陈响明、袁建陵、刘建清、罗超、吴琼瑛、袁海明、李华烽、罗艳、张赢被评为优秀委员；陈泽润、胡光、高勇、王剑怀、谢志毅、管卫国、文洁利、朱艳辉被评为优秀委员活动组组长；《关于打造“六个一”推动农业现代化发展的建议》《监管商业用电高收费，把高价格“打”下来》《关于在人员密集场所配置自动体外除颤仪（AED）的提案》《着力长久地在中小学开展中医药食药同源的文化传承、普及工作》《网络直播促进农副产品销售》《发热门诊的规范设置纳入基层医疗机构标准建设中的建议》《搭建株洲市商协会交流中心》《加强我区白蚁防治工作》《关于做好垃圾分类处理，提高环保意识的提案》《关于支持以文创的力量振兴乡村的建议》被评为优秀提案；《以天元区政协履职实践为视角——关于委派政协民主监督组的调研报告》等33篇调研报告分别获奖。（龚寻芳）

【参与中心工作】2021年，区政协主席会议成员按照区委统一部署，深入一线，靠前协调，在全区中心工作中担纲履职，挂联征拆工作及重大项目10个、重点企业12个。7月在新冠肺炎疫情防控中，牵头代拟全区关于消毒消杀工作通知，走访督查重点企业和场所35家，驻守社区2个、隔离酒店5家。各委办联系项目及重点企业16个，机关干部协助社区“创文”“创卫”、综治、禁毒等工作。（龚寻芳）

政协会议

【区政协五届六次会议】2021年2月1—3日，政协天元区第五届委员会第六次会议召开。与会人员听取和审议政协天元区第五届委员会常务委员会工作报告；听取和审议政协天元区第五届委员

第五届委员会第六次会议

会常务委员会关于提案工作情况的报告；周标、王庆、许翔、易星、刘基伟、王丹分别代表工商联、农工、民盟、农业、经济界别和政法组在会上发言；全体政协委员列席天元区第五届人民代表大会第六次会议，听取和协商《天元区人民政府工作报告》，协商《株洲高新区（天元区）国民经济和社会发展第十四个五年规划和二〇三五年远景目标纲要》《株洲市天元区 2020 年国民经济和社会发展计划执行情况及 2021 年国民经济与社会发展计划（草案）的报告》《株洲市天元区 2020 年财政预算执行情况和 2021 年财政预算（草案）的报告》《株洲市天元区 2020 年环境状况和环境保护目标完成情况及 2021 年环境保护目标的报告》《株洲市天元区人民法院工作报告》《株洲市天元区人民检察院工作报告》；全体与会人员审议通过政协天元区第五届委员会第六次会议决议；表彰先进；全体与会人员听取和审议提案审查情况报告。该次会议应出席委员 168 名，实出席委员 164 名，列席人员 205 名。（龚寻芳）

【区政协六届一次会议】2021 年 10 月 25—27 日，政协天元区第六届委员会第一次会议召开。全体与会人员听取和审议政协天元区第五届委员会常务委员会工作报告；全体与会人员听取和审议政协天元区第五届委员会常务委员会关于提案工作情况的报告；全体委员列席天元区第六届人民代表大会第一次会议；全体委员选举产生政协天元区第六届委员会主席周玉智，副主席袁峰、袁丽凡、丁利英、徐向荣、胡志清，秘书长刘蔚，常务委员王天甲等 26 人；全体与会人员审议通过政协天元区第六届委员会第一次会议决议；全体委员在委员培训会上观看换届选举警示教育片，邀请市政协周文杰主任讲授“如何做好一名政协委员”，学习《政协湖南省委员会提案工作条例》和《政协湖南省委员会关于提高提案质量的实施办法》；开幕式上区人民政府区长何柢讲话；闭幕式上区委书记邬凌云讲话。该次会议应出席委员 170 名，实出席委员 163 名、列席人员 213 名。（龚寻芳）

【区政协五届常务委员会议】2021 年 1 月 27 日，区政协五届十三次常务委员会议召开。审议通过《天元区政协第五届委员会委员届中调整人选基本情况（草案）》《关于卢洁职务任免的通知》《关于召开政协株洲市天元区第五届委员会第六次会议的决定（草案）》《政协株洲市天元区第五届委员会常务委员会工作报告（征求意见稿）》《政协株洲市天元区第五届委员会常务委员会关于提案工作情况的报告（征求意见稿）》，应邀出席区政协五届六次会议人员范围，《大会议程（草案）》;《大会日程（草案）》，五届六次会议主席团成员、大会秘书长名单，五届六次会议秘书处机构设置及人员名单，五届六次会议分组召集人名单；审议通过 2020 年度优秀提案、优秀委员、先进委员活动组、优秀活动组组长、优秀调研报告。

2 月 3 日，区政协五届十四次常务委员会议召开，会议由谈志明主席主持。会议听取各组讨论情况汇报；协商通过《政协第五届委员会第六次会议决议（草案）》。

9 月 10 日，区政协五届十五次常务委员会议召开，会议由谈志明主席主持。审议通过关于宋大勇、杨长江职务任免的通知，提案办理资金使用项目计划。

10 月 19 日，区政协五届十六次常务委员会议召开。审议通过政协天元区第六届委员会第一次会议委员分组建议名单，政协天元区第六届委员会常委建议名单，政协天元区第六届委员会第一次会议委员分组召集人建议名单，主席团成员、主席团常务主席、秘书长建议名单，六届一次会议秘书处机构设置及人员名单，《关于召开政协株洲市天元区第六届委员会第一次会议的决定（草案）》《五届政协常务委员会五年工作报告》《五届政协提案工作五年情况报告》《大会筹备工作报告》，应邀出席区政协六届一次会议人员范围，《大会议程（草案）》《大会日程（草案）》《大会选举办法（草案）》，六届一次会议大会选举监票人、计票人名单，有关人事事项；关于拨付基层“政协委员之家”的建设费用事项。（龚寻芳）

【区政协五届党组会议】2021 年 1 月 27 日，区政协五届十一次党组会议召开。政协党组开展中心组学习；审议通过《天元区政协第五届委员会委员届中调整人选基本情况（草案）》《关于卢洁职务任免通知》。

5 月 21 日，区政协五届十二次党组会议召开。审议通过四届政协遗留委员捐赠善款处置问题，工会经费拨付事项，机关走廊党史宣传栏，民主监督履职服务费列支事项，五届政协文史编撰事项和会议室 LED 显示屏、音响、话筒采购，委员履职服务费，2021 年体检费用标准（2020 年度 2000 元／人）；审议通过有关人事事项。

6 月 29 日，区政协五届十三次党组会议召开。审议通过政协会议室 LED 显示屏、音响、话筒采购招标书。

9 月 2 日，区政协五届十四次党组会议召开。审议通过关于设立区政协事务服务中心事项。

10 月 19 日，区政协五届十五次党组会议召开。审议通过政协天元区第六届委员会第一次会议委员分组建议名单，政协天元区第六届委员会常委建议名单，政协天元区第六届委员会第一次会议委员分组召集人建议名单，主席团成员、主席团常务主席、秘书长建议名单，六届一次会议秘书处机构设置及人员名单，六届一次会议临时党委名单，委办主任、副主任任命；关于拨付基层“政协委员之家”的建设费用事项。（龚寻芳）

【区政协五届主席会议】2021 年 1 月 27 日，区政协五届十二次主席会议召开。审议通过《天元区政协第五届委员会委员届中调整人选基本情况（草案）》《关于卢洁同志职务任免的通知》《关于召开政协株洲市天元区第五届委员会第六次会议的决定（草案）》《政协株洲市天元区第五届委员会常务委员会工作报告（征求意见稿）》《政协株洲市天元区第五届委员会常务委员会关于提案工作情况的报告（征求意见稿）》，应邀出席区政协五届六次会议人员范围，《大会议程（草案）》《大会日程（草案）》，五届六次会议主席团成员、大会秘书长名单，五届六次会议秘书处机构设置及人员名单，五届六次会议分组召集人名单；审议通过 2020 年度优秀提案、优秀委员、先进委员活动组、优秀活动组组长、优秀调研报告；讨论五届十三次常务委员会会议议程。

9 月 8 日，区政协五届十三次主席会议召开。审议通过审核提案办理资金使用项目计划，协商六届一次全会工作安排。

10 月 19 日，区政协五届十四次主席会议召开。审议通过政协天元区第六届委员会第一次会议委员分组建议名单，政协天元区第六届委员会常委建议名单，政协天元区第六届委员会第一次会议委员分组召集人建议名单，主席团成员、主席团常务主席、秘书长建议名单，六届一次会议秘书处机构设置及人员名单；《关于召开政协株洲市天元区第六届委员会第一次会议的决定（草案）》，五届政协常务委员会五年工作报告，五届政协提案工作五年情况报告，大会筹备工作报告，应邀出席区政协六届一次会议人员范围，《大会议程（草案）》《大会日程（草案）》《大会选举办法（草案）》，六届一次会议大会选举监票人、计票人名单，有关人事事项，审议通过关于拨付基层“政协委员之家”的建设费用事项；讨论五届十六次常务委员会会议议程。（龚寻芳）

【区政协六届一次党组会议暨六届一次主席（扩大）会议】 2021 年 11 月 22 日，区政协六届一次党组会议暨六届一次主席（扩大）会议召开。政协党组中心组学习《中国共产党第十九届中央委员会第六次全体会议公报》；审议通过政协办公室岗位分工，各专门委员会对口联系单位，其他相关工作；政协“同心杯”羽毛球友谊赛活动方案；文教卫体和文史委、社法民宗委组织委员外出学习考察活动方案；提案和委员学习联络委组织委员外出学习考察活动方案。（龚寻芳）

【六届一次主席办公会会议】 2021 年 12 月 14 日，区政协六届一次主席办公会会议在高新大厦三楼二会议室举行，会议由周玉智主席主持。审议通过政协党组成员分工、政协党组意识形态责任分工、政协主席会议成员分工、政协一办五委职能分工。（龚寻芳）

政协履职

【政治协商】 2021 年，区政协通过政协全会、常委会会议、党组会、主席会，对全区政治经济等方面的重大决策进行协商。全会期间，委员们围绕全区中心工作和社会关注的热点、难点问题开展协商，紧扣园区发展、民生事业、农村工作等议题，提出“做大做强商贸服务业”“扶持外贸民营企业发展”“加快新区会展经济发展”等 80 余条意见建议。“汇聚合力全面激活住宿餐饮业消费市场”“守正创新推动中医药事业发展”等大会发言得到主要领导现场批办 11 篇次。开展主席视察活动 6 次，调研区城管局等区直单位，提出一系列协商建议，并以提案、社情民意、调研报告等形式进行转化。关注税务工作，实地查看办税服务厅，建议区税务局营造好营商环境。关注医保工作，建议做好宣传引导，做到应保尽保；方便老百姓缴费和看病报销；加强对医保资金的管理；主动争取各级政府的支持。发动委员向省、市、区党代会献策，组织“我为新区‘十四五’规划献一策”等活动，报送 90 余篇，其中“做大做强电商产业”“构建湘江沿岸传统聚落文化走廊”“推广手语培训”等被“学习强国”采用，“建立信用评级评价和‘红黑名单’制度”获株洲市服务企业“金点子”二等奖。（龚寻芳）

【民主监督】 2021 年，区政协把协商贯穿于提案办理全过程，形成“党政领导主动领办、主席会议成员领衔督办、专委会跟踪办理、提案委日常跟办”的工作格局。通过征求委员意见、实地走访查看、询问群众等方式，对提案落实情况进行跟踪了解，评估办理成效。收到提案 84 件，立案交办 63 件，见面率和满意率（含基本满意率）100%。“加强餐饮业外卖服务监督管理”“优化天元区红绿灯设置”“依托基层医疗机构开展片区化医养结合”“加强美德教育宣扬天元道德之光”“加快我区公办幼儿园建设”“对三门镇月福村基督教堂加强安全维护”等一大批“民生事业问题”得到有效解决或推进。《加强新区农业品牌建设的建议》提案，得到区农业局积极办理，“农业品牌创建”已纳入新区关于农业招商引资、引进培育现代农业人才的相关文件，出台奖补措施，区领导和区直部门积极参加直播带货。发挥委派民主监督组作用，积极参加5个派驻区直单位的上户调查、专项检查、评议会等活动，提出民主监督建议书或意见建议30余条。政协委员100余人次受邀参加政法队伍教育整顿相关座谈会、旁听法院开庭、评查法院案卷、检察院“公众开放日”、征地拆迁监督、高新区人才招考面试、教师招聘监督等活动。（龚寻芳）

【参政议政】2021年，区政协开展各项调研22次，撰写调研报告22份。其中，《关于促进我市电商产业高质量发展的调研报告》获省政协二等奖，2篇分获市政协二、三等奖。积极参加政协理论征文，《提升专委会调研工作质量水平的实践与建议》获市政协一等奖。收集委员信息48条，向市政协报送32篇。其中，《高质量发展电商产业刻不容缓》《关于进一步激励干部担当作为的建议》《鼓励生产性服务业发展，助推实体经济》等10篇在《社情民意专刊》刊发，并呈送市委、市政府主要领导及省政协，为党政领导提供决策参考。各专委会加强与对口单位的联系沟通，通过座谈讨论、走访调研等形式，组织委员围绕“美丽乡村”建设、城市规划管理、委员提案办理等事项进行专题协商。落实习近平总书记关于“政协委员要更好联系和服务所在界别的群众”指示要求，成立委员工作室8个，定期开展驻室接待、座谈交流、走访企业、学习联谊等线上线下协商活动，围绕基层治理、乡村振兴、服务界别群众等主题，深入基层协商建言促进发展。（龚寻芳）

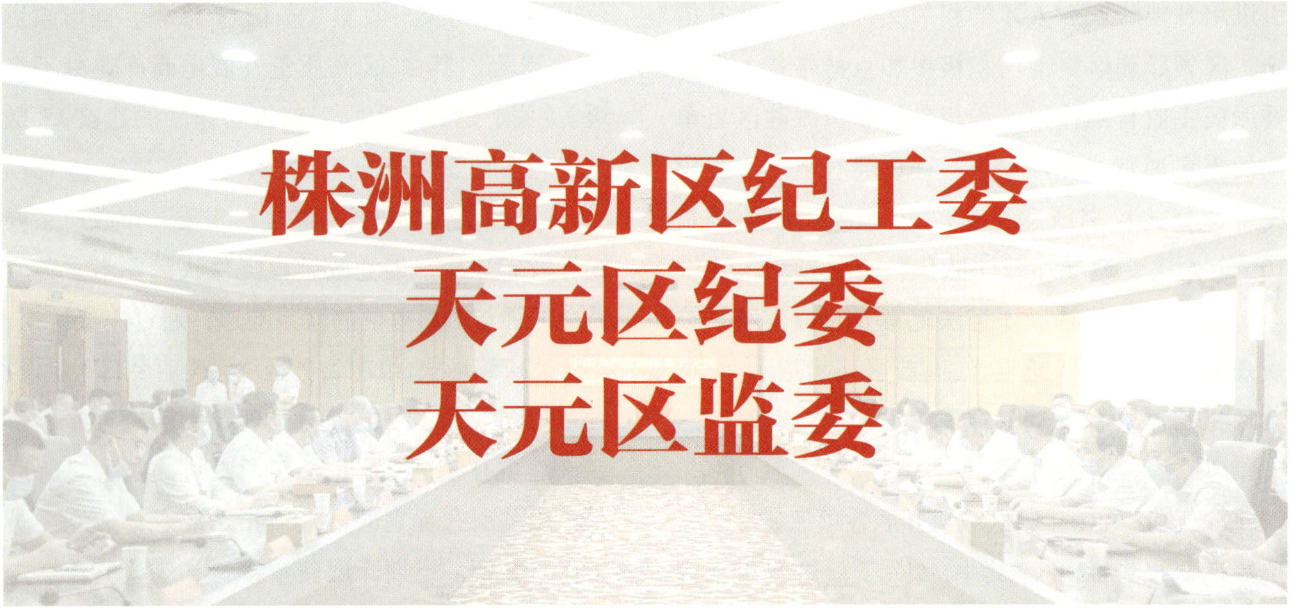

株洲高新区纪工委 天元区纪委 天元区监委

纪检综述

【概况】2021 年，株洲高新区纪律检查工作委员会、天元区纪律检查委员会、天元区监察委员会（以下简称“区纪委监委”）坚持把学懂弄通做实习近平新时代中国特色社会主义思想作为首要政治任务，忠诚履行党章和宪法赋予的职责，坚持稳中求进，充分发挥监督保障执行、促进完善发展作用，坚决有力推动全区正风肃纪反腐不断开创新局面。盯牢政治大局抓监督，发现和纠正贯彻落实不彻底、不到位等问题 32 个，引导督促全区党员干部坚定不移向党中央看齐。盯住政治纪律抓监督，查处违反政治纪律 2 人；开展换届期间信访举报再起底、线索核查再回炉，处理 13 人。盯紧政治大考抓监督，督促整改涉疫问题 250 余个，查处典型案例 1 起 2 人，问责贯彻落实党中央重大决策部署不到位党员干部 7 人次。坚持主基调不变，震慑力常在，全区纪检监察机关接受信访举报 108 件，处置问题线索 204 件，立案 52 件，给予党纪政务处分 41 人（科级干部 8 人），涉嫌犯罪移送司法机关审查起诉 4 人，收缴违纪违法资金 1634.86 万元，严肃查处龙学工、杜国久、殷建怀等重点领域、重要岗位腐败问题，根据上级纪委监委指定管辖查办柳欢、陈青平、王光祖等金融、粮食购销领域腐败案件，持续释放“越往后越严”的鲜明信号。（张 慧）

【专项整治】2021 年，区纪委监委深入开展“我为群众办实事”活动，通过幸福株洲监督与服务微信群解决群众反映问题 706 个。抓实过渡期专项监督，查处定点医疗机构违规问题 3 起，追缴资金 22.29 万元。扎实开展清净校园行动，处理 11 人。聚焦选择性、随意性、机械性和逐利性行政执法突出问题开展专项整治，查处有关问题 3 起。（张 慧）

【正风肃纪】2021 年，区纪委监委深入开展违规吃喝专项治理，查处违反中央八项规定精神典型案例 3 起 4 人。严纠形式主义官僚主义，处理 14 人。抓好不实检举控告澄清和受处分党员干部教育帮扶等工作，先后为 8 名受到不实举报的干部澄清正名，持续营造良好干事创业环境，干部积极性进一步提高。（张 慧）

【做实监督】2021年，区纪委监委压紧压实责任，组织全面从严治党现场述责述廉，督促党员领导干部开展廉政谈话836人次，严把拟提任干部政治关、廉洁关，对9人提出暂缓使用意见，坚决防止“带病提拔”。全区纪检监察机关运用监督执纪“四种形态”处理159人次，其中第一、第二种形态145人次，努力做到抓早抓小、防微杜渐。（张 慧）

【从严管理】2021年，区纪委监委突出关心关爱，开展干部家访，严格落实谈心谈话制度和健康保障措施，持续保护和激发干部干事创业积极性。选优配强队伍，增加派驻纪检监察组行政编制12个，4名纪检监察干部转任，6人得到提拔或重用，队伍结构进一步优化，队伍活力进一步激发。持续推进全员培训，纪委监委领导班子成员带头在系统内授课，先后选派20余人参加省、市业务培训，纪检监察队伍精神风貌、能力素质明显提升。（张 慧）

纪检重要会议

【区纪委五届六次全体（扩大）会议】2021年4月1日，中共天元区纪律检查委员会第五届第六次全体会议召开。出席全会的区纪委委员23人，列席140人。工委委员、管委会副主任，区委副书记、区政府党组书记、区长姚永告主持会议。工委委员、区委常委，区人大常委会、区人民政府、区政协领导出席会议。全会以习近平新时代中国特色社会主义思想为指导，全面贯彻中共十九大和十九届二中、三中、四中、五中全会精神，全面落实中共十九届中央纪委五次全会、十一届省纪委六次全会、十二届市纪委六次全会部署和株洲高新区工委、天元区委要求，总结2020年纪检监察工作，部署2021年任务，审议通过易文星代表区纪委常委会所作的《坚定政治方向 强化使命担当为加快建设现代化新区提供坚强保障》工作报告。会议强调，要坚决贯彻落实中央纪委五次全会、省纪委六次全会和市纪委六次全会精神，一以贯之、坚定不移推进全面从严治党、党风廉政建设和反腐败斗争，为加快建设“中国动力谷、美丽智慧城”，加快建设现代化新区提供坚强保障，确保“十四五”规划时期重大战略任务落地见效。（张 慧）

【全面从严治党述责述廉会议】2021年4月20日，天元区2020年度全面从严治党述责述廉大会召开，会议采取书面报告与现场报告相结合的方式进行，55名单位主要负责人提交书面述责述廉报告，并通过现场抽签选取12家单位进行现场述责述廉。工委委员、区委常委，区纪委委员、监委委员，党风政风监督员，部分人大代表、政协委员和新闻媒体代表等60余人现场对各单位党委（党组）落实全面从严治党“两个责任”情况进行测评。（张 慧）

述责述廉大会

【区纪委六届一次全体会议】2021年7月30日，中共天元区纪律检查委员会第六届第一次全体会议召开。会议通过《中国共产党株洲市天元区第六届纪律检查委员会第一次全体会议选举办法》和监票人名单，以无记名投票方式，选举产生六届区纪委常委和书记、副书记，选举张见平（女）、谭洪军、谭喜民、李祖成、周荔（女）、叶军、刘子铭为六届区纪委常委，张见平当选中共株洲市天元区第六届纪律检查委员会书记，谭洪军、谭喜民当选为副书记。会议选举结果提请六届区委一次全体会议通过。（张 慧）

从严治党

【整治重点领域腐败】2021 年，区纪委监委持续整治工程项目招投标领域突出问题，立案查处 4 起 6 人次；协同开展政法队伍教育整顿，处理 25 人次。（张 慧）

【做深做实查办案件“后半篇文章”】2021 年，区纪委监委结合典型案例开展“一案三书”“一案三会”“一案三访”“一案三治”，制发纪检监察建议书 19 份，督促招投标、人防等领域建立健全制度 20 余项，确保查处一案、规范一类、治理一域。（张 慧）

【推进“室组地”联动】2021 年，区纪委监委积极推动“室组”联动监督、“室组地”联合办案，健全完善片区协作工作机制，整合派驻监督力量，将 4 个派驻纪检监察组整合到一个协作片区，统筹安排监督力量，推动监督下沉落地。（张 慧）

【“清零”百日攻坚行动】2021 年 8 月 20 日至 11 月 30 日，区纪委监委集中对积压信访举报件、问题线索和已立案审查调查案件进行大起底，建立督办台账、明确办结时限、实施动态清零。通过定期组织研判调度、统筹片区协作人员力量，业务骨干帮带新兵等办法，办结遗留问题线索 63 件，结案 35 件，督促 20 余个制度性问题完成整改，一批重复信访件在得到及时有效办理的同时也为有关干部消除了影响，相关经验做法得到上级纪委监委肯定。（张 慧）

【纪检监察信访举报“大走访”】2021 年，区纪委监委开展信访举报“大走访”活动，对重点信访举报问题，由纪委监委领导班子成员包片负责，开展集中走访、定期走访、优先走访，走访信访对象 22 人。全区纪检监察信访举报首次实现业务内总量、越级举报件、重复举报件“三下降”。（张 慧）

廉政宣传教育

【强化警示教育】2021 年，区纪委监委加强以案促改，督促案发单位召开警示教育大会，对典型案例进行公开通报，以身边事教育身边人，全区各级党组织播放警示教育片《初心与蜕变 3》50 余场次，受教育党员干部 7000 余人，“不想腐”的堤坝更加牢固。（张 慧）

【推进“清廉村居”建设】2021 年，区纪委监委进一步加强廉政教育宣传，持续推进“清廉村居”建设，利用清明、端午、元宵等传统节日，深入基层开展书廉洁春联、猜廉洁灯谜等系列活动，推动廉洁文化“飞入寻常百姓家”，廉洁理念日渐深入人心。（张 慧）

【“走进纪委”活动】2021 年 1 月 20 日，区纪委监委举办“走进纪委”开放日和通报会活动，邀请近

“走进纪委”开放日

30名区人大代表、政协委员，社区群众代表和有关方面代表参加，听取全区党风廉政建设和反腐败工作情况通报，近距离了解纪检监察工作。（张 慧）

巡察工作

【概况】2021年，区委巡察工作领导小组组织对20个已巡察单位的“回头看”督查，下达立行立改交办单20份，交办问题86个；对12个单位开展巡后整改督查，督促被巡察单位在规定时间内完成问题整改438个，清退资金12.21万元，建立健全规章制度72项，移交问题线索3件，立案1件，给予党纪政务处分1人，组织处理6人；协调纪检、组织、审计、商粮等单位抽调7人组建专项巡察组，到渌口区参加省、市、县三级联动的涉粮专项巡察；启动六届区委第一轮巡察，对区住建局、医保局、群丰镇及其2个社区进行政治“体检”；加强规范化建设，编发《巡察组工作指引》《巡察组示例汇编》，规范从进驻到撤点的整个巡察工作流程，使巡察干部熟练掌握“12+N”的巡察方式方法。（黄美玲）

【五届区委巡察“回头看”督查】2021年5月，根据区委巡察工作统一部署，成立2个督查组，对区法院、教育局、马家河街道、建宁中学等20个单位开展巡察反馈问题整改情况督查。听取各单位巡察整改工作汇报20次，查阅会议记录、学习笔记、谈话笔记、财务凭证等268本，同各单位班子成员、关键岗位员工等62人开展个别谈话。通过现场督查，下达立行立改交办单20份，交办问题86个。通过巡察整改，各单位举一反三，深刻剖析问题产生的原因，整章建制，不断完善内部管理制度并严格执行，各项工作都较巡察前更规范有序。（黄美玲）

【巡后整改】2021年，区纪委监委强化日常监督，对五届区委第十一轮、第十二轮巡察整改情况进行督查，12个单位党组织在规定时间内完成问题整改438个，整改率99.7%，清退资金12.21万元，建立健全各项规章制度72项。强化线索处置，纪检监察机关对巡察移交的问题线索优先办理、定期反馈，第十一轮、第十二轮巡察移交问题线索3件，办结3件，立案1件，给予党纪处分1人，组织处理6人。（黄美玲）

【六届区委第一轮巡察动员部署会召开】2021年11月23日，六届天元区委第一轮巡察工作动员部署会召开。高新区党工委委员、纪工委书记，天元区委常委、纪委书记、监察委主任、区委巡察工作领导小组组长张见平出席并作动员讲话。高新区党工委委员、天元区委常委，组织部部长、区委巡察工作领导小组副组长凡金湘主持会议。会议宣布4个巡察组组长、副组长授权任命以及被巡察单位党组织名单。该轮巡察，授权3个巡察组分别对区住房和城乡建设局、区医疗保障局、群丰镇（延伸巡察响塘社区、旗云社区）等5个单位党组织开展常规巡察，并授权1个巡察组开展“清廉医保”专项巡察。会后，区委4个巡察组分别进驻各被巡察单位，开展为期2个月的巡察工作。（黄美玲）

民主党派

民革天元区工作委员会

【概况】中国国民党革命委员会天元区工作委员会（以下简称“民革天元区工委”）下辖6个支部，党员144人，主委龙海燕。其中，民革湖南省第十六次党员代表大会代表龙海燕、文新宇。任各级人大代表和政协委员19人，其中文新宇为株洲市第十六届人大代表；龙海燕为株洲市第十届政协常委，龙海燕、郑学海、欧阳理文、沈梦林、罗双峰5人为株洲市第十届政协委员；天元区第六届人大常委2人、代表4人；天元区第六届政协常委2人、委员9人。

2021年，民革天元区工委发展新党员9人，建成“党员之家”6个。民革天元区二支部被中共株洲市委统战部评为“五有三好”示范支部。全国妇联授予民革天元区四支部党员刘畅“全国维护妇女儿童先进个人”称号。民革湖南省委会授予龙海燕“第一届湖南民革十大榜样人物”称号。民革株洲市委授予民革天元区一支部、二支部、三支部“株洲民革成立35周年”红旗支部，授予罗双峰、刘珅、刘晗、徐怀焱、唐秀、李鹏6人“株洲民革成立35周年”优秀党务工作者称号，授予龙海燕、沈文婧、黄其滔、陈小奇、黄国刚、何为、罗昰、秦健、刘铁成9人“株洲民革成立35周年”优秀党员称号，授予文新宇、童鑫、沈梦林、欧阳理文、周利丹、刘畅6人“株洲民革成立35周年”参政议政先进个人称号。株洲市政协授予童鑫、沈梦林株洲市九届政协优秀委员称号。株洲市新阶会授予刘铁成、邓邵林2020年度株洲市新阶联优秀会员称号。天元区妇联授予龙海燕“最美女声”荣誉。陈兰获评株洲·动力谷2020年度十大双创新锐人物。天元区委、区政府在株洲高新区（天元区）首届群众大会上授予民革天元区工委抗疫优秀团体称号，授予刘铁成抗疫先进个人称号。

（龙海燕）

【参政议政】2021年，民革天元区工委环保支部文新宇《湖南打造世界级轨道交通制造业新高地的调研》被评为民革湖南省委会参政议政调研课题成果一等奖。民革天元区四支部党员刘畅“规范物业管理构建和谐社区”提案得到中共株洲市委书记批示,“对公益事项中表决方式的几点建议”提案得到市长批示。民革天元区三支部党员童鑫“推进公园城市建设，助力城市高质量发展”提案得到市长批示。童鑫“加强生态环境综合治理，助推公园城市建设”、刘畅“民法典普法进校园是青少年法制教育重要举措”两件提案获评株洲市政协优秀提案。（龙海燕）

2021 年第一次民革党员会议

民盟天元区工作委员会

【概况】中国民主同盟天元区工作委员会（以下简称“民盟天元工委”）成立于 2016 年 12 月 29 日，有 1 个委员会、8 个支部，盟员 170 人。

2021 年，民盟天元工委不断弘扬民盟的优良传统，认真履行参政党职能，在思想建设、组织建设、参政议政、社会服务各项工作中取得新进展。（文洁利）

【参政议政】2021 年，民盟天元工委成立 11 个课题调研组，围绕“统一战线服务民营企业自主创新路径研究”“破解‘看病难、看病贵’问题的对策研究”“棚户区和老旧小区改造工作进展与住户需求”“融媒体时代下统战宣传方式创新研究”等方面积极开展调研活动；提交《加强城市西环线两边绿化带管理》《高品质打造湖南炎帝文化研究与传播社科普及基地》《在工业园区推行法律服务集采》《解决绿心区居民生活用水问题》《加强新区农业品牌建设》《关于建立校服价格动态调整机制，推动中小学校服优质供给的建议》《新冠疫情下开发城市周边乡村文旅的建议》等提案。《关于湘赣边区域生物医药产业发展研究》获民盟湖南省委会 2021 年参政议政委托立项课题,《关于发展中医药产业，助力乡村振兴的研究》《株洲二手车市场发展现状》成为民盟株洲市委立项课题。盟员陈卫华、朱松梅、陈志坚、文洁利等人提交的社情民意被盟省委会采纳。组织盟员积极参与“长株潭一体化”参政建言论坛、“迎接党代会，谱写新篇章”我为党代会建言献策活动。（文洁利）

【服务社会】2021 年，民盟天元工委组织盟员们发挥自身优势，投入各类社会服务活动。各支部盟员们常年坚持，参加爱心助考、松西子社区慰问孤寡老人、为特困群众送年货慰问等活动；一支部发挥资源优势，开展一对一儿童心理辅导活动、公益读书会课堂 40 多场次，组织公益读书会大型户外活动 3 次；二支部积极参加“逆风飞翔，关爱事实无人抚养儿童”公益活动，为天元区 5 名事实无人抚养儿童送上宝贝激励金；二中支部参与“结对帮扶手拉手脱贫攻坚心连心”醴陵市官庄镇大坝村三年结对帮扶贫困户活动，发动市二中教职工开展官庄特产团购活动，积极参与送教下乡志愿服务，选派支部优秀骨干教师赴官庄中学开展授课和讲座 2 次，并为贫困学生送去书籍书包等学习用品。疫情期间，民盟盟员积极参与抗疫心理咨询、现场防控志愿、同心战疫慰问活动。通过一系列的社会服务活动，密切支部盟员与群众的关系。（文洁利）

【交流合作】2021 年，民盟天元工委开展丰富的交流学习调研活动，赴石三门、雷打石农业生态基地开展乡村振兴调研；赴中车株洲所、时代新材有限公司、湘奥汽车销售有限公司开展制造名城等主题调研；赴彭德怀、耿飚、杨得志、李立三、秋瑾故居开展红色革命教育活动等。盟员陈志坚在云龙示范区龙头铺中学开展“学法知法守法争做新时代好少年”未成年人法律知识专题讲座；二中支部盟员王毓积极开展与香港姊妹学校校际学习交流活动，组织开展主题为“青春心·姊妹情”系列线上大型国际姊妹学校校际人文学习交流活动，港株两地姊妹学校约 1 万名师生参与观看该次线上大型国际姊妹学校校际交流活动。（文洁利）

“共庆华诞——凝聚科技、教育创新力量”交流活动

民建天元区工作委员会

【概况】中国民主建国会天元区工作委员会（以下简称“民建天元区工委”）2019 年 12 月通过总支改工委挂牌，全区除工大支部外有民建会员 91 人，基层组织 4 个。

2021 年，民建天元工委中市政协委员 8 名（不含工大工委，市人大代表 1 人，市政协委员 1 人），区政协委员 5 名（区政协常委 2 名）、区人大代表 2 名。（周鹰）

【参政议政】2021 年，民建天元工委积极参加市、区两级党委、政府、政协及有关部门举办的协商会、座谈会、情况通报会、提案面商会、调研、视察等，就如何加快新区发展建设、天元区“十四五”规划建言献策，会员廉政监督员刘亮参与相关部门的廉政监督工作。开展《株洲文化旅游产业发展的对策研究》《加强脱贫攻坚与乡村振兴有效衔接的路径研究调研报告》《统一战线服务民营企业自主创新路径研究》《关于进一步加强司法所建设、创新基层治理方式的调研报告》《新发展格局下民营经济统战工作创新研究》等 5 个课题的调研。（周鹰）

【服务社会】2021 年，民建天元工委根据民建市委会统一安排，深入对接炎陵一中“民建思源·明天爱心育才班”，捐赠助学金 15 万元资助 50 名学子，其中天元区与 5 名学子一对一结成帮扶对子，开展精准帮扶助学；会员企业自发开展各种形式的产教融合、捐资助学活动，湖南蝶依斓软装有限公司在湖南工贸技师学院开展“蝶依斓软装班”等；新冠肺炎疫情期间，第一时间响应《民建株洲市委会关于抗击新冠肺炎疫情的倡议书》，积极动员基层组织和广大会员，携手同心投入抗疫工作中。组织会员企业向市宗教团体捐赠口罩，派出人员进驻企业参与防疫工作。民建天元工委在 2021 年工作中获评全省脱贫攻坚及抗疫先进集体，会员欧阳沙、杨喜萍获评全省脱贫攻坚及抗疫先进个人，天元三支部获评民建全省先进基层组织。（周鹰）

【组织建设】2021 年，民建天元工委将“会员之家”创建工作和基层组织“五有三好”建设作为组织建设工作的重点，按照民建市委会制定下发的《关于进一步加强基层组织建设工作的意见》，统一做好《株洲民建支部工作手册》全面提升基层组织软、硬件建设，夯实组织基础。天元工委 4 个基层组织中，有 3 个基层组织“会员之家”建成投入使用，3 个支部均被市委统战部评为“五有三好”支部。组织企业家会员积极参与并承办长株潭融城论坛活动，策划长株潭民建企联会株洲行活动，长株潭民建企业家一行参观中国动力谷展览馆以及代表性会员企业，举行联合交流研讨会，促进长株潭企业进一步交换信息；组织会员参加第十四届市运会，以民主党派市委会唯一参赛队伍参与多个项目角逐，获得羽毛球项目男子乙组男单及团体第一以及男双第二名。（周　鹰）

【学习交流】2021 年，民建天元工委突出“以党为师、与党同心、跟党奋进”主题，引导全区基层组织和广大会员扎实深入开展中共党史教育。围绕党史、会史学习教育和实施“三高四新”发展战略主题，参加“筑同心、跟党走”文艺演出；组织开展“建党百年，红色传承”爱国主义教育，观看电影《长津湖》；开展“同心学党史，永远跟党走”主题教育，赴茶陵县工农兵政府参观学习；组织会员参加“传承伟大建党精神、乘坐红色专列”活动；组织会员结合本职工作岗位实际和自身感想认识，进行“学思践悟深学笃行建功三高四新”宣讲，歌颂中国共产党百年来的光辉历程和伟大成就，不断加深合作共识，会员杨喜萍获宣讲比赛一等奖。（周　鹰）

党史学习教育专题活动

民进天元区工作委员会

【概况】中国民主促进会天元区工作委员会（以下简称“民进天元区工委”）有民进天元支部、工业大学委员会、经济支部、中心医院支部、二中支部、伤科医院支部，有民进会员 139 人。

2021 年，民进天元区工委围绕中共天元区委、区政府中心工作建言献策，履行参政党职能。工委主委陈曦获“九届市政协优秀委员”称号，经济支部主委曹飞跃荣膺“科技领军人才”，同心工程·民企法援工作站成功创建“省级同心项目”，二中支部、经济支部获评市级“五有三好”基层组织。（陈　曦）

【参政议政】2021 年，民进天元区工委完成调研课题 11 篇，市政协提案 7 件，区人大建议 5 件，社情民意 2 篇，微建议 3 篇。陈艳娟以“请求深入推进农村产权制度改革，配套出台相关《土地管理办法》助推乡村振兴”为题进行的联组发言得到省政协党组副书记乌兰现场批示，同意株洲市农业农村改革先行先试，为全省提供样板经验；省政协常委郝建东牵头的“数字经济”课题、龙永红牵头的“轨道交通”课题均获得省、市领导的肯定。市政协委员陈曦在市政协九届五次大会上的发言《打通堵点，提升株洲快速环线通行能力迫在眉睫》获得市委主要领导批示，《实施“千人千企持续守护计划”以法护航民企恒久发展的建议》得到承办单位的高度肯定。（陈　曦）

【服务社会】2021 年，民进天元区工委继续深入开展四同创建民企法援工作站活动，组织会员参加产业扶贫、金秋助学、园区送医、送教（文艺）下乡、国防教育、疫情防控、文化惠民送春联、大爱株洲送年货、公益书法班、爱心植树、重阳慰问和趣味运动会活动。承办第三次书法公益班，为 70 名书法爱好者免费授课 24 小时。经济支部赴炎陵十都镇中心小学和中村瑶族乡梅岗小学进行情况摸底和联络，发动并整合资源力量为学校捐赠教学设备折款 5 万多元。春节期间，组织书法名家给园区企业职工送去 2000 副对联。发动 35 名会员参与疫情防控工作，积极响应统战部和民进市委会的号召进行捐款捐物和送爱心餐，收到款物 3 万余元。同心民企法律援助组织 127 名法律志愿者，开展 3 次专家讲坛座谈、5 次法律知识宣讲、7 次法律援助沙龙、200 余次企业法律问题专题研究会议，法律援助服务覆盖高新区（天元区）登记注册企业 309 家，上门服务 400 余次，解决或正在解决的法律问题 300 多个，为企业挽回或防止经济损失超过 1 亿元。《法制日报》《湖南日报》等 15 家主流媒体进行上百次报道。（陈 曦）

“春联万家推动共同富裕”活动

【交流合作】2021 年，民进天元区工委争取市政协支持在民企法援工作站成立市政协文教卫体和文史委委员工作室。争取区人大、政协、组织部的支持组建“两代表一委员”法律援助工作站和“民企法援政协委员工作室”，实现“零距离”服务群众。与市农业农村局合作拓展农民专业合作社法律援助服务。与市委办合作为在株洲台资企业提供法律帮扶服务。（陈 曦）

农工民主党天元支部

【概况】中国农工民主党天元支部（以下简称“农工天元支部”）有成员 32 名，1 位省政协委员、市政协副主席，1 位市人大代表，2 位市政协委员，2 位区人大代表，2 位区政协委员。

2021 年，农工天元支部委员在政协会议上提交提案 11 篇，反映社情民意 9 条。开展“中共党史学习活动”“庆祝中国共产党成立 100 周年”之中共党史知识竞赛活动，“你我共携手，保护母亲河”环保志愿者等活动。中心医院、伤科医院、风湿病医院党员参加免费义诊活动 3 场。支部有市、区级民主监督员 3 名，民主监督工作受到被监督单位及政协部门好评。（汤振军）

【服务社会】2021 年，农工天元支部党员集中在医药卫生界。周恕、袁仕炜、周盛、陈芬、黄玉媛、陈昭丽、王庆、施艳林等党员参与抗疫一线防控和救治，30 名党员参加抗疫捐款捐物，党员袁仕炜、周盛获农工党湖南省委“新冠肺炎疫情防控工作先进个人”荣誉称号，党员周恕、袁仕炜获农工党湖南省委“农工民主党成立 90 周年优秀党务工作者”荣誉称号，党员汤振军、陈芬、陈昭丽被农工党湖南省委评为“农工民主党成立 90 周年优秀党员”。（汤振军）

致公党天元区工作委员会

【概况】2021 年，中国致公党天元区工作委员会（以下简称“致公党天元区工委”）全面履行参政党基层组织职能，团结并带领全区党员，内强素质，外树形象，开拓创新，扎实工作，在加强自身建设、履行参政党职能和开展社会服务等方面取得了新成绩。天元区一支部获评“致公党全省十大活力支部”；天元区二支部、中心医院支部通过株洲市统战系统“五有三好”（有经费、有场地、有平台、有培训、有评价，自身建设好、岗位履职好、发挥作用好）支部验收；张欢、夏义凤获得“致公党湖南省委先进党员”荣誉称号；张江华、蔡滔、张为金被评为九届优秀市政协委员；张为金、郑毅、蔡滔等委员的 3 个提案被评为市政协 2021 年度优秀提案。开展形式多样的教育活动 10 次，工委和支部撰写 8 篇心得体会文章。（郑　毅）

2021 年工作总结暨 2022 年工作部署会

【自身建设】2021 年，致公党天元区工委严格发展党员，发展新党员 11 名。工委有省人大常委 1 名、省政协委员 2 名、市政协委员 9 名、区人大代表 4 名、区政协委员 6 名。积极响应本党市委会号召，实施基层组织活力指数评估，开展支部达标创优和党员创先争优活动，实行党员“积分制管理”。（郑　毅）

【参政议政】2021 年，致公党天元区工委提交代表议案、委员提案 26 篇，完成调研文章 5 篇，撰写通讯报道 78 篇。其中，一支部党员、省政协委员、市人大常委会副主任、致公党株洲市委会主委余群明向省政协提交提案、社情民意、微建议 6 篇，并在省“两会”上作《关于加快推进“湘赣红”区域公用品牌共建合作的建议》的发言；一支部党员罗小平和余霞副提交的社情民意分别被株洲市经信局和区委统战部采纳；二支部党员蔡滔向省政协提交 2 篇提案已立案，郑毅向市政协提交 1 篇提案已立案；三支部党员张为金等通过致公党株洲市委和中共株洲市委统战部向省党代会提交《关于加快推进长株潭一体化立体交通枢纽的建议》和《关于支持建设株洲国际贸易产业园，助力湖南打造对外开放新高地》的建议。（郑　毅）

【服务社会】2021 年，致公党天元区工委组织开展免费检查口腔、慰问困难党员、关爱党员家庭等活动。开展“战疫有我，携手同行”，为天元区捐献爱心物资折款 5 万多元；支部党员自发筹集善款 2.31 万元，全部捐献到张家界、株洲的疫情防控工作中；参与一线抗疫，为西安爱心捐款 2400 元；党员廖铁卿、姚建华、刘敏担当疫情防控志愿者，捐献物资折款 1.4 万多元；中心医院支部报名参加抗疫预检分诊先锋队，多名党员主动到医院发热门诊值班；党员廖雨田申请到渌口区新冠肺炎定点救治医院支援；林湘如、刘寒波、周红胤在医院抗疫最前线坚守；王樱参加株机公司及响石岭街道核酸采集任务；周羽在市卫健委疫情防控最前线指导工作。组织新入党员、新当选委员、代表开展帮扶慰问贫困学生、贫困人群活动，自捐物资、慰问金近 2 万元。（郑　毅）

九三学社天元区工作委员会

【概况】九三学社天元区工作委员会（以下简称“九三学社天元区工委”）下辖 5 个支社，有社员 115 人，积极发展年轻有为的高级知识分子及博士、高工新社员 9 名。

2021 年，栗雨支社被株洲市委统战部评为“五有三好”支社，梁彦超 2021 年“湖南省最美女医师”称号；李慧鹏获“2021年株洲市市长质量奖”；杨惠获“湖南省教育学会特殊教育学会系统先进个人”称号；彭晚祥获“优秀援藏工作者”称号；王成虎撰写的著作《建筑结构CAD》著作获得国家专利3项；崔奕获“第四届中国医师节优秀医生”称号。（周建文）

【学习教育】2021年，九三学社天元区工委开展党史学习教育系列活动。组织工委班子集中学习社市委《开展党史学习教育活动方案》，全面开展“学习百年党史，汲取奋进力量”专题宣传报导，积极组织工委全体社员踊跃参加社中央“新征程，同心行”知识竞赛集中答题活动，参与率90%，参与人数和竞赛分数均列全市第一名。其中栗雨支社获社中央“五史”知识竞赛优秀组织奖，11名社员获社中央“五史”知识竞赛优胜个人奖，群丰支社等3个基层组织获社省委会“五史”知识竞赛优秀组织奖，9名社员获社省委会“五史”知识竞赛优胜个人奖。开展中国共产党建党百年系列活动。组织社员召开座谈会，弘扬“爱国、科学、民主”优良传统，集中学习习近平总书记“七一讲话”精神。传达学习社中央《关于在全社学习宣传万卫星赵振东同志先进事迹的决定》，组织社员撰写学习心得30多篇。开展九三先进事迹宣传活动。传递九三声音，讲好统战故事，组织社员踊跃参加“社员风采”宣传系列活动，推送言继春、吴双华、梁彦超等6篇社员风采，其中有2篇排名《团结报》、团结网民主党派市级组织微信热文榜首，1篇排名第二，1篇排名第三。（周建文）

【参政议政】2021年，九三学社天元区工委紧扣区情建言献策。在“献言党代会，共建新株洲”献智献策活动中，提交建言17篇；积极参加区委、区政府及区委统战部举行的各种协商会议和视察活动，以“两会”为平台，围绕区域经济、文化、生态文明、乡村振兴等建言献策27条。其中，言继春《关于抓住机遇，推进我市产教融合工作的建议》、黄芳《关于解决我市公立直属学校若干历史遗留问题的建议》、龙平秋《关于拓宽圆方路、为生命保驾护航的建议》、王金花《关于请求不要把点赞关注投票等任务分配给师生们的建议》、胡志清《关于全面推进乡村振兴加快农业农村现代化的建议》、陈凤《关于做好居住小区临时停电的应急措施和消防演习的民生建议》等获市区领导高度关注，深入基层课题调研。《大力发展直播带货经济的对策研究》《推动数字化与制造业融合的对策研究》《关于天元区经济和税收高质量协同发展的路径思考》等7篇调研报告成功入选社市委研究课题，其中《关于天元区经济和税收高质量协同发展的路径思考》得到区委书记邬凌云的高度肯定并批示各职能部门认真研读、采取措施积极解决。发挥党派优势，聚焦群众关心关注的急难愁盼问题，深入基层、深入企业实地考察，《关于“双减”新政的思考》《关于挖掘“生贤言子祠”文化价值》《加快公共托幼服务发展，消除二孩生育顾虑的建议》《泰山路智轨段能否增加掉头方向指示的建议》《关于应纠正退休人员判刑期间停发基本养老金的做法》等社情民意31篇，反映群众诉求，打通了民主党派联系群众的“最后一公里”。（周建文）

【服务社会】2021年，九三学社天元区工委发出《众志成城，同心战“疫”——致全区各级社组织和全体社员的倡议书》，曾莉怡、吴双华等20多名医卫界社员奔赴在抗疫一线，身先士卒，争当抗疫“逆行者”；组织各支社筹集1万多元采购卫生用品捐赠至天元区红十字会，用于解决女性医务人员的健康卫生问题；群丰支社携手南山乳业捐赠 3 万余元牛奶送往区疾控中心；天元支社向天元区红字会捐款 1 万元，向云里社区送去慰问物资 1.44 万元等。据不完全统计，工委在抗疫期间累计捐款捐物达 6 万元。发挥科技优势关注弱势群体。群丰支社、栗雨支社帮建帮训帮带的由残障学生组成的首支青少年机器人竞赛队伍，在第 13 届湖南省青少年机器人竞赛中荣获一等奖。支持乡村振兴。天元支社为雷打石镇铁离村黄金贡柚产业振兴、美丽乡村创建出谋划策，向网岭镇大瑞村特困群众、危困学子捐款 5000 元；组织志愿者到马家河街道高塘社区开展志愿清扫活动，走进小区为社区居民服务。中心医院支社组织 14 名社员专家赴炎陵县水口村开展“学党史 · 当先锋——我为群众办实事”义诊助学活动，现场义诊群众 160 余人，并为困难学生送上助学金和教学物资。栗雨支社连续 2 年向特殊教育学校捐赠物资折款 3 万多元。（周建文）

群众团体

株洲高新区（天元区）总工会

【概况】天元区总工会成立于 1997 年 8 月，为群团机构。核定机关行政编制 3 名，机关后勤服务全额拨款事业编制 1 名，内设办公室、职工维权帮扶中心和经费审查委员会。2018 年 9 月，成立株洲高新技术产业开发区总工会，与天元区总工会实行职能归并、效能整合，内设综合事务部、基层工作部和二级机构职工服务中心，实行一套班子、两块牌子。

2021 年，区总工会分别获评 2020 年度县级工会财务资产管理先进单位、2021 年度“聚合力促发展”全省优秀职工代表提案、株洲市 2021 年度工会工作年终绩效考核县区第一名。（彭晓钰）

【召开第五届第六次全体（扩大）会议】2021 年 4 月 16 日，株洲高新区（天元区）总工会召开株洲高新区总工会第一届、天元区总工会第五届第六次全体（扩大）会议。株洲高新区总工会第一届、天元区总工会第五届委员会委员、经费审查委员会委员，各镇（街道）、系统工会联合会、高科集团工会主席 30 余人参加会议。会上，株洲高新区（天元区）总工会副主席谭曦作工作报告，株洲高新区（天元区）总工会副主席朱剑泽宣读《2021 年度工会主要工作考核实施方案》；补选 6 名委员、4 名常务委员，补选彭英为副主席。天元区人大常委会党组成员、副主任，株洲高新区、天元区总工会主席董运喜作总结讲话。（彭晓钰）

【开展“工悦读·工力量”职工主题阅读系列活动】2021 年 4 月 23 日，区总工会“工悦读·工力量”职工主题阅读系列活动表彰暨读书心得和学习故事分享演讲决赛举行。区各界职工围绕党的故事、革命故事开展交流分享，辖区内企事业单位工会的 100 多名职工参加。“工悦读·工力量”职工主题阅读系列活动历时 5 个月（2020 年 12 月至 2021 年 4 月）。活动启动以来，区各级各单位工会迅速行动，分层级或分单位组织职工读书心得现场撰写、读书笔记征集评选、读书抖音短视频征集评选、读书演讲视频征集、读书心得和学习

"工悦读 · 工力量"职工主题阅读系列活动

故事分享演讲预赛等活动，营造全区职工"以读书强素质，以读书传文明，以读书筑梦想"的浓厚氛围。（彭晓钰）

【"我心向党，唱响新区"合唱比赛】 2021年4月9日至6月17日，区总工会牵头负责党委、人大、政协、群团合唱队（动力先锋合唱队）参与由中共株洲高新区工委、株洲高新区管委会、中共天元区委、天元区人民政府主办的"我心向党，唱响新区"株洲高新区（天元区）庆祝中国共产党建党100周年合唱比赛。全区各行各业1000余名职工，组成30支队伍参加比赛，最终党委、人大、政协、群团合唱队（动力先锋合唱队）以决赛第二名的成绩完成比赛。（彭晓钰）

【"遵法守法·携手筑梦"法律知识讲座】 2021年4月27日，区总工会组织开展"学党史、悟思想、办实事、开新局——我为群众办实事之'遵法守法·携手筑梦'法律知识讲座"。本次宣讲邀请湖南法健律师事务所为广大职工群众进行《中华人民共和国工会法》《中华人民共和国劳动法》等法律法规的普法学习。区内近50家企事业单位的80多名工会工作者、职工群众参加此次宣讲活动。通过具体的案例，对两部法律进行全面的诠释。（彭晓钰）

【送文化惠职工系列活动】 2021年6月4日，在湖南炎帝生物工程有限公司会议中心，天元区总工会拉开"学党史、悟思想、办实事、开新局"我为群众办实事——送文化惠职工系列活动的序幕。区总工会特邀市戏剧文化传承中心管弦乐团共同推出红色艺术课堂系列活动。用创新的方式将党的百年历史通过舞台艺术形式鲜活展现。200余名来自各镇、街道工会干部代表和企业职工在激情的交响乐中接受洗礼。（彭晓钰）

【"党建带工建，党工共建"活动】 2021年3月，区总工会与区委组织部联合印发《关于加强党建带工建工作的实施方案》，建立完善"党建带工建、工建促党建、党工共建"的"六引领，六同步"工作机制。建立完善6个党工共建阵地（泰山路街道工会联合会"小三级"工会规范化建设示范点、嵩山路街道工会联合会"小三级"工会规范化建设示范点、栗雨街道工会联合会"小三级"工会规范化建设示范点、马家河街道工会联合会"小三级"工会规范化建设示范点、群丰镇工会联合会"小三级"工会规范化建设示范点、三门镇工会联合会"小三级"工会规范化建设示范点），通过党建带工建，全区新业态工会组建、新就业形态人员入会工作大大加强。（彭晓钰）

【弘扬劳模精神、劳动精神、工匠精神】 2021年，区总工会推选的黄清会、龙鹏、刘容3人获株洲市"五一劳动奖章"，钻石切削刀具一厂非标WALTER班组获株洲市"工人先锋号"；组织全区114名劳模、新区工匠和劳动竞赛标兵参加健康体检；组织32名新区工匠、劳动竞赛标兵及先进个人参加疗休养活动。（彭晓钰）

【工会干部进企入户"常态化"送温暖】 2021年，区总工会组织干部进企入户，对困难职工实施常态化帮扶，把温暖送到职工心坎里，把温暖送进千家万户。“七一”开展建党100周年走访慰问活动，走访慰问各级劳模、先进工作者、五一劳动奖章获得者、新区工匠等152名，送去慰问物资折款3.95万元。抓好困难职工即时救助，救助927名困难职工，发放慰问金和慰问物资折款36.68万元。其中，包括大病救助、医疗救助、生活救助等。常态化送温暖2100多人次，价值近45万元；组织全区10284人参加职工医疗互助活动，5005人参与女职工特殊疾病保障项目，享受职工医疗互助补助442人次，发放医疗互助金44.88万余元。（彭晓钰）

【天元区首届职工乒乓球赛】2021年6月25—26日，由区总工会举办的天元区首届职工乒乓球赛在市体育中心举行。来自全区机关、企事业单位工会25支代表队、150余名干部职工以及企业员工参加。最终，湖南泰松智能工程股份有限公司职工代表队、天元区泰山路街道办事处职工代表队获团体赛冠军；株洲时代新材料科技股份有限公司职工代表队、公安系统联合代表队获团体赛亚军；株洲千金药业股份有限公司职工代表队、天元区城市管理和行政执法局职工代表队获团体赛季军。（彭晓钰）

【慰问防疫一线工作者】2021年8月17—19日，天元区总工会深入一线，积极开展慰问“抗疫医务人员和一线工作者”活动。分4组深入基层一线，分别慰问辖区内卫健局工会联合会下13家医疗单位医务工作者、镇（街道）7个基层工会联合会下的100个村（社区）工作者、新闻工作者和公安民警等2437名抗疫一线工作人员，送去慰问物资折款57.6万元。同时，对积极投身于全区疫情防控工作的部门和单位拨付专项补助资金30万元。（彭晓钰）

【芙蓉情缘情定新区】2021年9月11—12日，区总工会开展第三届青年职工联谊会暨“芙蓉情缘·情定新区”2021年精准脱单活动。充分发挥工会组织作用，为单身职工搭建安全的交友平台，拓宽交友渠道，帮助单身男女职工解决婚恋问题，已经连续3年为单身职工“牵红线”“搭鹊桥”，全区各机关、企事业单位300余名单身男女职工相聚一起，共赴邀约。（彭晓钰）

【承办全市“小三级”规范化建设经验交流会】2021年10月14日，由市总工会主办、天元区总工会承办的全市“小三级”工会规范化建设现场交流会在天元区举行。省总工会副主席刘鸿翔对区“小三级”工会规范化建设给予高度的肯定。区园区工会建设、“小三级”工会建设经验在全国总工会《工会动态》《中国开发区工会》等媒体得到推介。2021年下半年，区总工会接待来自湘潭市总工会、永州市总工会及株洲市各县区工会考察团到区学习。（彭晓钰）

全市“小三级”工会规范化建设现场交流会

【区总工会“一户一产业工人”培养工程】2021年10月18—29日，株洲市高新区（天元区）总工会开展“一户一产业工人”培养工程——西式面点师和电商直播培训。100余名职工群众参加培训。（彭晓钰）

【天元区为户外劳动者打造温馨港湾】2021 年 11 月 19 日，株洲高新区（天元区）总工会、天元区城管局、株洲村镇集团合作共建的“工会户外劳动者港湾”揭牌仪式举行。环卫工人、交通警察、外卖骑士、快递小哥、货运大哥等 110 名户外劳动者参加揭牌仪式。工会户外劳动者港湾竭诚服务职工群众。（彭晓钰）

工会户外劳动者港湾揭牌仪式

【新就业形态劳动者入会集中行动】2021 年 12 月 23 日，区总工会在神农城商圈主办新就业形态劳动者集中入会仪式。省总工会常委、基层工作部部长张敏部长参加，并对神农城商圈工会联合会进行授牌。近年来，货车司机、网约车司机、快递员、外卖配送员等新就业形态劳动者数量大幅增加，企业组织形式和劳动者就业方式发生着深刻变化。区总工会通过开展多项活动深入快递员、外卖配送员、网约车司机、货车司机等群体开展调研，推动其建会入会工作。（彭晓钰）

共青团天元区委员会

【概况】共青团天元区委员会（以下简称“团区委”）内设团区委办公室、天元区希望工程办公室和天元区青少年发展服务中心（二级机构）。全额拨款行政编制 2 名，全额拨款事业编制 2 名。

截至 2021 年 12 月，天元区共有团员 4707 名，下级组织 302 个。其中，团委 6 个；团工委 7 个，团总支 10 个，团支部 221 个，毕业生团组织 58 个。2021 年，新发展团员 900 名，其中学校新发展团员 890 名，社会领域新发展团员 10 名。（刘 雅）

【政治引领】2021 年，团区委带领全区团员青年、少先队员开展党史学习教育。在全区青年团员干部中，开展“百年风华天元力量”演讲比赛，400 余名团员青年参加。选拔一批政治立场坚定、理论素质过高、宣讲能力突出的青年讲师，组成青年宣讲团，围绕学习贯彻习近平新时代中国特色社会主义思想和中共十九大精神开展宣讲 20 余场，深入团员青年当中送课送教。开展“你好 · 青年”青少年红色歌曲歌咏比赛，用青年喜闻乐见的方法歌颂祖国、歌唱青春。推树优秀青少年典型，以榜样力量激励青少年奋发有为。团区委推报、团中央推送的泰山路街道文家冲社区获评全国最美志愿服务社区，区人民法院立案庭（诉讼服务中心）、中建五局不二幕墙节能科技车间获全国青年文明号，团区委推报“基于互联网云平台的云度安全存储管理系统开发与应用”项目在第八届“创青春”中国青年创新创业大赛互联网专项中荣获铜奖；团区委推报“土图多肉主题农场”项目参加“农行杯”第五届湖南省农村创新创业项目创意大赛暨第八届“创青春”湖南省青年创新创业大赛获湖南省一等奖，天元区项目参加第三届湖南省共青团改革创新大赛“为公益增添一抹青春色彩”获一等奖；区人民法院团支部、天元小学团总支、泰山路街道文家冲社区团支部获评株洲市五四红旗团支部（团总支），共青团天元区委员会、株洲高科集团有限公司团委获评株洲市五四红旗团委，朱闯、沈文达、陈斯琦、钟永超、李筠、李儒璋、陈浩昌、封二梅、晏雨获评株洲

市优秀共青团干部；莫怡帆获评株洲市向上向善好青年。 （刘 雅）

【激励青春建功】2021 年，株洲发生本土疫情期间，团区委招募 420 余名青年志愿者投身最关键岗位、解决最紧要问题。组织“青年突击队”搭建临时工作阵地，仅 2 天时间完成 8 万份核酸检测结果录入，为全市防疫部署抢抓先机。发挥区青创协志愿服务队优势，连续 8 天为全区 60 余个户外核酸检测点送去 8 吨冰块，给医护人员创造良好工作环境。创新“用志愿者招募志愿者”方式，培训青年志愿者，到各社区开展小区志愿者队伍的招募、培训等工作，满足志愿服务力量需求。常态化开展“情满旅途·暖冬行动”“一路有礼·文明劝导”志愿服务活动，为天元区首届群众大会、幸福邻里节等大型活动提供志愿服务。被团省委评为“情满旅途·暖冬行动”优秀志愿服务组织。 （刘 雅）

“情满旅途·暖冬行动”志愿服务活动

【护航青年成长】2021 年，团区委关爱青少年思想教育。组织青年以青年人喜闻乐见的方式拍摄《禁毒狂想曲》宣传短视频，营造禁毒宣传良好氛围。开展“学习未保法护航花季行”法治宣传周及全国青少年学法用法网上知识竞赛、“12·4”国家宪法日、“网络安全为人民，网络安全靠人民”为主题的网络安全宣传等活动，提升青少年法治意识。开展“青春自护·平安春节”为主题青少年自护教育 30 余场活动，提高自我保护意识。开展“心理公益共同战疫”“‘12355’与你同行中高考减压阳光行动”。深入中学开展考前减压讲座，参与人数达 1.2 万人次。携手株洲市同心社会工作服务中心走进三门中学、雷打石中学，为 200 多名农村学生提供公益服务。在天元小学设立天元区团团心灵驿站，为青少年提供心理健康服务。成立天元区首个社区少工委——泰园社区少先队工作委员会，并在此设立少年法庭、社区青少年心理咨询室以及全市首个社区青少年禁毒基地，让青春社区成为青年身边的社交场所。整合“盛夏光年”慈善音乐节、“逆风飞翔”志愿行动、“团团希望小屋”建设、希望工程“一元捐”等行动，组合式开展“天青益·助成长”困境青少年帮扶活动。基层团组织总牵头，全面摸排走访，文创青年出产品、新兴青年出表演、创业青年出物资、青年社工出专技、青年志愿者出时间，参与帮扶活动，所募集资金、物资用于全区 300 余名困境青少年，及 22 名重点青少年开展困境帮扶。建成首批希望小屋 4 间。 （刘 雅）

【服务青年诉求】2021 年，团区委指导青创协会举办创业沙龙活动 40 余场次。承办 4 场株洲高新区（天元区）干部夜谈会，为年轻干部打开思路，破解难题；在全区开展为期 1 个月的“天元新青年”干部素质提升工程，以夜校形式，为青年补足精神之钙，增强能力之肌。连续 7 年开展暑期大学生社会实践活动。联合湖南工业大学团委开展“校地合作·扬帆计划青年大学生进机关实习活动”，通过结构化面试择优选拔 10 余名优秀大学生赴机关开展为期 6 个月的实习。举办“青春恋爱季”之“我在天元过大年”“你好·天缘”等系列活动

4场，为广大青年搭建了综合交友平台。推进基层青少年综合服务阵地建设，重点打造黄河路建宁驿站青年之家。以“WeWork”的管理概念，通过电子化管理，让青年之家对所有新区青年开放。常态化运营“四点半课堂”、心智障碍青年公益创业项目“蜗牛花坊”等品牌项目，相关经验获中央党史学习教育领导小组肯定。（刘 雅）

天元区妇女联合会

【概况】天元区妇女联合会（以下简称“区妇联”）是中共天元区委群团办事机构。区妇联内设综合办公室，核定行政编制3名。归口管理区妇女儿童发展中心，为全额拨款股级公益一类事业单位，核定事业编制2名。

2021年，区妇联坚持引领全区广大女性凝心聚力、务实担当，为“营造活力高新建设现代天元”贡献智慧和力量。持续开展“最美妇联组织”等5个类型奖项评选，发动广大妇女立足工作岗位、主动作为、勇挑重担。注重培树巾帼典型，彰显女性智慧和创造力。获得市级以上各类荣誉27项。其中千金药业获评“全国巾帼建功先进集体”，林勇家庭、刘智玲家庭获评全国“最美家庭”和省“最美家庭”，天一焊接董事长黄立新获评省“三八红旗手标兵”，唐明揪家庭获评省“文明家庭”，蒋茜等18个（户）个人、集体、家庭获评市级及以上荣誉。（易稀梁 言 溶）

【党建带妇建】2021年，区妇联全面深入开启党史学习教育，开展专题学习研讨8次，进村办帮扶22次，先后2次到群丰镇妙泉社区，为贫困母亲和困难群众送去生活必备物资。发动全区妇联执委开展大走访2058次，解难题148件。全区乡镇（街道）、村（社区）妇联掀起党史学习教育热潮，参与率100%。把换届选举作为抓实抓好基层“党建带妇建”重要内容，107个镇（街道）、村（社区）完成妇联组织换届工作，选出村（社区）妇联主席100人，副主席202人，执委1953人。开展“为爱加油1+10”项目，吸纳28名志愿者成为种子讲师，孵化和培训更多的专业力量和志愿者队伍。区妇联系统3人参加省、市调训，选派2人参加市优秀女干班培训。（易稀梁 言 溶）

【思想引领】2021年，区妇联充分发挥网上宣传阵地作用，引领全区广大妇女听党话、跟党走。“天元幸福女声”微信公众号，发布推文304篇，点击量7.44万人次，在湖南122个区县级微信公众号综合影响力排行榜中排名持续靠前。在人民号等新媒体发稿35篇。潇湘女性网、株洲女性网报道信息105篇。开展“巾帼大宣讲”“四史”宣传教育，推动党的创新理论贴近妇女群众，做优《党史百年，天天学》专题学习品牌，在公众号推出21期学习内容。（易稀梁 言 溶）

【妇女权益保护】2021年，区妇联常态化开展巾帼普法行动。开展《反家庭暴力法》《妇女权益保障法》等法律知识宣教活动，开设普法和禁毒讲座，提供公益维权法律咨询服务，开展三级妇联“平安家庭”评选活动。维护、服务妇女儿童权益，化解一批涉及妇女儿童的婚姻家庭矛盾纠纷，接待妇女维权34次，成功化解矛盾28次，开具家庭暴力告诫书2份。对接“为爱加油”“姐妹婚调”“花季少女防止女童性侵”等项目，成立天元区“花季天使”女童保护队伍，开展女童保护公益宣传50余场次，受益2.23万余人次。（易稀梁 言 溶）

【妇女发展】2021年，区妇联牵头实施农村和城镇低保适龄妇女“两癌”（乳腺癌和宫颈癌）免费筛查项目，完成 3045 人，获市评估组肯定。开展“展巾帼风采·创最美庭院”行动，组织 1120 名妇联执委、12450 名妇女群众、1552 名巾帼志愿者、3 万多户家庭参与，创建“最美庭院”3322 户。开展“出手吧，姐姐温暖 2021”关爱困境母亲公益项目救助工作、“两癌”慰问救助等工作，争取到中央、省、市和爱心企业慰问金 20.39 万元，慰问 113 人，覆盖全区 85 个村（社区）。（易稀梁 言 溶）

开展我为群众办实事解难题活动

【妇儿工委工作】2021 年，区妇联做好天元区妇女儿童“十三五”规划终期评估，牵头 34 个成员单位，编制妇女儿童“十四五”规划，牵头 34 个成员单位。召开天元区 2021 年家庭教育工作联席会议，发布天元区“2021 家庭教育 17 件实事”。联合区文明办、区检察院、团区委等 11 个区直部门，通过整合力量、明晰职责，让家庭、学校、社会、政府协同发力，推动天元区家庭教育工作创新发展。支持稻花香读书会、“她课堂”活动，以亲子阅读统揽家庭教育工作，提高家庭的教育水平和能力。（易稀梁 言 溶）

【社会治理】2021 年，区妇联成立禁毒工作领导小组，召开专题会议研究部署禁毒工作。采取“线上＋线下”的方式，创新开展禁毒活动。线上组织基层妇联带头在微信公众号宣传转发禁毒推文 8 篇，在“她”代表微信群、朋友圈宣传转发 2.53 万余次。对口联点群丰镇妙泉社区，定期开展帮扶慰问活动，利用社区“村村响”广播平台，开展禁毒宣传。深入基层社区的周边商铺及住宅、广场、汽车站、集市等流动人口集中的地方，开展禁毒知识宣传。利用“三八”国际妇女节、春风行动、“两癌”免费筛查等时机，在辖区范围内全面开展禁毒宣传教育。成立禁毒妈妈联盟，上门入户宣传禁毒知识。（易稀梁 言 溶）

【乡村振兴巾帼行动】2021 年，区妇联扶持巾帼特色产业发展，推进湘妹子能量家园建设，在伞铺村开展试点工作，注册 285 户 2057 人，总积分 6.41 万分。开展农村大龄青年“鹊桥”工程，以“妇联执委大走访”工作为契机，全区妇联执委走访 1858 人，走访对象 2317 人次。建立 862 人的大龄青年数据库，建立由妇联执委、专业红娘团队组成的乡村 151 人红娘队伍，开通 24 小时红娘热线；开展 2 场交友联谊活动，有 131 名大龄单身男女青年参加，并牵手成功 10 对。联合蒲公英志愿者联合会开展“励志创业一帮一”炯钢葡萄直播带货活动，帮助其在线上线下销售葡萄 500 多千克，总金额近 2 万元。（易稀梁 言 溶）

天元区残疾人联合会

【概况】天元区残疾人联合会（以下简称“区残联”）为独立核算的正科级单位。下辖天元区残疾人劳动就业服务中心，有人员 7 人。

2021 年，区残联切实履行“代表、服务、管理”职能，夯基础、强特色、创亮点，全面提高残疾人的生活水平和社会地位，残疾人康复、就业、教育及社会保障各方面事业有了新的发展。高标

准建成省级 AAAAA 级天元区残疾人托养中心，省重点民生实事项目残疾儿童康复救助工作获评省级一等奖。（苏　波）

【打造聋听信息无障碍环境综合服务先行区】2021年，区残联按照“一个中心三条线”的工作思路，着力将聋听信息无障碍环境建设培育成一个特色品牌。“一个中心”就是以神农城到天台路的中轴核心地带为中心铺面布点，让聋听朋友走出家门，融入社会，实现心灵无障碍。“三条线”：一是布点新区企业，解决言语、听力残疾人就业中存在的交流难、管理难、培训难等问题，创新性地开发出一条带动聋听残疾朋友集中就业的岗位；二是布点新区公共服务场所，提高残疾人差异化社会保障和服务水平，推进残疾人基本公共服务均等化，提升城市文明度；三是布点新区公众宣传阵地，利用二维码，通过“手语 + 语音播报”的方式，让聋人、听人和老年人可以更好地获取宣传内容，同时滚动播报含手语的禁毒、防疫、文明创建等公益宣传视频，构建良好的聋听信息无障碍综合服务体系。（苏　波）

【公益助残】2021年，区残联积极打造深受残疾人喜爱的公益助残“吧”系列活动，结合国际残疾人日、全国助残日等残疾人节日和残疾人专门协会主题活动，先后开展读书吧、健康吧、交友吧、红色吧、“游艺”吧等活动，参与残疾人900余人次，在全区营造浓厚的扶残助残氛围。（苏　波）

【创业就业扶持】2021年，区残联稳步推进残疾人就业创业工作。组织开展2期残疾人职业技能培训。完成年度企事业单位的残保金年审，19家企业超比例安置残疾人就业。为30名对象提供创业就业上门帮扶，为40名“阳光增收”对象开展农村残疾人实用技术培训。开展残疾人就业援助月专项活动，组织全区10余家企业拿出150多个岗位面向残疾人招聘，参加招聘239人次，达成意向24人，正式签约12人。推动以社会力量为依托帮助残疾人实现辅助性就业，形成“居家就业 + 自主创业 + 企业就业”多元化的残疾人就业格局。（苏　波）

【精准康复】2021年，区残联以“集中 + 分散”的形式，开展残疾人托养，建成省级 AAAAA 级天元区残疾人托养服务中心，为130人提供分散式居家托养1860次。高效完成残疾儿童康复救助115人。为610名残疾人发放各类轮椅、助行器等辅助器具826件。实施精神残疾人服药救助和住院救助，进一步完善相关流程，为精神类残疾人提供更加贴心便捷服务，救助460人次。（苏　波）

【“民生100”工程】2021年，区残联承接的3项“民生100”工程均圆满或超额完成。省重点民生实事项目残疾儿童康复救助完成85人850元每月，完成率163.5%；贫困残疾人家庭无障碍设施改造完成25户，完成率125%；残疾人职业技能和实用技术培训完成60人次，完成率100%。（苏　波）

【残疾人教育】2021年，区残联积极配合区教育局完成适龄残疾儿童少年义务教育入学情况核查统计，采取随班跟读、送教上门、扫盲行动等措施，残疾人识字率逐年提高，实施残疾儿童少年义务教育入学率95%以上。落实残疾学生及贫困残疾人家庭子女教育资助办法，为47名残疾学生和贫困残疾人家庭子女就读高中、大学进行资助，发放资助金10万余元。（苏　波）

【社会救助保障】2021年，区残联开展上门评残，制发三代证5377张。积极开展“联村联户、四帮四促”行动。完成2774名重度残疾人“两项补贴”数据审核，为3107名残疾人医疗保险个人缴费部分给予补贴。慰问困难残疾人1070余名，发放慰问金50万余元。为纳入低保范围残疾人购买社会补充险，为专职委员购买意外保险。（苏 波）

【信访及维权】2021年，区残联继续推行残疾人无障碍出行免费服务，申报残疾人机动轮椅车燃油补贴202人，发放残疾人爱心公交卡122张。组织120名残疾人参加残疾人文化进家庭“五个一”活动。（苏 波）

【组织宣传】2021年，区残联积极开展残疾人事业和典型人物宣传，在各级报刊、电视、网络上发布宣传稿件50余条，残疾人潘平洋跳水救人的事迹受到中央电视台、湖南电视台、株洲电视台的专题报道，获评“中国好人”。儿童康复救助、聋听信息无障碍建设工作报道被“学习强国”平台采用。（苏 波）

天元区工商业联合会

【概况】2021年，天元区工商业联合会（总商会）（以下简称“区工商联”）有专职领导干部7人，其中，非公党建干部3人。新一届工商联兼职副主席9人，兼职副会长14人，常执委70人。

2021年，全区民营经济市场主体47221家（户），其中，企业17073家，个体工商户30148家（户）。区工商联有团体会员10个，其中街镇商会7个，园区商会2个，行业商会1个。获评2020—2021年度全国“五好”县级工商联称号。（梁 坤）

【工商界党史学习教育】2021年，区工商联开展多种形式的“走红色之路、做红色传人”党史学习教育系列活动，邀请区党史学习教育指导组全程跟踪督导。4月，推选副会长李国参加区委组织的“动力先锋开讲啦”获评“重点推荐课程”；邀请市委党史研究室吴志平副主任、市委党校赖建明教授为民营企业代表300余人讲授专题党课；组织民营经济代表人士线上观看中国共产党建党100周年庆典活动，线下学习贯彻习近平总书记“七一”重要讲话精神。先后赴炎陵红军标语博物馆、株洲博物馆、红色神农湖党建文化主题公园、罗学瓒与罗哲烈士墓、杨得志同志故居、沙家浜革命历史纪念馆、中共一大旧址、李立三故居、醴陵烈士陵园（左权纪念馆）、渌江书院、耿飚故居等红色教育基地开展“红色基地忆党史，不忘初心跟党走”主题活动。（陈 毅）

【非公党建】2021年，区工商联先后协调解决瑞德尔冶金、信达机械优秀积极分子入党难、入党慢的问题，推荐吸收湖南正鑫科技发展有限公司组建党支部，加强大汉惠普、大坪建筑、瑞德尔冶金、宏大高分子党支部等一批有特色的党建示范点打造。8月，成立株洲市商协会中心党建文化部，打造13家商协会联合党建文化阵地；11—12月，组织非公有制经济组织党建研讨交流活动，先后赴株洲日望精工有限公司党支部、株洲市天元建

开展非公党建学习交流活动

材大市场党总支、湖南金州（株洲）律师事务所党支部参观交流，观摩学习全国先进醴陵班龙服饰广场党支部，邀请支部书记赵石毛以“用红色的信仰，开创金色的事业”为主题讲党课，营造党建宣传氛围，推动入驻商协会党建工作交流学习提升。（陈　毅）

【换届工作】2021年3月，区工商联研究制定《天元区工商联换届工作实施方案》，成立换届工作领导小组，3月—5月，组织10个基层分会召开执委人选资源摸底和换届代表推选工作会议，开展大规模会员企业考核考察工作，深入异地商会、行业协会、基层分会、优质民营企业中广泛了解情况，实地走访100多位具有一定经济实力与议政能力、热心工商联和商会工作的民营经济代表人士。区六届工商联（总商会）执委中新提名48名思想政治表现好、富有社会责任感的民营经济代表人士，其中14名“80后”年轻一代民营经济代表人士成为新生力量，株洲市江苏商会、株洲市青年企业家商会等四个市级商会以及9个基层分会推荐了22名优秀执委人选。换届后及时完善民营经济人士信息动态管理数据库。区工商联推选175名民营经济代表人士进入同级人大、政协和市工商联任职，其中41名当选区人大代表，70名当选区政协委员，考察推荐民营经济代表69名中有3人当选市工商联兼职副主席，6人当选市工商联副会长，55人当选执常委，推选25名企业家进入市人大、市政协政治平台。（陈　毅）

【区工商联（总商会）第六次会员代表大会】2021年5月27日，区工商联（总商会）第六次会员代表大会在天元区政府会议中心召开。听取并审议通过区工商业联合会（总商会）第五届执行委员会《工作报告》；选举周石旺等9名兼职副主席，裘海海等14名兼职副会长，高勇等6名新一届执行委员会常务委员会委员；审议通过《株洲市天元区工商业联合会（总商会）第六次会员代表大会决议》和《致全区民营经济代表人士的倡议书》。（曹　钰）

【商协会服务平台建设】2021年7月，建成首家株洲市商协会中心、株洲高新区（天元区）商会服务中心（以下简称“中心”），汇集13家株洲市级商会、协会入驻。先后2次前往长沙学习先进经验，7次组织召开征求意见座谈会，邀请区非公有制经济（民营经济）工作领导小组19个成员单位及招商局、区“两新”党工委参加，协商沟通制定《株洲市商协会中心管理办法》，中心内设置五部一室（招商引资部、经济咨询部、活动策划部、非公党建部、法律维权部、中心管理办公室）。8—12月，组织13家商协会开展招商引资沙龙、法律公益讲座、企业经营管理培训、财税知识讲座、消防燃气安全知识讲座、抖音直播间技能培训等60余次活动，参与的会员企业代表达1600人次。积极组织开展“法律进商会”系列活动，邀请区法院、区检察院、区司法局领导及专职人员以“法治体检”的方式帮助商协会会员精准把脉，帮助企业分析运营中的问题与风险，为企业开具“法治体检报告”，促成人民调解室、检察联络室在商协会中心挂牌。商协会中心建设被省委统战部第57期《统战工作》作为基层经验在全省推广，并被市委统战部作为2021年度统战工作成果上报省委统战部。（陈　毅）

【营商环境建设】2021年，区工商联深入走访调研企业、商协会350余家（次），及时了解企业经营现状和存在的困难，多次与相关职能部门协调，促进企业党建、企业员工子女入学、人才招聘、招商项目引进等20余个同类问题的解决落实。12月，代表株洲市参与湖南省营商环境主观评价工作，牵头组织30名执常委企业家参加民营企业座谈会，对天元区营商环境做重点发言，动员180家会员企业参与网络问卷测评，区工商联获评全国工商联2021年度民营企业调查点工作先进示范单位。开展“树品牌、强示范、促提升”活动，推选副主席张国顺，副会长陈敢，执委杨勇、姚三云等企业家进入各级媒体平台宣讲其先进事迹。（陈　毅）

【共抗疫情】2021年8月，区工商联（总商会）执委企业不仅为株洲市慈善总会捐赠防疫善款，而且为7个乡镇街道多处核酸检测点、13处防疫隔离点捐赠帐篷、口罩、消毒液、医用外科橡胶手套、藿香正气水、降温冰块、矿泉水、爱心工作餐等防疫消暑生活物资。全区民营企业向慈善机构、核酸检测点、捐赠各类物资折款200余万元。其中，株洲市餐饮行业协会组织全市餐饮企业齐心协力

组织会员企业及异地商会抗疫

共抗疫情，为天元区辖区内抗疫一线人员免费送餐，赠送盒饭套餐、爱心早餐3000余份；株洲市青年企业家商会有序指引组织义务志愿者800余人参与社区核酸检测。红网、时刻新闻、掌上株洲、市工商联微信公众号等媒体都对天元区工商联的抗疫行动进行报道。（陈　毅）

天元区科学技术协会

【概况】天元区科学技术协会（以下简称“区科协”）贯彻执行党和国家有关科技工作的方针和政策，制订全区科普工作计划和科协工作计划，并组织实施。负责区属科技团体的管理、指导和服务工作，指导镇街科协的工作。区科协依照《中华人民共和国科学技术普及法》，组织科学技术工作者弘扬科学精神，普及科学知识，传播科学思想和科学方法，捍卫科学尊严，推广先进技术，开展未成年人、农民、城镇劳动者、领导干部和公务员等重点人群科学技术教育活动，提高全民科学素质。牵头组织实施《全民科学素质行动计划纲要》工作。组织拟订科学素质行动计划，并组织实施和监督指导。协助开展继续工程教育和先进技术培训，促进科技人员知识更新，推动科学技术的发展和创新。维护科技工作者的合法权益，促进学术道德建设和学风建设。表彰科技工作者，举荐人才，弘扬“尊重知识，尊重人才”的社会风尚。

2021年，区科协坚持“拓展提升”工作主题，坚持“建载体、搭平台、创新体制机制”工作思路，构建新时代科普工作新格局。做好科普宣传、项目申报、科技科普服务，企业创新能力增强。加快创新平台建设，推进创新型城市创建步伐；积极组织148家企业加入“株洲市企业科协组织”，做好企业组织培训工作；培育科技型中小企业，促进高新技术企业集聚发展。（陈　林）

【科普活动】2021 年，区科协积极开展科技“三下乡”“四进社区”活动。组织镇（街道）、村（社区）开展“科技创新、科普惠民”主题的科普宣传栏宣传活动，每月更换宣传栏版面 100 块。利用村赶集、科技活动周、防灾减灾日、全国科技工作者日、全国科普日等的宣传活动向群众发放涵盖生活常识、小窍门、科技知识的书籍《智慧树》《如何养鱼》《如何种葡萄》《防震减灾》小册子，发放《糖尿病、高血压防治》宣传单、禁毒宣传单等 1.5 万余份。解答如何健康养生、家电使用等各种问题 8000 多个。“5·30”全国科技工作者日期间，组织 300 多名企业科技工作者开展大型科技培训活动，对企业科技工作者在知识产权保护、税收减免、研发费用规范化核算和高新技术企业申报方面进行培训。走访慰问“最美科技工作者”时代新材王进博士、“献礼建党 100 周年”科技人物画册人物千金药业高级工程师龚云和时代新材专家贺才春。协助市科协组织举办 2021 株洲市科技活动周暨第五届中小学生科技嘉年华活动，吸引近 5000 名孩子、家长现场打卡。通过宣传展示，面对面解释教育，使基层群众更好地接触到科学、了解到科学并懂得相关科学常识，受益群众 1.2 万余人次。（陈　林）

【科普力量建设】2021 年，区科协推荐动力谷展览展示中心、三门镇上节街社区、嵩山路街道小湖塘社区、栗雨街道湘湾社区、市悠移农业科技发展有限公司 5 个基地申报“株洲市科普教育（示范）基地”。积极申报“基层科普行动计划”“海智计划”，推荐“第二届湖南省优秀科技工作者”1 名，壮大天元区科普力量。（陈　林）

天元区红十字会

【概况】2021 年，天元区红十字会开展创建“博爱家园”项目，为三门镇月福村申请到省红十字会“博爱家园”项目 20 万元。积极推动“三献”工作，组织全区 2089 人无偿献血，献血量 74.03 万毫升，完成目标任务数的 135%。天元区连续 8 年被评为市无偿献血先进单位。疫情防控关键期，充分发挥红十字会重要作用，募捐 155.4 万元救灾物资；培训 1 名救护师，组织应急救护员公益培训 7 场次，参加 257 人，获得合格救护员证的 239 人；关爱弱势群体，发挥人道救助，为 34 名因病致困家庭提供爱心救助 12.7 万元，协助市红十字会开展“博爱送万家”“关爱困境儿童·春暖送爱心”等慰问活动，发放慰问物资 403 份，价值 19.96 万元。（申竹奇　李小燕）

法治

政法委及综治

【概况】中共天元区委政法委员会（以下简称“区委政法委”）是天元区委领导和管理政法工作的职能部门，为正科级。区政法委机关行政编制 7 名。天元区网格化管理服务中心，为区委直属正科级公益一类事业单位，由区委授权区委政法委管理，核定全额拨款事业编制 11 名。

2021 年，天元政法工作取得长足进步和发展。天元区平安建设连续 13 年保持省“平安县市区”称号；禁毒工作在迎接国家、省、市禁毒委多次督导考核中得到充分肯定，禁毒摘帽取得先期战果；“国家反诈中心”App 每百人实名注册数达 51.3 人，位居全市第一，电诈金额和发案数呈下降趋势，为实现天元经济社会高质量发展创造安全的政治环境、稳定的社会环境、公正的法治环境、优质的服务环境。 （陈子宇）

【平安建设】2021 年，区委政法委把平安建设作为一项重大民生工程，深入推进网格警务融合，确保一格一警，全科网格在基层村社全面铺开，有效整合社会资源构建动态治安防控体系。严格贯彻落实政法工作条例要求，明确镇（街道）党（工）委副书记兼任政法委员，并探索开展“枫桥式派出所”“枫桥式人民法庭”“枫桥式司法所”等集群化创建活动，不断推进平安建设向全区各行业领域和基层单位延伸。聚焦“创先、创新、创优”目标，一体化推进区、镇（街道）两级社会治理阵地建设，初步完成区级社会治理中心平台建设，镇（街道）社会治理阵地覆盖率 100%。开展“百日攻坚庆百年”“净边 2021”“缉毒百千万”等专项行动，侦破部督“2021—330”毒品专案、“杀猪盘”电信网络诈骗团伙案等一批大案要案，实现全区现行刑事警情连续 3 年下降 10%，人民群众安全感进一步提升。 （陈子宇）

【维护国家政治安全】2021 年，区政法委牢牢把握总体国家安全观，系统谋划，综合施治，有效防范各类风险叠加共振，维护国家政治安全。将维护国家安全纳入重要议事日程，定期分析研究、谋划推进国家安全工作。在重要节日部署稳控工作。市国安局到区开展专项调研工作，调研了解全区关于重大涉稳案件摸排工作。在中国共产党建党 100 周年大庆期间，做好安全稳定和重点信息起底摸排工作。开展以“坚持总体国家安全观，着力化解重大风险，喜迎建党 100 周年”为主题的宣传教育活动，充分调动学生、市民参与宣传活动的积极性，取得弘扬总体国家安全观的良好效果。（陈子宇）

【社会治理现代化】2021 年，天元区社会治理现代化工作走在全市的前列。坚持整体谋划，绘就清晰“路线图”。在全市率先出台全科网格、雪亮工程、智慧大脑、新区志愿“四大行动”特色工作方案，全面推动体制现代化、防范化解“五类风险”、发挥“五治作用”市域社会治理现代化 11 个项目的落地落实。坚持品牌创建。推动打造新时代文明实践站、雷锋驿站、135 协商治理、最美红袖章等一批品牌项目，坚持政社联手打造共建共治共享样板。坚持惩防结合，打出有力“组合拳”。开展禁毒和反电信网络诈骗人民战争，机关工作人员全员毛发检测，重点人员定期开展毛发检测，对电信网络诈骗发案高的地方进行通报、挂牌，创建“无诈社区”“无诈校园”。深入推进网格警务融合，将近 600 名法官、检察官、公安干警等编入网格，确保一格一警，有效整合社会资源构建动态治安防控体系。坚持科技支撑，助力精准“微治理”。依托综治网格平台，构建全区人、事、地、物、情信息库，不断完善基层网格事件联动处置机制，将“12345”热线及居民微信群反映的问题一并纳入平台事件流转，实现基层上报、上级交办各类事务“一网统管”。截至 2021 年 10 月底，全区网格员按规定现场或上报处置事件 2.7 万余件，事件处置率 97%。（陈子宇）

【公正司法】2021 年，区政法委坚持狠抓案件质量，强化监督职能，扎实推进公正司法。组织、召集公检法和其他职能部门召开公正司法会商会议 7 次，公正司法联席会议 3 次。专题研讨并推进包括涉毒案件办理、全区第一起袭警案件等疑难复杂和重点案件。维护人民合法权益，开展司法救助工作。按照省委《关于认真开展国家司法救助工作切实为群众办好实事的通知》的要求，区教育整顿办将司法救助工作纳入全国政法队伍教育整顿中为民办实事的重要项目之一，部署并积极开展相关工作。救助案件 4 件次，救助案件直接申请人 4 人（相关受益 10 人），救助金额 14 万元。（陈子宇）

省政法队伍教育整顿第三指导组督查指导座谈会

公　安

【概况】2021 年，天元公安分局依托全区维稳联席工作机制，收集涉稳情报 283 条，有力处置涉稳事件 89 次，及时稳妥处置和化解“自由财富”“恒大”“华晨”等涉稳群体和事件，圆满完成建党 100 周年、中共十九届六中全会、省第十二次党代会、市第十三次党代会、“两节一会”等重要节点的安保任务，特护期做到赴省进京零非访、环京地区零查控，实现“五个不发生”工作目标。积极参与优化营商环境、信访积案化解攻坚等专项行动，制定落实《天元分局护航经济发展十项机制》，研究出台天元公安为民办实事“856”工作法。依法严厉打击非法阻工、盗窃原材料等危害园区经济发展环境的违法犯罪，确保辖区重点工程项目顺利推进。建强侦查实战、反电诈中心，以比武竞赛推进图侦力量建设，持续开展“百日攻坚庆百年”、缉毒“百千万”等专项行动。截至12月7日,移诉犯罪嫌疑人638人,侦破部督“2021—330”毒品专案、“杀猪盘”电信网络诈骗团伙等一批大要案件。在全市率先宣传推广安装“国家反诈中心”App和互联网宣教设备等智能安防手段，全区现行刑事警情连续3年实现下降超过10%。全面推进禁毒攻坚、县域警务、执法突出问题整治、争先创优等工作，天元公安分局获全市公安机关“百日攻坚庆百年”专项行动优胜单位和创先争优优胜单位，刑侦大队获全国公安机关成绩突出青年集体荣誉，雷打石派出所伞铺村社区警务被推评为全省3个县域警务工作重大典型培育项目之一。（陈瑜婷）

【庆祝首个中国人民警察节】2021年1月8日，天元公安分局为庆祝首个中国人民警察节举行演讲比赛。副区长、分局党委书记、局长张伟文，天元区委宣传部副部长易士强、湖南工业大学文学与新闻传播学院教授阳海洪、株洲广播电视台知名主持人彭夏琳、分局在家党委班子成员出席活动。群丰派出所邢力弋以《平凡如我》为题的演讲，赢得该次比赛一等奖，办公室胡雄飞、巡警大队宋伟博获得二等奖，马家河派出所李萌梦、禁毒大队张壹程、国保大队姚进获得三等奖。天元区委宣传部、市公安局政治部、湖南工业大学文学与新闻传播学院、株洲广播电视台等部门领导、专家、学者担任比赛活动评委。（陈瑜婷）

首个中国人民警察节重温誓词

【破获特大电信诈骗案】2021年2月6日，天元公安分局民警在工作中发现，犯罪嫌疑人明某彬、彭某等人涉嫌为电信诈骗的嫌疑人提供帮助，并多次用明某彬名下的建设银行卡在株洲市城区内ATM机取款，并将限额外的赃款转移至他人的银行卡内，因涉案金额巨大，分局对其开展立案侦查。经依法侦查查明，2020年12月下旬至2021年2月期间,犯罪嫌疑人徐某帆纠集徐某、陈某明、孙某武、肖某辉、罗某流、陈某等人在天元区泰山路青岚电竞酒店，通过在通信软件telegram上使用银行卡为网络赌博、电信诈骗得来的非法资金进行转移提供帮助，并从中获利。该案涉案人员26人，涉案银行流水1.4亿元。2021年11月，该案犯罪嫌疑人均因涉嫌帮助信息网络犯罪活动罪被移送起诉。（陈瑜婷）

【公安队伍教育整顿】2021年2—6月，天元公安分局开展为期4个月的队伍教育整顿活动。全体在编在岗民警参加，分为“学习教育、查纠整改、总结提升”3个环节。3月12日，分局召开队伍教育整顿动员部署会议。整顿坚持“目标导向、效果导向、问题导向”，重点突出“筑牢政治忠诚、清除害群之马、整治顽瘴痼疾、弘扬英模精神”任务。突出抓好“学习教育”，增强政治自觉、铸牢忠诚警魂；坚决抓好“查纠整改”，整治顽瘴痼疾、清除害群之马；全面抓好“总结提升”，巩固制度成果、形成常态长效。通过整顿，实现“政治生态进一步优化、纪律作风进一步好转、能力素质进一步提高、执法公信力进一步提升”总体目标。（陈瑜婷）

【理念“大讨论”、业务“大培训”、作风“大整顿”活动】2021 年 12 月 27 日，天元公安分局推动落实“理念大转变、工作大转型、品牌大创建”全市公安工作整体思路，践行“局兴我荣，强局有我”奋进理念，开展理念“大讨论”、业务“大培训”、作风“大整顿”专题活动动员部署会。理念“大讨论”坚持“为何论、论什么、怎么论”的原则，从认识层面上入手，破除“等靠心态”，以个人剖析和集体研讨等方式，切实了解所（队）情、警情、社情，引导和推动所队干部和民警“跳过考核看成绩”，以查找问题从自身主观开始，从而认清现实，找准问题、找出优势、找对目标。从职业情怀上入手，破除“应付心态”，以宣讲激励和参观感悟等方式，切实明确责任、担当、奉献，引导和推动所队干部和民警“跳过警力看素质”，以干事创业从领导带头开始，看清现状，作好表率、树好导向、搞好认同。从思想根源上入手，破除“守旧心态”，对标借鉴和机制创新等方式，切实了解坐标、差距、路径，引导和推动所队干部和民警“跳过困难看成长”，以超越发展从科学治理开始，从而辨清现情，勇敢地闯、大胆地创、扎实地干。业务“大培训”坚持“缺什么、补什么、训什么”的原则，采取专家教授“请进来”、优秀人才“带出去”、内部能手“走上台”等方式，从问题最多的事项、执法最困惑的阶段、侦查最薄弱的环节、管控最欠缺的方面等开展普训、轮训、特训。重点以党建引领抓意识强化，让正向弘扬更多，牢骚满腹减少。以证据规则促执法作为，让执法质量更高，顽瘴痼疾减少。以规范流程保处警安全，让群众满意更多，投诉总量减少。以典型案例提办案水平，让侦查作为更佳，问题案件减少。以智慧管理推治安防控，让基层治理更实，疏漏隐患减少。作风“大整顿”坚持“改什么、怎么改、谁来改”的原则，采取网上巡查、现场督查、日常突查、案例倒查等方式下真功、出硬招、求实效。重点从所容队貌卫生抓起，做到干净整洁。警容风纪从着装抓起，做到严谨规范。队伍管理从领导抓起，做到模范带头。纪律养成从日常抓起，做到细致入微。执法规范从细节抓起，做到公正廉洁。通过“三大”活动，全体警员理念转变，思想业务素质提高，群众满意更多，投诉总量减少，执法质量更高，顽瘴痼疾减少，所容队貌干净整洁，作风更实。（陈瑜婷）

【禁毒整治】2020 年，天元区被国家禁毒委定为毒品重点整治地区。挂牌后，天元公安分局坚持把禁毒攻坚摆在全局工作的突出位置。2021 年，分局开展“三清一收一净”（清理隐性吸毒人员、吸毒人员清零、清理吸毒人员数据库、大收治大收戒、“净边 2021”专项行动）、“百日攻坚庆百年”等专项行动，重拳打击涉毒违法犯罪。2021 年，分局破获涉毒刑事案件 65 起，移送起诉毒品犯罪嫌疑 114 人，破获涉毒类行政案件 237 起，行政处罚涉毒违法 321 人，强制隔离戒毒 81 人，成功破获部督目标案件 2 起。（陈瑜婷）

天元公安分局开展禁毒集中精准清查行动

【成立天元区社会治理风险防控“N 合一”机制建设指挥部办公室】2021 年 12 月 28 日，天元区挂牌成立天元区社会治理风险防控“N 合一”机制指挥部办公室（以下简称“区风控办”），办公室设立在天元公安分局。全区 32 个职能单位和 7 个镇（街道）为成员单位。区风控办将区维护稳定工作联席会议办公室、信访工作联席会议办公室、退役军人事务领导小组办公室、防范化解涉众型非法经营活动稳定风险联席会议办公室进行整合“四办合一”，并抽调相关成员单位人员合署办公，实行24小时值班备勤、24小时联动响应实体化运行，承担全区各类风险隐患的综合协调、情报信息、会商研判、线索核查、调度处置、舆情管控、交办督办、督导考评等具体工作。（陈瑜婷）

交通安全管理

【概况】株洲市公安局交通警察支队天元大队（以下简称“天元交警大队”）为正科级机构，内设办公室、交通法制宣传中队、交通事故处理中队、交通秩序管理中队（包括铁骑小分队）、第一执勤中队、第二执勤中队、第三执勤中队、第四执勤中队、第五执勤中队、动力谷执勤中队10个副科级单位，民警72人，辅警119人（含区辅警30人），职工8人。担负天元区城乡道路555.7千米的交通安全管理任务。

2021年，天元交警大队紧紧围绕“压事故、保畅通、抓打击、强服务”的工作思路，实现了道路交通安全形势持续向好，道路交通“违法王”专项行动持续开展，道路交通有序畅通和交管服务更加优质的工作目标。截至2021年12月底，道路交通事故接警11304起；死亡34人；伤2036人。较2020年同期相比，事故接警数下降6135起、死亡人数下降12人、受伤人数上升304人。年环比接警率下降35%，死亡率下降26%，伤亡率上升15%。

2021年，天元交警大队先后获全省公安机关庆祝中国共产党建党100周年安保维稳集体二等功、创建全国文明城市工作先进集体；株洲市公安机关春运交通安保工作成绩突出集体、公安交警系统建党百年大庆交通安保工作成绩突出集体等荣誉。队伍中涌现出全省公安政治工作成绩突出个人文伟，百佳优秀公安民警黄波文，优秀共产党员付鹏飞、刘国清；全市公安交警系统“十佳优秀民警”李安明，“连续三年优岗个人三等功”邓军、江峰、陈智敏、王琴、熊晓桥；“警务辅助人员个人嘉奖”谢景彦、许琳、万谦、袁波、龙博、周靖宇、何文等先进典型。（罗 蓉 谢景彦）

【打击交通“违法王”】截至2021年12月31日，天元交警大队处理现场交通违法行为60240起。

天元交警大队获建党100周年安保维稳省厅集体二等功合影

其中，驾驶货车超载 755 起（含超载 30% 以上的 70 起）；处理严重交通违法行为酒驾 229 起（含二次酒驾的 5 起），醉酒后驾驶机动车 114 起，故意遮挡号牌 4 起，交通事故后逃逸 44 起。驾驶已达报废标准机动车 57 起，擅自改变机动车外形和数据的 751 起。通过查缉布控系统开展打击“违法王”专项整治行动。1 月 19 日 17 时，交警天元大队三中队中队长熊晓桥带队在辖区巡逻执勤时接到支队指挥中心指令：有 1 台被列入“黑名单”的小型轿车正在天元区行驶，一旦发现立即查处。17 时 20 分，这辆牌照为湘 BU39×× 的银色现代小车经过长江北路与庐山路交叉口北口（交通局路口）时被正在站晚高峰执勤的熊晓桥拦停。经查，驾驶员简某，称车辆是车主抵债给现车辆管理人何某，经询问二人系夫妻关系。民警通过警务通查询，该车初次登记时间为 2009 年，2017 年被转手卖给陈某后，2018 年 4 月后就未按规定投保第三者责任强制保险，车辆检验有效期至 2019 年 6 月。该车从 2018—2021 年有 288 条交通违法未处理，多为闯红灯、不按导向车道行驶、违法停车等违法行为，违法记分 1147 分，应缴罚款 4.34 万元。湘 BU39×× 至今未处理暂保管于支队财务立账的停车场内。（罗 蓉 许 琳 黄星亮 文 霞）

【交警护学】2021 年 4 月 7 日，株洲市建宁实验中学主要负责人邓钢将一面写有“尽心尽责守护师生平安，警校一体共创和谐校园”的锦旗，送到支队党委委员、天元大队大队长陈亮的手中，感谢大队民警、辅警风雨无阻、坚守护学岗。建宁实验中学地处辖区繁华路段，车流量人流量大，尤其在学生上学、放学高峰期，该校园周边道路人流车流急剧增加，容易造成道路拥堵，给广大师生及群众出行带来安全隐患。天元交警大队四中队中队长陈贤义积极与学校沟通，根据实际情况，在校园周边道路安排交通安全护学岗。每天在学生上学、放学高峰期时段，民警、辅警提前半小时上岗到位，清理违停车辆，疏导交通，指挥引导接送学生车辆即停即走、有序通行。（罗 蓉 谢景彦 许 琳 冯子瑶）

【“一盔一带”进校园安全宣传教育活动】2021 年 10 月 14 日，天元交警大队法宣中队民警走进尚格小学，利用多媒体开展“一盔一带”安全宣传教育活动。活动中，民警通过多媒体向全校师生讲解“一盔一带”相关安全防护常识，提醒大家在乘骑摩托车和电动车时要正确使用安全头盔，坐车时一定要系好安全带。向师生科普违反交通安全行为的严重危害性，提醒广大学生在上学放学途中遵守交通法规，做到心中有法，行动依法。此次交通安全宣传进校园活动，全校近 3000 名师生受到“一盔一带”安全教育警醒。（罗 蓉 许 琳 吴 双）

【成立天元大队秩序中队铁骑小分队】2021 年 12 月 2 日，天元大队秩序中队的铁骑小分队随着株洲交警“鹰眼铁骑”的启动而正式成立。铁骑小分队由 3 名民警和 15 名辅警组成，主要担负辖区即时接处警、严管重点违法、卡口执勤和应急处突、动态巡逻等警务工作。铁骑小分队的执勤时间为早上 7 时到晚上 8 时，每天早上 7 点在大队整队集合完毕后，警摩驶向道路，在辖区重要主干道不间断巡逻外，还对辖区内道路交通信号、标志标线等交通设施进行排查。对道路上机动车乱变道、乱停乱放，行人非机动车交通违法进行查处。这支机动力量的加入，天元区拥堵指数下降，违法停车现象减少，历经 1 个月，铁骑警力巡逻里程约 2000 千米，出警 200 余次，查处交通违法行为近 6000 起，为天元区交通畅通有序提供强有力的保障。鹰眼铁骑小分队守护着辖区道路平安，成为天元区交警大队第二道亮丽的风景。（许 琳 罗超颖）

天元大队秩序中队铁骑小分队

检　察

【概况】2021 年,天元区人民检察院（以下简称“区检察院”）有编制 40 个,其中政法专项编制 38 个,事业编制 2 个，现有在职干警 37 人。区检察院内设办公室、第一检察部、第二检察部、第三检察部、政治部（司法警察大队）5 个部门。

2021 年，区检察院受理审查逮捕案件 378 件 550 人，受理审查起诉案件 695 件 1055 人，案件同比分别上升 29.9% 和 9.1%。全年共批捕 304 件 416 人，起诉 500 件 711 人。办理故意杀人、故意伤害、强奸等严重侵犯公民人身权利犯罪案件，批捕 32 人，起诉 33 人。办理抢劫、盗窃、诈骗等侵财犯罪案件，批捕 127 人，起诉 156 人。惩治电信网络诈骗等犯罪,守护群众“钱袋子”的安全，批捕 55 人，起诉 108 人。持续保持严厉打击毒品犯罪高压态势，批捕 97 人，起诉 95 人，纠正漏捕 4 人,纠正漏罪 2 人。办理民事行政检察案件 153 件，公益诉讼检察案件 72 件。落实中央少捕慎诉慎押刑事司法政策，对犯罪情节轻微的依法决定不捕 133 人，不诉 183 人。区检察院先后获评全国检察宣传先进单位、全国预防青少年犯罪研究基地和全市政法工作先进集体。知识产权检察办公室获评全省检察机关知识产权保护工作先进集体；无障碍环境公益诉讼检察专项监督工作经验被最高人民检察院宣传推介。（罗倩妮　蔡小燕）

【刑事检察】2021 年，区检察院落实刑事诉讼主导责任，强化诉讼监督，监督刑事立案 8 件，监督撤案 14 件，纠正漏捕 10 人，纠正漏犯 17 人、漏罪 10 人，发出纠正违法通知书 56 份，主动提前介入引导侦查案件 49 件，自行补充侦查案件 55 件，提出抗诉 1 件，法院依法改判。全面落实认罪认罚从宽制度，办理认罪认罚从宽案件 618 件 834 人，适用率 85% 以上，确定刑量刑建议采纳率达 96%。与市公安局天元分局共同设立“侦查监督与协作配合办公室”，健全完善侦查监督与协作配合机制，提升刑事案件办理质效。强化对社区矫正、指定居所监视居住、刑事裁判涉财产刑等刑事执行活动监督，发出各类纠正违法通知书、检察建议 23 份，监督收监执行 3 人、纠正漏管 5 人。（罗倩妮　蔡小燕）

【民事行政检察】2021 年，区检察院积极构建民事诉讼监督、行政诉讼监督于一体的民行检察立体化工作格局，办理民事行政检察案件 153 件。其中，办理民事生效判决监督案件 6 件，民事审判程序违法监督案件 12 件，民事执行活动监督案件 57 件，支持起诉案件 49 件，依职权办理行政非诉执行案件 24 件，行政审判活动违法行为监督案件 5 件。积极开展虚假诉讼专项检察监督，深入推进行政争议实质性化解，着力解决群众合法诉求。紧盯拖欠农民工工资问题，运用支持起诉措施化解矛盾纠纷,帮助农民工追讨“血汗钱”32 万余元，做好农民工的“护薪人”。（罗倩妮　蔡小燕）

【公益诉讼检察】2021 年，区检察院依法履行“公共利益代表”职责,受理公益诉讼案件线索 148 件，立案 72 件，发出检察建议 66 件。深入开展“国土国财”领域公益诉讼检察监督，督促追缴国有财产、国有土地出让金 3.02 亿余元。积极办理生态环境损害赔偿案 8 件，促成违法行为人以增殖放流、补植复绿等方式修复生态环境。针对在办案中发现部分涉毒人员持有驾驶证的情况，向相关部门制发检察建议，督促其注销 13 名吸毒人员的驾驶证件，有效维护群众生命财产安全和道路交通安全。办理的无障碍环境建设公益诉讼系列案，督促行政机关规范整改大型公共建筑和市政建设项目 100 余处，该系列案入选最高检“为民办实事、破解老大难”公益诉讼千案展示案例。（罗倩妮　蔡小燕）

【优化法治营商环境】 2021 年，区检察院牢固树立“法治是最好的营商环境”理念，积极开展“温暖企业”检察行动，出台《充分发挥检察职能护航民营企业发展工作方案》，细化 15 个方面 36 个问题，落实服务保障职责。坚持依法平等保护理念，对犯罪情节轻微的 3 家企业及 22 名民营企业生产经营人员依法不诉。加强知识产权综合保护，设立知识产权检察办公室，组建专业办案团队，起诉侵犯知识产权案件 14 件 49 人。在株洲市商协会中心成立检察联络室，指派专人对接联系企业，集中了解企业司法需求，引导企业合法合规经营。1 名干警荣获全省检察机关知识产权保护工作先进个人。（罗倩妮　蔡小燕）

【未成年人刑事检察】 2021 年，区检察院积极履行“国家监护人”职责，受理未成年人审查逮捕案件 49 件 67 人，不批捕 29 人。受理审查起诉案件 71 件 105 人，情节轻微不起诉 12 人，附条件不起诉 40 人。开展“利剑护蕾”专项行动，严惩侵害未成年人犯罪，起诉 13 件 19 人。推进一站式询问中心建设和使用，实现性侵害未成年人案件提前介入、询问被害人同步录音录像全覆盖。持续推进“一号检察建议”落实，推动建立性侵害未成年人违法犯罪信息库和入职查询制度，对高危人员实施严格的从业禁止。凝聚团委、妇联、关工委等部门合力，委托专业人员对涉案未成年人开展心理咨询、社会调查、跟踪回访、帮教观护，推动构建未成年人社会综合保护体系。常态化开展法治进校园活动，检察长带头，13 名干警担任法治副校长，开展法治宣传教育 40 余场次。（罗倩妮　蔡小燕）

法治进校园宣传活动

【维护社会和谐稳定】 2021 年，区检察院坚持在法治轨道上常态化开展扫黑除恶斗争，批捕黑恶势力犯罪 2 人，起诉 8 人。主动加强涉黑恶案件办理的配合和监督，提前介入引导侦查 2 件，纠正漏捕 1 人，纠正漏罪 1 人。2 名干警分别获评省市检察机关扫黑除恶专项斗争先进个人。深化监察执法与刑事司法衔接配合，协同推进反腐败工作，受理并审查起诉职务犯罪案件 9 件 10 人。成功办理长沙市中级人民法院原法官詹支粮和湘潭市人民检察院原检察官陈石坚、彭建高 3 起司法工作人员职务犯罪案件。全力以赴做好建党 100 周年安保维稳工作，严格落实检察环节防风险、保安全、护稳定各项措施，切实维护社会安定、人民安宁。（罗倩妮　蔡小燕）

【提升综合治理效能】 2021 年，区检察院牢牢把握共建共治共享方向，自觉将检察工作放在助推市域社会治理现代化的大局中谋划推进、精准发力。将抓实公开听证作为践行新时代“枫桥经验”的重要举措，把释法说理、化解矛盾贯穿办案全过程，召开检察听证 30 场次。把检察建议作为参与社会治理的有力抓手，区人大常委会出台《关于加强检察建议工作的决议》，并将落实情况纳入依法治区考核，检察建议的刚性得到进一步加强。针对毒品治理、金融监管、未成年人保护等领域制发社会治理类检察建议 15 件，回复率 100%。严格执行检察长接待日、领导包案化解信访积案、邀请律师参与化解信访矛盾等制度，将心比心做好群众信访工作，落实好“7 日内程序性回复和 3 个月内实体答复”工作要求，依法妥善处理群众来信来访 131 件。（罗倩妮　蔡小燕）

检察公开听证

【回应群众司法诉求】2021 年，区检察院坚持将检察服务触角贴近基层，更好回应群众司法诉求。守护人民群众“舌尖上”的安全，起诉制售假药劣药、有毒有害食品等犯罪 6 人，并提起刑事附带民事公益诉讼，探索提起惩罚性赔偿诉求，法院判决违法行为人承担惩罚性赔偿金 35 万余元，并在新闻媒体上向公众赔礼道歉，切实回应人民群众对食品药品安全问题的关切。做好司法救助工作，向因案面临生活急迫困难的案件当事人发放司法救助金 6.8 万元，切实解决人民群众的揪心事、忧心事和烦心事。（罗倩妮　蔡小燕）

【推进阳光司法建设】2021 年，区检察院认真落实区人大及其常委会的各项决议，及时报告全面工作、重要部署和重要事项，认真办理人大代表提出的建议，配合做好区人大常委会开展的专题调研和执法检查。主动向政协报告检察工作，诚恳听取意见建议。邀请人大代表、政协委员、人民监督员、民营企业家 100 余人次视察检察工作。深化检务公开的力度，公开案件程序性信息 1043 条，法律文书 567 份，发布重要案件信息 53 条。诚恳接受律师监督，切实保障律师执业权利，开通互联网阅卷，及时安排律师阅卷 237 人次。推行“阳光检务”，主动接受新闻媒体和社会各界监督，在各类媒体发表检察宣传稿件 300 余篇，举办“检爱同行、共护未来”检察开放日活动，让人民群众更好地了解和监督检察工作。（罗倩妮　蔡小燕）

【检察队伍建设】2021 年，区检察院把握党风廉政建设工作新要求，狠抓主体责任落实，制定责任清单，逐级签订责任书。运用重大事项填报系统抓好“三个规定”贯彻落实，严防干预司法行为，填报记录 27 条。切实抓好政法队伍教育整顿和巡视整改工作，以刀刃向内的决心和勇气整治顽瘴痼疾，开展廉政谈话 115 人次、批评教育 7 人次、提醒谈话 28 人次，从检察机关对执法司法活动的制约监督、检察权运行监督制约、检察队伍管理等方面着手完善制度，切实找准短板、堵塞漏洞，促进机关作风进一步优化。加强常态学习，组织干警开展集中学习、远程教育、业务培训，提高队伍专业化水平。加强业务练兵，3 名干警获评全省检察机关未成年人检察业务竞赛五佳标兵、公益诉讼检察业务竞赛“十佳”标兵、优秀办案能手称号，10 起案件和法律文书获评市级优秀。（罗倩妮　蔡小燕）

法　院

【概况】2021 年，天元区人民法院（以下简称“区法院”）有人员编制 53 个，其中员额法官 31 人。

内设立案庭（诉讼服务中心）、刑事审判庭（未成年人案件审判庭）、民事审判庭、综合审判庭、执行局、政治部（机关党委）、综合办公室（司法警察大队）、审判管理办公室（研究室）8个机构，下辖三门人民法庭。年内受理各类案件12651件（含旧存136件），新收案件同比增长38.6%，结案12001件，同比增长31.2%，结案率94.86%，员额法官人均结案数达到387件。天元区人民法院入选全国一站式建设“百家巡礼”百家示范法院、立案庭（诉讼服务中心）获得第20届全国青年文明号、院团支部获株洲市“五四”红旗团支部称号、刑事审判庭获评株洲市青年文明号。（刘哲林）

【服务社会经济发展】2021年，区法院疫情防控常态化，全院干警分批分时分片下沉社区，和群众共同搭建起生命安全的“防护网”。推进项目建设，积极介入锡湾普通商品房一期等重点项目征地10余个，帮助解决征拆矛盾40余起、争取3户拆迁对象主动腾房。司法护航企业发展，依法审理中车电动、大禹恒基等涉企案件4586件，解决争议标的5.25亿余元。守好一江碧水，依法惩处破坏生态环境犯罪3案7人。强化知识产权保护，审结涉知识产权民事案件120件、刑事案件6件。（刘哲林）

【刑事审判】2021年，区法院依法审结刑事案件504件679人。坚持扫黑除恶常态化，通过回访

刑事审判

19案85名被害人或其亲属，深挖彻查黑恶势力线索。坚持打好禁毒人民战争，依法审结毒品犯罪案件82件111人。深入推进“断卡”行动，严惩涉电信网络诈骗相关犯罪案件42件81人。严惩性侵未成年人犯罪6件8人。坚持受贿行贿一起打，受理行贿受贿等犯罪案件10案11人。（刘哲林）

【民商审判】2021年，区法院审结民、商事案件6441件。注重保护弱势群体合法权益，妥善审理婚姻家事、损害赔偿、劳动争议等案件384件。注重维护辖区和谐稳定，妥善化解华晨房地产公司与小区业主等群体性纠纷832件。注重弘扬社会主义核心价值观，妥善办结各类合同纠纷1155件。（刘哲林）

【执行攻坚】2021年，区法院受理执行案件5062件，执结5023件，执行到位4.38亿余元。强化执行威慑力，决定司法拘留被执行人15人次，依法追究拒不执行判决、裁定罪1案1人，公布失信名单14期1378人次，发出限制消费令2931人次。加快财产处置，强制腾房22套，发起司法拍卖167件320次，成交金额5542万余元，溢价率16.08%。积极开展信用修复，对21名有积极履行法律义务意愿的被执行人暂缓纳入失信名单，对412名已达成和解协议的被执行人暂停信用惩戒措施，对265名法律义务已经履行完毕的被执行人解除信用惩戒措施。（刘哲林）

【诉源治理】2021年，区法院以“一站式多元解纷和诉讼服务体系”建设为手段，坚持把非诉讼纠纷解决机制挺在前面，通过指导乡镇、街道诉源治理工作站、行业性调解组织、特邀调解员参与调解，多元化解纠纷2124件，为推进市域社会治理现代化注入强劲动力。（刘哲林）

诉源治理工作律师座谈会

【司法为民】2021年，区法院积极推进“民生100工程”，对397件案件缓减免诉讼费166万余元，向11案11人发放司法救助金26.6万元，上门立案12件。加强智慧法院建设，接收网上立案756件，提供跨域立案服务67件，电子送达文书39573人次，在线调解2714件，在线委托鉴定63件，网上开庭199件，网上办理保全申请968件。强化普法宣传教育，深入基层开展巡回审判10次、法制宣讲11场次。及时回应群众关切，接待信访当事人114人次。（刘哲林）

【司法质效】2021年，区法院实行立案前诉调分流、立案后快慢分道，简易程序适用率93%，实现简案快审、繁案精审。通过大数据办案平台办理案件318件，对公安机关发起线上流转的案件，流转率100%。（刘哲林）

【队伍建设】2021年，区法院扎实开展党史学习教育，引导广大党员干部从百年党史中感悟初心使命，汲取精神力量。牢牢掌握意识形态工作的领导权、主动权，理论学习中心组开展集中学习15次。坚持党对法院工作的绝对领导，及时主动向上级法院党组和区委、区委政法委请示报告重大工作、重要案件。切实抓好法院队伍教育整顿工作，以刀刃向内、刮骨疗毒的决心和勇气批评教育或提醒谈话23人，严肃核查5条重点线索，制定完善23项制度。做好巡察整改“后半篇文章”，巡察组反馈的55项问题全部整改到位。加大审务督察力度，发出通报8期，依规扣罚17人绩效奖金。（刘哲林）

【接受监督】2021年，区法院主动接受代表、委员监督，邀请代表、委员调研座谈、旁听庭审、见证执行110人次。依法接受检察监督，办理检察建议60件，召开法检工作联席会议5次，邀请检察长列席审判委员会讨论案件3次。广泛接受社会监督，先后组织人民陪审员、律师、企业代表等参加专题座谈会3场次，收集意见建议41条，均已反馈到位。（刘哲林）

司法行政

【概况】天元区司法局为天元区人民政府组成部门，主要职能是负责全区政府法制服务、法治宣传教育、基层人民调解、法律援助、公共法律服务、社区矫正、安置帮教、行政复议、行政应诉等业务工作。2021年，区司法局有干部职工42人。内设办公室、政府法制服务办公室、普法依法治理股、人民参与和促进法治股、社区矫正管理股、行政复议办公室6个机构。设派出机构7个，分别为泰山、嵩山、栗雨、马家河、群丰、雷打石、三门基层司法所。局所属事业单位1个，即天元区公共法律服务中心（原区法律援助中心更名）。另中共株洲市天元区委全面依法治区委员会办公室、株洲市天元区人民政府行政复议办公室、株洲市天元区联合调解委员会办公室设区司法局。归口管理炎帝、嵩山、胜天、中良4个基层法律服务所和金州、天舒、湘江、方正圆、中航、诚一、法健、御辩、新森、妙手、人和11个律师事务所。

2021年，全区司法行政工作围绕区委、区政府中心工作和各项目标任务，立足本职、履职尽责，切实履行司法行政为民服务宗旨，充分发挥司法行政职能作用，扎实推进各项工作。区司法局获评全国依法治理创建活动先进单位、全国人民调解宣传工作先进集体。（刘 鑫）

【司法行政队伍建设】2021 年，区司法局扎实开展政法队伍教育整顿工作，教育整顿期间共开展 6 次政治学习，局党组书记讲党课 1 次，警示教育大会 2 次，观看英模教育报告会 2 次，并结合党史学习，开展红色革命传统教育；开展自查自纠，积极落实“自查从宽”政策，实施部门联动，加强组织查处，充分利用“七查”［举报线索核查、涉黑涉恶案件（线索）倒查、重点案件交叉评查、涉法涉诉信访案件清查、法律监督专项检查、智能化数据排查、队伍建设巡查］手段，开展重点案件交叉评查；积极进行整章建制，针对在教育整顿中暴露出的问题，建立规章制度，固化措施，形成长效机制。采取以会代训的模式，将党纪党规、政策法规、业务知识等纳入其中，全面提升干部队伍的理论水平和业务能力；积极参加区直机关“两优一先”评选，开展“三表率一模范”机关建设活动，局党支部被授予株洲高新区、天元区“先进基层党组织”称号。（刘 鑫）

【普法依法治理】2021 年，区司法局抓重要节点、重大活动、重点对象、主体宣传，高质量启动“八五”普法工作，进一步落实“谁执法谁普法”责任制；不断拓宽法治宣传阵地，着力创建伞铺村、先锋村、响水村连片民主法治示范村，将法治宣传教育内容渗透到公共文化阵地建设之中。组织全区 3860 人参加国家工作人员学法考试，参考率 100%，通过率 100%。开展法治宣传活动 60 余场次，接待法律咨询 400 余人次，发放法治宣传资料 2.5 万余份。（刘 鑫）

农村法治宣传教育月活动

【依法治区】2021 年，中共株洲高新区工委、天元区委召开 2021 年全面依法治区委员会第一次会议，传达学习中央全面依法治国工作会议精神、省委全面依法治省工作会议精神、省委全面依法治省委员会第四次精神和市委全面依法治市委员会第三次会议精神，审议通过《关于认真学习宣传贯彻习近平法治思想深入推进全面依法治区的实施意见》《中共株洲高新区工委、天元区委全面依法治区委员会 2020 年工作总结》《中共株洲高新区工委、天元区委全面依法治区委员会 2021 年工作要点》《中共株洲高新区工委、天元区委全面依法治区委员会办公室履职情况报告》。不断健全依法治区委员会各项工作机制，积极构建“法治政府”“法治社会”“法治天元”一体化的工作格局。积极组织参加湖南省法治政府示范创建活动，区“一门式企业服务优化园区法治环境”获评首批全省法治政府建设示范项目。（刘 鑫）

【政府法制服务】2021 年，区司法局切实加强政府规范性文件管理，从源头确保政府行政管理依法而为。对 18 份政府规范性文件进行合法性审查，严格按照规范性文件管理的要求进行“统一登记、统一编号、统一发布”，报市政府和区人大备案。落实政府法律顾问制度，推行招商引资、项目入园等重大行政决策专家法律审查制度，为政府的招商引资和促进经济发展等工作提供法律保障。审查各种草案、协议、合同87件，涉及金额100余亿元；进一步规范行政行为，指导全区各行政执法单位根据相关法律法规的更新，及时对各部门的事项清单进行清理，厘清部门职责。开展行政执法乱象检查，整治各行政执法单位选择性执法、随意性执法、机械性执法、逐利性执法的问题。积极承办行政复议，组织应诉，办理被申请行政复议、行政诉讼案件60件，均取得胜诉。（刘　鑫）

【纠纷调解】2021年，区司法局全力化解民间纠纷。重点开展春节、“两会”期间以及建党百年时期矛盾纠纷排查化解专项活动，坚持发展“枫桥经验”，进行早动员、早布置、早开展，对全区进行一次或多次地毯式滚动矛盾纠纷排查，特别是对突出矛盾纠纷心中有数，做到底子清、情况明。调处各类矛盾纠纷1516件，调解成功率99%。发挥行政复议化解行政矛盾主渠道职能，创新运用行政调解手段，化解行政纠纷，通过调解方式结案6起，做到案结事了。（刘　鑫）

【公共法律服务】2021年，区司法局在全区设立100个公共法律服务工作点，7个“法润三湘”公共法律服务志愿点，实行一村（社区）一法律顾问制度，推动律师刑事辩护全覆盖、律师调解、律师值班、律师参与涉法涉诉信访案件等工作，服务经济社会发展大局。在全国首创民企法援工作站，积极打造园区公共法律服务工作站，组织公证、仲裁、司法鉴定、律师志愿者对园区内的中小微企业定期开展上门询访和法治体检，帮助防范化解法律风险，为60多家中小微企业提供法律援助，解决法律问题1000余个，避免（挽回）经济损失超亿元。完善便民举措，受理法律援助案件635件。深化“放管服”改革、深入推进“减证便民”工作，积极落实《2021年株洲市重点民生实事法律援助项目实施方案》，推行法律援助经济困难状况承诺制，解决部分低收入人群无法提供经济困难状况证明的问题。（刘　鑫）

法律援助

【社区矫正与安置帮教】2021年，区司法局全力抓好特殊人群管理工作。落实定期走访调查和训诫谈话，实行依、研、判情况分级管理，并将禁毒教育作为入矫教育重要流程。年内，辖区新增社区矫正对象195人，减少社区矫正对象117人，有在册社区矫正对象243人，无一人重新犯罪。全面推进社区矫正信息化建设，按照司法部的标准，高规格建设全省一流的“智慧矫正”中心。做好安置帮教，按照省、市相关工作规定，加强与监狱衔接配合，与各基层司法所联动，确保新冠肺炎疫情防控期间刑满释放人员安置帮教无缝衔接。接收刑满释放人员13人，刑满释放人员重新犯罪率为零。开展远程探视工作，提供探视70余场次，疏解罪犯心理情绪，帮助其早日顺利融入社会。（刘　鑫）

网格化管理服务

【概况】2021年，天元区网格化管理服务中心（以下简称“区网格中心”）网格员利用网格化工作的群众优势和基础信息支撑，高效率摸排数据，零距离守护居民。网格员们充分发挥信息采集员、便民服务员、政策宣传员、流动人口和特殊人群服务管理员的职能作用，线上对来返株人员申报信息进行落地审核做到日清日结。全力以赴推进反电信诈骗宣传、App 下载及实名认证工作。在平安建设、信访、禁毒宣传、协税护税等工作中充分显示网格力量。通过日常考核、录入竞赛、部门联动等方式积极做好网格平台数据充实工作。运用智慧技术、指挥手段，实现网格工作的高效运转。（贝先立）

【全民反诈】2021 年，区网格中心为提升群众防范电信网络诈骗意识，全力以赴推进反电信诈骗宣传、App 下载及实名认证工作。多措并举，通过组织“战斗吧，格格”竞赛活动、调整当月考核等方式，充分调动网格员积极性，全面提升工作效率，节假日期间工作不停歇，全体网格员及坐席员仍冲锋在反诈宣传一线。通过走村入户、微信等方式，向群众讲解“冒充购物客服诈骗”“贷款诈骗”“网络兼职刷单”等常见电信网络诈骗案例以及犯罪分子常用的作案方式，提醒群众不轻信来历不明的电话、信息，登录互联网时要提高警惕。积极向居民推广“国家反诈中心”App，细致讲解 App 功能。协助居民进行下载安装，帮助其进行信息注册和使用指导。全区下载并实名认证 5 万余人。印发宣传手册 12 万余份，宣传单 26 万余份。（贝先立）

【网格力量建设】2021 年，区网格中心在平安建设、信访维稳、禁毒宣传、协税护税等工作中积极调度、及时落实，通过上户走访、宣传，解答疑惑、反馈诉求，以群众的满意度作为工作的准则，贴心服务，真心为民；特护时期，网格员发扬风格，取消休假，凭借着对网格内人、地、事、物、情、组织等的高掌握度，配合镇（街道）、村（社区），出色完成信访工作；网格员积极发放禁毒宣传资料、配合镇（街道）、村（社区）组织开展各个主题宣传活动，引导居民正确认识毒品危害，提高防范意识，营造居民识毒、防毒、拒毒的浓厚氛围；网格员在协税护税中充当先锋，发挥主力军作用，依靠着对网格内单位、企业、门店情况的高度了解，集中上门摸底收集企业、门店税费缴纳数据并及时上报。（贝先立）

【筑牢数据底座】2021 年，区网格中心通过日常考核、录入竞赛、部门联动等方式积极做好网格平台数据充实工作。5 月，举行“战斗吧，格格”信息录入竞赛第一季，每日公布有效录入信息数量前十名，激励网格员更新补录辖区人、地、事、物、情、组织相关信息。截至 10 月，全区网格员在上户、走访中已采集人口信息 50.71 万条，楼栋信息 3.60 万条，房屋信息 22.36 万条，单位信息 1.60 万条，治安管理重点场所信息 2561 条，安全生产重点场所信息 784 条。落实“网格化 + 党建”工作，积极对接组织部门，将株洲党建平台中党组织关系在天元区的 1 万余名党员信息与网格平台匹配更新。（贝先立）

【智慧平台建设】2021 年，区网格中心秉承着智慧化管理理念，运用智慧技术、指挥手段，实现网格工作的高效运转，切实提升网格队伍的战斗力。按照“先试先行”要求，先行打造“网格化 + 职能应用拓展”系统平台试点，积极对接职能部门，探索破局方法。先后与公安、司法、禁毒、信访、卫健、城管、组织等部门对接，完成 9 类重点人员平台功能拓展。由各单位提供条线管控对象台账，网格员负责第一轮走访、核实信息，后续管控由网格员与职能部门相关人员共同开展。10 月，网格平台中风险防控模块（包含社会风险评估、风险预警、人物画像、积分模型）正式上线试运行。（贝先立）

应急·救援

应急管理

【概况】天元区应急管理局（以下简称“区应急局”）为天元区人民政府工作部门，正科级常设机构，内设局办公室、安全生产监管股、应急管理协调股，二级机构应急事务中心。加挂区防汛抗旱指挥部办公室、区安全生产委员会办公室、区森林防火指挥部办公室、区减灾委员会办公室、区抗震救灾指挥部办公室牌子。指导全区各镇、街道、各部门应对安全生产类、自然灾害类等突发事件和综合防灾减灾救灾工作。负责工矿商贸行业（含煤矿）、危险化学品安全监督管理综合工作和烟花爆竹安全生产监督管理等工作。2021年，天元区连续4年被评为“全省安全生产工作优秀单位”。

2021年，全区发生一般性生产经营性伤亡事故5起，同比减少28.6%；死亡6人，同比减少14.3%，近5年来未发生较大火灾事故，未发生较大及以上事故，事故呈逐年下降趋势，安全生产形势总体稳定可控。（陈 雯）

【防疫物资保障】2021年，区应急局继续做好防疫物资保障工作。为全力做好防疫物资采购、储存和发放工作，细化工作措施，印发《卫生防护物资保障组工作方案》，明确各成员单位具体职责，明晰物资储备、采购和储存、物资申请和审批、物资调拨和发放等各环节。同时，为提高采购资金使用效率，保证采购质量，积极向指挥部建议建立采购绿色应急通道和制定物资采购会商机制，出台《株洲市天元区新型冠状病毒肺炎防疫应急物资采购和管理使用办法》，财政、卫健、应急、商粮、工信等部门参与应急物资的采购、入库和发放全过程，确保物资采购公开、透明、质量过关。疫情期间采购一次性医用口罩、一次性手套、75%酒精、护目镜、防护服、体温枪、84消毒液等60余类防疫物资，有力有效保障全区疫情防控物资需求。（陈 雯）

【安全隐患排查整治】2021年，区应急局坚持宣传发动，保持上下联动，全方位排查治理隐患，及时将隐患消除在萌芽状态，坚决遏制较大及以上安全生产事故发生。排查重大事故隐患数量1446个，销号1446个，销号率100%。深入辖区加油（加气）站点、重点危化企业、涉粉尘防爆、涉氨制冷、有限空间、人员密集场所、金属冶炼等工贸企业，开展“诊断式”检查，针对发现的问题逐一提出专业整改意见，下达责令整改文书36份，整改问题隐患140余项，及时将安全隐患消灭在萌芽状态，避免安全生产事故的发生。（陈 雯）

【安全生产监管执法】2021年，区应急局按照《高新区（天元区）入区产业项目和入驻核准厂房企业安全生产服务管理办法》的要求，严把企业入园第一关；持续开展安全监管“强执法防事故”行动，重拳打击非法生产经营建设行为，全面排查治理事故隐患，依法依规严惩“三违”（违章指挥、违章作业、违反劳动纪律）行为，坚决从根本上消除事故隐患、从根本上解决问题；建立高危行业企业、规模以上工贸企业隐患排查自查自改制度，对于排查不到位的企业进行扣分，年度累计扣满12分即进行行政处罚，有效推动企业落实安全生产隐患排查治理工作；立案513起，责令停产停业56家，暂扣或吊销许可证照604个，取缔关闭生产经营单位349家，经济处罚约1340万元。（陈 雯）

【安全生产“百日大会战”】2021年，区应急局组织各镇（街道）、区安委会成员单位开展拉网式排查，扎实推进岁末年初安全生产百日大会战，确保安全生产“三坚决两确保”（坚决杜绝重特大事故，坚决遏制较大事故，坚决防范自然灾害导致重大人员伤亡；确保安全事故总量持续下降，确保防灾减灾形势稳定向好）目标实现。全区成立检查组3161个，督导检查次数8401次，检查单位9370家，督导问题4625个，行政处罚295次，责令停产整顿16家，暂扣吊销证照企业17家，关闭32家，处罚金167.325万元，移送司法机关17人，约谈警示917人，联合惩戒742次。（陈 雯）

安全生产“百日大会战”工作推进会

【安全生产专项整治三年行动】2021年，区应急局围绕“从根本上消除事故隐患”目标任务，以问题隐患和制度措施“两个清单”的落实为基础，组织开展“安全生产大排查大整治”“安全生产周”“安全生产百日攻坚”“敲门行动”等，狠抓安全排查，强化基础建设，深化“双控”机制，层层压实责任，牢牢守住安全生产底线。年内，排查重大隐患392处，已整改365处，行政处罚639次，关闭取缔22家，移送司法机关84人，约谈警示50家，剩余未整治隐患正在积极整治中。（陈 雯）

【宣传教育培训】2021年，区应急局先后举办危险化学品、工贸、烟花爆竹安全生产培训班，培训行业负责人、安全员600余人次，企业安全生产责任意识得到进一步提升。组织各镇（街道）、区安委会成员单位开展“安全生产月”“安全生产万里行”启动仪式暨首届工伤预防进园区活动，设立30余个安全生产宣传咨询点，发放宣传资料2万多份，展出展板50余块，悬挂宣传横幅20余条，并在全区范围内巡回播放安全生产法律法规及安全知识。在《株洲日报》、株洲法制频道等主流媒体刊播稿件20余条。在第三届全国应急管理普法知识竞赛中，天元区取得排名全市第二的成绩，活跃成绩排名全市第三。以创建文明城市工作为契机，对体育中心、天元学校、栗雨休闲谷、神农广场公共场所4所应急避难场地，增设导引牌14处、应急标识标牌40余处、抗震减灾宣传图片80余处，通过增设标识牌、安装功能区分图和加强应急物资储备，加强防灾减灾科普宣传，强化避难场所综合应用，充分发挥应急避难场所日常使用功能与应急避难功能的双重作用。（陈 雯）

【防汛抗旱工作】2021年，区应急局坚持早谋划早部署。2月，制定下发《关于扎实做好2021年防汛抗旱准备工作的通知》，部署隐患排查、责任落实、培训演练、队伍建设等各项汛前准备工作；强化责任落实。明确水库、堤防、穿堤建筑物等水利工程责任人，建立区领导及协助单位联点基层单位防汛抗旱工作机制；加强度汛安全隐患排查，全区摸排隐患64处，完成整改36处，其他因整改任务重、整改难度大未能整改的隐患均已制定临时度汛安全方案。加强应急准备。按照“区级+镇办”分级储备原则，全区储备编织袋22.7万条、编织布5.6万平方米、块石0.43万立方米、砂石料2.5万立方米等防汛物资；构建“综合性消防救援队伍+民兵队伍+基层防汛队伍+社会力量应急救援队伍”防汛抢险救援体系，计60支队伍2000余人。面对5月中旬湘江超警洪水，及时主动组织水利、自然资源、消防等部门开展会商研判，加强监测巡查巡防，有力做好防汛四级应急响应下各项工作。（陈 雯）

防汛演练

【森林防灭火】2021年，天元区实现“零”森林火灾。督促各镇（街道）制定和完善森林防火工作预案、充实应急抢险救援队伍，落实森林防火巡查员责任制度，组织各镇（街道）、村（社区）成立41支森林防灭火应急队伍，并开展森林防灭火应急演练，提高队伍的应急能力。对林区周围可燃物进行清除，开辟7处约12千米隔离带，督促武广高铁沿线社区组织把紧靠武广高铁沿线两边的杂树木清除干净。加大森林防火宣传，积极引导各镇（街道）和森防指成员单位充分利用微信、微博、QQ、广播等媒体平台和“村村响”、宣传车、标语横幅等传统接地气的宣传手段，开展“五进”宣传教育活动，派出工作人员600余人，出动宣传车54台次，张贴标语横幅、制作电子屏300余张，发放禁火令268份，在辖区森林地段设置防火警示牌48块、发放野外用火宣传资料1400余份、发放加强森林防火意识宣传单3000份，“五进”活动150次，定点宣传20余场，短信微信等其他信息3.25万余条，设置检查站数量5个，上岗生态护林员90人次。（陈 雯）

【防灾减灾救灾工作】2021年，区应急局协助市减灾委开展以“防范化解灾害风险，筑牢安全发展基础”为主题的“5·12”防灾减灾日活动，开设应急装备展示区、应急救护演示区、宣传展览区，让现场群众通过沉浸式体验学习各类灾害防范知识和应急处置基本技能，更深入了解防灾减灾救灾工作。入汛以来，辖区接连遭受强降雨，多次暴雨造成897人受灾。紧急转移58人，倒塌房屋

2户，一般损坏房屋26户，直接经济损失232万元，农作物受灾面积7公顷。因8月和9月长时间无有效降雨，受旱灾的群众有1184人次，农作物受灾面积69.57公顷，直接经济损失190万元。灾害发生以来，区应急局派出工作组上门进行灾情核查8次，对基层开展救灾工作培训5次。下发《天元区2021年受灾困难群众生活救助和因灾倒损住房恢复重建工作实施方案》，完成1户倒房重建户和26户一般损房修缮建设工作。（陈 雯）

【自然灾害风险普查】2021年，区应急局贯彻落实习近平总书记关于自然灾害防治重要论述，坚持高位推动、协调推进，深入开展自然灾害风险普查，全面摸排承灾体、减灾能力、历史年度自然灾害、家庭减灾能力等信息，已摸排数据2317条，为摸清天元区自然灾害风险隐患底数，提高全区防灾减灾能力，促进经济社会稳定提供了重要依据。（陈 雯）

【应急救援处突能力】2021年，区应急局坚持稳步推进基层应急能力建设，组织基层单位积极开展应急救援演练，参加“株洲市基层能力大比武”获得团体第4名、三等奖，快速出水操及构筑子堤两项单项比武活动均获第2名。加大应急救援车辆、装备和物资购置力度，加强专职消防队和微型消防站联勤联训工作，提升全区综合应急救援工作整体水平。全区21支社会应急救援队伍，涵盖辖区机关干部、企业员工和群众百姓2000余人。同时，采取仓库实储、市场代储、工厂预购订单等方式，进一步完善抢险救援物资储备机制。建立应急指挥中心，融合政法委网格化治理中心平台功能，战时用于应急指挥，日常用于值班值守和视频会议，发生事故灾难时，能实现远程指挥调度7个镇（街道）、100个村（社区），准确掌握事故发展态势。（陈 雯）

消防救援

【概况】2021年，天元区消防救援大队（以下简称“区消防大队”）下辖黄山路消防救援站、栗雨消防救援站、湘江新城消防救援站、新马消防救援站4个站，共162人。大队配备执勤车辆21台，其中水罐消防车2台、水罐泡沫消防车7台、压缩空气泡沫消防车2台、抢险救援消防车4台、16米高喷消防车1台、32米云梯消防车1台、行政车2台、皮卡车2台。列管消防安全重点单位178家（其中火灾高危单位26家），城市综合体5家、医疗机构26家、养老院10家、商场市场21家、公共娱乐场所61家、学校8家、加油加气站14家、劳动密集型企业11家、体育场馆3家、高层建筑967栋、乡镇政府专职消防队3个，微型消防站189个。全区发生火灾133起，伤亡0人，直接经济损失55.3万元，火灾形势保持整体平稳可控。（叶 彦）

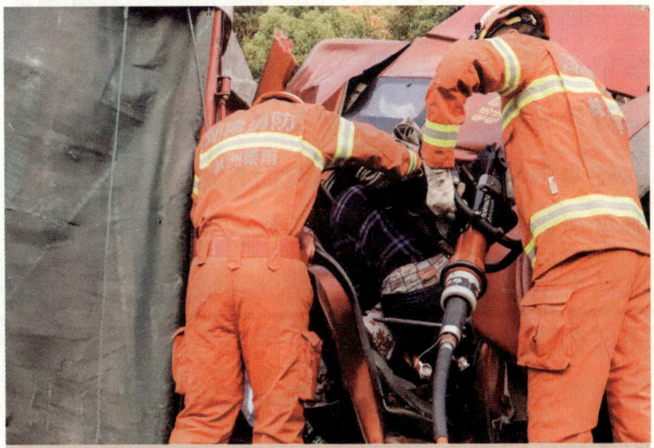

京港澳高速救援

【政治建队】2021年，区消防救援大队严格落实党委集中学习制度，组织党委集中学习13次，扎实开展“践行训词精神、破解四个课题”、党史学习教育9个专题研讨，深学深悟习近平新时代中国特色社会主义思想，不断提高把关定向、总揽全局和创新创优能力。严格落实民主集中制、党委统一的集体领导下的首长分工负责制，全面规范党委议事内容、程序和方法，党委班子科学、民主、依法决策水平进一步提高。召开党委会 22 次，研究议题 171 个，均得到有效落实，实现干部绩效考评工作无投诉、经费投向无差错、建设项目无失误、重大工作部署符合实际。黄山路消防救援站刘金滔、罗沁分别在省、市两级“两优一先”表彰大会上获评“优秀共产党员”称号，刘行、刘金滔获评全市“最美消防员”称号。（叶 彦）

【执勤训练】2021 年，区消防救援大队接处警 337 起，抢救和疏散被困人员 123 人，抢救财产损失 1800 万元，特别是在雷打石镇“7·15”民房火灾扑救中，大队指战员闻警出动，第一时间营救出 3 名被困人员，获得群众高度称赞。着眼“全灾种、大应急”任务需求，组织岗位大练兵活动，以实战化体能训练为基础，重点开展“岸上、水中、舟艇、绳索系统”4 大类 12 个水域救援操法训练及车辆事故救援等专项训练，队伍战斗力得到持续增强。大队多名训练尖兵在省、市比武竞赛中取得优异成绩，其中消防员刘金滔在全省夏训比武竞赛中获个人第三名。全面打造防汛救灾、车辆事故救援“尖刀”力量，株洲市消防救援支队依托大队黄山路站、栗雨站分别成立水域救援和高速公路事故救援专业队，先后举办 6 次专业技术培训，开展 5 次典型战例研讨和桌面推演，组织 4 次联动演练。在支队组织的季度训练考核中栗雨消防站长期处于支队前列。年内，全区开展各类灭火救援演练 130 余次，修订和制作预案 90 余份。开展装备创新工作，结合灭火救援工作实际，研发智能强光照明灯和多功能头灯，并相继申报外观专利、实用新型专利和发明专利。坚持靶心防控、铁腕除患，持续推进消防安全专项整治 3 年行动及大型商业综合体、高层建筑及消防通道专项治理，实施消防安全明白人培育计划和独居老人消防关爱计划，确保全区火灾形势平稳，连续 22 年未发生较大以上火灾事故。（叶 彦）

【消防救援队伍建设】2021 年，区消防救援大队深入开展基层党建工作规范化建设，着力抓好大队、消防站两级班子建设，成立湘江新城消防救援站党支部，所属各支部主动与服务单位、村（社区）党支部开展结对共建，推动党员常态化参与志愿服务，党组织功能进一步强化。高标准推进党史学习教育，深入学习贯彻习近平新时代中国特色社会主义思想，总书记授旗训词精神，中共十九届五中、六中全会精神，为全体党员配发党史学习教育指定书籍 400 余册，举办专题读书班深入学习习近平总书记“七一”重要讲话精神，组织指战员撰写学习心得体会 200 余篇，指战员理论素养和思想觉悟进一步提高。开展“走进百年历史，品读红色经典”读书交流会、党课开讲啦、专题研讨交流会、实践参观见学等一系列丰富多彩的活动，大队、消防站主官带头上讲堂，讲授专题党课 16 次，特别是大队制作的“披荆斩棘的蓝朋友”宣传片，视频一经推送，获百万点赞。推行党委“一线工作法”和“暖心励队工程”，打造集工作、生活、学习、娱乐等多功能为一体的消防员之家，走访慰问 10 余名伤病、受灾和困难指战员，解决 2 名指战员子女入学入托和教育优待事宜。每月召开专题党委会议分析研判队伍管理和作战训练安全形势。深入推进“基层安全万里行”活动，紧盯“人、车、酒”等重点环节，在全体指战员中开展管酒治酒专项工作，严格执行“饮酒报备”“常态化酒精检测”“随机性酒精检测”3 项制度，督促管酒治酒各项工作要求落地见效。干部绩效考评不称职 5 人次，消防员量化考评不称职 10 人次，较好地起到了震慑队伍的作用。（叶 彦）

【防火监督】2021年，区消防救援大队调整消安委成员单位，修订消安委工作规则，提请区委、区政府继续将消防工作纳入绩效评估、平安建设考评等范畴，落实火灾风险分级分类警示及火灾事故“每案必查、每案必罚”制度，倒逼履行消防安全责任，推动形成齐抓共管的强大合力。全面铺开消防安全专项整治三年行动，高标准推进消防车通道及高层建筑、大型商业综合体等各类专项治理。开展老旧小区、城中村的消防安全“专家查隐患”行动，重点对辖区128处老旧小区及28个城中村开展消防安全评估活动；以天台金谷工业园为试点开展消防安全评估，推动消防安全平安园区建设。检查单位1016家，临时查封单位11家，责令“三停”9家，罚款61.01万元，拘留2人，督促整改火灾隐患702处，推动8家重大隐患单位立案、8处重大隐患销案。深化消防执法改革，全面推行“双随机、一公开”“三自主两公开一承诺”等机制，指导5个大型商业综合体开展消防安全管理达标创建，规范引导8个重点行业71家场所落实标准化管理。推动“为群众办实事”4项措施落实，成立专家检查组，对全区5处大型商业综合体进行免费“诊疗”，摸排独居老人关爱对象437人，实现消防监督法律效果与社会效果的有机统一。组建大队消防宣传服务队，全面实施消防宣传“五进”（进社区、进学校、进企业、进农村、进家庭）和消防安全“明白人”培育计划，为行业部门开展培训18余场次，组织重点单位培训210余场次，在学校举办培训班275余场次，走进2700余户小企业、小商铺等进行上门服务，培训8万余人，培育重点单位“明白人”490余人。（叶　彦）

【后勤保障】2021年，区消防救援大队主动对接转型升级需要，对标遂行任务需求，着力推动从跟进保障向主动保障转变。全面落实消防员9万元每人每年、政府专职队员7.2万元每人每年经费标准，保障大队指战员、政府专职队员的福利津补贴、综治考评、绩效考评奖、精神文明奖、温暖企业行动奖、安全生产奖的发放。预算经费总量继续保持增长势头，连续4年经费总量突破1000万元。提请政府投入476万余元采购城市水罐消防车、压缩空气泡沫消防车、抢险救援车各1台，装备器材521件（套）、灭火药剂32.5吨。提请解决大队4个消防救援站满编执勤，提高人员经费标准。建设天元区消防救援综合指挥中心，将黄山路站改造升级为大队中心站，打造全省正规化建设试点单位等重要事项。截至12月底，湘江新城站、新马站投入执勤。（叶　彦）

军事

人民武装

【概况】中国人民解放军湖南省株洲市天元区人民武装部（以下简称“区人武部”）为正团级单位，设军事科、政治工作科、保障科。在7个镇（街道）、5个行业系统（企事业）单位设立基层武装部，全区设100个村级（社区）民兵连。

2021年，区人武部坚持以军委国防动员部领导检察区指导人武部时提出的“建设内陆省军区一流人武部”指示为牵引，坚决瞄定“擦亮名片、全面过硬”发展目标，不断提升“姓军务军、主责主业”发展能力，全面厚实“兴武强兵、拥军报国”发展基础，始终守牢“安全稳定、规范有序”发展底线，务实作为，较好完成了年度工作任务，为国防动员系统“四个秩序”（战备秩序、训练秩序、工作秩序、生活秩序）规范建设集训提供教学现场，完成制作湖南省军区赋予的规范化按纲施训教学微课视频。被中央军委国防动员部评为“先进旅团级党委”“军事训练先进单位”，被湖南省军区评为“先进人武部”“军事训练先进单位”。（杨明淮）

【思想政治建设】2021年，区人武部把政治理论学习摆在首位，不断提高政治“三力”。把党史学习教育作为一项重大政治任务，以习近平《论中国共产党历史》《中国共产党简史》等5本指定学习教材为主，分4个专题开展学习教育，每个专题做到有计划方案、有指定书目、有学习笔记、有讨论交流、有参观见学，有配合活动。结合实际创新方法、丰富内容，突出抓好“四个一”（每天线上推送一篇党史文章，每次交班集中学习一则《党史上的今天》，每周更新一次电子屏党史知识内容，每个专题开展一次心得体会交流）。注重把党史学习教育向民兵队伍延伸拓展，结合基干民兵集训，组织开展上党史教育课、观看党史影片、举办党史知识竞赛、参观国防教育基地等活动，强化民兵“红色基因代代传、我是民兵我光荣”的意识。在湖南工业大学挑选基干民兵队伍中的教师组成“七一”讲话义务宣传队，让队员小群多路走进社区、走进学校、走进民兵队伍和退伍兵群体。采取请进来讲的方式邀请军队院校专家走进地方党委中心组理论学习课堂，军地共聚一堂聆听授课辅导。采取走出去学的方式，乘坐湘赣边区红色专列到井冈山革命根据地核心组成部分的炎陵县、茶陵县，现场感受水口连队建党的实践地、叶家祠阁楼上毛主席主持6名士兵骨干的入党仪式、毛主席在八担丘给连队上政治教育课、全国第一个县级红色政权——茶陵工农兵政府，让理论学习形式多样起来，让实践活动内容丰富起来。抓好经常性思想教育，有针对性地开展政治纪律、思想道德、形势任务、军人核心价值观、安全保密和法纪、“四反”警示预防犯罪教育，引导干部、职工明白立身做人的基本道理，牢记职责，安全守纪。充分发挥思想骨干“侦察员、宣传员、安全员”作用，及时发现事故隐患。积极开展“小微课”“小辅导”“小阵地”三小活动，采取分散授课、微课推送等方式，创新民兵思想政治教育新模式，加强民兵听党指挥、争先创优等内容的教育，进一步强化使命意识，增强练兵动力。（杨明淮）

【遂行任务能力建设】2021年，区人武部坚持军事机关这一属性，坚定履行姓军为战使命。着眼基干民兵布局与任务相匹配、规模与潜力相匹配、人员与条件相匹配、质量与标准相匹配目标，严格按照“八步法”（开展潜力调查、进行部署准备、优化结构布局、调整配备人员、预建党的组织、清点落实装备、集合点验民兵、组织检查验收）抓好民兵组织整顿。结合防汛抗洪抢险演练，采取“书记动员、区长授旗”形式对所有基干民兵进行集中点验，到点率达91%。根据任务实际及时修订完善应急预案，加强应急队伍的处突能力建设，补充配套应急物资，提高应急保障能力。始终保持正常战备秩序，较好地完成值班备勤任务。突出应急维稳、抗洪抢险、森林灭火等非战争行动训练科目，高质量完成上级赋予的训练任务，遂行任务能力得到加强。参加省军区组织的基干民兵比武，4个课目综合成绩名列前茅。其中，雷打石镇参训民兵王斌玉把接亲放在比武场的事迹，在军地引起较大反响，通过《中国国防报》宣传，被新华社转载，点击量近100万人次。（杨明淮）

抗洪演练

【快速动员能力建设】2021年，区人武部坚持目标导向和问题导向，做实动员融合基本功，使动员能力与应对强敌条件下动员需求快速对接，形成动员潜力优势向战争胜势转化的工作链条。及时调整国防动员委员会成员单位成员，会同国防动员委员会相关成员单位认真抓好国防动员潜力调查工作。全面落实国防教育制度，积极拓展网络、电视、广播、报纸、微信、短信等国防教育渠道，结合第21个国防教育日活动，组织人员到湖南工业大学、银海小学开展国防教育活动，参加市组织的“爱我国防”竞赛连续3年获得第一名。结合组织开展“宪法宣传周”活动，组织人员深入社区开展《兵役法》《退役军人保障法》宣传活动。积极适应“两征两退”改革和征兵政策调整新变化，在摸清底数、压实责任、精准动员、确保质量、合力推动上持续用力，圆满完成征兵任务。推进专武干部队伍和民兵骨干能力建设，采取以会代训形式进行指导帮带，提高组织开展武装工作的能力。组织开展基干民兵预建党组织党务培训，提高民兵预建党组织书记、党小组长组织开展党务工作的能力。

组织民兵协助驻地村（居）社区开展创建全国文明城市工作和经济社会发展，武装工作助力“营造活力高新、建设现代天元”作用发挥明显，实现用兵练兵与强兵相统一。8月，组织基干民兵连续15天参与核酸检测现场秩序维护和协助株洲高铁西站进行防疫消毒的做法，被央视新闻和军事频道做了报道。（杨明淮）

【正规化建设】2021年，区人武部认真贯彻中央军委基层建设会议精神，着力在补短板、严制度、抓养成上下功夫，全面提升基层建设质量。巩固深化正规化建设成果，以国防动员部“四个秩序”规范化建设达标检查验收和迎接省军区正规化建设检查为契机，努力推动部队正规化建设水平不断提高；充分借鉴兄弟单位正规化建设经验，规范各项日常工作，逐项完善各类软件和台账资料，对公文借阅和承办程序进行优化，对征兵办公室、保密室等室内制度规定内容进行调整，部队硬件建设和正规化管理水平有新的提高。深化正规化建设内涵。硬件建设是面子，内在深化是里子，在硬件建设系统化、规范化、前瞻化的基础上，逐渐向人员的思想素质、组织能力、部队精气神这种“无形”的软件升级转化，培养全体现役、文职、职工勇于担当、争创一流的强烈进取意识。拓展正规化建设成果，按照“目标更进一步、标准更高一层”的思路，将星级达标工作向基层进一步延伸，辖区7个镇（街道）武装部，3个被湖南省军区评为五星级，被株洲军分区评为四星级的3个、三星级的1个，整体水平位于全市前列。全面推开基干民兵连和村（社区）普通民兵连的连部规范化建设，在湖南省军区星级人武部达标交叉抽查中，马家河街道武装部、群丰街道武装部总分都在95分以上。在泰山路街道和新塘社区召开镇（街道）、村（社区）两级现场观摩推进会，采取“以点带面、示范先进、规范标准、全面展开”的建设思路，推进星级达标向村级民兵连末端延伸。（杨明淮）

【民兵整组】2021年，天元区将民兵整组工作纳入党管武装绩效考评和军地联合督导范围，军地先后2次联合召开会议、3次联合发文部署推进有关工作，提升抓建合力。不断创新方法手段，在万丰湖开展书记动员、区长给民兵应急连授予“罗学瓒民兵应急连”连旗的集中点验活动。6月17日，举行民兵日专项活动，在生产企业开设“民兵先锋岗”，开通民兵交通专线，积极营造良好氛围，让全区广大民兵充分感受到民兵身份的认同感和归属感。（齐芳毅）

【民兵训练】2021年，区人武部结合日常训练和民兵集训时机，组织开展应战应急训练，提高应急指挥能力。先后完成区基干民兵队伍集训，完成制作湖南省军区、株洲军分区赋予的规范化按纲施训微课视频。结合株洲防汛抗洪形势需要，组织全区基干民兵在万丰湖进行抗洪抢险综合演练暨基干民兵入队点验训练。在株洲军分区组织的“四类人员”比武竞赛活动中，天元区参赛的4名基干民兵获得3个第一，团体总分名列全市第一。天元区4名基干民兵代表株洲市参加湖南省军区组织的基干民兵比武竞赛，获得团体总分第二名和2个单项第三名。（齐芳毅）

【征兵工作】2021年，区人武部着眼一年两征的工作特点，按照“组织领导是关键、宣传发动是根本、落实政策是保障、确保质量是核心”的工作思路，坚持突出“一个重点”（大学毕业生）、调动“两个积极性”（应征青年和工作人员）、做到“三个确保”（确保完成任务、确保兵员质量、确保廉洁征兵）。坚持征兵工作早谋划、早启动、早发动，营造浓厚氛围，引导广大青年踊跃报名。用足用好省政府、省军区 2020 年推出的征兵 9 个方面 37 条政策，以及株洲市制定的征兵优惠政策，联合地方相关部门出台落实细则，督导政治荣誉、复学升学、退役安置、经济优待、就业创业等重点工作落实，增强军人职业吸引力。积极探索研究带编、带薪入伍等新情况，组织召开全区机关事业单位在编大学毕业生座谈会，对带编入伍后的工资绩效、提拔使用、职称评定等方面进行研究探讨，有效激发在编大学毕业生参军热情，圆满完成征兵任务。 （齐芳毅）

【区委常委议军会】12 月 18 日，株洲高新区党工委书记、天元区委书记、天元区人武部党委第一书记邬凌云主持召开工委委员会议、区委常委会议（议军会）。会议深入学习贯彻习近平关于国防和军队建设系列重要讲话精神、中央军委国防动员部贯彻落实民兵建设“十四五”规划任务部署会精神、省委书记张庆伟在参加中共湖南省第十二次代表大会驻湘解放军和武警部队代表团讨论时的讲话精神，听取区人武部关于武装工作以及提请会议审议事项的汇报。会议认为，2020 年区委常委议军会以来，区人武部瞄准“擦亮名片、全面过硬”发展目标，不断提升“姓军务军、主责主业”发展能力，全面厚实“兴武强兵、拥军报国”发展基础，始终树牢“稳定中求发展”工作思路，军地合力、真抓实干，圆满完成了各项工作任务。 （刘礼锋）

【双拥共建】2021 年，区人武部协调区教育局解决多名军人子女入学入托问题，联合区退役军人事务局 3 次为辖区立功受奖官兵集中送喜报，春节前夕对部分现役军人家庭进行走访慰问。结对帮扶雷打石镇盘石村、霞石小学，部领导带队多次深入现地，积极协调帮助解决困难。组织干部职工和民兵积极参与文明城市创建等活动。（刘礼锋）

人民防空

【概况】天元区人民防空办公室（以下简称“区人防办”）作为区国防动员委员会的常设办事机构，与区住房和城乡建设局合署办公，实行一个工作机构、两个机关名称。2021 年，区人防办强化人防机动指挥通信能力建设、人防宣传教育，开展区属地下人防工程维护管理，优化执法环境，人防工作取得较好成绩。 （危 双）

【人防指挥通信】2021 年，区人防办完成训练 21 次，完成株洲市人防机动指挥通信系统拉练，全程 500 多千米。组织全区所有中学学生进行防空疏散演习，1.3 万余人参加。进行人防警报专业队整组，42 人已实名登记。组织对全区 40 台警报器进行检查检修，“11·1”防空警报试鸣日，全区警报器覆盖率、鸣响率均达 100%。 （危 双）

【工程维护管理】2021 年，区人防办对所辖地下人防工程的数量、质量摸底做到了详细、周密、全面、准确，摸清所属人防工程的实际使用状况，并与人防工程维管单位签订《人防工程维护管理和安全使用责任书》。积极开展区属地下人防工程维护管理专项整治工作，重点检查人防管理制度是否落实、人防工程内是否有法律法规禁止的行为，并配合市人防办完成 11 个区属人防工程标牌设置。市人防办对 2019 年以前竣工验收的人防工程进行抽查，区人防工程抽检项目 10 个，防空地下室维护管理现状较好。 （危 双）

【人防行政执法】2021 年，区人防行政执法工作坚持“以建为主，以收促建”的原则，完善执法体系，优化执法环境。受理人防审批 36 个，其中易地建设项目 24 个，完成人防易地建设费收缴 494 万元，没有发生一起违法违规减免缓行为。（危 双）

【人防宣传教育】2021 年，区人防办结合“5·12”防灾减灾日、“11·1”警报试鸣日等契机，组织人防宣传教育活动，充分利用报纸杂志、广播电视、网络等各类媒体开展人防宣传教育工作，把人防法律法规、工程维护管理、开发利用等知识送进千家万户。深入推进人防知识“五进”工作，增强广大人民群众的国防观念、人防意识。年内，开展 11 次宣传活动，2000 余人参加。上报人防信息 15 篇，内容涵盖行政执法动态、人防机动指挥通信、人防宣传教育、人员疏散隐蔽演练等内容。其中，省人防办网站 1 篇，“湖南人防”公众号 2 篇，新湖南 6 篇，红网 6 篇。（危 双）

人防宣传进社区

经济管理

宏观经济管理

【概况】天元区发展和改革局（以下简称“区发改局”）是宏观经济社会综合管理部门，内设综合办公室、规划发展室、投资审批办公室，下设重点建设项目事务中心、节能中心、价格认证中心3个事业单位。核定编制17名（行政编6名，事业编11名）。2021年12月，根据区委机构编制委员会办公室下发的株天编字〔2021〕24号文件，将科技和工业信息化局的工业能源利用和电力执法职能调整至区发改局。

2021年，区发改局面对复杂严峻国际环境、国内新冠肺炎疫情散发多发、经济稳增长和改革任务艰难繁重等多重挑战，坚决落实各级决策部署和工作要求，围绕“调宏观、抓项目、争资金、强改革、稳物价、促发展”开展重点工作，较好地完成各项目标任务，发挥了综合经济管理部门的作用，矢志助推全区经济社会高质量发展。深入开展“产业项目建设年”活动，天元区获评2021年株洲市“产业项目建设年”活动先进县市区。天元区国家农村产业融合发展示范园被湖南省发改委列为第一批国家农村产业融合发展示范园创建名单。区发改局获评2021年株洲市文明单位、天元区安全生产和消防工作综合类区直部门第一名。（文小倩）

【计划编制】2021年，区发改局认真做好计划的编制及印发。编制的《株洲高新区（天元区）国民经济和社会发展第十四个五年规划和二〇三五年远景目标纲要》经区人大会议审议通过后印发。编制的《株洲市天元区2021年国民经济和社会发展计划执行情况与2022年国民经济和社会发展计划（草案）》经区人大会议审议通过，提出了全区2022年国民经济和社会发展计划。天元区2021年政府投资计划项目（不含园区开发项目）177个，总投资32.75亿元，年计划投资12.75亿元，年初区财政资金计划安排0.81亿元，涉及56个项目。（文小倩）

【固定资产投资与服务业】2021年，天元区固定资产投资同比增长4.5%，高于全市平均水平。其中，高新技术产业投资同比增长5.9%，基础设施投资增长7.7%。产业项目建设效果显著。新增入库项目 193 个，完成投资 136.6 亿元，占总投资的比重 38.3%。其中，78 个 5000 万元以上和 103 个 5000 万元以下项目分别完成投资 68.3 亿元、16.8 亿元，12 个房地产项目完成投资 51.5 亿元。房地产投资增速持续保持较高水平，增速稳居全市前列。全区房地产开发投资 169 亿元，增长 17.9%。天元区服务业增加值增长 7.4%，规模以上服务业企业营业收入总额达 117 亿元，增长 13.3%。新增规模以上服务业 18.9 家。（文小倩）

湖南凯睿思高速覆铜板项目开工仪式

【产业项目建设年活动】2021 年，株洲高新区、天元区深入开展“产业项目建设年”活动，区产业项目建设年办公室设在区发改局。组织召开“产业项目建设年”动员大会，制定并下发活动实施方案，持续强化区级领导全程调度、领导小组办公室统筹协调、服务责任部门专班推进、多方力量协同攻坚的工作机制，明确时间节点，责任分解到人。重点瞄准产业链上的关键核心、基础零部件等薄弱环节开展精准招商，成功举办港洽周等 5 场大型集中签约活动，新签项目 89 个，引进“三类 500 强”项目 7 个。坚持市场化招商，依托大汉惠普信息产业园、中南高科产业园等“园中园”，引入 140 多家企业注册入驻园区。主动上门服务，积极协调解决北元电气杆线拆除、西康尼克临时用电、武广新城智慧能源施工场地积水等问题，推动项目建设。坚持清单化管理、协同化作战、节点化攻坚、精准化服务，推动博鲁斯潘精密机床、宏达 5G 电子等 53 个项目实现开工，意华轨道交通装备一期、株齿变速器及系统总成等 41 个项目竣工投产。立方新能源获评国家级工业产品绿色设计示范企业，钻石切削公司中标国家制造业高质量发展专项。出台中国动力谷人才计划，举办首届人才主题节，新引进高层次人才 25 人、优秀青年人才 195 人、高技能人才 298 人。提前介入前期手续办理，推行帮办代办，开展前期审批事项培训，实现服务全过程、无缝隙、高效率，推动新金德、湖南交建等 16 个项目实现拿地即开工。强化土地供应。完成征拆交地 35 宗 295.2 公顷，批回土地 166.67 公顷，标准厂房开工 46 万平方米、竣工 36 万平方米，总量均居全市前列。营商环境持续优化。新增减税约 6.84 亿元，兑现产业政策奖补资金 3.12 亿元。制作出台的 373 条“惠企政策电子书”，帮助企业降低各类交易成本。“四联”企业扎实开展，问题办结率 100%。（文小倩）

【重点领域改革】2021 年，株洲高新区在全省“放管服”改革电视电话会议上作为唯一的县市区代表作典型发言。全面实施“一件事一次办”和“拿地即开工”“竣工即交证”等审批改革，率先实现企业开办“一窗办理”，企业开办必备环节时间压缩至 1 个工作日，工程项目审批周期缩减到 40 天，放管服改革经验在全省推介。稳步推进国企改革，完成高科物业混改，清理退出法人主体 13 家，管控授权与激励分配机制更加完善。（文小倩）

【项目立项、招投标核准及争资工作】2021 年，区发改局牢固树立新时期轻审批、重服务、严监管的“放、管、服”行政审批制度改革意识，全面做好固定资产投资项目立项审批、招投标事项核准等行政审批工作。完成立项 478 个，其中办理立项审批事项 196 个，企业投资项目核准 2 个，企业备案项目 280 个；完成 19 个项目的招标核准，其中公开招标 17 个,不公开招标 2 个。积极向上对接，做好项目策划包装，全力争项目、争资金。争取中央预算内资金、省预算内资金等上级资金 4158.40 万元，其中为区级职能部门、社区争取到 2108.40 万元（老旧小区改造项目 1604 万元）。（文小倩）

【牵头长株潭一体化相关工作】2021 年，区发改局牵头长株潭一体化相关工作。紧扣“一体化”和“高质量”两个关键词，以落实 50 项合作事项和“十同”任务清单为抓手，不断完善分层对接、沟通协调、月调度、督查督办等工作机制，三地国家高新区签订推进区域一体化发展合作框架协议。以中国（湖南）自由贸易试验区长沙片区雨花区块长株潭一体化交流座谈会、商务部自贸区联动课题调研座谈会等活动为契机，积极推动长株潭开放同体。联合长沙在湖南工业大学设立长株潭跨境电商孵化基地。71 项高频事项实现“跨域通办”,签订“三地四区”政务服务一体化合作协议。（文小倩）

【价格服务】2021 年，区发改局坚持依法认定、客观公正、不断创新、全面履行价格认证职责，积极为公、检、法司法机关办案服务，受理完成刑事件价格认定业务 138 件，涉案金额 1948 万元，受理结案率 100%，复核裁定案件为零。连续 3 年被市发改委评为价格认定案卷管理先进单位。严格审核把关，认真做好行政事业性收费监管工作，确保公开透明。抓好全区中小学和幼儿园教育收费的管理工作，确保教育收费公开、透明、规范、合理。对辖区内 112 所幼儿园（公办幼儿园 29 所，普惠性民办幼儿园 56 所，民办幼儿园 27 所）的保育教育费收费审批和伙食费收费标准进行审核并备案。认真及时完成辖区 40 所中、小学校（中学 9 所，小学 31 所）的食堂伙食费收费标准审核及课后托管服务收费备案工作，让家长、学生明明白白消费。第一时间将价格政策上传至政府门户网站，指导辖区内行政事业性（服务性）收费相关单位做好价格公示等工作。（文小倩）

【“两型”社会建设及绿心保护】2021 年，天元区积极开展“两型”示范创建。区发改局根据各镇、街道推荐和现场考核情况，评定全区“两型”发展示范项目合格单位 11 个。围绕绿心问题整改、项目准入、保护标志设置、生态补偿等方面推进全区绿心地区保护，督促有关责任单位对绿心地区进行不定期巡查,有效减少违法、违规现象发生。完成省环保督察反馈绿心地区突出生态环境问题整改“回头看”核查工作。完成株洲大禹恒基新材料有限公司退出奖补经费拨付、天元区金龙片石场退出奖补结算、北京汽车股份有限公司株洲分公司关于原绿心区域覆土清理并恢复使用等工作。完成绿心监测系统天元区疑似违法违规行为的现场勘查、认定及整改工作，并完成绿心地区其他违法违规行为现场勘查和综合整治工作。出台《天元区绿心地区生态补偿资金使用管理和考核办法（试行）》，组织全区相关单位召开生态绿心保护工作推进会议，有序有效推进生态绿心保护工作。严格绿心地区项目准入，完成绿心地区金龙社区、高塘社区和古桑洲社区等 8 个建设项目准入工作，从严把控绿心地区建设项目准入第一道关卡。完成 51 个保护标志全部布设，并接入智能管理系统，对接“天眼”实时监测，促进生态绿心保护数字化、智能化、规范化管理。完成 10 个生态绿心保护宣传栏制作、安装，向 10 个绿心社区发放宣传资料汇编 2400 本。完成绿心地区天元区区域内 10 个社区市级和区级生态绿心地区保护补偿资金及生态保护补偿项目专项资金考核、发放和其绩效评价工作。（文小倩）

国有资产监督管理

【概况】2020 年 5 月，株洲高新区国有资产事务中心、天元区国有资产事务中心（以下简称“区国资中心”）成立，为区财政局所属正科级公益一类事业单位。主要负责区属国有企业国有资产的清产核资、产权服务、资产使用调剂、核销处置等相关事务性工作；协调有关部门对国有企业行使出资人职责的各项活动，指导国有企业改革重组，拟订编制国有资本经营预算草案并对国有资产负债人履职情况提出初步评价方案等相关事务性工作。

2021 年，区国资中心继续理顺监管体系，完善出台政策，实现制度化管理，强化对株洲高科集团有限公司（以下简称“高科集团”）监管，规范监管体系。组织召开 4 次国资领导小组会议，对高科集团多项事项进行审议。完成对高科集团考核、转让下属公司股权等事项的备案、核准、审批。（苏 艺）

【完善资产监管制度】2021 年，株洲高新区、天元区严格实施国有资产监管工作高标准，印发《株洲高新区（天元区）区属国有企业投资监督管理办法（试行）》（株高天政发〔2021〕1 号）、《株洲高新区（天元区）区属国有企业出资人审批事项清单管理办法（试行）》（株高天政发〔2021〕2 号）两个制度性文件，将区属国有企业需要经国资监管机构审批的事项、审批的流程分为 8 大类、20 项，对事项内容、实施依据、申报资料均予以明确。督促企业严格执行内部决策程序，引导区属国有企业承担好经营主体责任，堵住监管漏洞，基本实现国资监管制度化。（苏 艺）

【规范监管体系】2021 年，区国有资产监管中心严格履行重大事项决策程序，就高科集团参与长沙银行非公开定向增发、对湖南省融资担保集团进行反担保、高科物业混改、转让株洲卓达房地产有限公司股权等近 20 项议题事项的审议，就高科集团成立全资子公司对百时得栗雨东路等地块自挂自摘议案，完成国资领导会签程序。坚持以审批事项清单为依据，在具体监管事项中不断规范程序，不断加大日常监管力度，严谨规范开展审批。完成对高科集团公司章程修正、2020 年度企业负责人薪酬总额、2021 年度企业工资总额预算、发行公司债券、股权质押融资、拨付党建帮扶经费等各类事宜的备案、核准、审核、会签程序，就高科物业混改、群丰镇神龙砖瓦厂征拆、产投公司购买长沙凯乐微谷物业、卓达房产股权转让等项目委托第三方机构认真开展复评，指导高科集团实事求是，依制依规办事，确保国有资产保值增值。（苏 艺）

市场监督管理

【概况】天元区市场监督管理局是天元区人民政府组成部门，正科级行政机关，2019 年 5 月 14 日成立，加挂株洲高新区市场监管局牌子。负责市场综合监督管理、注册登记、食品监管、药品医疗器械监管、质量监管、特种设备监管、知识产权监管、价格监管、消费维权工作。内设办公室、财务股、人事教育股、政策法规股、行政审批股、信用监督管理股、价格和反不正当竞争监督管理股、市场和网络交易监督管理股、消费者权益保护股（“12315”投诉举报办公室）、知识产权和广告监督管理股、抽检监测协调管理股、食品生产流通安全监督管理股、餐饮食品安全监督管理股、药品医疗器械化妆品安全监督管理股、质量标准和计量认证监督管理股、特种设备安全监察股 16 个机构；设 1 个事业单位服务中心；设群团机构党建办、工会；下设泰山路街道市场监管所、嵩山路街道市场监管所、栗雨街道市场监管所、群丰镇市场监管所、雷打石镇市场监管所、三门镇市场监管所、马家河街道市场监管所 7 个股级派出机构。至 2021 年 12 月 31 日，有领导班子成员 6 人，正式干部职工 98 人，临聘人员 34 人。其中核定行政编 83 名，机关后勤编 4 名，全额拨款事业编 9 名。实有行政编 86 名，机关后勤编 4 名，全额拨款事业编 8 名。

2021 年，区市场监督管理局认真贯彻落实高新区工委管委、天元区委区政府的各项工作部署，守牢“四大安全”(食品安全、药品安全、产品质量安全、特种设备安全)底线，实施质量强区战略，统筹推进疫情防控和市场监管工作，圆满完成各项工作任务，为“十四五”开局打下坚实基础。先后获得湖南省消费维权先进集体、2021 年度湖南省特种设备安全监管工作优秀单位、株洲市创建全国文明城市工作先进单位、株洲市药械化不良反应监测工作监管先进单位等荣誉称号。（彭珍楠）

【商事制度改革】2021 年，区市场监督管理局在全市范围内率先实现“一窗通办”设立专窗，通过精简材料、优化流程、业务协调、信息共享等方式，整合市场监管、税务、公章刻制、社保、住房公积金、银行开户预约等环节和服务，实行统一收件、后台流转、统一出件“一站式服务”，实现企业开办一日内完成。逐项梳理“跨省通办”事项标准化流程。缩短企业清算公告时间，将在报纸公告 45 天改为免费在国家企业信用信息公示系统（湖南）公告 20 天。全区新登记市场主体 9051 家，其中新登记企业 3276 家，同比增长 17.76%；新登记个体户 5775 家，同比增长 11.85%。（彭珍楠）

【“双随机、一公开”监管】2021 年，区市场监督管理局积极开展年报催报工作，企业年报率 92.63%，连续 5 年增长；农专、个体户年报率均居全市第一。开展僵尸企业吊销工作，共吊销 313 家长期未经营企业。积极推进全区“双随机、一公开”（随机抽取检查对象、随机选派执法检查人员，抽查情况及查处结果及时向社会公开）监管全覆盖，开展跨部门“双随机、一公开”抽查 3 批次，部门内“双随机、一公开”抽查 16 批次。印发年度抽查事项清单及抽查工作计划，全区各部门通过省“双随机、一公开”监管平台开展双随机任务 44 批次。（彭珍楠）

【食品安全监管】2021 年，区市场监督管理局开展食品生产环节风险大排查，全区 23 家食品生产企业全部完成风险分级等级评定，建立风险隐患突出问题和监管措施清单。通过企业自查和监督抽检相结合的方式，督促 298 家食品生产经营单位严格落实食品安全主体责任，排查整改食品安全风险隐患 121 条。开展食盐、农村食品、校园食品、保健食品、大米、畜禽肉及肉制品等 14 项专项整治，检查规范学校（幼儿园）食堂、农贸市场、食品生产经营、餐饮单位 9986 家次，查办食品安全违法案件 73 起，货值金额 9.28 万元，处罚金额 37.8 万元，没收违法所得 4585 元。（彭珍楠）

餐饮服务经营单位食品安全责任约谈会

【省级食品安全示范区创建】2021 年 3 月 23 日，天元区召开创建省食品安全示范区动员会，成立以区长为组长的省食品安全示范区创建工作领导小组，出台《天元区创建省食品安全示范区实施方案》，围绕各项创建指标，发挥政府和市场力量，扎实开展省食品安全示范区创建工作。6 月 16 日，区市场监督管理局承办株洲市食品安全宣传周活动，通过开设食品安全知识抢答、酒类真假鉴别、食品安全宣传读物发放等互动活动，吸引众多市民参与，提升食品安全的公众知晓率。（彭珍楠）

【药品安全监管】2021 年，区市场监督管理局开展农村药品、新冠病毒疫苗、医疗器械质量监管、中药饮片、含麻药品、化妆品等专项整治，检查药品零售企业 304 家次，药品使用单位 278 家次、涉药械单位企业 120 家次、化妆品经营使用单位 135 家次。助力禁毒工作开展，重点开展含麻黄碱复方制剂专项监督检查，专项检查与日常监管有机结合，对含麻黄碱复方制剂药品来源渠道、销售管理严格控制，全区未发生因监管不力造成的特殊药品流入非法渠道案件及滥用情况。（彭珍楠）

【特种设备安全监管】2021 年，区市场监督管理局全面开展特种设备重大安全隐患排查，检查电梯、锅炉、大型游乐设施等特种设备使用单位 156 家，下达安全监察指令书 106 份，立案 2 起，处理投诉 141 起，消除“一单四制”（重大事故隐患整治任务清单，交办制、台账制、销号制、通报制）重大事故隐患 35 起，有效遏制特种设备重大安全事故的发生，被评为 2021 年度湖南省特种设备安全监管工作优秀单位。（彭珍楠）

执法人员检查特种设备

【消费者权益保护】2021 年，区市场监督管理局积极受理消费者投诉举报，受理消费者咨询投诉举报 14317 件，为消费者挽回经济损失 368.47 万元；培育消费维权服务站 20 家；对 2 家投诉举报数量集中的单位进行约谈，获得湖南省消费维权先进集体称号。（彭珍楠）

【质量强区建设】2021 年，区市场监督管理局开展质量品牌赋能行动。组织辖区 10 家企业申报第三届“株洲市市长质量奖”；完成株洲市“质量月”活动启动仪式。开展知识产权强企行动。湖南省知识产权综合服务中心株洲高新区分中心通过中期考评验收，在同批次 11 个验收单位中排名第二；通过省知识产权建设强县复核验收。截至 12 月末，天元区拥有发明专利 2555 件，有效商标 7571 件。（彭珍楠）

【常态化疫情防控】2021 年，区市场监督管理局协同疾控部门采集 3200 批次冷链食品及相关产品、从业人员、环境等核酸检测样本，检测结果无阳性；指导 225 家食品经营单位注册使用“湘冷链”系统；组织各药店做好“四类”（抗生素类、抗病毒类、止咳类、退烧类）药品销售登记，指导使用省零售药店常态化疫情监测警戒系统。（彭珍楠）

【助力创文创卫】2021 年，区市场监督管理局服务文明典范城市创建和国家卫生城市复审迎检工作。围绕创建要求，对全区各主次干道的沿街店铺、农贸市场、餐饮单位等进行创建指导检查，规范证照悬挂 300 余户次，督促办理健康证 700 余人次，指导各商户电子屏滚动播放相关标语 500 余条，制作并张贴宣传海报 2 万余张，发放文明餐桌标牌 5000 余个。助力全区生态文明建设，持续开展烧烤、夜宵等油烟严重餐饮单位整治，出动执法人员 340 余人次进行全面排查，督促 6 家不具备经营条件的烧烤、夜宵单位整改到位。对辖区13家加油站开展检查，确保汽油、柴油和车用尿素质量安全，符合环保标准；对车辆检验检测机构进行检查，督促检测机构对尾气不达标的车辆进行尾气治理。（彭珍楠）

【干部队伍建设】2021年，区市场监督管理局抓好干部队伍建设。开展平时考核试点，制定《天元区市场监管局公务员平时考核实施方案》，以平时考核为基础，建立平时考核责任制，切实加强对公务员平时考核工作的管理，使平时考核真正起到为定期考核提供依据的基础性作用。强化业务技能培训，送培30批次45余人参加省、市局组织的知识产权、食品安全、计量、反不正当竞争执法等业务培训，提高执法人员的业务能力。坚持正确用人导向，党组严格执行《党政领导干部选拔任用工作条例》，对5名干部工作岗位和任职进行调整，始终把政治标准放在第一位，树立鲜明正确选人用人导向，着力培养忠诚干净担当的高素质干部。（彭珍楠）

自然资源管理

【概况】2019年5月15日，天元区自然资源局正式挂牌成立，是天元区机构改革后新组建的区政府正科级工作部门，加挂区林业局牌子。

2021年，区自然资源局内设8个股室，即办公室（法规股）、调查监测和确权登记股、所有者权益和开发利用股、空间规划股、国土空间用途管制股（耕地保护股）、矿产管理和地质环境股、林业股；下设3个中心所，即雷打石中心所、群丰中心所、嵩山中心所；外加土地征用安置中心天元分中心、土地储备中心和执法监察大队。（文思静）

【资源保护】2021年，区自然资源局始终坚持严管严控，强化自然资源整体保护。加强耕地高质量保护。严守耕地红线,压紧压实耕地保护目标责任；严格控制建设占用，项目用地尽量不占或少占耕地；精准掌握全区耕地总量、永久基本农田及储备区、耕地后备资源等变化情况；按要求进行永久基本农田核实整改补足工作。加强林业生态保护。全力推进禁食野生动物后续工作，支付退出补偿奖励资金42.70万元；完成春季造林5.33公顷；开展2021年度春秋两季松材线虫病监测普查，普查涉松面积813.33公顷；高效完成森林火灾风险普查实施方案和生物防火林带规划；加大巡山护林力度，强化野外火源和用火管理，营造良好防火宣传氛围。加强违法行为整改处置。切实加强动态巡查，有效打击违法行为。完成部、省下发卫片图斑核查任务501个，经核实判定违法图斑13个，已整改到位5个，其余8个正在整改中。闲置土地下发85宗，面积414.74公顷，土地市场动态监测与监管系统销号率为99%。查处违法案件15宗，收缴罚没款35.76万元。核查农村乱占耕地建房问题整治图斑90个。其中，问题图斑12个，4个已整改到位，剩余8个正在处置。开展2020年土地例行督查工作，下发整改任务42个，已整改到位31个，剩余11个正在整改。（文思静）

开展义务植树主题党日活动

【用地保障】2021年，区自然资源局强化土地要素保障，全力助推区域经济发展。全力以赴推进用地报批。上报省厅审批项目21宗，总面积241.8公顷，批回项目20宗，面积170.98公顷（含集体建设用地及通过省厅审批已开缴款书的项目）。规范透明做好征地拆迁。完成交地项目35宗，面积295.2公顷，完成遗留扫尾项目6宗，完成512个房屋编号签字，拆除已签字房屋538栋。积极稳妥开展园区工业用地出让。完成工业用地出让并签订出让合同20宗，面积89.47公顷，出让金额45703.57万元。保质保量完成土地收储任务。完成五凌汉兴、金龙安置小区一期、新马制造园一期、新马工业园二期、神农城4号地块等6宗地块、总面积25公顷的土地收储任务。（文思静）

【民生服务】2021年，区自然资源局切实增强服务意识，提供便捷高效的民生服务。抓好地质灾害防治。主汛期实行领导带班、双人双岗24小时值班制度，多次巡查辖区内地灾隐患点，确保汛期不出现伤及群众人身、财产安全的大型地质灾害。做好农房一体确权登记。开展送证下乡、送证上门30余次，发放不动产权证书1.4万余本，整体工作进度排在株洲市前列。高效审批村民建房。踏勘村民建房535户，取回70户农村村民建房用地批准书，办理237户农村建房农用地转用手续，核发乡村建设规划许可证276本。稳妥处理信访，接到来信来访60余起、市长热线180件，做到件件及时办理，件件都有回复，实现办结率100%，群众满意度100%。（文思静）

开展送证送法下乡活动

【队伍建设】2021年，区自然资源局始终坚持党建引领，强化队伍建设。制定印发《中共天元区自然资源局党史学习教育实施方案》，开展4次集中学习和研讨，举行党史知识测试，组织党员前往烈士陵园、湘赣专列、岳麓书院和橘子洲头等红色基地集中开展党史学习教育实践暨主题党日活动，凝聚自然资源人迈进新征程、奋进新时代的强大动力。严格落实党风廉政建设“两个责任”和“一岗双责”，在全局加强廉政教育，强化监督执纪问责。通过举办专题讲座、开展专题讨论、开展集体廉政谈话、召开民主生活会等，筑牢党员干部思想政治基础；深入推进党支部组织生活制度的规范和落实，强化基层党组织建设。持续加强队伍管理。发挥党员积分制管理的优势，细化日常管理措施，严格按照考核标准每月进行考核，调动党员参与度和积极性，使组织的管理和规范要求逐渐成为党员的自觉行为。坚持高标准发展党员，通过计划从严、标准从严、培养从严、程序从严、审查从严，培养发展对象转为预备党员。发展1名“60后”入党积极分子。（文思静）

税　务

【概况】2021年，国家税务总局株洲高新技术产业开发区税务局、国家税务总局株洲市天元区税务局（以下简称“区税务局”）在职干部职工209人，其中公务员196人，事业干部7人，行政人员2人，工勤人员4人。区税务局内设办公室、法制科、税政科、社会保险和非税收入科、收入核算科、纳税服务科、征收管理科、税源管理科、税收风险管理科、财务管理科、人事教育科、机关党委

（党建工作科）、纪检组、信息中心 14 个科室；下辖第一税务分局、第二税务分局、泰山路税务分局、嵩山路税务分局 4 个分局。负责辖区 25759 户纳税人的税收征管，辖区 38 万户缴费人的社会保险费和有关非税收入征管。其中，一般纳税人 4802 户，年纳税 1000 万元以上的大户 108 户。

2021 年，随着经济下行、疫情影响，叠加国家减税降费力度加大等因素，组织收入工作形势严峻。区税务局紧抓财源建设，坚守组织收入原则、强化税收分析，掌握税源变化情况与趋势，勤征细管，挖潜清欠，各项税费金额突破 100 亿元，圆满完成收入任务。其中，税收收入 73.48 亿元，同比增加 1.31 亿元，增长 1.82%；社会保险费 28.56 亿元，非税收入 3.29 亿元。区税务局获评“株洲市巾帼文明岗”、2016—2020 年株洲市依法治理创建活动先进单位、株洲市“五四”红旗团总支称号，区税务局第六党支部获评全省税务系统“五化”建设示范党支部和全省税务系统先进基层党组织称号，刘亚获评全省税务系统优秀党务工作者，陈日含获评全省税务系统个人所得税改革嘉奖，李筠获创建全国文明城市工作先进个人。（李 筠）

【税务党建】2021 年，区税务局开展党史学习教育，把党史学习教育作为党员干部的“必修课”，开展党委理论学习中心组集中学习研讨 12 次、第一议题学习 17 次，邀请百岁老红军为青年理论学习小组授课。完成支部换届选举工作，设立 9 个党支部，有 197 名党员，其中在职党员 152 名。建成 3 个党员活动室，完善设施、规范管理。认真组织廉政警示教育，做好任前廉政谈话，开展“严管就是厚爱”主题宣讲，运用第一种形态开展工作 112 人次，压实“一岗双责”，开展违规吃喝、违规收送礼品礼金等专项整治，全局无违法违纪现象。（李 筠）

【减税降费】2021 年，区税务局全面落实减税降费、缓税、出口退税政策，推行网格化服务、精准化宣传、便捷化办理，确保政策红利第一时间直达市场主体。新增减税降费 5.07 亿元，办理出口退税 2.33 亿元，执行缓税 1.35 亿元，执行缓税政策精准高效，得到省局充分肯定。（李 筠）

【税收征管】2021 年，区税务局坚决落实中办、国办印发的《关于进一步深化税收征管改革的意见》，坚定推进征管改革，征管基础不断夯实。企业所得税汇算清缴申报 11795 户，居全市第一，入库企业所得税 4.14 亿元。全面完成个人所得税汇算清缴工作。抓好国际税收，开展“一带一路”宣传工作，更新和完善辖区内“走出去”企业清册，开展房土两税税源风险排查，全力以赴做好增值税电子化专票试点工作，制定方案、明确职责、组织培训、统筹协调，试点工作稳步推进。实现社保费全险种全人群划转，社保费申报率排名全市前列，规范非税数据交换，建立工作协调机制，非税划转交接平稳。（李 筠）

【纳税服务】2021 年，区税务局落实“首违不罚”清单，规范灵活用工税收管理服务，营造高效公正的税收营商环境。开通办税 VIP 室，增设动力谷办税厅，组建“税务顾问”团队，设置财源建设绿色服务通道。推进工单制管理，市民中心窗口承担和办理全市二手房业务上万笔，综合类票据 5 万多份，各类咨询、问政、求助业务 222 单，受理纳税人、缴费人电话咨询 5560 通，全部按期处理办结。开展税收宣传月活动，组织实体纳税人学堂 6 期 14 场，实现税费优惠政策直达快享、应享尽享。全面落实 203 项便民办税“一次不用跑”清单，318 项业务实现网上办理。在全市率先成立“线上业务”集中处理中心，已集中处理业务 5 万

全省税务系统先进典型巡回宣讲

多笔，线上业务响应时间大幅缩减。承接全市发票发售、代开邮寄工作，寄出发票628万份，同比增长180%，让更多纳税人感受到线上办理的省时、省力和省心。（李 筠）

【依法治税】2021年，区税务局推进"三项制度"（行政执法公示制度、执法全过程记录制度、重大执法决定法制审核制度），通过门户网站更新公布法治信息近6000条，推动税收执法进一步透明规范。抓好全局干部学法考法工作，实现参学率、合格率皆为100%。提高法制工作质量，通过金三风险管理系统下发风险管理任务794户次，任务准期完成率100%。（李 筠）

【税务队伍建设】2021年，区税务局致力建设"一流"队伍。在市局"七一"演讲赛及微党课中，区税务局干部获得演讲赛一等奖和微党课二等奖；在市局、天元区党史知识竞赛中分别获得团体二等奖和优秀组织奖；在建党100周年文艺会演活动中，区税务局选送的节目《中国税务之歌》获评最佳组织奖；在天元区"我心向党唱响新区"合唱比赛中获得团体二等奖。注重素质教育和人才培养，区税务局"三师"人才已经达到20%，所得税业务大比武竞赛中，刘迎春获得全省二等奖、文素娟获得三等奖，团体获得全市第一。贺达敏、文素娟进入省局人才库。积极参与文明城市创建活动，组织志愿者参加"一路有礼"文明劝导、爱心助学等志愿服务活动，为株洲市文明城市创建贡献力量。整合社会力量，成立"助梦"志愿者服务队，引导涉税中介人员参与税收宣传，聚焦为纳税人、缴费人办实事、解难题。志愿者服务队举办8场税收宣讲"微课堂"、现场答疑活动近800名纳税人参加。（李 筠）

【行政管理】2021年，区税务局紧盯市税务系统和区委、区政府绩效管理指标，实现了全市税务系统和全区绩效考核"双一等"，连续4年获得此荣誉。岗位调整平稳有序，中层干部轮岗率80%，一般干部轮岗率60%。加强媒体宣传工作，通过门户网站发布宣传稿件48篇，在红网、《湖南日报》等媒体发布相关稿件38篇，区局自拍自编自导的保密视频，获得全省保密视频特等奖。抓牢疫情防控，压实网络安全责任，提升政务公开、保密管理和突发事件综合处置能力，强化经费保障，老干服务、后勤管理、信息技术等各项工作也取得明显成效。（李 筠）

2021 年天元区税务局分税种情况表

表 2　　单位：万元

项目	2021 年	2020 年	同比增减额	同比（%）
财政税收	732045	714171	17874	2.50
纯税合计	734763	721646	13117	1.82
增值税	300517	273888	26629	9.72
消费税	14297	7328	6969	95.10
营业税	786	186	600	322.58
企业所得税	119130	140677	-21547	-15.32
个人所得税	42028	42022	6	0.01
资源税	3	24	-21	-87.50
城市维护建设税	22471	22453	18	0.08
房产税	19370	16481	2889	17.53
印花税	8233	8905	-672	-7.55
城镇土地使用税	16704	13620	3084	22.64
土地增值税	100523	98192	2331	2.37
车船税	3702	5806	-2104	-36.24
耕地占用税	2769	4063	-1294	-31.85
环境保护税	120	108	12	11.11
契税	84110	87893	-3783	-4.30
非税合计	32955	24041	8914	37
社会保险基金	285623	67465	218158	323.36
费金合计	318578	91506	227072	248.15
税费金合计	1053341	813152	240189	0.30

（文思静）

财　政

【概况】2021 年，株洲高新区、天元区财政局（以下简称“区财政局”）有在职在编人员 48 人，内设综合法规科、预算科、国库科、社会保障科、行政政法科、企业财务和国有资产管理科、园区财务管理科、信息管理科 8 个职能科室，下辖财政事务中心、国库集中支付核算中心、国有资产事务中心 3 个正科级事业单位及乡镇财政服务中心、财政投资评审中心 2 个副科级事业单位。主要负责贯彻执行国家财税方针政策，深化财税体制改革，组织全区财政收入，编制财政预算并组织执行，管理财政性经济发展支出，预算绩效管理，政府投资项目评审管理，国有资产管理，全区会计管理，镇办财政业务指导，区政府采购管理，区本级财政工资统发等工作。

2021 年，面对宏观经济形势复杂多变和疫情防控常态化运行的经济社会发展大局，财政工作沉着应对各类挑战，奋力争先担当作为，深入实施“三高四新”财源建设工程，统筹推进疫情防控和财政治理各项工作，取得积极成效。区财政局先后获评湖南省文明标兵单位、区管领导班子“优秀等次”、区直机关先进基层党组织等 10 余项荣誉。（罗　辉　庞天龙）

【收入保障】2021 年，区财政局面对新冠疫情反复多发、国家减税降费政策力度持续加大，土地市场疲软等多重减收因素的影响，多措并举加强调度，在减税降费政策性减收达 6.84 亿元的情况下，稳住了收入基本盘，税收收入和税收占比均实现正增长，财政收入结构得到进一步优化。全区地方一般公共预算收入（以下简称“地方收入”）完成 47.79 亿元，比 2020 年同口径增长 2.33%。其中，地方税收完成 40.42 亿元，增长 0.88%，占地方收入比重为 84.58%，较 2020 年提高 9.29 个百分点；非税收入完成 7.37 亿元，同比下降 10.2%。全区政府性基金预算收入完成 30.7 亿元，增长 35.26%；政府性基金预算支出完成 13.62 亿元（不含调入一般公共预算安排的支出），下降 14.79%。全区国有资本经营预算收入完成 1 亿元，全部调入一般公共预算统筹安排支出。全区社会保险基金收入完成 1.43 亿元（区级统筹部分，下同），增长 25.4%；社会保险基金支出完成 1.23 亿元，增长 5.4%。年末，社会保险基金累计结余 1.98 亿元。（罗　辉　庞天龙）

【支出保障】2021 年，区财政局在收入增长乏力，支出刚性增强的严峻形势下，牢固树立过“紧日子”思想，坚持有保有压，全面增强财政统筹能力，不断调整优化支出结构，集中财力优先保障“三保”（保基本民生、保工资、保运转支出）等重点支出需求。加大预算单位结转结余资金清理回收力度，清理收回结余资金 1.6 亿元补充预算稳定调节基金，争取到位各类上级资金 10.41 亿元，有效缓解区财政支出压力。1—12 月，全区一般公共预算支出完成 54.72 亿元，增长 2.56%，民生支出占比达 80% 以上。（罗　辉　庞天龙）

【财源建设】2021 年，区财政局坚持高位推动，大力实施“三高四新”财源建设工程，组建高规格的领导机构，建立联席会议机制，启动财税综合信息平台建设，强化联点、通报、调度等制度，加强督查指导，全区财源建设和协税护税氛围明显升温。坚持协同联动，推进分行业、分地域财源建设工作职责落实，着力构建“1+8+N”工作格局，形成区、镇（街道）、村（社区）三级协税护税网络，开创税收精诚共治新局面。区财政、税务会同住建、产业、招商等部门分别开展规范建安税收管理、清理产业奖补政策和招商合同履约等工作，兑现招商、产业奖补资金 3.12 亿元，逐步形成“以税收论英雄”

的激励导向。坚持务实行动，全面实施“4564”行动和“四清”工作，基本摸清了税源家底，生产企业注册地变更、土地增值税清收、出租门店楼宇“房土两税”和集体土地流转变性地块耕地占用税清理等实现较大突破，堵漏增收取得明显成效，得到省、市充分认可。（罗　辉　庞天龙）

“三高四新”财源建设工作业务培训会议

【民生保障】2021年，区财政局加强资金统筹，守住“三保”支出底线。严格执行国家工资政策，着力规范津补贴工作，优先保障工资和离退休费按时发放。进一步落实落细党中央过“紧日子”的有关规定，在保正常运转的前提下，继续压缩一般性、非重点、非刚性支出，推动厉行节约常态化。全面加大财政资金统筹力度，着力盘活存量资金1.87亿元，集中财力保民生。有序实施城乡居民养老金、医保和公共卫生人均财政补助、城乡低保、优抚抚恤和生活补助、残疾人补贴等提标工作，确保惠民政策及时到位。区级财政投入资金5300万元，全力保障疫情防控资金需求。加大教育投入力度，支持新办学校建设和扩班工作，进一步巩固大班额治理成果。多渠道筹集资金，全力支持中央环保督察整改工作落实，支持老旧小区改造、乡村水利道路建设、城乡客运一体化等民生实事建设，助力解决群众身边“急难愁盼”问题。继续支持乡村振兴战略，三门响水国家级田园综合体创建工作经验获省财政厅推介。严格执行资金直达和“三保”动态监控制度，扎实开展“一卡通”、社保基金“防风险、堵漏洞”专项整治等工作，民生资金“安全网”进一步织牢加固。（罗　辉　庞天龙）

【财政管理改革】2021年,区财政局坚持问题导向，出台财政管理相关文件制度20余个，加速推动财政治理制度化、规范化建设。深入推进预算管理改革，收入全口径综合预算、基本支出定额标准预算、项目支出零基预算的现代预算框架基本定型。首次开展了财政保障能力评估，预算一体化改革和预决算公开工作走在全省前列。坚持全方位、全覆盖、全过程推进预算绩效评价工作升级，并与单位自评、审计评价、人大评议形成“四评”监督闭环，提升了评价监管效果，成功申报全省全面实施预算绩效管理重点创建区。积极配合土地闲置费、垃圾处理费等非税收入征管职能划转工作，有序推进收缴电子化和电子票据改革。不断完善国有资产管理改革，全面组织行政事业单位经营性资产清理，修订完善资产配置管理办法，严格落实国有资产管理向人大报告制度。进一步严格国库集中支付审核，完善政府采购、政府购买服务机制,政府采购电子卖场全年交易金额3.23亿元。审定财政性投资项目191个,审减金额1.21亿元,平均审减率为8.47%。（罗　辉　庞天龙）

【债务管理】2021年，区财政局全面从严控债化债，防住了债务风险点。严格落实中央、省、市各项债务管理政策，加强全口径债务常态化监测，深入研判化债形势，高频率调度分析，妥善处置风险隐患，牢牢守住不爆雷、不断链这根底线。充分用好财政部隐性债务风险化解试点债券置换资金，严格做细做实置换工作，全面完成高息债务置换任务，有效缓解债务到期偿还压力。千方百计加大土地出让力度，抓实土地收入清理回收，积极筹措偿债资金，加强隐性债务甄别、转化工作，偿还政府隐性债务55.47亿元，综合债务率继续下降。积极支持高科集团市场化转型改革，增强自我“造血”功能，提升风险防范化解能力。（罗 辉 庞天龙）

【财政投资评审】2021年，天元区财政投资评审中心审结财政性投资项目191个，较2020年减少64个，降幅为25%。其中，预算项目111个，较2020年减少74个；结算项目80个，较2020年增加10个。截至12月31日，完成送审项目金额14.27亿元，较2020年增长2.31%；审定金额13.06亿元，较2020年增长0.98%；审减金额12087.73万元，平均审减率8.47%，较2020年提高1.2%。在送审项目数量大幅下降的情况下，审减金额比2020年同期增长1952.76万元，增幅19.27%。（黄 勤 彭丽嘉）

【国库集中支付核算】2021年，天元区纳入国库集中支付单位120家，完成支付业务6.86万笔，金额28.48亿元。其中，零余额支付业务6.25万笔24.11亿元，数量占比91%，金额占比85%；直接支付5142笔7.41亿元，数量占比8%，金额占比31%；授权支付57380笔16.71亿元，数量占比92%，金额占比69%。特设账户支付6088笔4.37亿元，数量占总支出比重9%，金额占总支出比重15%。积极规范预算执行，节约使用财政资金规范支出行为。完善预算管理一体化系统，部门预算单位资金支付28.48亿元,较2020年同期减少2.17亿元，降幅7%。其中，单位零余额账户支付资金24.11亿元，较2020年同期增长7798.78万元，上升3.3%；特设专户支付资金4.37亿元，较2020年同期减少2.95亿元，下降40%。清理特设专户资金，提高财政资金使用效益。严格执行区财政局《关于进一步规范区直预算单位特设专户管理通知》要求，实行“资金集中、分户管理、审核支付”管理模式，35家预算单位通过自查清理特设专户，上缴国库资金1180.31万元，由区财政统筹安排提高财政性资金使用效率。（徐朝晖 田 祎）

【财政事务】2021年，天元区财政事务中心完成非税收入36.24亿元。其中，政府性基金收入完成26.09亿元、行政事业性收费收入完成2121.74万元、罚没收入完成522.43万元、国有资源(资产)有偿使用收入完成98240.47万元、其他收入完成583.7万元，全口径非税收入具体以国库科口径为准。（岳晓明 周 岑）

【乡镇财政】2021年，天元区乡镇财政服务中心以服务基层、服务大局为抓手，切实加强乡镇财政管理、农村综合改革、政府采购管理工作。一是强化惠民惠农补贴管理。区财政通过惠民惠农“一卡通”系统发放补贴52项3403万元，惠及58451人次。摸清政策底数。组织全区13个业务主管部门，对照补贴政策清单进行全面梳理，通过“一卡通”系统发放项目达75项，较2020年新增51项，实现应纳尽纳。在区政府门户网站全面公开政策清单，内容涉及13个业务主管部门、46项省级政策、58个惠民惠农补贴项目。出台《天元区惠民惠农财政补贴资金“一卡通”发放管理操作规程》，明确各部门职责，进一步完善补贴发放管理流程。联合区直有关部门出台《进一步加强惠民惠农财政补贴资金“一卡通”管理实施方案》，明确总体目标、主要任务及职责分工。稳步推进公益事业奖补工作。收到中央和省级农村综合改革转移支付公益事业奖补资金262万元，开展17个“一事一议”财政奖补项目，涉及3个乡镇、17个项目村，项目以道路建设和水利建设项目为主。积极做好农业保险申报工作。区向上级申报农业保险426.71万元（含巨灾保险46.17万元）。其中，中央财政补贴180.37万元，省级财政补贴80.70万元，市级财政补贴43.02万元，区级财政补贴43.02万元，农户自缴79.60万元。政府采购电子卖场交易金额为3亿元，交易笔数1.7万笔；完成政府采购项目191个，采购金额2.4亿元。通过企业招投标服务平台通知平台企业相关招标信息231次，新增株洲京精汽车零部件有限公司、株洲市宏发灯饰有限责任公司、株洲村镇建设开发集团有限公司、湖南东弘康体科技发展有限公司等10家企业加入服务平台，通过平台服务中标项目22个，中标金额4.3亿元。（邓勇 曹洁）

【财政队伍建设】2021年，区财政局支部扎实开展党史学习教育，先后组织“学史明理”“学史增信”“学史崇德”“学史力行”等多次集中学习，开展了红色故事宣讲、书记讲党课等活动，全局干部职工讲政治、守初心、担使命意识明显加强。制定“我为群众办实事”实践活动挂图作战表，完成民生实事30余项，切实将民生责任扛在肩上、学习教育成效落在实处。进一步落实党风廉政“两个责任”，抓好从严治党工作第一责任人职责，深入推进廉政谈话制度化、常态化；带头严肃财经纪律，制定出台规范性文件20余个，并将近年来的财政财务管理制度汇编成册印发到位，全面推进依法理财。加大对湘紫、老街等联点社区帮扶力度，积极做好党员发展与培训工作。始终坚持党管意识形态这一职责不动摇，把做好意识形态工作作为重大政治责任和党建的重要载体，纳入重要议事日程和年度目标管理。常态化组织开展文明志愿活动，深化社会主义核心价值观教育。（罗辉 庞天龙）

2021年天元区一般公共预算收入完成情况表

表3　　　　单位：万元

指标	2021年完成
一般公共预算总收入	805712
其中：税收收入	732045
非税收入	73667
税收收入比例（%）	90.86
一、地方收入	477889
地方税收收入比例（%）	84.58
（一）税收收入	404222
1. 增值税（37.5%部分）	109609
其中：改征增值税（37.5%部分）	0
2. 企业所得税（28%部分）	33018

续表 3

指标	2021 年完成
3. 个人所得税（28% 部分）	12044
4. 资源税（75% 部分）	2
5. 城市维护建设税	22471
6. 房产税	19371
7. 印花税	8234
8. 城镇土地使用税（70% 部分）	11692
9. 土地增值税	100523
10. 车船税	—
11. 耕地占用税	2769
12. 契税	84110
13. 环境保护税（70% 部分）	84
14. 其他税收收入	295
其中：营业税尾欠收入（37.5% 部分）	295
（二）非税收入	73667
1. 专项收入	17053
其中：教育费附加小计	15996
2. 行政事业性收费收入	3055
3. 罚没收入	523
4. 国有资本经营收入	0
5. 国有资源（资产）有偿使用收入	52440
6. 其他收入	596
二、上划中央收入	262715
三、上划省级收入	65107

2021 年天元区一般公共预算支出完成情况表

表 4 单位：万元

支出项目	2021 年支出
一般公共预算支出	546432
1. 一般公共服务支出	56339
2. 外交支出	0
3. 国防支出	4
4. 公共安全支出	6218
5. 教育支出	58633
6. 科学技术支出	44682
7. 文化旅游体育与传媒支出	1111
8. 社会保障和就业支出	24694
9. 卫生健康支出	18907
10. 节能环保支出	3178
11. 城乡社区支出	286875
12. 农林水支出	19731
13. 交通运输支出	2801
14. 资源勘探工业信息等支出	681
15. 商业服务业等支出	465
16. 金融支出	7
17. 援助其他地区支出	0
18. 自然资源海洋气象等支出	398
19. 住房保障支出	3018

续表 4

支出项目	2021 年支出
20. 粮油物资储备支出	176
21. 灾害防治及应急管理支出	4244
22. 其他支出	0
23. 债务付息支出	14270

（王会融　周　晓）

审　计

【概况】株洲市天元区审计局（以下简称“区审计局”）为天元区人民政府工作部门，正科级行政机关。中共株洲高新区工委、中共株洲市天元区委审计委员会（以下简称“审计委员会”）办公室设在区审计局。区审计局设 4 个内设机构：综合办公室、审计一室、审计二室、企业审计室，设所属事业单位天元区投资审计中心（副科级，未单列）。主要负责重大政策措施落实情况跟踪审计、财政审计、经济责任审计、自然资源资产离任审计、政府投资审计、企业审计，以及专项资金审计（审计调查）、财政财务收支审计、重大项目稽查、预算执行情况和其他财政收支情况监督检查等，并指导和监督内部审计工作。

2021 年，区审计局按照《天元区 2021 年度统一组织审计项目计划》，积极组织实施项目审计工作，依法全面履行审计监督职责，切实提高了审计监督整体效能。全年完成审计项目 67 个，其中财政审计项目 3 个、经济责任审计项目 5 个、自然资源资产离任审计项目 1 个、专项资金审计项目 4 个、重大项目稽查 1 个、工程结算审计项目 54 个。超额完成年度审计项目计划的 23.64%。查出主要问题金额 325153 万元（违规金额 8603 万元、损失浪费金额 111 万元、管理不规范金额 316439 万元）、非金额计量问题 76 个、损益（收支）不实金额 973 万元；移送有关职能部门处理事项 1 件；审计处理处罚金额 60366 万元（应上缴财政 6158 万元、应减少财政拨款或补贴 3186 万元、应归还原渠道资金 346 万元、应调账处理金额 50676 万元）；已促进整改落实金额 14657 万元（增收节支 465 万元、调整账务金额 14192 万元）、挽回（避免）损失 3186 万元、核减投资额 3186 万元；提出审计建议 69 条，被采纳审计建议 69 条；向社会公告审计结果 1 篇。2020 年度天元区本级财政预算执行和其他财政收支审计项目获评株洲市审计局“表彰审计项目”奖；区审计局被推荐参加 2021 年度株洲市“文明标兵单位”评选。（张荐钧）

【财政审计】2021 年，区审计局围绕政府带头“过紧日子”和财政资金提质增效，强化对政府“四本预算”的全口径监督，全面把握财政运行整体情况，重点关注政府债券资金、存量资金和财政专户管理等，以及天元区委常委部门的部门预算执行情况和财政财务收支情况，全面推进部门预算执行情况全覆盖审计。组织开展 2020 年度天元区本级财政预算执行和其他财政收支审计、天元区委统战部2020年度部门预算执行情况和决策（草案）及其他财政收支情况审计，审查“公检法”等双管单位涉及区级财政专项补助资金情况等，查出主要问题金额100241万元，提出建设性意见和建议6条。首次采取大数据审计方式完成2020年度全区50家一级预算单位部门预算执行情况全覆盖审计，揭示39家单位存在“未及时清理往来”“未严格执行公务卡强制结算目录或超范围使用现金支出”等8项问题，出具审计督促整改函39份，助推天元区财政实施“零基预算”管理，实现财政同级审全覆盖。（张荐钧）

【经济责任审计】2021年，区审计局全力贯彻落实《天元区区管领导干部经济责任审计五年工作规划（2020—2024年）》，加快领导干部经济责任审计监督全覆盖进程。紧紧围绕被审计领导干部“权力运行”和“责任落实”，采取党政同审、离任审计与任中审计相结合的方式，加大对基层单位和重点部门领导干部经济责任审计力度，先后组织开展泰山路街道办事处（党政同审）、雷打石镇人民政府、天元区城市管理和综合执法局（党政同审）、天元区住房和城乡建设局、天元区妇女联合会5个单位7名领导干部经济责任审计，查出主要问题金额82713万元，按照“三个区分开来”（即把干部在推进改革中因缺乏经验、先行先试出现的失误和错误，同明知故犯的违纪违法行为区分开来；把上级尚无明确限制的探索性试验中的失误和错误，同上级明令禁止后依然我行我素的违纪违法行为区分开来；把为推动发展的无意过失，同为谋取私利的违纪违法行为区分开来）的要求，对被审计领导干部进行客观评价，提出合理化审计建议16条，促进被审计领导干部依法行政、廉洁用权。（张荐钧）

雷打石镇人民政府经济责任审计

【自然资源资产离任审计】2021年，区审计局结合领导干部经济责任审计，采取“嵌入式”方式开展雷打石镇人民政府原镇长吕军辉任期自然资源资产离任审计，全面反映领导干部任职期间履行农村人居环境整治、执行河长制、防治空气污染、治违、森林资源保护等职责情况，揭示“耕地抛荒管理力度不大”“生活污水直排湘江”“未及时发现并制止违法占地行为”等11项问题，客观评价领导干部履行自然资源资产管理和生态环境保护责任情况“一般”（评价等级分为：好、较好、一般、较差、差），进一步树牢领导干部绿色发展理念。（张荐钧）

【政府投资审计】2021年，区审计局全面贯彻落实《天元区政府投资项目管理实施办法》等文件精神，审计重点关注项目审批、征地拆迁、环境保护、工程招投标、物资采购、重大变更、工程结算、资金管理等关键环节，突出效益审计，推进全区政府投资项目规范管理。全年完成工程结算审计项目54个，审计工程造价11.63亿元，综合核减3186万元，核减率为2.74%。加强项目建设全过程审计监督，先后组织被审计单位、中介机构、工程建设单位、施工单位等人员开展交流座谈会8次，参与200余人次，收集解决问题17个。进一步前移审计监督关口，组织开展重大项目全过程跟踪审计，维护公共资金使用效益。参与长沙市一中株洲雅礼学校和莲花学校建设全过程造价咨询服务和监督，有效保障项目的规范实施，提高投资项目绩效；联合株洲高科集团有限公司（以下简称“高科集团”）调查核实汽车博览园有关项目山砂石单价，推动被审计单位将汽车园项目已确定的山砂石价格由150元/立方米调整为120元/立方米，挽回财政性资金约210万元。（张荐钧）

【重大项目稽查】2021年，区审计局首次开展重大项目稽查工作，重点稽查浣溪沙公园、高科·科创园、田园综合体、2019年老旧小区专项整治4个项目，出具天元区2021年度重点项目稽查报告1份、督促整改通知书2份，揭示建设单位在建设程序、工程款支付、奖金发放、工程管理中存在的典型问题，推动高科集团停止违规发放项目奖400万元，收回违规发放项目奖139万元，助力高科集团薪酬体制改革和激励考核制度规范。（张荐钧）

【专项资金审计】2021年，区审计局在教育、就业、环卫、社会发展等领域审计监督持续发力，组织开展2018年1月至2020年12月就业补助专项资金和职业技能提升专项补贴资金、2019年1月至2020年12月环卫市场化专项资金、2018年1月至2020年12月支持各类社会公益组织发展资金及社会组织孵化基地运营经费、2018年1月至2020年12月人才专项经费4个专项资金审计（审计调查）项目，重点关注专项资金筹集管理使用的真实性、合法性和效益性情况，以及相关配套政策措施落实情况等，查出主要问题金额14842万元，非金额计量问题9个，促进相关制度机制健全完善和政策部署落实到位，提高了专项资金使用绩效。如环卫市场化专项资金审计，进一步核实2019—2020年一线环卫工人实际人数和工作量，助推环卫市场化公司补发一线环卫工人工资50.87万元、天元区城市管理和综合执法局清理收回多付环卫市场化公司资金109万元，有效促进了天元区环卫市场化（城市服务一体化特许经营权）改革工作。此外，根据天元区纪委监委的工作交办，开展南塘教育用地征地拆迁专项资金审计调查，查实湖南天易集团有限公司（以下简称“天易集团”）无依据自行委托拆迁公司进行拆迁并无理由支付服务费的问题，下达审计督促整改通知书1份，督促高科集团（天易集团母公司）追回委托拆迁服务费300万元；高科集团落实审计建议，全面清理收回同类型不符合政策或不规范的征地拆迁服务费50余万元，全面终结高科集团非法征地拆迁行为。（张荐钧）

重大项目稽查审计

【审计整改】2021年4月，审计委员会办公室印发《天元区审计监督工作绩效考核办法（试行）》，经批准同意审计监督（审计整改）工作纳入全区年度绩效评估管理，与年度绩效直接挂钩，并赋标准分2分（年度绩效考核百分制）。2021年末，区审计局严格兑现绩效考核要求，参照考核评分标准扣减雷打石镇人民政府、泰山路街道办事处、栗雨街道办事处、天元区城市管理和综合执法局4个单位的分值0.1—0.4分不等，其他镇（街道）和区直单位分别按平均得分计算分值，让各单位更加重视审计工作，压实审计整改主体责任，有效推动解决体制性障碍、机制性缺陷、制度性漏洞，提升了审计工作质效。加强督促指导，建立健全《区审计局审计整改检查工作制度（试行）》，明确审计整改审计组长（主审）负责制，督促审计整改落实到位；加强部门联动，充分发挥纪委监委、组织、财政等 13 个部门和单位职责职能，督促被审计单位落实整改主体责任。区审计局对 2021 年度审计查出的 191 项问题，明确跟踪检查责任人和审计整改问题清单、审计整改任务清单、审计整改结果清单，其中 2020 年度天元区本级预算执行及其他财政收支审计查出主要问题 45 项，已整改 38 项，正在整改 7 项，审计促进整改问题金额 3.92 亿元。此外，区审计局牵头落实湖南省审计厅对天元区开展政府性债务专项审计和新增财政资金直达市县基层直接惠企利民情况审计查出问题的整改，推动 11 项问题及时整改，并及时衔接湖南省审计厅反馈整改情况；牵头落实 2020 年度省级预算执行和其他财政收支审计工作报告反映天元区 8 项问题的整改，完成整改 6 项，整改金额 9.88 亿元。（张荐钧）

【审计成果运用】2021 年，区审计局注重审计成果多维度运用。出具审计报告和专项审计调查报告 28 份，出具审计督促整改函（审计督促整改通知书）44 份，推动各被审计单位加强审计整改，规范财务管理行为，出台和修订财政财务管理类规范性文件 3 份；出具审计要情和审计情况专报 4 份，被天元区主要领导批示 3 份，助推天元区进一步规范环卫市场化专项资金、医保基金管理，持续推进全区镇（街道）所属置业公司查出问题的整改；向天元区纪委监委、天元区委组织部报送领导干部经济责任审计结果报告 5 份，为规范权力运行、领导决策提供参考依据；撰写审计信息 48 篇，被《中国审计》采用 1 篇，被红网、株洲市人民政府门户网采用 16 篇；按天元区人大预算绩效“四评”（即对财政专项资金实行部门自评价、财政再评价、审计评审和人大评议）工作部署，区审计局首次开展支持各类社会公益组织发展专项资金、天元区就业补助专项资金、环卫市场化专项资金、农村人居环境整治专项资金 4 项专项资金绩效审计调查，审计绩效评价等次为“一优三良”，向天元区人大常委会专题汇报后获人大代表肯定。（张荐钧）

统　计

【概况】2021 年，天元区统计局（以下简称“区统计局”）主动作为、想方设法、精准施策，全力推动各行各业统计数据“应统尽统、统全统实”，不断提升统计服务水平，推陈出新抓好各项工作落实，经济运行稳中有进、稳中提质，为天元区在“十四五”规划期间开好局起好步提供了坚实的统计保障。（郑　娣）

【统计服务】2021 年，区统计局科学研判，准确把脉经济发展大势，及时推送月度重点企业报送进度，做到事前、事中、事后全过程监测和预警，突出抓好月度、年度经济运行监测建议，提出针对性强可操作措施。紧扣短板，推进主要指标进位争先，深入查找全区经济发展存在的症结问题，对照目标找差距，对照问题强措施，及时掌握经济发展中出现的新情况、新问题和新动向，确保主要经济指标实现预期。围绕中心，全面加强统计调研分析，形成多篇课题分析报告，全方位、多角度找准经济发展特征，针对打造千亿天元、发展“两高两新”谋划布局，提出建议。坚持以为民服务为落脚点，激发干部担当作为，开展“入百企访百户、统计服务提质效”活动，分批次深入百家不同类别“四上”企业、重点企业、居民调查户，面对面、一对一走访调研，切实为基层统计工作排忧解难。2021 年度统计工作被市统计局评为“红旗单位”。（郑　娣）

【基层基础建设】 2021年，区统计局完善大统计格局，推进镇办落实属地责任制，构建“条块结合、上下联动”的统计工作体系；全力推进“四上”入统，制作《四上企业培育工作指南》手册，详细介绍各专业申报方法、奖励政策、申报问题解答，上户沟通技巧，充分运用税务数据，充实“准四上”企业储备库，按季度逐批次反馈，指导各责任单位按图索骥入户开展工作，申报入库“四上”企业106家，申报数量居全市第一；通过线上线下多种方式，对全区规模以上企业、统计调查点辅调员、行业部门、镇办等开展统计业务培训30余次，培训人数500余人，在强化基层统计业务能力上下功夫。 （郑 娣）

【第七次全国人口普查】 2021年，区统计局全面系统梳理天元区人口普查的成果，并发布公报。报告显示：2020年，天元区常住人口47.83万人，较2010年增加26.29万人，增长122.1%，年平均增长率为8.3%，净流入量、增速均排全市第一；人口总量占全市比重12.26%，较2010年提高6.68个百分点。区统计局获评湖南省第七次全国人口普查先进集体；区人普办副主任刘江南获评国务院第七次全国人口普查先进个人称号。 （郑 娣）

【统计抽样调查】 2021年，区统计局统计调查工作走在全省前列。完成劳动力扩点任务，调查点从4个增加至13个，调查居民家庭增加至2496户，住户调查则涉及5个社区（村）、50个家庭户，对辅调员和记账户的培训、维护、走访慰问等工作都在扎实稳定推进，通过常态化的沟通访问，能够实时摸清掌握调查户实情，为稳就业、保民生提供可靠的数据支撑。区统计局在2021年度全省122个县市区统计局业务工作综合考核及各专业业务工作考核中获第三名。 （郑 娣）

【株洲高新区园区统计】 2021年，区统计局针对新形势、新变化和新的考核要求，不断强化园区统计工作水平，积极做好与科技部火炬中心、省统计局常态化联络，全面精准提供各项数据及相关佐证资料；以全省“五好”园区建设为契机，做好各项数据测算及最新考核体系研究，全面反映株洲高新区在国省的位置；全力排查梳理，推进高质量企业入统，强化数据质量比对审核，指导河东园区、重点企业报好数，全力推动做大做强做优高新区经济总量。在全国高新区统计评比中，获评2020年全国火炬计划统计先进单位，连续11年获得该项殊荣。 （郑 娣）

【统计数据质量】 2021年，是国家统计局到湘统计督察年份。区统计局坚持点面结合，通过区委常委会、区政府常务会、区委理论学习中心组、区委党校等，开展多次统计法律法规集中学习，增强各级人员依法统计的意识；强化统计法制规范化建设，健全防范和惩治统计造假弄虚作假责任制体系，提高领导干部带头遵守统计法律的自觉性和主动性；对照统计督察规定，开展各专业自查工作，对重点行业、重点企业及重点指标开展核查，完成对所有规模以上单位的数据质量核查，统一制作统计管理制度牌协助重点企业制度上墙，帮助企业完善统计台账。 （郑 娣）

农业农村

【概况】天元区农业农村局（以下简称“区农业农村局”）是天元区人民政府组成部门，为正科级，加挂株洲市天元区乡村振兴局牌子。办公地点位于株洲大道北1号高新大厦二楼。内设办公室、农村发展办公室、农业管理办公室3个职能室，下设农业农村事务服务中心、产品质量监督检验检测中心2个二级事业单位，工作人员28人。主要职能是统筹研究和组织实施全区农业农村工作、乡村振兴发展规划和计划。统筹牵头全区乡村振兴、农业农村工作，负责农民承包地改革和管理，乡村特色产业、农产品加工业、休闲农业发展指导，种植业、畜牧业、渔业、农业机械化等农业产业监督管理，农产品质量安全监督管理，农业投资管理等工作。

2021年，区农业农村局积极实施乡村振兴战略，做好粮食稳产和生猪保供工作，培育一批新型农业经营主体。农村人居环境整治和美丽乡村建设持续提升，农村改革、村集体经济发展等工作扎实推进。完成粮食播种面积5666公顷，粮食总产量将达4.3万余吨；稳步推进种植结构调整877.07公顷；培育粮食规模经营户300余户，市级以上示范合作社、家庭农场10家；出栏生猪41442头。

（李　倩）

【提质农业产业】2021年，区农业农村局积极培育企业提质发展，成功培育1家省级示范农业产业化联合体（悠移农业科技发展有限公司）；新增4家市级龙头企业（湖南君旗酒业有限公司、株洲岁悦食品有限公司、株洲亨利食品有限公司、株洲唐羽滨南茶业有限公司），新增1家省五星级休闲农庄（樱花山庄），新增3家省四星级农庄（胡娭驰湘食体验中心、株洲市万顺生态农业科技有限公司、株洲市天元区鑫塘土地专业合作社）；成功创建1个市级现代农业特色产业园（天元区叁农企业管理股份有限公司蔬菜产业园），推进省级农村产业融合示范园建设。

（李　倩）

【发展特色农业】2021年，天元区“一县一特”主导产业为蔬菜产业，重点打造叁农、裕农两大品牌蔬菜产业园，成功打造株木黄桃、伞铺红薯、铁篱黄金贡柚等“一村一品”。其中，“三门肉冬瓜”成为株洲首个直通港澳地区的特色蔬菜，松柏村以三门肉冬瓜为主导产业被纳入2021年湖南省“一村一品”重点村推介名录。（李 倩）

【建设美丽乡村】2021年，天元区继续推进石三门核心片区6个村美丽乡村建设，成功创建1个省级精品村（先锋村）、2个省级示范村（新塘社区、月福村）和1个市级示范村（伞铺村）；打造2个区级示范美丽屋场（株木村、月福村）。（李 倩）

【整治农村人居环境】2021年，天元区建立农村人居环境整治长效机制。以治理垃圾、治理污水、治理空心房、治理村容村貌、治理陋习和厕所革命“五治理一革命”为重点，完成农村改厕3234户，加快推进农村人居环境整治巩固提升，农村面貌焕然一新。（李 倩）

督导农村改厕工作

【建设“石三门”农业公园】2021年，天元区响水国家级田园综合体项目建设圆满完成，石三门大道沿线基本形成三门镇以响水村为中心，雷打石镇以先锋村为中心的美丽乡村核心片区。石三门片区“一村一品”格局基本形成，伞铺红薯、松柏杨梅等形成特色。举办“百花艺术节”“年货节”“农民丰收节”等农业节会活动，年接待旅客10万人次以上，成为全市乡村旅游新名片。（李 倩）

【推进农村宅基地改革】2021年，天元区涉及农村宅基地审批管理相关工作的5个镇（街道）均成立工作专班，明确牵头部门，设立建房审批办公室，并指导50个村（社区）设立宅基地协管员，全区基本形成“区、镇、村”三级联动、多部门联审联批的工作机制。截至年底，完成存量宅基地审批发证206宗，新增宅基地踏勘429宗。积极探索农村闲置住宅盘活利用，响水村农村闲置住宅盘活利用试点取得较好成效。（李 倩）

【深化农村产权制度改革】2021年，天元区继续深化农村产权制度改革。督促和指导59个产改村（社区）完成年度资产清查工作。村“两委”集中换届后，完成23个农村集体经济组织的法人变更登记及换证工作。（李 倩）

【推行农村“三变”改革】2021年，天元区结合农村产权制度改革，积极试行“资源变资产，资金变股金、农民变股东”“三变”改革。通过“三变”改革，全区集体经济经营性收入992.49万元，同比增长30.9%。在推进改革的过程中，涌现出一批先行先试的典型村（社区），如“三变”改革示范村月福村、产改示范村新塘社区、高塘社区、响水村、伞铺村等，每个村都走出自己的改革之路。（李 倩）

【做实做细“民生100”工程】2021年，区农业农村局承担6项“民生100”工程相关责任指标全面完成，其中完成机耕道建设40千米，新建村级惠民服务社2个，扶持建设3家农机合作社，完成土地托管服务66.67公顷。（李 倩）

【巩固脱贫攻坚成果】2021年，天元区组建41支乡村振兴工作队，6支驻村工作队，完成863项风险排查和366项政策未落实问题，全面化解边缘

户及特殊困难群体致贫风险，动态监测长期结对帮扶工作和边缘户。（李　倩）

【全面实施禁捕退捕】2021年，天元区完成116户退捕渔民（其中2户改为提前退捕）的协议签订工作及116艘渔船、479艘“三无”船舶、2.32万千克网具的处置工作，渔民转产就业率100%。（李　倩）

水　利

【概况】天元区水利局是天元区人民政府主管全区水行政工作的部门。主要负责全区水旱灾害防御、河长制、水利工程建设和管理、农村饮水安全、水资源及水行政管理、水库移民等工作。局机关内设河长制工作及水政水保股、水利工程技术股2个机构；天元区农村排渍站、天元区河湖管理服务中心2家所属副科级事业单位。全局在职工作人员30人。

2021年，区水利局积极践行习近平总书记“节水优先、空间均衡、系统治理、两手发力”新时期治水思路，认真贯彻落实区委、区政府决策部署，编制完成“十四五”农村供水保障规划、水安全保障规划、水安全战略规划、马家河街道和群丰镇城乡供水一体化规划及6个重点项目建议书，明晰水利高质量发展路径，天元区成功创建全国第四批节水型社会建设达标区，万丰湖入选国家水利风景区，实现“十四五”良好开局、稳健起步，为全区经济社会高质量发展提供了坚实水支撑。（王　娅）

【防洪基础建设】2021年，区水利局新建、修复湘江王家湾段、新马段、白沙园段水毁堤防1310米，整修七零高排、合花高排1513米；推行堤坝管养奖补制度，不断提升湘江堤防防洪效益，基本完成防洪排涝薄弱环节治理三年行动计划。建成智慧水库系统，创新传统水库管理模式，实时监测25座中小型水库雨水情，监控日常安全运行。排查、处置28处度汛隐患，应急抢修湘水湾、韶溪港、老陈埠港危墙等险情，汛期超警戒水位洪峰平稳过境。把环境影响最小化作为工程设计的重要目标，注重在工程建设中融入绿色文化、生态文化。合花高排渠建设中大规模采用生态砖护坡固脚。项目建设从“是否安全”逐步转向“既安全又生态”，从单一防洪向统筹水安全、水生态、水文化转化。（王　娅）

【饮水保障】2021年，区水利局新建凤凰山村饮水安全工程，解决2600人饮水安全问题；干旱季节调度应急送水，解决8500余名群众季节性缺水问题；坚定推进城乡供水一体化，制定规划，多方协调，提出“1234”（用户承担10%，镇村级承担20%，片区开发影响村、社区供水的平台公司承担30%，区级财政承担40%）筹资模式，被区政府采纳。积极在区相关部门、街道、社区与水务集团间铺路架桥，破解障碍，促成金龙社区与市水务集团签订施工合同，城乡供水一体化迈出实质性步伐。（王　娅）

凤凰山村饮水工程管道试压验收

【水利建设】2021年，区水利局紧扣水利改革发展政策导向，抓住机遇争取省市资金1472.62万元，覆盖防洪、灌溉、供水、河湖管护、水生态文明建设、农村水利基础建设等方面。认真落实区委、政府财源工作要求，对30家企业进行走访，宣传税收政策，提高企业主体依法纳税意识。统筹资金1003万元。承办人大代表、政协委员建议提案14件，满意率100%。承办区人大代表票决民生实事3件，七零高排、合花高排全面完工，形象靓丽。杨柳灌区续建配套与节水改造项目首次尝试渠道成型一体化设备，树立渠道建设标准化样板，工程进度达到时序进度。争取省“水美湘村”示范建设项目，在株木村白鹭谷打造“水美经济”。推进小微水体治理，为铁篱、先锋、月福等村山塘、河流提质改造提供技术服务，组织编制沧沙港生态整治专项规划。落实移民后扶资金88万元，实施民生项目9个，“一卡通”发放移民直补资金122.04万元，补助移民1282人，生产安置补助752人，三门白石村菊花基地和黄田村香椿基地日渐兴旺。（王　娅）

【联动治水】2021年，区水利局以落实整改中央生态环境保护督察组通报典型案例涉及天元区3个方面11个具体问题为目标，与区生环办、治污办、城环办紧密协作，水环境治理力度空前提高。配合凿石港韶溪港水环境治理改造，抓好三鑫凿石韶溪等污水提升泵站的运行管理，对栗雨高排、万丰高排等外排口消能池进行生态提质改造，积极落实洞庭清波夏季攻势等专项行动任务，完成排渍站前池排渠排口清淤23次。完善优化“天元区河长助手”“守望生态天元监督群”等护河微信群，建成首个乡村河长制文化广场，官方、民间互动增强，各类问题处置及时；开设“河我一起”志愿服务专栏，在省水利厅、红网等省级媒体宣传志愿服务亮点工作，河长制微信公众号发布各类河湖保护宣传38次。宣传落实《长江保护法》，发起“啄木鸟”等巡河护河行动，组织近5000人次开展大型巡河、护河及公益宣讲行动。（王　娅）

世界环境日护河行动

【河湖保护】2021年，区水利局紧密衔接换届工作，迅速调整区级河长设置体系，更新河长公示牌，点对点制作区级河长履职个性化责任清单，11名区级河长、19名乡级河长、85名村级河长和河长责任联系单位顺利接过“治水接力棒”。区委书记、区第一总河长率先垂范，全程乘船巡查境内48千米湘江，5位湘江区级河长承担起相应辖区管网排查、排口溯源、治污治水责任。实行河长述职点评制度，做实“河长+河道警长”“河长+检察长”“河长+民间河长”等协作机制，河湖保护责任既细又实。持续打好河湖“清四乱”歼灭战，整治各类涉水问题51起。响应创建文明卫生典范城市等专项工作，积极开展“河湖洁净周”专项行动，集中整治湘江沿线乱象问题68起。创新推行堤坝管养提质奖补，新整治堤防5处1.6千米。全面摸排全区沿江118个排水口，定位上图、建档立册。编制沧沙港等5条区级河流“一河一策”，明确新一轮治理目标、实施路径。（王　娅）

【行业监管】2021年，区水利局着力强化各类市场主体监管，汛期更换2位脱岗水库巡查员，解除聘用合同。在所有在建工地推行工程人员履约人脸识别系统，启动水利建设市场主体信用评价。

向5家市场主体发出警示函，开展各类约谈6次。解除与高原公司的大坝安全鉴定合同。坚持“节水优先”，落实最严格水资源管理制度。下达年度用水指标，按季度复核抽查，严格控制用水消耗，重点监管杨柳水库和11家取水单位。宣传推广节水先进设备或措施，晋合湘水湾成功晋级省级节水型单位，天元区成为全国第四批节水型社会建设达标区，用水效率各项指标位居全市前列。借助“世界水日”“中国水周”等活动契机，开展声势浩大的“节水、惜水、护水”主题宣传活动5次，发放宣传手册、节水小常识等1万余份。强化水土保持监管，审批水土保持、防洪影响评价项目68个，核发取水许可电子证照12个。下达限期整改水土流失违法行为通知书8个，下达限期整改违规取水行为通知书2个，收缴罚款2.34万元，有效遏制人为水土流失，切实提高水土保持率。（王　娅）

林　业

【概况】2021年，天元区林业局全面完成春季造林任务，造林质量普遍提高。加强森林资源保护管理，野生动植物保护，加大巡山护林力度，加强野外火源和用火管理，从源头上减少火灾发生的可能性，推动出台《株洲市天元区关于全面推行林长制的实施方案》及相关配套制度。（文思静）

【义务植树】2021年，天元区义务植树基地三门镇松柏村，面积5.33公顷，驻天元区市直机关49家单位、8个社会团体及志愿者2300余人参加义务植树活动，种植桂花、油茶5100余株。启动南岭山地森林及生物多样性保护工程。对绿心地区违法违规现象进行不定期巡查。对绿心地区的裸露山地进行复绿工作，造林1.38公顷。（文思静）

【野外用火管控】2021年，区林业局加大巡山护林力度，注重野外火源和用火管理，从源头上减少火灾发生的可能性。春节和清明节期间，组织干部护林员2000余人在林区宣传、巡查和守候，设卡60个，制止违规用火7人次，消除隐患21处，收缴打火机等火种300余个，出动森林防火宣传车250台次，张贴森林防火宣传年画500幅，发放森林防火宣传册1200本，出动的宣传铜锣140个，设立警示牌30块，区级发布预警调度信息500余条，镇（街道）发布预警信息6000余条，村村响喇叭每日防火提醒6—8次，营造良好的防火宣传氛围。对涉林镇（街道）配发一批森林防火装备，区林业局购置1台无人机，用于森林防火巡查。（文思静）

【征、占用林地工作】2021年，区林业局积极参与林地管理工作，接到用地单位申请报告后，局工作人员和业主单位技术人员逐地逐小班地现场调绘。上报征占用林地30宗（临时用地3宗），征占用林地面积97.36公顷；批回27宗（临时用地3宗），征占用林地面积93.70公顷，省财政收取植被恢复费1471.14万元。（文思静）

村镇建设

【概况】株洲村镇建设开发集团有限公司（以下简称“村镇公司”）是天元区政府2017年出资成立的公司，2021年3月划为高科集团一级子公司，注册资本10亿元。截至2021年12月，村镇公司资产总额28.83亿元，净资产13.05亿元。

2021年，村镇公司内设党群综合部、计划运营部、融资财务部、审计法务部、产业服务部、资产管理部、项目管控部7个部门；下辖天元区砂石经营管理有限公司、株洲村镇颐宁管理有限公司、株洲村镇水务有限公司、株洲市城乡交通发展有限公司、株洲村镇商贸有限公司 5 家全资子公司；控股株洲石三门农业发展有限公司、天元区保障住房开发建设有限公司 2 家子公司；参股株洲聚成砂石有限公司、株洲村镇公共交通有限公司、株洲村镇建设工程有限公司、株洲嵩山置业有限公司、株洲泰山置业有限责任公司、湖南上橙有机生态农业发展有限公司、株洲市腾逸开发建设有限责任公司、株洲农村商业银行股份有限公司、湖南天桥利亨停车装备有限公司 9 家子公司。实现营业收入 2.79 亿元，利润总额 0.21 亿元，经营性回款 2.4 亿元（其中政策补助资金 0.11 亿元），新增融资批单 8.39 亿元。（李柳慧）

【城乡客运一体化】2021 年，村镇公司编制完善城乡客运一体化的规划，分步推进乡村交通基础建设，先后改造和建设了雷打石综合服务运输站、三门综合运输站、铁篱综合运输站、响水公交首末站；新建 13 个公交站亭，补齐农村交通基础设施和公共服务短板；新开通 C2、C6、C7、C9 共 4 条村镇公交线路。至此，天元区城乡客运一体化项目开通 9 条线路，基本满足天元区城乡客运村村通的要求。2021 年，总里程数 105.22 万千米。（李柳慧）

【村镇水务】株洲村镇水务有限公司隶属株洲村镇建设开发集团有限公司。主营自来水生产和供应、污水处理及其再生利用、瓶（罐）装饮用水制造、水污染治理等。2021 年 8 月，村镇水务公司接管天元区白石水厂运营工作。白石水厂供水区域已覆盖三门、雷打石两镇共 23 个村，管网总长约 255 千米，供水人口约 1.5 万人。2021 年 8—12 月，村镇水务公司积极对水厂进行技术改造及维修，完成无阀滤池、水泵房、清水池等维修及技改，每天开展内部水质检测 2 次，确保水质及水量安全；定期安排专人对中继泵房及管网进行巡检查漏，完成紧急抢修 240 余次；对企业及居民用户建立档案，进行科学化管理，确保水费及时回收。（柳刘花）

【殡葬事业改革】株洲村镇颐宁管理有限公司是天元区委、区政府为全力推进天元区殡葬事业改革发展、建设殡葬服务基础设施而设立的公司，隶属株洲村镇集团，注册资本 5000 万元。经营丧葬用品服务、殡葬礼仪服务、殡仪服务站经营管理、骨灰堂经营管理、殡葬机构的托管服务。2021 年 10 月 14 日，由株洲村镇颐宁管理有限公司控股，株洲同舟科技发展有限公司与株洲市健宁殡葬服务有限公司参股，成立注册资本 400 万元，公司股权配比为颐宁公司占比 49%，健宁公司占比 29%，同舟科技占比 22%，解决天元区占道搭棚治丧等问题，为居民提供就近治丧、惠民礼葬场所。（徐　珺）

【城乡交通】株洲市城乡交通建设有限公司原名株洲鑫石置业有限责任公司，于 2017 年 10 月 31 日成立。2020 年 4 月 16 日增资扩股更名，注册资本 5000 万元，隶属株洲村镇建设开发集团有限公司。2021 年，城乡交通公司坚持“交通强国”政策，补齐城乡交通发展短板，加快交通基础设施建设，加大交通产业配套，打造综合型交通产业服务商，新建公交候车亭 13 个，先后改造和建设了雷打石综合服务运输站、三门综合运输站、铁篱综合运输站、响水公交首末站等，进一步完善城乡交通基础设施建设。加油站项目正就成立合资公司进行洽谈，6 座拟建加油站的选址规划均被纳入株洲市“十四五”规划。（袁晓晴）

【招商引资】2021 年，村镇公司完成项目包装 2 个、完成招商引资项目 11 个、完成 6 个项目用地挂牌出让、完成 4 个项目（沐鑫再生资源综合利用项目、天地混凝土项目、株洲金程汇通新型建材搅拌站项目、大禹恒基项目）5566.57万元的回款；积极拓展新意向投资项目6个；响应株洲市"温暖企业"行动号召开展"四联"行动，实地走访及电话微信摸排企业26家，收集企业问题28条，问题均已上报高科集团完成办结与交办。（李柳慧）

【工程项目】2021年，村镇公司有在建项目11个，总投资约7190万元。完成湘春路、小湖塘路雨水管道改造项目、株洲村镇集团一、二号综合楼改造项目、石峰大桥市政环卫设备停放基地及停车场项目、天元区响水农业技术交流平台项目、上橙有机（株木）生态鱼菜共生复垦工程、三门交管站客运站改造项目、党史陈列馆、乡村振兴文化长廊施工、石三门潇湘健步道（响水段）、鸿雁公园池塘、游客服务中心后池塘改造项目，启动村镇集团长江北路小游园提质改造项目。月福农业大棚项目4月开工建设，大棚总建筑面积7680平方米，项目总投资360多万元，12月完成项目建设并移交至大棚租赁企业使用。（李柳慧）

【土地开发与征地拆迁】2021年，村镇公司完成土地报批6.46公顷、完成土地出让13.74公顷（大禹2.67公顷，盛鑫2公顷，沐鑫再生资源7.2公顷，天地混凝土1.87公顷）；完成金程汇通、银力、沐鑫、大禹恒基、庞源（陕建机）等重点项目挂牌工作；土地征拆完成管委会园区办下达的园区开发任务目标，完成5宗28.38公顷土地征拆的资金保障工作，完成市级交地单2宗16.89公顷。（李柳慧）

【资源管控】2021年，根据区委、区政府统一安排，村镇公司负责对高科集团园区控规地块范围内未征拆、已征拆地块开展资源管控与巡防管控工作，安排专人坚持"5+2""白+黑"进行巡查。年内，完成已征收未开发地块及零散分布砂石土余渣处置，实现收入991.01万元，发生处置成本541.79万元，取得处置收益449.22万元。（李柳慧）

【特来电项目】2021年8月23日，村镇公司、株洲市城乡交通建设有限公司与特来电新能源股份有限公司三方共同出资成立株洲特来电充电网科技有限公司，充分发挥各自在技术、市场、资本和管理等方面的优势，在新能源汽车及充电设施领域开展全方位和多角度的合作。截至12月末，已投运站点1座，是株洲市最大的新能源车辆集中式充电站，另有渌溪沙与神农大剧院2个站点在进行建设。（袁晓晴）

工业·交通

工业产业

【概况】2021年，株洲高新区综合实力在全国157家参加评价的国家级高新区中排名第30位，较2020年上升四位。全省138家省级以上园区2020—2021年两年合并评价综合排名位居全省前三，获评2021年全省营商环境先进园区；创新发展综合能力位居全省第二，动力谷创新创业服务中心获评全国创业孵化示范基地；培育专精特新种子库、打造小巨人企业获得省政府通报表彰；获评中国先进制造业百强园区；在全省园区高质量发展大会作典型经验发言，在全省“放管服”改革大会上作为唯一县市区代表作典型发言。

2021年，株洲高新区、天元区明确以轨道交通航空装备制造、汽车制造为主导产业，新材料产业为特色产业，河西示范园全力打造以新能源汽车、新能源装备为主导，以新材料、电子信息为特色的“2+2”产业集群。出台《株洲高新区（天元区）优势产业链“十四五”发展规划（2021—2025年）》《株洲市天元区科技创新“十四五”发展规划》《株洲市天元区“十四五”园区发展规划》《株洲高新区创建“五好”园区实施方案》；积极开展产业链建设工作，印发《关于进一步加强产业链建设和招商工作的实施意见》，各链办工作有序开展；高效推动土地节约集约利用，打造园区“135”工程升级版，全面推进亩均效益评价，拓展2.5产业园区，积极开发中南高科、万洋众创城等项目。园区新开工标准厂房面积46.88万平方米，新竣工标准厂房面积35.94万平方米。

2021年，全区“两主两特”重点产业累计完成产值同比增长16.2%，拉动全区规工产值增长12.9个百分点，对全区规工产值增长贡献率达91.3%。其中，8家头部企业完成产值同比增长12.4%，占全区产值比重达72.1%。

新能源汽车行业完成产值同比增长11.3%。其中两家整车生产企业（北汽株洲和时代电动）全年累计完成产值同比增长11.2%。另外，汽车零部件生产企业中，株洲齿轮把握住汽车行业逐步复苏和工程机械行业持续火爆的时机，通过抢抓市场和提升产能等一系列举措，产值呈现大幅增长，累计完成产值同比增长18.4%。

新能源装备行业完成产值占全区产值比重达25.4%。风电板块受风电补贴政策带动，订单呈现爆发式增长，2020年未完工的生产订单延续到2021年，带动中车风电主机事业部和时代新材风电叶片事业部产值规模持续保持增长势头。

电子信息行业完成产值同比增长65.8%。其中，长城电脑受到国内电脑市场复苏及2020年年底新增10亿元的国际大订单等的诸多利好因素刺激带动，累计完成产值同比增长73.5%；麦格米特生产的智能家电电控、显示电源产品等受到市场青睐，产量较2020年增长明显，累计完成产值同比增长45.5%。此外，以菲斯罗克、方心科技、嘉成科技为代表的专精特新“小巨人”企业订单量显著增加，产值均保持两位数以上增长。

新材料行业完成产值同比增长33.0%。以钻石切削为代表的硬质合金类企业，由于公司2个分厂搬到新马基地，产能持续扩大，加之整体行业形势好转，带动公司完成产值同比增长26.0%。时代新材橡胶板块事业部受欧洲疫情较2020年有所缓和，市场逐步放开，订单量较同期有所增长；博戈公司通过新开设工厂并投入新的生产线，产能进一步扩大，橡胶板块累计完成产值同比增长44.3%。

2021年，株洲高新区营业收入、技工贸收入分别突破3000亿元、2900亿元。天元区实现地区生产总值（GDP）512.6亿元，同比增长8.3%；完成规模工业总产值697亿元，同比增长14.2%；实现规模工业增加值154.8亿元，同比增长11.2%；实现工业税收20.4亿元，同比增长13.4%。（袁思锐）

【企业服务】2021年，株洲高新区、天元区积极做好企业服务。对联企干部优化调整，积极为企业排忧解难。按照株洲高新区、天元区六链六组产业链建设新格局，重新调整577名联企干部联系794家企业。全区联企干部实地走访企业4000多次，收集企业问题1000余个，全部办结；精心组织“创客中国”株洲高新区、天元区中小微企业创新创业大赛，组织47家企业开展赛前集训活动，通过区级赛推选14个项目参加市级赛，8个优秀参赛项目成功晋级湖南省决赛，其中株洲瑞德尔冶金设备制造有限公司“云控烧结装备群组”、湖南精益传动软件科技有限公司“基于具有自主知识产权的传动设计软件”2个项目进入全国赛并成功入围全国500强；组织园区40余家中小企业创始人和高管赴成都、广州、深圳华为多家行业标杆企业学习考察，帮助企业学习先进技术，探讨科学管理经验，推动企业数字化转型和新能源行业发展；做好企业疫情防控，全员参与疫情防控全力保障企业安全生产，为园区企业提供核酸检测上门服务，开设检测专场50余次，完成采样7.48万人次；联合区卫健部门开设新冠疫苗企业接种专场，接种企业员工2.78万人，接种率98.94%。（尹昱）

【服务平台】2021年，株洲高新区、天元区积极建设服务平台。人力资源服务产业园正式开园；打造“智汇新区·云聚人才”中国动力谷智库云“一院两系”云服务工作平台；组建全省首家现代产业研究院（中国动力谷现代产业院）。建立丰树株洲高新物流服务产业平台，成为全省产业项目建设年“五个100”行动中“对接500强”的10个重点项目之一；二手车出口试点城市工作有序推进，为客户提供二手车出口专业物流解决方案。着力解决中小微企业融资难题，全区有241家企业进入市信贷风险补偿基金,221家企业（含续贷）获得贷款7.73亿元；持续开展科技型企业知识价值信用贷款风险补偿试点工程，通过贷款审批企业 8 家，另有 9 家正在进行贷款尽职调查流程中；出台《株洲高新区（天元区）推进企业上市工作实施方案》，加快推进企业对接资本市场。加强新型研发机构的培育，引进株洲市陕研新材料装备技术研究院和中科（湖南）先进轨道交通研究院；加强孵化器建设，形成以国有孵化器为主体，民营孵化器为补充，企业孵化器为特色的全方位孵化体系；积极引导企业创建各级科技创新平台，株洲高新区拥有省级及以上研发机构 199 家，省级及以上众创空间孵化器 39 家，高新技术产业企业 450 家。（侯海彬）

【产业项目】2021 年，株洲高新区、天元区积极引进重点项目，推动产业链招商升级，开展精准招商，着重招引一批大而强和小而精的好项目。上报新签项目 65 个，总投资额 434.74 亿元，其中 1 亿元以上项目 51 个，10 亿元以上项目 9 个，50 亿元以上项目 3 个。推动项目建设，不定期召开项目调度会和现场办公会，并将“产业项目建设年”活动工作推进情况列入株洲高新区管委会、区政府每月例会汇报专题；以贴“红、蓝旗”形式对“产业项目建设年”各项指标牵头责任单位和服务责任单位进行考核；坚持并细化“一单四制”工作机制，项目建设加速推进，博鲁斯潘精密机床、宏达 5G 电子等 53 个重点项目实现开工，意华轨道交通装备、株齿变速器及系统总成等 41 个重点项目实现竣工，立方新能源获评国家级工业产品绿色设计示范企业，钻石切削公司中标国家制造业高质量发展专项。（侯海彬）

【产业服务】2021 年，株洲高新区、天元区优化营商环境方面，开展“惠企政策进园区”等主题活动，通过汇编政策手册，切实做好惠企政策宣传与解读，兑现企业扶持资金 12169 万元（不包含企业“一事一议”）；推行企业开办一窗通办，整合企业设立登记、公章刻制等 6 个环节，实现企业开办必需环节的时间压缩至 1 个工作日以内，所需提交的材料精简到 6 份以内；推行“拿地即开工”改革，将土地审批手续与技术预审查并行办理，实现项目拿到土地证即可取得施工证，将审批总时限从 120 个工作日缩减至 30 个工作日，德智新材项目从不动产权证出证开始，24 小时完成施工证发放，刷新全市“拿地即开工”审批速度纪录；推行“园区事园区办”，推进园区赋权，积极对接林业、住建等市级部门，完成 17 项市级园区赋权事项签订交接书和委托行使协议书，新设株洲高新区政务服务中心，开设企业开办一窗通、社保服务、人力资源服务、人才管家、园区物业和中介服务、一件事一次办 6 个综合窗口，统一推行综合窗口集成服务。进驻市监、税务、产业、人才等涉企事项 352 项。（侯海彬）

【专精特新培育】截至 2021 年，株洲高新区、天元区有专精特新“小巨人”企业 46 家，其中国家级 17 家（占全市的 45%），省级 29 家（占全市的 36%）。2021 年，国家级新增 15 家，省级新增 8 家。主要集中在新一代信息技术、高端装备制造、新能源、新材料等中高端产业，其中株洲南方阀门、株洲齿轮、株洲火炬安泰、株洲菲斯罗克光电、湖南澳维环保、博戈橡胶塑料（株洲）、湖南立方新能源、株洲嘉成 8 家企业成为国家重点“小巨人”；24 家企业的主导产品填补国内空白，关键领域补短板；9 家企业主导产品国内市场占有率超过 50%；46 家企业实缴税金超 3.5 亿元，占全区工业税收的 23.8%。46 家专精特新“小巨人”企业全部为高新技术企业，拥有发明专利 339 件。株洲南方阀门、株洲齿轮成为行业国家标准制定者。湖南科瑞变流电气的大功率整流器获得欧盟 CE 认证，产品远销比利时、法国、瑞士、瑞典、德国、意大利、俄罗斯等国家；湖南澳维环保的反渗透膜产品通过美国WQA、NSF-58和NSF-61认证，远销欧洲、俄罗斯、印度、越南、印度尼西亚等国家和地区。41家企业参与工业关键基础材料、核心基础零部件（元器件）、先进基础工艺、产业技术基础发展。（吴 斌）

企业选介

【株洲齿轮有限责任公司】株洲齿轮有限责任公司（以下简称“株洲齿轮”）成立于2002年，位于天元区明日路10号，注册资本54078.95万元，法人代表潘晓东，是一家国有企业。是中国齿轮传动行业重点骨干企业，多次被评为“中国百佳汽车零部件供应商”“中国机械行业管理创新示范企业”“中国齿轮行业最具影响力品牌”“中国齿轮机行业TOP10企业”。是国家高新技术企业，拥有国家级企业技术中心、博士后科研工作站、湖南省工程技术研究中心、湖南省工业设计中心，是中国齿轮行业标准起草单位，中国机械通用零部件工业协会齿轮与电驱动分会（CGMA）副会长单位，中欧经济技术合作协会齿轮传动产业分会会长单位，中国齿轮产业创新联盟副理事长单位，国家火炬计划重点高新技术企业。“株齿”品牌是国内知名品牌、中国驰名商标。长期从事变速器、新能源汽车减速器、分动器、行星减速机等齿轮传动产品的研制，具备年产轿车变速器30万台、新能源汽车变速器40万台、分动器及行星传动总成15万台（套）的生产能力。构建变速器、特种传动总成两大齿轮传动系统生产研发平台，长期从事变速器、新能源汽车减速器、分动器、行星减速机等齿轮传动产品的研制，具备年产轿车变速器30万台、新能源汽车变速器40万台、分动器及行星传动总成15万台（套）的生产能力。累计承担国家级项目7项、省部级重点项目30余项，先后100余次获国家和省市科技进步奖、优秀新产品奖、新产品证书、高新技术产品认定证书等，获得国家专利及软件著作权500余件，其中发明专利23项，主持或参与制订行业以上标准6项及团标2项。2021年，有员工950人，其中技术人员260人，占总人数的27.43%，团队中博士7人，硕士60余人，高级工程师20人，工程师80余人。主要产品减速机销量9.3万台，分动箱销量1.7万台，轻型变速箱0.9万台，新能源动力总成22.5万台。主营业务收入16.61亿元，营业（销售）收入16.65亿元，利润总额6119.96万元，税收3659.18万元。（马 珂）

【株洲肯特硬质合金股份有限公司】株洲肯特硬质合金股份有限公司（以下简称“株洲肯特”）2006年12月成立，位于天元区金月路99号，注册资金7522.5万元，法人代表张国顺，主要从事钻掘类硬质合金、数控切削工具、先进工具材料、岩土工程工具四大领域产品的研发、生产、销售及服务。截至2021年年底，公司主导产品“深部钻探用硬质合金球齿”国内市场占有率达到28.63%，国内排名第一。自主研发的“高韧性、低杂质含量超粗硬质合金”入选国家火炬计划产业化示范项目，实现了晶粒度＞8微米的“特粗级”超粗晶粒合金齿的技术突破，产品性能进一步提升，填补了国际空白，有效补齐了隧道掘进、桩基开挖、煤炭开采、路面铣刨等关键领域的短板。坚持自主创新，拥有一支业内高素质的研发团队，2021年年末，员工251人，直接从事研究开发的技术人员50人，占企业职工总人数的20%。2021年，实现营业收入3.48亿元，增长42%；实现利润0.55亿元，增长95.2%；纳税1894.48万元，增长64%。2021年先后获评2021年度“湖湘精品”

中小企业品牌提升试点企业、国家级专精特新“小巨人”企业，产品“高耐磨梯度超粗晶粒硬质合金工程齿”获湖南省工信厅重点新材料首批次示范奖励项目。 （彭 亚）

【湖南科瑞变流电气股份有限公司】湖南科瑞变流电气股份有限公司（以下简称“科瑞变流”）创建于1998年，注册资金4700万元，位于天元区黑龙江路629号，法人代表丁劲松。专注大功率半导体变流器系统的研发、设计、制造与服务，是集科研、生产、销售为一体的高端装备制造与服务的科技型企业。产品应用于国内外冶金、化工、造纸、电力、交通、石油、矿山、能源、军工、科研等行业，远销比利时、法国、瑞士、德国、俄罗斯、冰岛、加拿大、澳大利亚、卡塔尔、印度、印度尼西亚、马来西亚、孟加拉国、赞比亚、刚果等35个国家。成为向全球提供最优性价比的工业变流器制造商之一。获得湖南省科学技术进步奖2项，湖南省科技成果鉴定1项，株洲市科技进步奖2项；获株洲高新区技术创新奖、管理创新奖和株洲中国动力谷百强企业。科瑞变流逐步发展为国内整流行业最具规模、技术力量最强的企业之一，也是国内少数几家具备超大功率整流器制造能力的骨干企业之一。2021年，主要生产兆瓦级整流器系列产品，年产量为200台（套）。实现销售收入1.09亿元，生产产值1.5亿元，利税1356.1万元。员工138人，其中研发人员48名，占企业职工总数的37.50%。 （谭 利）

【湖南立方新能源科技有限责任公司】湖南立方新能源科技有限责任公司（以下简称“立方新能源”）成立于2013年11月，位于天元区创业大道128号天易科技城J地块，注册资本6825.68万元，法人代表涂健。主营产品锂离子电池、钠离子电池、储能电池、动力电池。主导产品智能电车低温锂电池市场占有率国内前三、宽温电池排名省内第一。专业从事锂离子电池研发生产和销售近10年，入围工信部锂离子电池行业规范条件企业，是国家专精特新“小巨人”企业、国家高新技术企业、省小巨人企业、省专精特新示范企业、省新材料企业。主导产品广泛应用于智能穿戴设备、电子设备、新能源汽车、智慧电网等领域，销往湖南、广东、浙江、江苏等国内20多个省市，远销北美、欧洲等国外市场。2021年，有员工近800人，实现销售额2.8亿元。自主研发“宽温域锂离子电池”获湖南省制造业单项冠军产品，长寿命高安全低成本聚合物锂电池、长寿命高能量密度钠电池技术实现补短板和填空白。获评国家专精特新重点“小巨人”企业、国家绿色设计示范企业。（周艳娟）

【株洲瑞德尔智能装备有限公司】株洲瑞德尔智能装备有限公司（以下简称“株洲瑞德尔”）成立于2011年9月，位于天元区仙月环路755号瑞德尔科技园，注册资本3000万元，法人代表李应新。是一家从事粉末冶金专用设备研发、制造、销售以及硬质合金刀片镀膜加工服务的高新技术企业。主导产品包括脱脂压力烧结一体炉、脱脂真空烧结一体炉、MIM不锈钢烧结炉、氮（碳）化硅烧结炉、急速冷却烧结炉、高真空烧结炉、金属钼片烧结炉等。产品远销美国，欧盟、日本、乌克兰、俄罗斯、越南等国家和中国台湾地区，“瑞德尔”专业烧结炉品牌在市场上成功替代同类型的进口产品。拥有授权知识产权71项。其中，发明专利9项，国际专利4项。主营产品压力烧结炉年产量达100台（套）。2021年6月，成立株洲市5G云控烧结炉工程技术研究中心。2021年，有员工118人，销售额1.33亿元、利税524万元。获批湖南省2021年第二批入库科技型中小企业。获评湖南省首台（套）重大技术装备奖励、国家级专精特新“小巨人”企业。“5G工业互联网智能制造平台”被评为湖南省制造业数字化转型“三化”重点项目，“厂区智能物流”获评全省机械行业“5G+工业互联网”六大典型应用场景。获第六届“创客中国”中小企业创新创业大赛湖南省二等奖，湖南省节能“新技术、新装备和新产品”，第十届创新创业大赛高端装备制造全国赛优秀企业奖，获湖南省制造业单项冠军产品。（邹思敏）

【湖南瑞邦医疗科技发展有限公司】湖南瑞邦医疗科技发展有限公司（以下简称“瑞邦医疗”）位于株洲高新区，成立于2006年12月，2016年被评定为国家高新技术企业，2019年被评定为“湖南省小巨人”企业，2021年被评定为国家专精特新“小巨人”企业、湖南省工程技术研究中心、湖湘精品”、中小企业品牌能力提升试点企业、湖南省上市后备企业、株洲市瞪羚企业、株洲市制造业纳税50强企业。瑞邦医疗作为国内排名第一的泌尿外科高端耗材生产企业，拥有产品注册证27个，12个产品取得欧盟CE认证，专利37项，已授权发明专利2项，实审发明专利7项，软镜手术用取石网篮及导入鞘、灌注泵导管、四方位电子输尿管软镜均为国内首家注册，替代进口产品。近几年来公司销售逐年递增，平均增长30%以上。2021年，实现出厂销售额约2.12亿元，产值2.5亿元，上缴税收近2000万元。（王顺意）

【湖南润伟智能机器有限公司】湖南润伟智能机器有限公司（以下简称“润伟智能”）2012年5月成立，坐落于天元区创业大道156号天易科技城自主创业园，注册资本1200万元，法人代表吴艳胜。致力于轨道交通检测试验装备以及电子、电气配件等产品的研发、生产和服务，为行业提供高效集成的系统解决方案的专业服务商及供应商。拥有生产制造车间2万平方米。截至2021年，拥有授权发明专利2项，实用新型专利11项，软件著作权13项。承担株洲市科技计划项目“新型机车管道自动化下料加工生产线的研发及产业化”，国家科技支撑计划子课题“高速列车牵引传动与制动系统”项目提供国内首创试验台。获得专精特新国家级“小巨人”、国家高新技术企业认定、湖南省两化融合贯标体系认证、湖南省智能制造专项奖励、湖南省互联网项目专项奖励、湖南省产教融合企业；株洲市军民融合企业、瞪羚企业、上云标杆企业等荣誉。2021年，有员工230余人，研发设计人员占比60%，自主知识产权100余项。销售收入1.4亿元，利税1800万元。（曲金刚）

【湖南澳维科技股份有限公司】湖南澳维科技股份有限公司（以下简称“澳维科技”）位于天元区栗雨工业园火炬四道，法人代表彭军，注册资本1.29亿元，是专业的反渗透膜、纳滤膜和超滤膜材料供应商，致力于水处理膜和特种分离膜的研发、生产、销售和服务，拥有膜片制造的核心技术和规模化生产能力，是拥有强大技术支持的系统设计与应用服务的提供商。为高新技术企业、新材料企业。在株洲设有两大产业园，拥有年产1500万平方米复合反渗透膜和纳滤膜的生产能力。自主研发的40余种反渗透膜产品已取得业内广泛认可，产品性能达到国际先进水平。澳维科技通过ISO 9001质量管理体系认证、ISO 14001环境管理体系认证、ISO 45001职业健康安全管理体系认证。参与制定12项国家及行业标准。旗下的反渗透膜产品通过美国WQA、NSF—58和NSF—61认证，远销欧洲、俄罗斯、印度、越南、印度尼西亚等国家和地区，产品广泛应用于反渗透预处理、市政污水处理等领域。澳维科技是膜分离技术湖南省工程研究中心的依托单位、湖南省液体分离膜材料工程技术研究中心依托单位、湖南省企业技术中心、湖南省重点上市后备企业、国家高新技术企业、湖南省新材料企业。先后主持或参与省部级项目2项、校企合作项目3项。公司团队共申请专利61项，授权专利39项，其中，美国发明专利1项，中国发明专利15项。在国内外核心期刊发表科技论文5篇，获评2019年湖南省科技进步奖三等奖、湖南省专利奖三等奖。2021年，有在职员工294人，水处理膜材料年产量996.9万平方米，销售额2.60亿元，利税金额5341.53万元。获评湖南省新侨创新创业企业、第七届环保企业水处理膜材料创新奖、国家专精特新重点“小巨人”企业（第三批）、国家专精特新“小巨人”示范企业（第二批第一年）。攸县产业基地正在进行“高分子膜材料产业化二期基地建设”。（段 锐）

【株洲宏大高分材料有限公司】株洲宏大高分子材料有限公司（以下简称“株洲宏大”）系原国营企业株洲市塑料七厂改制企业，成立于1999年5月，位于天元区新马工业园，占地面积5万平方米，注册资金3464.65万元，法人代表曾维楚。主要以研发、生产高功能材料及含氟塑料为核心往下游延伸四大应用领域（特种密封、轨道交通、水处理、环保装备）产品的企业。为用户提供高功能氟塑料（PVDF、PCTFE、PFA、FEP、ETFE、ECTFE、PTFE及改性等）和特种密封件（泛塞封、轴封、密封环、密封垫、阀座、球衬等）产品；高端环保化工装备及湿化脱硫制酸系统问题整体解决方案；水处理膜元件配套产品；轨道交通轻量化复合材料产品等。是中国中车株洲电力机车有限公司、中国航发三三一、五七一二、中航精工、武钢集团、云南煤化工集团、中石油、中石化等核心配套供应商。自主研发的PCTFE、PFA挤出棒材、PVDF挤出板材技术打破国外技术垄断，填补国内市场空白，达到国际先进水平。参与《聚全氟乙丙烯（FEP）膜》《聚偏氟乙烯（PVDF）板》2部国家标准制定。产品广泛应用于半导体、天然气、液氧、液氮、液氢、核工业、石油化工、航空航天等领域超低温超高压及高温高压的密封。其中，PCTFE产品占国内市场的80%以上，为中石油、中石化、中国中车、中国航发等龙头企业配套服务近20年。2021年，实现销售收入超过1.5亿元，增长25%；利税0.32亿元，增长28%。（李 尊）

【株洲嘉成科技发展股份有限公司】株洲嘉成科技发展股份有限公司（以下简称“嘉成科技”）成立于2012年3月，位于天元区仙月环路1233号（万富路与仙月环路交叉口），注册资本5649.3259万元，法人代表朱逸文，为轨道交通、移动机械、智能制造等领域客户提供机电液一体化控制系统和成套设备。获得国家及省级专精特新“小巨人”（重点支持）、国家高新技术企业、省移动互联网重点企业、省企业科技创新创业优秀团队、省优秀软件企业、省优秀工业App、国家创业园百家企业“最具成长性企业”、省市智能制造服务推荐提供商、省政府采购协会理事单位、市“瞪羚企业”、市“吴运铎创业奖”等多项荣誉与资质，承担过数十项省部级以上科技创新项目，通过IRIS国际体系、ISO 9001体系、欧洲CE与E-MARK等多项认证，已与中南大学等顶尖高校联合成立省级工程技术研究中心及研究生联合培养基地。主导产品移动机械控制系统（Mobile Machine Control Solutions），属于工业四基核心基础零部件，在细分领域全国排名前三、省内排名第一，填补国内空白。轨道交通领域主要客户国铁集团、中国中车、中国铁建等下属的铁路工程车辆整机厂、地铁公司等；移动机械主要客户三一、徐工、中联、柳工等；

2018年起，布局智能制造和新能源领域。2021年，有员工240余人。自购土地建设的嘉成科技机电液一体化产业基地新园区正式投产。实现销售收入3.5亿元，税收1200万元。（王 咏）

【株洲艾美新材料有限公司】株洲艾美新材料有限公司（以下简称“株洲艾美”）成立于2010年7月，注册资本2300万元，位于天元区天易科技城自主创新园，法人代表欧阳藩华，主营业务为高品质易切削铍铜合金制品生产及销售以及含铍系列贸易供应链。细分领域为高品质易切削铍铜合金。自主研发的切削铍铜合金棒是我国唯一、全球第二的优质产品。拥有28项知识产权专利，3项发明专利通过审批。建有高性能铍铜合金材料技术研究中心。主导产品包括铍铜合金线棒、铍铝合金线棒、铍铜合金三大系列20多种产品。产品国内占有50%的市场占有率。拥有独立的研发团队，成立之初便致力于建立新的高品质易切削铍铜合金独立研发和生产体系。2021年，铍铜合金产品产量480吨，销售额9858万元，交税183万元。获批为国家高新技术企业、国家专精特新“小巨人”企业、湖南省新材料企业、湖南省小巨人企业、株洲市高新区瞪羚企业等荣誉。产品通过SGS的欧盟REACH和RoHS认证。（欧阳藩华）

交通运输

【概况】2019年4月24日，株洲市天元区交通运输局（以下简称“区交通运输局”）成立，为天元区政府的职能组成部门，代表区政府行使全区交通规划、建设、地方公路养护、交通运输行业管理、交通战备和水运等行政职责。办公地点位于黄河北路火炬大厦4楼。下设天元区交通运输服务中心。暂定编制10名，其中行政编制4名，事业编制6名。主要负责辖区交通运输建设市场管理、区道路运输行业安全生产监督管理和应急管理；修订或制定辖区内农村公路、水运交通设施建设规划和计划，并组织实施；制订农村公路管理养护计划，保障农村公路通畅；协助配合上级海事部门管理辖区湘江水域渡口码头，客运渡船运输安全。

2021年，天元区石三门大道被评为十大“湖南省最美农村路”。区交通运输局被市交通运输局评为公村公路养护管理工作先进单位、交通基础设施建设管理先进单位。（谢 莲）

【交通基础项目建设】2021年，区交通运输局突出项目建设，交通基础设施不断完善。完成村建区补8千米、石三门大道（响水村口至三古线）工程12.7千米、月福大道一期（裕农公司至三谭线）2.4千米、三谭线0.8千米；主动协调市交通运输局提质改造天元区道路，助力推动省道S329项目进入招投标程序，积极服务协调“醴娄高速”天元段建设，横向丰富与湘潭联通的路网体系。高效实施乡村道路建设，新建、改扩建道路总投资9000万元，完成21条44.26千米道路的新改建(含民生实事计划任务29千米)，完成农村公路安防建设15千米、20座桥梁信息公示牌及限载标志安装工作。（谢 莲）

【城乡交通工作】2021年，区交通运输局全力推进城乡客运一体化示范区创建。实行“全面一体化，城乡公交（客运）5+1”发展模式，全域采用较高频次，低票制公交服务模式。全区城乡公交（客运）线路均不超过6元，市区至镇村的线路相对创建前票价均下降70%左右。新开通城乡客运线路6条（新开通砖桥村—新龙村的C2路、新马小学—太高社区的 C9 路，三门镇—杨柳村的 C7 路、三门镇—护塘村的 C6 路，整合延伸 C1 路、32 路公交车），累计新开通 10 条城乡公交线路。完成响水、菜码头、三门镇、铁篱 4 个运输服务站场建设。 （谢 莲）

【改革养护体制】2021 年，天元区从“创新养护方式、路长制、美丽农村路”三个方面深入推进“深化农村公路管理养护体制改革”试点工作。9 月，获批“深化农村公路管理养护体制改革”县级试点区。在路长制、美丽农村路方面完成搭建“天元区农村公路智能化养护管理系统应用平台”，实现天元区农村公路信息化、智能化管理。（谢 莲）

【整治交通安全】2021 年，区交通运输局深入推进交通问题顽瘴痼疾集中整治工作。实行路警联动治超，启动“固定检测 + 流动治超”工作模式，截至 12 月底，全区检查超限超载车辆 733 台，依法查处违法超限车辆 105 台，卸载货物 2098.5 吨，对违法驾驶员扣分 135 分，罚没款 57.27 万元，普通公路超限超载率控制在 1% 以内。加强码头渡口水运安全监督检查。开展校车安全大排查活动，为校车安全保驾护航。对辖内“两客一危一校”（道路班车和旅游包车客运车辆、危险品运输车辆、校车运输车辆）驾驶员 1686 人进行毛发采集检测工作，提高驾驶员禁毒、防毒、拒毒意识。利用“公路灾害风险调查系统”App，对系统内道路、桥梁的各项指标进行采集，完成自然灾害普查工作。持续开展常态化疫情防控，投入值班值守人员 3000 余人次，资金 100 余万元。 （谢 莲）

【公路交通疫情防控】2021 年，区交通运输局率先投入防疫抗疫第一线，确保疫情防控“一断三不断”（坚决阻断病毒传播渠道，保障公路交通网络不断、应急运输绿色通道不断、必要的群众生产生活物资运输通道不断）。接收设置交通防疫卡口指令后，区局迅速在全区各高速公路出入口、国省道干线、城区要道等重要卡点设立 22 个卡点，实行 24 小时值守，每天及时掌握动态信息分析研判调度，为区疫情防控工作领导小组制定应对疫情措施提供第一手资料。规范站点，集结交通、公安、交警、卫健、镇办等 300 余人，将队伍投到值守防控卡点，切实达到“内防输出，外防输入”工作要求。8 月疫情期间，检查车辆 6.48 万台、乘客 9.43 万名，发现并劝返 49 名“黄码”乘客，牢牢守住天元区交通疫情防控第一线。 （谢 莲）

商贸·招商·金融

商贸·粮食

【概况】株洲市天元区商务和粮食局（以下简称“区商粮局”）是天元区人民政府主管全区内外贸易、国际经济合作、粮食（含食用植物油）流通和粮食储备的工作部门。机关行政编制7名，内设综合股（行政审批和政务服务办公室）、外经外贸管理股、内经内贸管理股、粮食管理股4个职能股室；下设全额拨款事业单位天元区救灾物资储备中心，核定编制4名。

2021年，天元区通过实施内贸、外贸双轮驱动，不断拓展外贸新领域，持续拉动内贸新增长。全区实现外贸进出口总额114.5亿元，同比增长-0.3%；完成社零总额184.28亿元，增幅14.5%。区商粮局获得2021年度全省商务工作先进单位、全市商务和粮食工作先进单位、全市商务和粮食工作（粮食）先进单位、全市落实粮食安全省长责任制工作优秀单位等称号。（彭婕妤）

【新冠肺炎疫情防控】2021年新冠肺炎疫情期间，组织全区14家大型商超2038人接种新冠疫苗，2000余名工作人员开展专场核酸检测。保障集中隔离医学观察点有序运转，以“天元速度”实现集中隔离医学观察点“房等人”。累计启用集中隔离医学观察点14个，总客房数超过2000间。8月疫情期间，平均每天新启用集中隔离医学观察点1个以上，平均每天新增隔离用房超过140间，为疫情防控工作提供坚实的后勤保障。（彭婕妤）

【完善政策配套优化营商环境】2021年，天元区积极兑现政策，完成16家外贸企业产业政策兑现拨付工作，涉及品牌建设、支持出口、支持参展等方面127.55万元。积极推动《株洲高新区（天元区）全面推动开放型经济高质量发展实施方案》《株洲高新区（天元区）全面推动开放型经济高质量发展奖励办法》等文件出台，从投资、经贸、外贸人才培育、“一带一路”等方面扶持企业发展，增强企业信心和海外竞争力。向企业兑现区级资金443万元，为企业争取上级扶持资金790万元。（彭婕妤）

【二手车出口】2021年1月19日，株洲市二手车出口业务首发仪式在汽车博览园举行，向非洲尼日尔、中亚乌兹别克斯坦等国家出口二手车 30 台，总货值约 160 万元。出口车辆均按照二手车出口规范要求办理整备、改装、检测、转移待出口等业务流程，作为第二批国家二手车出口试点地区，率先实现首批二手车出口。2021 年，完成二手车出口业务 74 台，总货值 150.06 万美元（约 990 万元），出口目的国为尼日尔、尼日利亚、蒙古、乌兹别克斯坦、吉尔吉斯斯坦、迪拜等。（彭婕妤）

【外贸领域横向交流学习】2021 年 3 月 19 日，赴长沙参加“中国（湖南）自由贸易实验区长沙片区雨花区块长株潭一体化交流座谈会”，与湘潭、长沙雨花区交流探讨如何把握自贸实验区建设契机，加强区域资源共享，构建区域错位发展、特色明显、相互配套的合作格局，推动长株潭一体化取得新突破。5 月 12 日，赴长沙开福区学习促进开放型经济发展方面的经验做法，重点了解政策体系、工作机制和自贸区联动发展举措。（彭婕妤）

【外贸企业培训】2021 年 3 月 22—24 日，组织天元区内钻石切削、科瑞变流等 30 余家企业开展《区域全面经济伙伴协定（RECP）》线上培训。5 月 13 日，开展助力制造业出海培训株洲专场活动，区内钻石切削等 40 余家企业参与。6 月 22 日，联合株洲海关、中信保湖南分公司、中国建行开展外贸综合培训活动，加强海关政策宣传，发挥出口信用保险和金融工具的作用，区内长城电脑、瑞美进出口等近 100 家企业参与。11 月 24 日，组织区内金鼎硬质合金、领创硬质合金等 30 余家企业参与外贸综合培训，加强信用保险及省、市政策宣传。（彭婕妤）

【组织参加国际展会】2021 年，动员企业参加展会拓展海外市场。6 月，邀请湖南长城计算机系统有限公司等 9 家企业观看上海进博会长沙路演线上直播。7 月，邀请瑞美进出口等 6 家企业参加第二届中非经贸博览会。8 月，组织企业参加在深圳会展中心举办的第 23 届高交会。10 月，组织湖南渔越等企业参加湖南出口产转内销高桥市场专场活动。（彭婕妤）

【天元区首届“天元名品”直播带货大赛】2021 年，天元区以挖掘有潜力的电商企业，培育、孵化专业化的电商人才为目的，通过大力推广天元名品，推动电商经济蓬勃发展，6—9 月举办首届“天元名品”直播带货大赛。活动吸引上百名选手参赛，得到辖区内包括唐人神、千金药业、太子奶、麦波、慕她、恒盛田园等 20 余家民营企业和享有盛誉的本土品牌的支持和参与。活动共有 8 名选手获奖，11 家企业获评“优秀电商企业”、2 家企业获评“优秀互联网企业”。（彭婕妤）

天元区首届“天元名品”直播带货大赛

【培育“四上”企业】2021 年，指导株洲同达汽车销售公司、华湘众汇汽车销售公司、易晟万事达汽车销售公司等 29 家企业成功申报入统资料并获通过，完成新增批发和零售业“四上”企业年度目标。有效增加“四上”企业数量，提升“四上”企业质量，助推社会经济高质量发展。（彭婕妤）

【农贸市场提质改造】2021 年，根据《株洲市城区市场建设、改造标准》《株洲市人民政府办公室关于印发〈株洲市城区农贸市场改造提升三年行动计划（2021—2023年）〉的通知》等相关文件要求，开展农贸市场提质改造提升工作，天元区第一批三年行动计划改造升级的农贸市场共3家，其中城区2家（祥云、盛世鑫城）、乡镇1家（砖桥）。新一轮改造将形成布局合理、设施先进、功能完善、管理规范、环境优美、购物方便、食品安全、群众满意的农产品市场格局，全面提升天元区农贸市场软硬件和规范化管理水平。（彭婕妤）

【天元区第四届汽车消费节】2021年3月20—21日，“神农福地·牛气冲天”株洲市天元区第四届汽车消费节在株洲汽车博览园举行。该次汽车消费节吸引龙头企业、重点企业以及40家本地汽车销售企业和20家二手车（进出口）车商共同参展。活动特别设置二手车展示专区，为广大二手车行业企业提供交流合作契机，也为二手车消费者提供了集中选购的平台。开幕仪式上，中国石化分公司与北京汽车工厂直销中心签署售车合作框架协议，2021年北京汽车将在中石化株洲市164个站点进行销售，携手实现“满城都是北汽车”愿景，从生产到消费，实现区域产业链的良性循环。展会线上点击量超100万人次，现场成交额超4000万元。（彭婕妤）

【天元区第五届神农福地（汽车）消费节】2021年12月至2022年元旦期间，天元区举办2021天元区第五届神农福地（汽车）消费节。步步高广场（汇金店）、苏宁广场、株洲马自达等11个大型商场、汽车企业、超市参与本次消费活动。在为期20余天的活动中，各商家通过发放消费惠民卡、商家优惠折扣、赠送礼品、抽奖等方式，开展各类促销活动，呈现出消费需求旺、消费热点多、消费环境好的特点，其中批发和零售业、体育娱乐用品、化妆品类等是热点消费领域。（彭婕妤）

天元区第五届神农福地（汽车）消费节

【味道湖南·天元味道】2021年10月1—7日，天元区以“美食每刻食在天元”为主题的“味道湖南·株洲天元味道”美食季活动在苏宁广场一楼圆中庭舞台举行。活动以“推选家乡味道、荟萃天元美食、展示湘厨技艺、挖掘特色食材、促进产业融合、提振餐饮消费”为思路，挖掘一批天元地道名菜、名厨、名店，培育一批供应可持续、品质可保证、来源可追溯的天元道地名优食材，并通过进星级酒店、进特色街区、进特色小镇、进旅游线路、进大型活动开展地方美食品牌推选和宣传推广活动，形成“百厨进城、千菜竞秀、万民消费”的生动场景，促成餐饮消费热潮。（彭婕妤）

【粮食安全及粮食收购、轮换】2021年，天元区粮油加工业及物流总产值完成26.287亿元，同比增长19.43%。严格按照超标稻谷处置程序，完成2020年收购的123.1吨临储超标稻谷处置工作。严格按照区级储备粮轮换程序，完成542.5吨区级储备粮轮换工作（全区1000吨区级储备粮）。严格按照粮食收购程序，共收购早稻181.125吨，收购中晚稻0.67吨。（彭婕妤）

【油气污染治理】2021年，天元区环保攻坚行动污染防治卓有成效。印发《成品油市场专项整治行动方案》并制定油气污染防治巡查方案。对各加油站检查 26 次，取缔无证经营储油点 4 处、3 吨。加大对油气污染治理工作的宣传，充分发挥群众的监督作用，建议各加油站尽量在清晨、傍晚及夜间进行油品接卸作业，利用电子显示屏宣传，建议私家车在清晨及夜间加油。（彭婕妤）

招商引资

【概况】2021 年，株洲高新区、天元区作为全市招商引资主战场，始终坚持创新发展，突出招大引强，推动产业链招商。在 2021 年度全市招商引资攻坚行动考核中，株洲高新区、天元区排名第一。

2021 年，株洲高新区、天元区引进新签项目 89 个，其中产业项目 39 个，完成年度目标的 111%，累计合同引资额 487.88 亿元。按照市级年度考核指标体系统计，全区上报新签项目 65 个。其中，1 亿元以上项目 51 个，1 亿～5 亿元（不含）项目 34 个，5 亿～10 亿元（不含）项目 8 个，10 亿～30 亿元（不含）项目 6 个，50 亿元以上项目 3 个；“三类 500 强”项目 7 个；重点项目履约落地 62 个。其中，2020 年引进项目履约落地 20 个，履约率为 80%（市考核指标为 70%）；新引进项目履约落地 42 个，履约率为 60%。引进 1 亿元以上项目实现投资额 9.09 亿元（市考核指标为 7 亿元）；实际利用内资 144.3 亿元，完成年度任务的 114.8%，同比增长 29.72%；外资直投到位 804.8 万美元，完成年度任务的 38.3%。（雷 岚 徐 鹏）

【突出领导招商】2021 年，株洲高新区、天元区树立招商是“一号菜单”和“一把手工程”理念，通过领导率先垂范、带头招商、主动招商，营造浓厚的招商氛围。区领导带头外出拜访企业 220 余次，接待来访客商 310 余次，完成各项拜访及接待工作。（周 荣）

【以商招商】2021 年，株洲高新区、天元区充分发挥主机企业的引领作用，吸引关联配套企业落户，通过株洲维通利、宏达电子、兴天宏等已入园企业分别引进北元电器、艾森达、凯睿思覆铜板等一批重大项目。（周 荣）

【市场化招商】2021 年，株洲高新区、天元区立足“园中园”产业基础及空间优势，先后引进中南高科、中博等一批新型产业地产项目，有效解决中小企业承载空间不足、成本过高以及无法快速落地等问题。依托大汉惠普信息产业园、中南高科产业园等“园中园”引入 140 多家企业注册入驻园区。（周 荣）

【驻外招商】2021 年，株洲高新区、天元区充分利用多年在北京、上海、深圳设立的招商驻外机构已建立的招商资源，积极对接京津冀、长三角、粤港澳大湾区等发达地区。区驻外联络事务中心拜访对接企业 300 余家，带回企业项目 100 余批次，完成签约企业 20 余家。（胡晓安）

【招商活动】2021 年，株洲高新区、天元区依托“港洽周”“沪洽周”“厦洽会”等重要活动，积极开展专题招商推介和项目对接活动，宣传、推介全区发展概况、产业特色和营商环境。上半年，精心筹办株洲高新区（天元区）第二季度重大项目

万洋集团一行到区考察调研

集中签约活动，万洋众创城等7个项目集中签约。11月，围绕主机企业，成功在深圳开展“聚焦头部企业共建产业生态”——湖南长城、株洲麦格米特专场推介会活动。会上，湖南长城、麦格米特和其配套的30多家企业、2家上市公司参加活动，为新的合作机会奠定良好基础。（周 荣）

金 融

【概况】株洲市天元区人民政府金融工作办公室（以下简称“区金融办”）内设综合管理办公室，下设股级公益一类事业单位金融事务中心。区金融办核定行政编制3名、事业编制3名。主要职能是统筹研究全区金融业发展规划，营造良好的金融服务环境，争取金融机构加大对天元区的金融支持力度，为全区经济发展提供金融要素支撑，推进全区资本市场建设工作；“7+4”类金融机构监管，协调防范、打击非法金融活动工作，维护地方金融安全稳定。

2021年年末，天元区有国有大型银行、城市商业银行等各层级银行业机构23家，证券营业部19家，保险公司37家，保理公司1家，私募股权基金19家，融资性担保公司4家，小额贷款公司4家，主导管理基金7只，参与管理基金9只，基金总规模131.71亿元；拥有市、区两级金融综合服务平台，全面促进银企间的信息共享；成功加入湖南省首批科技型企业知识价值信用贷款改革试点区域；瞪羚企业贷、科技银行以及动力谷转贷平台为辖区独具特色的政策性金融产品。天元区已发展成为全市金融机构种类最齐、数量最多、金融服务体系最完善的辖区。（欧阳红）

【产业发展政策兑现】2021年，株洲高新区、天元区兑现《株洲高新区金融服务实体经济奖励办法》。2020年，奖励对象涉及37家金融机构及企业，兑现奖补资金798.1万元，包含12家银行、3家融担和2家小贷公司、20家企业。其中，银行类金融机构奖励224.2万元，类金融机构奖励74.8万元，非银行类金融机构奖励55万元，园区企业奖励444.1万元，所有奖补资金已发放到位。（欧阳红）

【金融要素支撑】2021年，天元区组织120多家企业和金融机构开展10场多层次、高质量银企对接活动，为园区项目及企业发展提供金融要素支撑。整理发布涵盖208项金融产品手册和涉及530个有融资需求的项目手册，为政银企高效对接提供载体支撑；组织株洲农村商业银行把贷款审批会开到企业现场，仅用3天时间，株洲汇隆实业就获批1亿元的授信支持及3000万元的首笔贷款；联手中国光大银行株洲分行开展“走进园区服务三高四新”活动，利用光大集团金融全牌照优势，累计为园区企业提供超80亿元授信支持；举办“2021年高新区（天元区）银企对接会”，有近50家中小企业和近20家银行、担保、融资租赁等金融机构参加，现场达成融资意向近9000万元。独具特色的金融产品瞪羚贷、科技银行及动力谷转贷平台年内为近150家企业发放贷款7.19亿元，补助贷款贴息236.21万元。总规模131.71亿元的产业基金体系为园区企业发展提供强有力资金支持，为肯特硬质合金、湖南凯睿思新材料等100多个项目投资造血。（欧阳红）

【风险补偿基金建设】2021年，天元区财政向市信贷风险补偿基金拨付500万元增补资金，基金放贷规模达到3亿元。截至年底，全区242家企业进入市信贷风险补偿基金扶持企业白名单，226家企业（含续贷）实际获取贷款7.92亿元。为解决科技型企业融资难题，加入全省知识价值信用贷款风险补偿基金试点工程。截至年底，该

风险补偿基金有合作银行10家，发放贷款8笔3350万元。（欧阳红）

【多层次资本市场建设】2021年，区金融办实施企业上市“破零倍增”计划行动，抢抓注册制改革及北交所设立的政策机遇，推动企业股改、挂牌、上市、融资，助推企业借力多层次资本市场做大做强。开展“助力企业对接资本市场”大走访大调研活动，制定《株洲高新区（天元区）推进企业上市工作实施方案》，对未来5年企业上市工作做出精准规划。实行企业上市动态梯队培育。组织开展“董事长资本特训营”“资本智慧——企业融资上市”系列专题讲座等活动8场次，参与人数500余人次。截至年底，株洲高新区有上市企业9家。其中，天元区本土上市企业4家，新三板挂牌企业7家，湖南股权交易所挂牌企业52家，省上市后备企业25家，市拟上市企业43家。年内，四板挂牌企业新增17家，省上市后备企业新增6家，市拟上市企业新增3家，对标IPO基础层企业培育卓有成效。另菲斯罗克、肯特硬质合金、澳维环保、嘉诚科技已启动IPO上市，其中肯特硬质合金、澳维环保已报辅导。（欧阳红）

【金融监管】2021年，天元区有经省政府地方金融监管局批复开业的融资担保公司4家，注册资金34.01亿元；小额贷款公司4家，注册资金6.4亿元。株洲高科火炬担保2021年获批为政府性融资担保机构，为企业降低融资成本提供体系支撑。区金融办积极开展现场检查和非现场检查工作，坚持季度检查与随机抽查相结合的方式对辖区内“7+4”类金融机构开展业务监管（对小额贷款公司、融资担保公司、区域性股权市场、典当行、融资租赁公司、商业保理公司、地方资产管理公司等金融机构实施监管，以及对投资公司、农民专业合作社、社会众筹机构、地方各类交易所等的监管），随时掌握辖内小贷公司运营情况，引导行业规范发展。下发整改通知书近30份，发现并查处中融小贷公司风险隐患，及时上报省、市金融办取消其业务资质，规避金融风险发生。截至12月底，全区4家融资担保公司期末担保贷款2158笔，担保余额16.26亿元，实现营业收入4791.58万元，上缴税金1992.74万元；4家小额贷款公司期末贷款822笔，贷款余额21.68亿元，实现营业收入4785.97万元，上缴税金665.39万元。（欧阳红）

【处非工作】2021年，天元区无高风险金融机构，各金融机构均未发生重大突发事件。新增刑事立案非法集资案件3起，陈案审结率和资产处置率分别达92.3%和46.15%，均优于湖南省陈案化解率考核指标要求。针对涉嫌非法集资的湖南欣民旅行社、株洲市鼎益丰等9家企业，区金融办安排专班工作人员深入调查，督促违规机构向127名集资参与人清退资金500.5万元，金融风险发现率及处置率均达100%。重点针对养老公寓、文化旅游等新型风险点加强风险排查，通过组织专班干部、社区网格员等群体对重点区域开展常态化、“地毯式”暗访排查活动，排查16栋楼宇736家企业，并将排查出的14条风险线索进行分类处置。抢抓“两节”、《防范和处置非法集资条例》颁布等重要节点，开展宣传活动70余场，提高群防群治的水平。落实举报奖励2起，兑付奖励资金5500元。开展稳控工作，天元区金融领域重点稳控对象112名，在建党100周年、“两节一会”等特护期间内未出现一例进京进省上访现象。天元区处非工作自2015年以来连续7年全市排名第一。（欧阳红）

城乡建设与生态环境保护

城乡规划

【概况】2021 年，天元区自然资源局全力做好规划文章，着力打造美丽天元。高标准开展土地利用总体规划调整。完成响水村紫微生态园一期、二期、松柏村叁农农产品加工园、新辉开、莱宝、湘军商品混凝土搅拌站及卫片执法督促项目等 13 个项目的土地利用总体规划调整工作。高质量开展村庄规划编制。区长办公会专题研究村庄规划编制工作方案，明确工作内容和要求，落实编制经费。启动雷打石镇伞铺村、铁篱村及三门镇月福村 3 个村的村庄规划编制，并在上级部门规定的时间内完成 3 个村初步成果的系统上传工作。组织精干力量开展“三区三线”划定工作，在生态保护红线评估调整工作中，积极对接省自然资源厅、市自然资源和规划局，在强化生态保护、确保红线面积总量稳定的情况下，为醴娄高速等国家重大基础设施建设提供保障，率先在全市形成科学合理的生态保护红线评估调整成果并上报。积极配合开展永久基本农田划定工作，认真清理重大线性工程压占情况，谋划补划方案，科学合理划定永久基本农田，保障粮食安全。（文思静）

住房和城乡建设

【概况】天元区住房和城乡建设局为区人民政府工作部门，正科级。株洲高新区开发建设局是株洲高新区管委会内设机构，副处级，与区住建局一个工作机构、两个机关名称。内设综合科、园区开发管理科、园区规划发展科、行政审批管理科、住房保障和村镇管理科、公共事业管理科 6 个科室；下属株洲高新技术产业开发区建设工程质量安全监督站 1 个正科级二级机构。人员编制数为行政编制 10 名,事业编制 11 名。实有副处职 1 名，正科 9 名，副科 7 名，科员 11 名。主要工作职责是贯彻执行国家、省市有关住房和城乡建设、人防工作的方针、政策、法律、法规，负责城区市政基础设施建设，住房保障、农村危房改造、园区工业项目审批管理及质量安全监督管理和全区人防工作等，指导城区雨污分流改造、污水排入排水管网许可、建设工程消防设计审查验收、小城镇建设和村庄人居生态环境改善相关工作，推进新型城镇化建设。另负责统筹园区（片区）开发建设工作。

2021 年，完成房地产开发投资 168.97 亿元，同比增长 17.93%；全区建筑业总产值为 99.11 亿元，同比增长 12%。新增建筑业“四上”企业 12 家、房地产“四上”企业 8 家。（蒋霞霞）

【水环境综合整治】2021 年，建立健全水体长效管理机制，出台系列工作方案，强化水环境保护责任落实，抓好督查通报问题落实整改。加快实施雨污分流改造，完成陈埠港、凿石港、老韶溪港、栗雨高排片区等问题整改，完成市政道路管道缺陷及雨污错接、混接的管网改造与修复整改 477 处，城区水体“长制久清”格局加速成型。关于省生态环境保护督察“回头看”反馈问题，天元区 2020 年 10 月实施老韶溪港港内区域治理，2021 年 5 月底完成整改，11 月完成销号。确保晴天老韶溪港排口无污水流出，小雨时无雨污混合水外排湘江。（蒋霞霞）

【“产业项目建设年”设施配套工作】2021 年，天元区辖区设施配套行动计划建设项目 30 项，总投资 107.02 亿元，年度计划完成投资 25.36 亿元。天元区辖区内设施配套项目入统 25 个，完成入统投资 37.60 亿元，占年度计划完成投资的 148.26%。（蒋霞霞）

【市政基础设施建设】2021 年，天元区市政基础设施建设项目计划 54 项，项目总投资 34.49 亿元，年内计划完成投资 15.93 亿元。截至 12 月底，天元区在建项目 46 个，完成投资 15.93 亿元，年度计划投资完成 15.93 亿元，占年度计划完成投资的 100%。（蒋霞霞）

【“民生 100”工程】2021 年，天元区“民生 100”交通畅行工程考核指标任务 9 项，其中南塘路、石峰大桥西匝道因建设资金未落实，市住建局已报市政府主要领导同意调出 2021 年度考核计划，其余 7 个项目均按计划完成，任务目标完成率 100%。（蒋霞霞）

【重点道路建设】天元区新里程路（森林路至庐山春天路）新建工程为天元区 10 件民生实事人大代表票决制项目之一，该道路为城市支路，西起森林路，东至庐山春天路，建设内容包括道路工程、交通工程、排水工程及照明工程等。该项目于 2021 年 9 月竣工，同时完成交通设施移交并开放交通投入使用。新里程路（森林路至庐山春天路）新建工程全长为 209 米，路幅宽 18 米，总投资约 440 万元，资金来源于区财政。该项目位于中建御园小区，为森林路与庐山春天路之间城市支路，建成后解决附近小区居民多年来出行不便问题，缓解庐山路交通压力。（蒋霞霞）

【园区服务】2021 年，园区开发营商环境持续优化，率先探索“竣工即办证”“拿地即开工”再创全市新速度，德智新材料项目拿到土地证到取得“四证”仅用 24 小时。办理建设用地规划许可证 17 本，总用地面积 62.47 公顷；办理建设工程规划许可证 28 本，审批总建筑面积 60.5 万平方米；办理建设工程竣工规划核实合格证明 18 本，总建筑面积 32 万平方米；办理初步设计审查 6 项；施工图审查备案受理项目 73 个（含设计变更），审查总建筑面积约 360 万平方米；办理施工许可证 39 本，总建筑面积约 110 万平方米；办理排水许可证 46 本。（蒋霞霞）

【质量安全监督】2021 年，区质安站通过评选被评为省级文明监督机构。区质安站进行质量安全监督的园区项目71个，其中房屋建筑工程55个，总建筑面积167.4万平方米，工程总造价34.4亿元；市政项目16个，造价8.9亿元；完成5个项目竣工验收及备案项目，面积为24.9万平方米，竣工验收一次性合格率100%。区质安站累计为项目办理建筑起重机械设备使用登记共56台，办理使用登记注销共40台。天元区在全市率先启动并全面开展消防施工质量过程监督，开展消防施工质量监督项目19个，完成16个项目消防验收或备案抽查，推动消防工程监管从“事后监管”向“事中监管”转变。区质安站监管项目未发生较大及以上事故，安全生产形势总体平稳可控。质量安全标准化考评市级比对抽查符合率100%，所监管项目未出现质量安全问题群体投诉及上访事件。（蒋霞霞）

城市管理和综合执法

【概况】天元区城市管理和综合执法局机关内设办公室、政工室、行政审批办、综合法制办、考核办5个科室；下设城市管理综合行政执法大队、环境卫生服务中心、市政维护中心、园林绿化中心、城市管理数字化指挥中心和会计核算中心6个二级机构；垃圾分类管理办公室、西站联合管理办公室2个临时机构。主要负责全区道路、广场、公共场所的市容管理监督、主次干道卫生清扫保洁、市政基础设施监管维护、园林绿化建设维护管养，违法建设治理，全区数字化城市管理的监督、指挥、调度等。

2021年，区城管局按照“党务、业务、服务”融合发展方针，以党建引领新区城市管理工作，将为民办实事落到实处。天元区城市管理年度考核在全市排名第一，城市管理和综合执法局依法行政（政务服务）工作获湖南省住房和城乡建设厅通报表扬。（陈韬）

【城管系统疫情防控】2021年，天元区城管系统建立以区城管局党委为总指挥的疫情防控领导小组，全面动员城管干部职工投身疫情防控工作。面对8月暴发的新一轮疫情，调派40名城管队员，由局党委班子轮流带班开展体温查验、核酸检测、服务疏导等工作，迅速恢复站点秩序，并协同卫健部门做好排查后管控。严格落实“日报告、零报告”，有序完成2000余名一线职工自我排查和核酸检测；在隔离酒店周边等重点区域设置废弃口罩收集点30个、工作人员生活垃圾收运点25个，做到生活垃圾全过程闭环管理。加强辖区驿站、医院、公园广场、垃圾站、城市家具的病毒消杀工作，发挥专业和人力优势，协助完成集成式自动化核酸检测实验室安装，对全区隔离酒店点设置隔离水马和PVC防护隔离膜铺装；组成“私家车运输班”参与隔离人员转运，支援社区防控100余人次；联合发动社会募捐，向西站联管办、城管一线、基层镇办发放捐赠物资，包括口罩1.7万个、矿泉水饮料1000余件及大量干粮食品等，有力保障防疫物资需求。（陈韬）

【全域化创建复审】2021年，区城管局对照“创文、创卫、创园、创典范”测评标准，按照“五净一确保”（路面净、城市家具净、公厕净、绿化带净、环卫设备设施净，确保城区生活垃圾日产日清、及时处理）要求，对全区216条主（次）干道及背街小巷进行精细化清洗；实施市政设施精修，完成各类路面修复2.35万平方米，疏浚管网4.1万米，整改无障碍通道79处，完成庐山路人行天桥、神农大道4个人行通道无障碍设施提质；提升绿化养护质量，加大对绿地内落叶清理力度和频率；建立门店诚信等级评价机制，强力整治市容“十乱”（乱贴乱画、乱泼乱倒、乱搭乱建、乱牵乱挂和乱停乱放），劝导违章5000余起；设置宣传牌刊发公益广告987处，营造全民共创共治共享良好社

会氛围。天元区承担全市 60% 以上的主要测评任务，为株洲市顺利通过“创文、创卫、创园”复审做出贡献。（陈　韬）

天元区城市管理和综合执法局志愿服务队

【城管民生实事办理】2021 年，区城管局积极办好民生实事。一是“建宁驿站”服务功能不断拓展。完成黄家湾公厕提质改造，中心医院驿站等 3 座驿站公厕建设；2018 年以来，新建 67 座“建宁驿站”（其中农村建宁驿站 12 座），改造 21 座公厕，有效解决城乡居民“如厕难”问题。不断完善驿站功能（整合饮用热水、免费 Wi-Fi、手机充电、图书阅读等八大服务功能），落实驿站“站长制”和公厕“所长制”，强化日常保洁服务管理，建宁驿站成为城市新名片。二是“小微公园”服务半径逐渐延展。充分利用城市边角地、闲置地等零星开放空间“见缝插绿”，打造城市“小游园”“微公园”。天元区建设小微公园 14 座。其中，区城管局承建 8 座 48790 平方米；在嵩山路改造全市首个党史微公园，弘扬“红船精神”“井冈山精神”，为市民打造“10 分钟美好生活圈”。三是“主题公园”服务主题 fhfha 越发明晰。结合栗雨湖公园景观、新区文化特色，对栗雨湖公园进行禁毒主题工作建设，打造成集“禁毒长廊 + 禁毒宣誓广场 + 阳光驿站 + 禁毒知识科普展厅 + 禁毒微基地”于一体的禁毒品牌宣传阵地，加强人民群众参与禁毒斗争意识。（陈　韬）

【污染防治攻坚】2021 年，区城管局全力打好污染防治攻坚战。扬尘治理。坚持“8 个 100%”治理标准，完成城区前期工地“一场一档”全覆盖，利用工地“天眼”、扬尘检测仪进行全过程管控，共覆盖裸土 225.22 万平方米。严抓闲置工地覆绿，播撒草籽 4 万平方米，打造二中附小、汽博园等工地网红花海“打卡地”。开展“城管 + 交警”联合执法行动，重拳整治渣土扬尘各类违法行为，立案查处 98 起，处罚金额 33.39 万元。油烟扰民整治。逐一上门督导门店安装、清理油烟净化设备，重点路段定时定岗巡回执法，针对露天烧烤开展整治行动 566 次，立案 55 起，处罚金额 2.23 万元。垃圾站整治。关停家园、森林、湘依等一批问题站，增配南园、月塘垃圾站直运设备，确保垃圾运处能力不受影响。提质天台、仙月环、南园、月塘 4 座垃圾站作业设备，严格落实渗滤液集中处理制度，加强日常作业管理，严控滴、撒、漏。在省环保督察污染物检测中，污染物指标均检测合格，顺利通过验收。“洞庭清波”行动。加强全区雨污混接摸排和入江排口常态化巡查清理。组织对黄河南路、珠江南路、凿石港片区、韶溪港片区的明、暗渠以及 65 条道路 268 千米的市政管网进行疏通和常态化清理，对陈埠港片区、栗雨高排片区存在错混接和破损的 300 余处点位实施专项维护。（陈　韬）

【营造建党百年喜庆氛围】2021 年是中国共产党建党 100 周年。区城管局在年初进行预算优化，5 月开始统筹全区“七一”氛围营造工作。在全区 13 条主要道路上悬挂国旗 3700 组、建党百年标识旗 2280 面；安装高杆灯箱 342 个；在天台路全线 7 个重要节点进行鲜花造景，摆放鲜花 6.2 万盆；对城区内的各交通渠化岛计 6700 平方米的地栽草花进行更换；使用 12 处大型宣传牌进行建党百年的专题宣传；安排城管队员做好沿街门店电子显示屏滚动播放建党百年宣传标语，通过一系列的统筹安排部署和实施，“七一”前夕天元区范围内旌旗招展、鲜花盛放，热烈庄重的节日氛围受到各界赞许。（陈 韬）

【推进城市生活垃圾分类】2021年，区城管局高效推动天元区城市生活垃圾分类工作。打造全市首座城市生活垃圾分类宣教中心和首条垃圾分类文化长廊，安排党员干部按照每周1～2场频次开展宣教活动；完成81处变电箱垃圾分类主题涂鸦、440处路灯杆宣传灯箱设置，建成“低碳·新时尚”垃圾分类文化广场、株洲市垃圾分类减量化资源化示范点；全面铺开垃圾分类建设，建成栗雨街道垃圾分类示范片区，实现全区公共机构前端垃圾分类全覆盖，完成嵩山街道院落、栗雨香堤、西域名邸、庐山恋、福泰国际5处分类设施投放及500平方米的垃圾分类分拣站建设。在接受省垃圾分类评估、省“两型”办考评等重大检查中，优先获得市级推介。（陈 韬）

“低碳·新时尚”垃圾分类文化广场

【城管执法】2021年，区城管局不断改善城市环境，强化队伍建设，城市管理高质量发展。查处一般程序案件624起，处罚款52.58万元，案卷数量和质量均居全市前列。深入落实城市管理执法乱象整改工作，队伍规范化建设水平进一步提高，成立督察中队，聚焦执法办案、队容风纪、为民服务等重点内容，积极开展自查自纠，抽查队员275人次，检查2019年以来案卷561份，核实并整改机械性、随意性执法问题19起。依托“株洲市城市管理综合执法服务平台”，开展网上办案，避免人情办案、标准不一、执法程序不规范等问题，办案流程愈加标准。（陈 韬）

【环境卫生】2021年，区城管局围绕“双创”工作总目标，创新管理模式，提升管理效率，切实树立精准、精细保洁理念，加强道路保洁、垃圾清运等工作，消除卫生保洁死角，确保全区环境卫生管理工作保持良好局面。管辖的道路面积1090.4万平方米，全部实现市场化保洁，机械清扫覆盖率100%。管养城区垃圾中转站4座、乡镇垃圾直运站5座、环卫专用作业车辆75台、垃圾运输车19台、垃圾收集车7台、渗滤液收集车1台、多功能抑尘车2台。清运生活垃圾19715车14.66万吨（其中城区18235车13.38万吨、乡镇1432车1.28万吨），清运中转站渗滤液2623.5吨，清运废弃口罩25车0.44吨；清运隔离点工作人员生活垃圾23车6.04吨。（陈 韬）

【市政维护】2021年，区城管局坚持“服务新区、满意社会”的工作理念，以打造“专业、安全、服务、担当”的市政品牌为核心，全面实现天元区“道桥安稳、排水顺畅、通道通畅”工作目标。天元区市政管养范围主要涉及道路277条，包含842万平方米路面、787千米排水管网（包含雨水和污水管网）、70座桥梁、27座地下通道、5座污水提升泵站。修复沥青路面2.38万余平方米，预防性养护修复沥青裂缝6.67万余米，修复人行道1.62万余平方米，调整更换侧平石3450米，修复花坛石157米，修复树围石982米，安装修复防护柱950根，清理边沟、暗沟约6400米，调整修复雨、污、泄水井358座，清掏雨、污、泄水井2.79万座，疏通雨、污管道 5.24 万米。巡检污水提升泵站、直饮水机、城市家具等设备设施约 400 次。消除桥梁隐患，完成天元区城市桥梁安全运行自查评估报告，全面理顺城市桥梁养护管理责任主体落实情况、城市桥梁技术状态等方面资料；启动 70 座桥梁的日常巡检工作和天元区市政基础设施修缮，2021 年城市桥梁维修、检测项目（东湖立交 D 匝道），完成株洲大道仙月环路桥梁底油漆面修缮工程。全力保障应急抢险，完成博古山路排水抢修工程、衡山路栗合路口道路塌陷抢修工程等 24 个项目。针对雨雪冰冻天气，提前储备应急物资，开展防灾防寒防冻应急部署，落实 24 小时巡查值守制度，充分发挥市政防灾应急作用。（陈　韬）

【治违控违】2021 年，区城管局按照“违法建设零增长、科学有序消存量”的原则，不断加强违法建筑管控，拆除违章建筑 12.88 万平方米，完成年度拆除任务的 170%。通过步巡、车巡、无人机巡查强化日常监管，运用卫片图斑及时核查发现违章建筑，完善“街道领导班子包干社区—社区专干巡查小区—群众监督举报”三位一体监管网格，受理群众投诉 201 次，处置回复率 100%；积极开展楼顶平台“圈地占用”整治行动，取缔长城小区楼顶菜园；组织人员对徐家冲三组、凤凰山村等违建突出点进行拆除，拆除违法建设 577 处，存量违建不断消减。（陈　韬）

【园林绿化】2021 年，天元区纳入区城管局管理的公共绿地面积 390 万平方米，全部实现市场化管养。区城管局从示范街和游园绿地着手，从区内核心公园管理着手，督促管养单位实施精细管理，以点带线、以线促面，提升管理品质，庐山路养护项目、佳兆业山体公园养护项目获评湖南省优质工程。先后打造天元区长江北路一街区、天台路、黄河南北路一街区等城市管理精细示范街道路，完成老旧苗木花坛改造近 2000 平方米，行道树池全部填充卵石美化；加强公园、游园的日巡查管理，督促市场化管养单位加强便民设施、健身设施的自主维修，实施 18 小时卫生保洁。（陈　韬）

党史微公园

【数字城管】2021 年，区城管局加强数字化系统数据运用，采取“人机”结合的科学考评方式，层层落实市、区各项考评机制，按月对处置单位的发案情况、案卷处置情况、案卷处置效果进行考评，有效保障案卷处置效果。受理城管类案卷 12 万余条（包含城管探头案卷），结案率 97.9%；受理市民微信举报 7640 条，按期结案率 95.12%；受理“12345”市长热线、马上就办、舆情动态、市民电话等投诉举报类案卷 3675 条，处置率 100%，满意率 99.8%。利用城管高清抓拍违章案件 2903 条，并及时督促处置违章 2856 条；监控环卫作业车辆 2.6 万余台次，纠正违规作业 150 余次。调整环卫机械化作业考核标准，实行白天与夜间作业考核同标准，杜绝“出工不出力”等违规操作行为，做到所有车辆全部监管，有效保证城区主（次）街道的清洗效果。“视频监控语音系统”形成常态化运用，对全区主（次）干道门店的占道经营等违规行为进行有效劝导，开展株洲市城市生活垃圾分类及城市管理法规等内容的语音宣传活动多次。（陈　韬）

征地协调

【概况】天元区征地工作协调服务中心前身是天元区重点工程协调管理办公室，于2001年10月正式成立，属全额拨款事业单位。2007年5月，升格为天元区政府管理的正科级事业单位。2009年，升格为天元区政府一级预算机构。2012年2月，更名为天元区征地工作协调管理办公室。2019年8月，机构改革调整为天元区征地工作协调服务中心，是天元区人民政府直属正科级公益一类事业单位。内设综合管理室、财务管理室、政策评审室、产权核查室、信访工作室、国有房屋征收协调室6个机构，有在职员工42人。其中，全额拨款事业编制16名，区内聘用人员15名，劳务派遣人员11名。负责协调全区征拆征收补偿安置工作，统一全区征拆征收补偿政策的执行实施与协调，确保政策执行的公平公正；负责项目概算编制，以及补偿资金的审核和发放，参与被拆迁房屋产权鉴定、被拆迁人员住房安置资格的认定；办理、发放被拆迁人员住房安置购房指标；协调做好被征地农民转城工作，被拆迁户购房券办理、购商品房契税减免、社保等。

2021年，天元区征地拆迁工作紧扣“依法、阳光、和谐、廉洁”的工作理念，创新工作方法，克服资金短缺、遗留扫尾项目叠加等不利因素，做好全区经济发展及产业项目建设的土地要素保障工作。完成集体土地征拆项目交地35宗295.2公顷；完成签字557个编号，拆房431个编号；完成国有土地上房屋征收项目交地2宗，面积28100平方米。在上半年全市征拆征收工作考核中排名城区第一，在全市征拆征收工作年度考核中获评一等单位。（唐　围）

【征拆征收“清零”攻坚】2021年，区征地工作协调服务中根据年初计划任务切实开展征拆征收工作，针对全区遗留扫尾任务叠加实际情况，按“抓规范、建体制、促清零”工作思路，开展征拆征收“清零”行动大会战，完成的签字、倒房、土地补偿实物工作量达到“清零”总任务的80%，交地项目18个，交地项目个数实现“清零”总任务的50%。利用多种新闻媒介线上、线下进行集中报道、专题采访宣传，组织宣传车进行巡回宣传，营造浓厚征拆征收氛围；规范工作流程，将集体土地征拆操作规范全流程进行梳理，编印《天元区集体土地征拆实施工作手册》，举办“天元区规范集体土地征地拆迁操作流程业务培训会”，组织全区征拆战线的工作人员进行集中培训学习；改革征拆资金管理模式，将原来由各镇（街道）直接支付征拆资金模式调整为区级统一支付，由区征地协调中心复核镇（街道）提交的资料后将补偿资金直接拨付到被征拆人或被征拆集体经济组织。（唐　围）

生态环境保护

【概况】株洲市生态环境局天元分局（以下简称“生态环境天元分局”）内设生态环境保护综合行政执法天元大队和办公室、综合股、审批股、环境管理股，有在岗人员27人。株洲市天元区生态环境保护委员会办公室设局办公，承担全区生态环境保护委员会日常组织协调工作。

2021年，天元区生态环境保护工作围绕辖区水、气、土、固废四大领域，着力污染防治，推进综合整治，狠抓执法监管，积极应对疫情，高效配合环保督察。打好污染防治攻坚战，全面推动生态环境质量持续好转。（凌向东）

【大气污染防治】2021年，天元区优良天数307天，优良率为84.1%，实现“蓝天300天”目标，空气综合指数排名市区5区第一。主要污染物$PM_{2.5}$、PM_{10}浓度39微克/立方米、49微克/立方米，空气质量持续保持稳定。区环境保护委员会制定出台《株洲市天元区2021年度大气污染防治工作方案》《株洲市天元区大气污染防治“百日攻坚”行动方案》，全面落实特护期大气污染防治措施。积极推进工业园区挥发性有机物“一企一策”综合整治，完成63家生态环境部VOCs帮扶企业的整改和“夏季攻势”12项整治任务。科学实施“蓝天百日攻坚战”期间的全区域内错峰企业58家错峰生产，减少污染物排放。开展露天烧烤油烟、露天焚烧垃圾专项整治行动，出动执法车辆400余台次，下达餐饮油烟整改通知书240余份，完成辖区内34家重点餐饮服务单位排查全覆盖。制止焚烧100余起，开展禁烧宣传200余次，发放相关宣传手册611份。对辖区内15个重点施工工地进行全面排查，督促施工工地落实“八个百分百”（施工工地现场围挡和外架防护100%全封闭，围挡保持整洁美观，外架安全网无破损；施工现场出入口及车行道路100%硬底化；施工现场出入口100%设置车辆冲洗设施，保证车辆清洁上路；易起扬尘作业面100%湿法施工；裸露黄土及易起尘物料100%覆盖，超过48小时的易起尘裸露黄土要使用防尘网（布）进行覆盖，超过3个月不施工的裸露黄土应当进行绿化、铺装或者覆盖；渣土实施100%密封运输；建筑垃圾100%规范管理，必须集中堆放、及时清运，严禁高空抛撒和焚烧；非道路移动工程机械尾气排放100%达标，严禁使用劣质油品，严禁冒烟作业）扬尘防治措施，尤其加大对工地湿法作业、进出车辆清洗的监督巡查力度。开展区域内散煤使用情况及销售情况的大排查，对国测点附近32家重点餐饮门店进行细查，对省督办件中涉及的问题餐饮店开展回头看行动，确保整改问题不出现反复现象。（凌向东）

【水污染防治】2021年，株洲湘江断面继续保持Ⅱ类，饮用水水源水质达标率100%，辖区内水库达到水质功能区划的要求。全区工业化学需氧量、氨氮分别减排49.83吨、3.55吨，水环境质量相对稳定。开展入河排污口排查整治专项行动，完成197个排口的“一排口一档案”和“排口三定”（定位置、定性质、定责任人）任务，并根据前期排查、溯源和监测结果按“一河一策”要求编制整治方案，树立标识标牌。核查全区重点涉水污染源，排渍站统计29家，重点涉水企业9家。严格落实水利部《河湖长履职规范》要求，全区119位河长巡河4598次，解决河湖大小问题750余起。实现全域禁采禁渔禁捕，规范整治提升砂场、码头、渡口26处。（凌向东）

【土壤污染防治】2021年，天元区新增造林面积5.33公顷，活立木蓄积量22.65万立方米，森林覆盖率30.13%，林木绿化率31.77%，湿地保护率92.46%。完成三门镇玻璃工业园历史遗留废渣的处置和罗家大塘重金属污染风险管控，推动了群丰镇长岭冶炼小区的综合整改和涉铊管控。工业固体废物综合利用率提升到90%，累计安全转移危险废物3921.2吨。污染地块安全利用率和污水处理厂产生污泥无害化处置率分别达90%以上和100%，污染耕地安全利用率91%，全区土壤环境质量实现持续提升。（凌向东）

【农村环境综合治理】2021年，天元区成立农村生活污水治理工作小组，明确分管领导和直接责任人，加大对农村生活污水治理工作的指导力度和督查力度。治理总户数240户，其中三门镇松柏村140户，群丰镇新街社区100户。准时完成2个任务村（社区）治理工作，农村生活污水治理工作考核排名全市第一。（凌向东）

【环保督察】2021年，天元区把配合中央环保督察作为一项重大政治任务、改善民生良好契机、转变作风重要标尺。聚焦黑臭水体、污水直排湘江、雨污分流、露天烧烤、餐饮油烟、噪声污染整治等重点交办环境问题。积极调度整改工作和现场调研，相继对凿石港、杜甫草堂、东司塘、兰馨栗园小区、合花高排渠、亿丰新材料公司、老韶溪港、新陈埠港、河西污水处理厂、新东路旺城天悦臭水塘等地进行严格督查。做到问题不查清不放过、整改不到位不放过、责任不落实不放过、群众不满意不放过。完成第二轮中央环保督察信访件的整改（交办件20件，其中重点件2件，不属实3件；已办结19件，1件正在持续整改）。完成省环保督察"回头看"及黑臭水整治涉8项任务的全面销号工作。（凌向东）

凿石水系环保督察

【环保执法】2021年，天元区开展工业、企业各类污染源排查整治工作，严厉打击环境违法行为。环境违法行为立案20起，罚款到位金额150.10万元，移送公安机关行政拘留2起，移送刑事案件2起，办理生态环境损害赔偿案件2起。办理信访件、"12345"市长热线等交办环境问题投诉1350余件，办理率100%，人民群众满意率90%以上。（凌向东）

【企业服务】2021年，天元区严格行政审批流程，完成区本级审批新、改、扩建项目环境影响评价报告表（书）审批65个、承诺制9个，建设项目环境影响评价和环保"三同时"（建设项目中防治污染的措施，必须与主体工程同时设计、同时施工、同时投产使用）执行率100%。强力推进排污许可工作，发放132家企业的排污许可证。其中，重点管理28家，简化管理104家，涵盖44个行业。完成排污许可证变更50家，发证11家，延续1家，重新申请3家。（凌向东）

【生态环境疫情防控】2021年，天元区对辖内13个新冠肺炎隔离点医疗废物产生、储存、转运、处置情况和医疗废水处置情况进行监督检查，督促各医疗机构规范处置医疗废物和医疗废水。处理医疗废水4487.2吨，医废特殊垃圾3134箱22.69吨。（凌向东）

物业服务

【概况】天元区物业服务指导中心（以下简称"区物业中心"）为天元区委、区政府直属的一类正科级公益性事业单位。

2021年，区物业中心下设办公室、物业指导室、工程项目室、财务室4个科室。4月，临时成立加梯办，以推进既有住宅加装电梯工作。区物业中心对标对表纵深推进新时期物业服务指导、老旧小区改造、既有住宅加装电梯等民生实事工作，新时期城市居住环境和城市功能品质得到明显提升。（谢 宁）

【物业管理行业党委工作】区物业管理行业党委自2020年9月成立以来，班子成员立足新起点、明确新目标，积极动员物业企业成立党支部，以"红色引擎"引领"红色物业"创建，全力实现新时期物业工作不断提升。截至2021年年底，全区有物业企业100多家，15家企业成立了党支部。2021年，长建、联谊、云旺、海创明珠等6家企业有6人加入中国共产党，10人被确定为2022年党员发展对象；万城、明珠、联谊、华晨、晋合、高科、皇城、永诚、中泰、铂美10家物业企业被评为“平安物业”。（谢 宁）

【行业指导服务】2021年，天元区统计物业管理小区247个，无物业小区120余个，物业服务企业（公司）109家。株洲市物业服务企业信用A级企业（信用优秀）38家，B级企业（信用良好）39家，C级企业（信用一般）15家。积极贯彻全区“动力党建·活力家园”建设实施意见，物业服务指导坚持与街道、社区党组织发挥“聚合”作用，整合多方资源力量，构建起上下联动、共建共享的工作新格局。先后采取多种宣传方式，在辖区范围内开展以《湖南省物业管理条例》《民法典》等法规为主要内容的宣贯活动，组织嵩山、泰山街道和有关社区，开展无物业管理小区发展自治工作。处理业主投诉3000余起，指导监督西郡佳园、城市风景、武广国际学苑等20多个小区选举成立业委会。（谢 宁）

【物业系统疫情防控】2021年，区物业服务指导中心动员全区100余家物业企业、240多个小区认定“第一战场”的重要性，在疫情防控中充分展现物业力量、物业速度，用实际行动赢得群众点赞。有370余名成员的“物业之家微信群”变身“前沿阵地”，在推进各项工作中发挥了重要作用。“抗疫通告”发布后，中心动员全区物业行业紧急集合、全员上岗，第一时间展开出入管控、“两码”查验等工作。200多个小区2小时以内落实物资、布置场地、安装电脑，积极开展“喇叭行动”“敲门行动”，落实“地毯式”摸排管控，做到防控和服务“两不误”。（谢 宁）

【老旧小区提质改造】2021年，天元区老旧小区有219个。其中，2000年前建成的132个，2001—2005年建成的87个。经过近几年努力，已经完成58个老旧小区改造。其中，“三供一业”分离改造6个，中央老旧小区改造52个，惠及住户18267户、楼栋数为589栋，改造面积约为145万平方米。2021年，老旧小区改造任务16个，涉及2871个住户、97栋楼。截至年底，云里小区、伞建宿舍、交警大队宿舍、伤科医院宿舍、国安新村、长江一村锦吉家园等16个老旧小区全部完成改造。完成老旧居民区3400余台餐厨油烟净化设备安装。（谢 宁）

【既有住宅电梯加装】2021年，区物业中心主动作为，临时成立加梯办，当好加梯政策的“宣传员”，住户沟通的“协调员”、解决矛盾问题的“服务员”，各项“旧改”工程稳步推进、成效明显。完成178台任务，惠及19个社区、64个小区。全区完成加装电梯全覆盖的小区8个，受理、开工和竣工数均排名全市第一。其中，政协小区、大湖塘二村、园丁小区、政华小区“加梯”工程均成为全区“样板工程”。（谢 宁）

住宅加装电梯工程施工

园区建设

株洲高科集团有限公司

【概况】2021 年，株洲高科集团有限公司面临外部严峻的化债融资环境、内部整并融合后新局面，直面各种风险挑战，坚持稳中求进，攻坚克难。集团资产总额 894.23 亿元，负债总额 533.21 亿元，净资产 361.02 亿元，资产负债率 59.63%。实现营业收入 59.97 亿元，利润总额 6.06 亿元，净利润 5.64 亿元。（王国森　胡凤辉）

【转型改革】2021 年，高科集团稳步推进转型改革。实施 10 批次全员竞聘，完成 800 余个岗位竞聘，确保关键岗位精兵强将；推进制度体系建设，完成制度建、改、废 383 项；推动管控与授权管理办法的出台（试行），规范业务条线办理流程，厘清管控边界，有效提高决策及管理效率；完成物业公司混改，与上市公司金科智慧签订股权合作协议；紧抓国家政策契机，与国开行对接开展“株洲高新区（河西示范园）产业更新升级项目”，获市政府批准，在推进存量片区城市更新项目融资中取得实质性进展；推动绿心调规，配合市资规局向省人民政府提出绿心优化诉求，并与省人大、省自然资源厅、省长株潭一体化事务中心进一步沟通；高科建设获建筑工程施工总承包等新资质，为拓展市场业务提供保障。（王国森　胡凤辉）

全员岗位竞聘

【化债融资】2021 年，高科集团在融资形势日益严峻的情况下，顶住压力，全方面调整融资政策，拓宽范围寻找资金方，灵活制定贷款方案、债券发行方案，实现融资 154 亿元，有效化解隐性债务 55.47 亿元。坚持银行贷款为融资基石的理念，积极争取银行信贷资金；合理利用发改委、银行间协会和证监会等债券市场储备和发行标准化债券，同时做好存量债券批单剩余额度的发行工作，确保额度不浪费；在银行贷款和债券融资困难的情况下，充分利用信托、融资租赁等非标融资工具，多渠道筹集资金，及时补充公司现金流。努力推动经营性债务甄别工作，实现关注类债务转经营性债务6.6亿元，推动村镇公司系统内所有债务转为经营性债务,间接完成村镇公司平台清理。（王国森 胡凤辉）

防范化解债务风险工作专项巡察

【产业招商和产业服务】2021年，高科集团引进项目88个，完成率110%，其中，引进1亿—5亿元项目30个，完成率97%；5亿—10亿元项目10个完成率111%；10亿—30亿元项目4个完成率130%。新引进项目履约落地38个，狠抓项目落地，新开工项目24个，竣工项目19个。配合上级完成港洽周等5场大型签约活动。围绕推动株洲市专精特新“小巨人”企业的发展，做大株洲高新区存量企业规模，助推株洲产业转型升级。年内，为园区135家中小微企业提供8亿元担保和小贷金融服务，为330家中小微企业提供8亿元转贷服务。培育高新技术企业78家，规模企业36家，科技型中小企业210家，专精特新“小巨人”企业5家。（王国森 胡凤辉）

【市场化程度】2021年，高科集团市场化程度有所提高。政府业务收入占比明显下降，集团来自土地及政府投资项目建设收入占比61%，较2020年下降9%，房屋、商品销售收入占比32%，租赁收入占比5%，其他类业务收入（金融服务和园区服务等）占比2%。积极拓展市场化金融服务，产投公司普惠金融业务入驻长沙市场，搭建“小贷+担保+银行”业务模式，小额贷款业务服务用户371笔（转贷、拆借、过桥），担保业务累计服务客户（在贷）143笔。巩固“四新经济”发展成果，通过设立创享未来共享经济总部基地平台引入60余家企业入驻。加强产业投资市场化布局，组建规模50亿元的产业投资基金矩阵，参股的启元基金所投广联航空项目上市；参股的聚时代基金投资的山东天岳项目在科创板上市。参与上市公司科恒股份公司的管理。（王国森 胡凤辉）

【城乡业务】2021年，高科集团持续开发南部片区，石三门综合性活动基地完成，鹊山鸡生态养殖项目投产；与中建西部、湖南国信伟大等公司达成砂石产业链业务合作，推进建龙村砂石土矿、醴陵矿产合作等项目；合资成立特来电充电公司，加快推进整个城市充电设施网络建设；完成雷打石、三门等运输站建设，新开通4条镇村公交线路，补齐农村交通基础设施和公共服务短板；回收白石水厂经营权,8月进驻并接管运营。（王国森 胡凤辉）

【园区运营】2021年,高科集团做强公共服务平台，签约入驻人力资源服务企业47家，入驻动力谷产业院平台企业5家；举办招聘会30场，提供就业岗位1500余个，为园区企业输送人员8200余人；做深惠企活动，协助56家企业成功办理贷款72笔2.79亿元；助推26家企业入围省赛并获项目资金约120万元。（王国森 胡凤辉）

【开源节流】2021年，高科集团广开财源，助力全区做好财源建设工作，完成所辖园区1605家企业全面排查，引导51家企业或个体户注册变更为区内企业，所辖园区企业完成1.15亿元入区税额。节省开支，清理闲置低效用地，促进土地二次开发，节约新地块开发成本，初步梳理园区闲置低效用地133.33公顷，完成园区闲置低效用地处置工作方案并开展处置工作；完成高科集团体系资产盘点工作，形成盘点报告，积极去化存量资产6.78万平方米。（王国森 胡凤辉）

【高科物业股权混改顺利签约】 2021年12月15日，株洲高科物业股权合作签约仪式在高科·总部壹号举行。高科物业完成混改，携手金科智慧服务集团股份有限公司，打造株洲智慧物业服务新标杆。金科智慧服务集团以2477.38万元竞得80%的股权，株洲高科物业占股20%。为有效激发企业内生动力活力，更好地发挥国有资本的杠杆功能，实现国有资产保值增值，并进一步促进高科物业实现市场化机制转型，根据《关于深化国有企业改革的指导意见》等文件精神，高科集团依法依规、公平公正、平稳有序地完成物业混改各项工作，为集团混改工作提供了一个实践范例。（胡凤辉 邹 凌）

【中国动力谷现代产业院揭牌】 2021年6月28日，中国动力谷现代产业院在株洲高新区正式揭牌，这是湖南省首个落户产业园区的“现代产业院”。该院位于中国动力谷自主创新园国际学术交流中心，是由中共株洲高新区工委、管委会牵头组建，区“双创”中心和高科园创一体运营的新型产教融合平台。现代产业院秉持“培养产业高质量人才，服务产业高质量发展”理念，采取“政府引导、市场化运营”的模式，为实施“三高四新”战略、创建“五好”园区提供强有力的人才支撑，已入驻平台企业5家。（胡凤辉 邹 凌）

【2021年中国好声音株洲地区总决赛】 2021年5月30日，高科集团引进“2021年中国好声音株洲地区总决赛”落地神农湖水秀区，这也是城市经历疫情后，首次迎来大规模群众齐聚。该次活动是株洲市最高规格的音乐盛典，来自全国各地的音乐爱好者齐聚神农城水秀舞台，一同感受一场空前震撼的音乐盛宴。此次活动现场采取全国直播的方式，现场引流3000多人，有40多万点播量。（胡凤辉 钟楚红）

【株洲市新车管所投入使用】 2021年3月30日，全国一等市级车管所挂牌暨株洲市新车管所启用仪式在株洲汽车博览园内株洲市新车管所举行。省公安厅党委委员、副厅长汤向荣，省公安厅交警总队总队长蒋建湘等领导及株洲汽车博览园汽车4S店代表100余人参加启用仪式。新车管所总占地面积2.6万平方米，建设面积1.36万平方米，总投资1.3亿元，是省内最完备的车管业务服务平台。湖南省首家全国一等市级车管所在株洲汽车博览园投入使用，将全面提升株洲汽车博览园对汽车产业集聚和引领的价值，促进区域经济发展和城市更新，再次扩大株洲汽车产业的集群效应，标志着汽车消费进入株洲汽车博览园时代。（胡凤辉 谢 翔）

【株洲国际赛车场营运】 2021年，株洲国际赛车场接待人数超过7万人次。举办大小型比赛和活动16场，包括国家级赛事、区域赛事、面向赛车发烧友和普通爱好者的地方性赛事，其中举办国家级赛事5场、区域赛事活动4场，举办民间车友活动——力盛超级赛道节活动7场。举办国家级赛车执照培训1场，发放约260张ZZIC赛道认证ID卡，举办大小团队赛车体验活动20余场，接待青少年研学3200人次。其间，一汽丰田、宝马、春风等厂商在株洲国际赛车场举行试驾会、新车型培训、品牌发布等商业活动。（胡凤辉 成 峥）

【株洲汽车博览园融城推广】 2021年6月19日，株洲汽车博览园“率先开跑”，《长株潭一体化发展五年行动计划（2021—2025年）融城样本》一文在长株潭都市圈大V号首发，深度阐述汽博园的发展成果以及未来规划，与“十四五”规划深度关联，体现汽博园率先行动的前瞻性。（胡凤辉 赵灵芝）

【株洲商用车市场落户园区】2021年6月20日，随着株洲汽车城的搬迁改造，河东汽车城商用车经销商群体搬迁至株洲汽车博览园，株洲商用车市场全新开业。彻底告别以往在河东汽车城展车停放无序、经营环境老旧的时代，宽阔的市场、完备的配套、规划整齐的环境将提供更多的助力，开启一站式商用车购车新体验。（胡凤辉 李欣泽）

【高科·壹号领域二期建设】高科·壹号领域二期位于天元区栗雨工业园五十四区，南邻高科·总部壹号，东靠栗雨湖公园。以现代风格建筑打造兼具“品质、精致、人文”主题的生态居住环境住宅为宗旨，创造出以使用者为中心的精品住宅。项目占地面积3.86万平方米，总建筑面积12.64万平方米，由9栋高层住宅以及1栋幼儿园、若干商铺组成。2021年7月售楼部开放，已完成17栋、18栋10层、16栋7层主体结构建设。（胡凤辉 朱添）

创新创业服务

【概况】2021年度，株洲高新区动力谷创新创业服务中心（以下简称“双创中心”）全面贯彻新发展理念，落实高质量发展要求，在引进培育优质人才项目、搭建创新创业平台、提质园区精细服务、营造浓厚双创氛围等方面持续发力、稳步推进。中国动力谷自主创新园年度主营业务收入达77亿元，同比增长54%，企业缴纳税收约4.5亿元，累计申请和在申的知识产权数量2428项。2021年度，园区孵化科技型中小企业21家、高新技术企业11家、规上企业12家，累计孵化科技型中小企业71家、高新技术企业57家、规上企业39家；培育省级以上专精特新“小巨人”企业4家，累计8家。园区双创项目频获高层推介，如精益传动入围工信部工业互联网App优秀解决方案（全省4家），嘉成科技入库工信部第三批服务型制造示范名单（全省4家），天桥嘉成勇夺清华校友三创大赛全球总决赛十强等。

双创中心获评全国创业孵化示范基地，为株洲市首个“国字号”创业孵化示范基地。园区目前已摘得科技、发改、人社三系统“国家级”资质荣誉，并连续3年获评省级科技企业孵化器“优秀”等次。株洲高新区聚焦培育专精特新企业种子库纳入省政府2021年重点工作综合大督查发现的典型经验做法，获通报表扬。（胡晓雨）

【招才引智】2021年，双创中心引进创新创业团队项目31个，引进创新人才20名。引进湖南泰维大石科技有限责任公司、湖南玥昇杰科技有限责任公司、株洲市国材未来能源科技有限公司、湖南恒控智晟科技有限公司等创新创业团队项目，涵盖轨道交通、新能源、新材料等行业，推动创新动能集聚。

湖南泰维大石科技有限责任公司位于中国动力谷自主创新园研发中心A栋。该公司主要从事工业设备管理和状态监测传感器、相关信号处理装置和系统的研发制造。产品主要用于替代欧美的进口产品，行业应用广泛，涉及能源、化工、冶金、石油、轨道交通、船舶、航空发动机等。

湖南玥昇杰科技有限责任公司位于中国动力谷自主创新园研发中心C栋。该公司依托湖南工业大学、长沙学院等高校，拥有专家、教授及博士领衔的研发团队，拟利用完善的新材料领域技术研发与成果转化条件，开展绿色可降解材料、功能高分子材料以及高性能硬质合金材料研究。

湖南恒控智晟科技有限公司位于中国动力谷自主创新园研发中心A栋。该公司依托行业领先的ZPLC电力载波通信，从事智能照明系统技术及产品研发、生产和销售，产品包括智能调光调色温灯带、智能调光调色驱动电源、智能照明控制器、导轨式智能开关等。

株洲市国材未来能源科技有限公司位于中国动力谷自主创新园研发中心A栋。该公司定位为做流延式燃料电池研发实验中心，主要开发SOFC及SOEC燃料电池陶瓷膜技术、功能层技术、创新串联结构技术等多项技术在产品上的应用。公司产品突破了微孔结构与调控技术、均一无缺陷控制技术、高精度尺寸成型技术和烧成技术难题，解决了阳极基片在制备过程中的翘曲、开裂等难题，打破了国外相关技术封锁。（张力群）

【平台建设】2021年，双创中心推动平台能级提升，赋能高质量发展。推动清华启迪国家级轨道交通专业化众创空间与湖南国芯半导体科技有限公司组建湖南功率半导体创新中心产业孵化平台；与山东莱茵科斯特集团深度合作，支持中德智能制造技术公共服务平台升级建设中德工业互联网应用创新中心，打造特色人才培养平台、产业数字化公共服务平台、产教融合示范平台和工业互联网产业高地；支持湖南维尚科技联合湖南大学、中南大学等国内高校、科研院所共同搭建先进硬质材料与装备创新实验平台；陕西能源化工院、湖南玥昇杰新材料研究院进入省级新型研发机构拟备案名单。实施《株洲高新区、株洲市天元区科技企业孵化器管理办法》，开展全区首次孵化器审核备案和绩效评价工作，实现孵化器政策奖补资金首次兑现，进一步促进孵化器管理激励规范化。全区孵化器、众创空间开展双创活动约330场，近7万人次参加，在孵企业研发投入7300万元，预计占销售收入的9%。（柳　节）

【园区管理与服务】2021年，双创中心研究出台《株洲中国动力谷自主创新园研发中心入驻项目管理办法》，明确项目从入孵到毕业闭环管理流程，提升项目创新绩效和服务管理实效。举办中科（湖南）先进轨道交通研究院揭牌仪式暨中国动力谷轨道交通学术交流会，与中国工程院院士黄崇祺等专家学者进行学术分享；定制化设计园区暖企私享会系列活动，邀请法律、财税等领域专家开展35场开放式培训活动，聚焦园区企业发展热点问题进行讲解答疑，提升中小企业管理能力。（谭景鑫）

【举办金博奖全球高层次人才科技创新大赛株洲·中国动力谷专场赛】“领航·价值”2021第十届金博奖全球高层次人才科技创新大赛——株洲·中国动力谷专场赛2021年5月启动，大赛由株洲高新区管委会、广东博士创新发展促进会主办，聚集来自全国各地的优秀人才和“高研值”项目，为争取更多高质量项目落户中国动力谷铺路架桥。11月5日，进行株洲中国动力谷专场赛决赛，25名博士参赛项目分为智能制造组、新材料组、新能源与电子信息组3个会场进行路演比拼，专家评委从技术成熟度、市场前景、落地意见等多个角度对项目进行研判。经过激烈角逐，退役锂电池材料再生智能装备的研发及产业化项目获一等奖。（柳　节）

“领航·价值”2021第十届金博奖全球高层次人才科技创新大赛

【举办株洲高新区（天元区）“双创之星”评选活动】 2021年4月，为深入贯彻落实习近平总书记考察湖南重要讲话精神和省委“三高四新”战略，弘扬创新创业文化，推动新区大众创业万众创新向纵深发展，在全区产业园区和孵化平台中小微企业范围内开展中国共产党建党100周年“创新领发展·创业赢未来”“双创之星”评选活动。经园区推荐、资格审查、专家评审、集中答辩、实地考察、结果公示等环节，评选出“创新之星”“创业之星”各10名，广泛树立创新创业人物典型，营造尊重人才、崇尚创新的社会氛围。 （胡晓雨）

株洲高新区（天元区）“创新领发展·创业赢未来”
庆祝中国共产党建党100周年“双创之星”表彰一览表

表5

类别	姓名	职务
创新之星	王　文	湖南精益传动软件科技有限公司总经理
	阳　衡	湖南纽恩驰新能源车辆有限公司总工程师
	朱逸武	株洲嘉成科技发展有限公司董事长
	肖　鹏	湖南世鑫新材料有限公司董事长
	吴东平	湖南圣洲生物科技有限公司董事长
	李应新	株洲瑞德尔冶金设备制造有限公司总经理
	李思丰	中科（湖南）先进轨道交通研究院院长
	李慧鹏	株洲菲斯罗克光电科技股份有限公司董事长
	涂　健	湖南立方新能源科技有限责任公司董事长
	唐智勇	株洲火炬安泰新材料有限公司技术总监
创业之星	孙小波	湖南傲英创视信息科技有限公司董事长
	李均良	湖南中洲智能装备有限公司董事长
	陈鹏飞	株洲市互联网公共服务发展有限公司总经理
	易伟彪	湖南德龙智能制造研究有限公司副总经理
创业之星	钟太保	株洲市众普森技术有限公司董事长
	贺亦峰	湖南瑞邦医疗科技发展有限公司董事长
	唐　丽	株洲市云享信息技术有限公司总经理
	柴　攀	湖南德智新材料有限公司董事长
	殷建军	湖南中普技术股份有限公司董事长
	谢　军	湖南柯力德电气有限公司董事长

（胡晓雨）

【设立高新区孵化器联合天使基金】2021 年，双创中心联合株洲青年创业投资基金，由区政府，孵化机构和专业投资机构共同出资设立天使基金，以“孵化 + 投资”的模式，主要为科技型初创企业建立从种子轮到 PE 轮的全链条基金服务体系，为创业者提供覆盖创业全过程的多元化金融服务。株洲高新区孵化器联合天使基金的设立，将提升本地孵化机构的运管能力，健全区域金融服务体系，开启株洲高新区探索科技金融的全新模式。（胡晓雨）

【湖南省功率半导体创新中心产业孵化平台启动运行】2021 年 10 月 15 日，湖南省功率半导体创新中心产业孵化平台在中国动力谷自主创新园正式启动运营。该平台由启迪之星与国芯科技共同搭建，平台依托湖南省功率半导创新中心的专家、技术和产业资源以及启迪全球孵化网络、科技实业和高校资源，聚焦功率半导体领域的产学研创新、实业转化，开展各项特色活动、专业培训、联合研发、战略合作等。平台完成运营团队组建与孵化平台物理空间的建设并投入使用，吸引艾凯瑞斯、沃可智能等一批半导体产业链上下游创新团队项目入驻孵化。（柳　节）

教育·科技

教 育

【概况】2021年，株洲市天元区教育局（以下简称“区教育局”）内设办公室、人事政工股、教育股、督导室（天元区人民政府教育督导室）、计财股5个职能部门和区教育科学研究室、教育技术装备站、会计核算中心、青少年活动中心4个二级机构，以及系统工会1个群团组织，机关和二级机构工作人员47人。

2021年，天元区有义务教育学校45所，其中公办学校43所，民办学校2所。在校中小学生57349人。其中，中学生15399人，小学生41950人；幼儿园115所，在园幼儿24426人；在岗教师（含区聘）2889名。区教育局获得湖南省教育学会2021年度先进单位、湖南省平安校园建设示范县市区、湖南省第七届中小学生艺术展演活动优秀组织奖、株洲市禁毒工作先进单位、株洲市中小学师生合唱专场音乐会一等奖，《探索极简技术支持下的天元区教育督导信息化应用创新研究》项目获株洲市十大创新奖第一名。（陈志威）

【教育系统基层党建】2021年，区教育局以“党建+教育”融合，全面铺开“党建+班主任、党建+德育、党建+双减”等一系列聚焦教育重难点工作，积极推动“一校一品”，以高质量党建促进学校高质量发展。庆祝中国共产党成立100周年，评选表彰“两优一先”、颁发“光荣在党50周年”纪念章，结合党史学习教育开展“我为群众办实事”活动，在推进学校建设、疫情防控、对口帮扶等工作上充分发挥基层党组织的战斗堡垒作用。（谭喧戈）

【教师招聘】2021年，区教育局通过多渠道招聘、引进教职工297名。其中，面向高校公开招聘教师131名，面向社会公开招聘教职工146名（含学校财务人员6名），政策性安置和引进教师2名。“公开招聘优秀教师”吸引市级以上学科带头人、青年骨干教师和副高级教育高层次人才加入，提升教师队伍整体素质。（周美丽）

【教师交流】2021年，区教育局全面推进“区管校聘”工作，进一步完善和推进校长教师交流制度。2021年上学期，有202名教师进行交流，包括区内交流调动53人，集团校内交流149人。其中，县级以上骨干教师25人，占交流教师总人数的12%。下学期交流教师223人，包括区内交流调动93人，集团校内交流130人。其中，县级以上骨干教师32人，占交流教师总人数的14%。全区中小学校级干部交流、提拔、调整100余人，基本完成轮岗交流。（胡润香）

【教师支教】2021年，区教育局把部分教学强、懂育人、善帮带的教学骨干选派到边远地区，发挥好引领示范作用。8人到茶陵支教、8人到湘西支教、1人远赴西藏扎囊县支教，为推动偏远地区教育发展提供支持。（胡润香）

【落实教师待遇】2021年，区教育局全面落实班主任津贴、校级干部绩效考核奖、乡村教师人才津贴、乡镇工作补贴，设立“乡镇工作临时性补贴”。经测算，乡村教师人年均收入高于城区学校教师1.1万元。对82名“天元区教育高层次人才”按对应层次的奖励政策给予资金奖励，发放奖励资金39.7万元。在第37个教师节中，评选表彰307名市、区优秀教育工作者，发放奖金63.8万元。（周美丽）

【师德师风建设】2021年，区教育局制定《天元区中小学师德师风建设年活动方案》，重点整治在职教师在校外培训机构兼职兼课、从事家教家养、索要学生或家长财物、“学位”突出问题等。对违反师德师风的教师，在评奖评优、职务晋升、职称评定、工资晋级、教育高层次人才申报等方面进行“一票否决”；情节较重的，给予降低岗位等级或撤职处分；情节严重的，给予开除处分；对涉及违法犯罪的及时移送司法机关；教师资格证按有关法律规定撤销或丧失教师资格，处理情况完整记入人事档案和全国教师管理信息系统。全年作出丧失教师资格处分2件，降低岗位等级处分2件，降低退休待遇处分1件，取消评优评先资格、扣除绩效及通报批评处分1件。（周美丽）

【学校建设】2021年，天元区投入建设资金4.88亿万元，新建长沙一中株洲实验学校（小学部）、株洲市二中第二附属小学，新增义务教育学位4860个。投入474万元对三门中心小学、砖桥中心小学、建强小学、杨柳小学4所农村学校进行提质改造。（徐东）

【提升教育质量】2021年，区教育局修订《株洲市天元区教育局中小学教育教学管理指导意见》，规范教育教学常规工作。中考成绩突出，普通高中录取率71.73%，超出全市高中录取率。对集团化办学进行优化提升，全区建宁实验中学教育集团、天元中学教育集团、白鹤小学教育集团、天台小学教育集团、银海小学教育集团、天元小学教育集团、泰山学校教育集团7个教育集团继续实施“名校领办，集团办学”的办学模式，实行业务培训、教学管理、教学教研、学生活动、考核评价“五统一”，实现师资、理念、品牌、成果共享，形成城乡学校协同一体的教育集团发展机制。立足各学校自身发展的基点，从“组织架构、运作机制、教师管理”等方面开展集团交流活动20余次，有效促进天元区城乡义务教育优质均衡发展。（江双艳）

【德育教育】2021年，天元区德育教育成效显著。持续开展“新时代好少年”评选活动，选树身边的好典型，评选出区级“新时代好少年”15名，区级“新时代好少年”提名奖15名，银海学校刘昕玥、建宁实验中学张夏卿被评为市级“新时代好少年”。组织学生开展“讲红色故事，做时代新人”“童心向党”等系列主题教育实践活动，白鹤小学被评为市级“书香校园”，黄茜茜等4

名教师被评为市级“最美阅读推广人”，王子赫等 13 名学生被评为市级“最美阅读达人”。积极开展省、市级三好学生、优秀学生干部评选工作，推荐文雅等 44 名学生为市级三好学生，邹沛孜等 14 名学生为市级优秀学生干部；郑玉彤等 12 名学生为省级三好学生和优秀学生干部。开展班主任教师专题培训和心理健康教师序列化系统性培训，培训班主任教师 256 人，心理健康专兼职教师 62 人，心理健康教师专业素养和心育能力水平明显提高。（彭争荣）

【“五项管理”】2021 年，区教育局严格落实“五项管理”（加强作业管理、睡眠管理、手机管理、读物管理、体质管理）。所有的中小学校建立学生手机校园内统一保管制度、作业公开制度，作业时间达标学校 100%；确保学生睡眠时间，严格执行小学上午上课时间不早于 8：20，中学不早于 8：00，晚自习学生下课时间不晚于 20：30；加强课外读物管理，为不同年级学生建立推荐书目清单；加强体质管理，扎实开展各项常规体育活动，举办阳光体育大课间视频比赛、初三毕业生体育中考模拟测评、体质健康测试、秋季运动会等，参与学生 1 万余人次。年内，全区国家足球特色学校增至 13 所。（江双艳）

【艺术教育】2021 年，天元区成功举办天元区 2021 年“咱们教育有力量”之“童心向党”中小学生艺术展演；戏剧《新麻姑献寿》获湖南省第七届中小学生艺术展演一等奖；银海小学获评“湖南省戏曲进校园特色小学”。《永远的八岁》等 22 个艺术节目分别获株洲市“咱们教育有力量”中小学生艺术展演活动一等奖；11 名学生获株洲市中学生“独唱、独奏、独舞”比赛一等奖；113 名学生获株洲市“至美杯”书画作品比赛一等奖。（谭文英）

“童心向党 歌声嘹亮”演唱比赛

【落实“双减”】2021 年，区教育局切实减轻学生作业负担，实行作业公开制度，优化作业设计，作业时间达标学校 100%。多部门联动开展全区校外培训机构“整治规范月”专项检查行动，整改 6 类典型问题。截至 12 月底，天元区原有的 141 所培训机构（其中学科类培训机构 76 所）已注销 44 所（学科类 39 所、其他 5 所）、转型 23 家、营改非 8 所。区教育局移交 78 所文化艺术和体育类别校外培训机构至天元区文旅广体局，移交 5 所科技类别校外培训机构至天元区科技局，剩余 14 所学科类培训机构由天元区教育局主管，并全部完成营转非和资金监管工作。（张　成）

【课后服务】2021 年，天元区实现中小学校课后服务全覆盖，且 100% 的学校课后服务时间达 2 小时以上，采取“1+X”的形式，并提供延时服务，全区参与课后服务的学生 39789 人，达到总学生人数的 75%。（江双艳）

【学前教育】2021 年，天元区新增嵩山街道第五幼儿园等 6 所公办园，新增公办园位 2070 个，全区公办园增至 33 所。全区普惠性园位占比 85%，学前毛入园率 100%。开展幼儿园名称规范整治、幼儿园“小学化”专项整治，火炬幼儿园与隆兴小学结成幼小衔接试点校。以幼儿园游戏教学为主线，开展39次教研活动，有2000多人次参与教研，其中区级教研11次，片区级教研8次，农村蹲点教研10次，送教送研下乡4次，核心团队内训6次，活动覆盖全区所有幼儿园。（江双艳）

【阳光招生】2021年，区教育局严格落实义务教育免试就近入学、划片招生政策，杜绝择校行为，统一使用株洲市报名系统，公民办中小学报名和审核工作按要求有序执行，实行阳光招生。中小学招生工作整体平稳有序和谐，全区安排小一、初一新生共14463名，净增学生6888人。继续实行全区统一电脑均衡分班，各学校同时均衡配备教师。（宋子利）

【学生资助】2021年，区教育局落实学生资助全覆盖政策，解决“两不愁三保障”（不愁吃、不愁穿；义务教育有保障、基本医疗有保障、住房安全有保障）中的“义务教育有保障”问题，资助在园幼儿659人次，发放资助金32.95万元，资助中小学生1912人次，发放资助金103.85万元。区关工委资助家庭贫困学生45人，发放资助金5.4万元。适龄儿童少年没有失学辍学现象，没有学生因贫困而失学，九年义务教育巩固率100%。（杜鸥）

【校园安全】2021年，区教育局深化平安校园建设，全面落实校园安防“4个100%”（中小学幼儿园专职保安配备100%、校园封闭式管理100%、一键式紧急报警100%、视频监控系统达标率要求100%）建设。各中小学校、幼儿园配备专职保安员374名，安装防冲撞墩（柱）741个、铁锯马89个、监控探头6781个、一键式报警装置209个。组织日常检查、安全专项督导检查、联合行动等，检查学校、幼儿园1221所次，排查重大安全隐患72个，严格按“一单四制”（一个重大事故隐患清单；交办制、台账制、销号制、通报制）要求完成整改。落实校车交通顽瘴痼疾专项整治，开展校车安全管理暨交通顽瘴痼疾专项整治培训4次，培训1456人次，参培率100%。投入154.2万元对全区校车进行公司化运营管理，开展22次联合执法行动，检查校车138台次，查处并整改安全隐患6例，校车运行日趋规范，校车安全事故零发生。全区成功创建54所“区级平安校园”、31所“市级平安校园”和8所“省级平安校园”，天元区被评为湖南省平安校园建设示范县（市区）。（张思敏）

【教育系统疫情防控】2021年，区教育局全面落实新冠肺炎疫情常态化防控工作措施。长期摸排全区8万余名师生员工身体健康状况和出行情况，发布疫情防控通知、宣传资料、告知书等信息350余条（份），阅读转发20万余人次；组织师生员工接种新冠疫苗16.5万剂次，出动校园疫情防控督查200余人次，发现和整改问题57处，确保校园无疫情。8月，在33所中小学校、幼儿园设立全民核酸检测点，526名教师志愿者协助社区（村）开展3轮全民核酸检测工作。（罗专）

【阳光服务】2021年，区教育局日常信访接待、受理各级各类信访投诉1768件。其中阳光服务察系统事件1213件、省信访件45件、“马上就办”39件、“市长热线”交办件76件、“天元舆情”38件，电话咨询投诉357件。主要涉及入学转学、学校补课、幼儿园管理、学校建设、教师评职、民办教师待遇等。涉及学生入学、转学等重大问题，除及时耐心向家长解释入学政策，调解入学矛盾外，尽量帮助家长解决问题；民办教师退休、养老保险等问题，按照各级信访部门工作要求，随时关注，确保稳定。（周美丽）

【内部审计】2021 年，区教育局依法全面履行审计监督职责，完成审计项目 96 个，审计资金总额 28643.29 万元；审计发现问题 35 个；审计促进增收节支 543.99 万元，其中工程项目审减金额 480.62 万元。（徐 东）

【新教师年度培训】2021 年，区教育局“研培一体”三级递进式教师培训体系不断壮大与完善，“入职有引领、发展有平台、人才有保障”全程、全覆盖式培训助力每一位新入职天元教师。完成 276 名 2020 年入职新教师“星火计划”培训考核，完成 283 名年度新入职教师的岗前培训和课堂指导，培训品牌效应和社会影响力不断攀升。（李 芳）

【课堂教学视导】2021 年，天元区以加强课堂教学质量为工作着力点，出台《天元区中小学校集体备课工作指导意见》。开展青年教师课堂教学专项视导 74 次，集中下校视导 4 次，视导学校 5 所，教研员参与 39 所学校集体备课视导 61 次。85 名教师在省、市课堂教学比赛中获奖。其中，省一等奖 22 人；新马小学张婕、白鹤菱溪罗益群在湖南省 2021 年小学数学、小学思政优质课教学比赛中荣获第一名，栗雨小学欧磊双获株洲市第二届中小学青年教师教学赛第一名，获评株洲市五一劳动奖章、株洲市教学能手、湖南省第二届中小学青年教师教学竞赛三等奖。（李 芳）

一批教师获教书育人优秀奖

【教研员蹲点农村学校】2021 年，区教育局继续推进教研员蹲点农村学校，开展教研活动 58 次，深入 82 名农村教师课堂进行一对一指导；组织送教活动 14 次，培训农村教师 310 人次；定向为农村学校培养各学科骨干教师 20 名，开展农村教师教学竞赛活动 3 次，6 名农村教师在市级教学比赛中获一、二等奖。（李 芳）

【名优特教师工作室、“四名两基地”建设】2021 年，区教育局推进市级名师工作室建设。新批准成立 7 个株洲市驻天元区名优特教师工作室、“四名两基地”（名教师、名校长、名教研员、名班主任；株洲市学科基地、株洲市义务教育阶段学科培训基地），天元区各类名师工作室总数达 13 个，天元区结构优化的基础教育教师培养体系在教育高端人才培养方面取得明显成效。（李 芳）

【义务教育现代化基地课题研究】2021 年，天元区义务教育现代化科研基地完成为期 3 年的研究任务。2019—2021 年，基地主持人、核心人员围绕基地建设和课题研究深入学校开展调研活动 8 次；基地主持人撰写的《天元区委教育工作领导小组发挥牵头抓总作用，全力推进区域教育现代化和优质均衡发展》等 2 篇文章分别刊登在《湖南教育快讯》专刊上，并被湖南教育政务网推介；基地核心成员出版专著 1 本，立项省教育规划课题 2 项、省教育科学协会课题 1 项；基地校立项省教育规划课题 3 项、省教育科学协会课题 1 项；基地研究人员 67 篇论文分别发表在各级刊物上。（李 芳）

【教育督导体制机制改革】2021 年，天元区出台《株洲市天元区深化新时代教育督导体制机制改革的实施方案》，设立并完善教育督导机构，优化督导运行机制，强化督导结果运用，加强督导队伍建设，落实督导条件保障，构建督政、督学、评估监测“三位一体”的天元教育督导体系，不断提高教育督导质量和水平。（何其钢）

【教育督导+互联网】2021年，天元区强化信息技术应用，不断完善“天元督导小程序”，充分利用互联网+技术开展督导评估监测工作，“株洲天元云督导”项目案例获市教育局“十大教育创新项目”。教育专项督导12次，发现亮点17733个，发现问题1669个，提出合理化建议208条；督学人员随访督导发现亮点16698个，发现问题540个，提出合理化建议254条。（何其钢）

【教育装备】2021年，区教育局投入装备经费2000余万元完成白鹤菱溪小学、菱溪中学、隆兴中学、隆兴小学、建宁实验小学等近年新建校以及新马小学、凿石小学、尚格小学等扩班学校的装备配备，指导长沙一中株洲实验学校和二中附二小建设方进行装备配备，确保秋季所有学校正常开学。（汤其斌）

2021年天元区中、小学校基本情况表

表6

序号	名称	地址	班级数（个）	在校学生（人）	建筑面积（平方米）	建校时间	校长姓名	备注
1	天元区白鹤小学	天元区白鹤路8号	42	2205	12626	2002年	何亩文	公办
2	天元区银海学校	天元区长江北路银海支路18号	52	2771	15454	2007年	张建新	公办
3	天元区天元小学	天元区黑龙江路569号	75	4053	20993	2013年	刘　容	公办
4	天元区泰山小学	天元区牛形山路170号	67	3500	26339	1955年	邓水群	公办
5	天元区天台小学	天元区学园路112号	38	2009	8600	2005年	文艳云	公办
6	天元区滨江小学	天元区天伦东路109号	18	842	4848	1994年	周　玲	公办
7	天元区栗雨小学	天元区栗雨街道新东路1号	59	3099	11210	2010年	王建军	公办
8	天元区新马小学	天元区马家河街道万水路	47	2341	646	1974年	何　利	公办
9	天元区凿石小学	天元区衡山中路与金华路口交汇处	53	2789	22946	2018年	汤彩霞	公办
10	天元区尚格小学	天元区株洲大道68号	53	2806	3366	2017年	马谋幸	公办
11	天元区建宁实验小学	天元区珠江南路518号	15	773	建宁实验中学内	2019年	曾　亮	公办

续表 6

序号	名称	地址	班级数（个）	在校学生（人）	建筑面积（平方米）	建校时间	校长姓名	备注
12	天元区白鹤菱溪小学	天元区祠堂路	32	1727	87358	2019 年	梁　晖	公办
13	天元区长岭中心小学	天元区群丰镇长岭社区	30	756	1735	1946 年	付新春	公办
14	天元区砖桥中心小学	天元区雷打石镇砖桥村	36	681	2043	1951 年	赵五根	公办
15	天元区三门中心小学	天元区三门镇上节街	42	1067	2650	1930 年	彭海英	公办
16	天元区月塘小学	天元区马家河街道月塘社区	6	244	1416	1973 年	彭海容	公办
17	天元区建宁实验中学	天元区珠江南路 518 号	60	3105	48188	2014 年	邓　钢	公办
18	天元区天元中学	天元区嵩山街道高新一道与高新二街交汇处	52	2774	22754	2013 年	伍俊勇	公办
19	天元区群丰镇中学	天元区群丰镇新文社区	5	164	6412	1979 年	刘光辉	公办
20	天元区菱溪中学	天元区毛湾路	42	2115	87358	1875 年	杨利凡	公办
21	天元区三门镇中学	天元区三门镇上节街码头口 50 号	12	573	7280	1992 年	颜祖峰	公办
22	天元区雷打石学校	天元区雷打石镇铁篱村	15	565	10525	1949 年	黄海峰	公办
23	第二中学附属小学	天元区南泉东路	83	4325	45008	2018 年	彭小英	公办
24	第二中学初中部	天元区栗雨南路与博古山东路交汇处东北角	58	3099	33104	2018 年	刘建辉	公办
25	天元区隆兴小学	天元区新东路与力嘉路交叉路口	23	1159	34520	2020 年	唐素君	公办
26	天元区隆兴中学	天元区新东路与力嘉路交叉路口	24	1226	35600	2020 年	杨雄敏	公办
27	长沙市一中株洲实验学校	天元区栗塘路与创业四路交汇处	26	1129	44000	2021 年	万敏锐	公办
28	株洲市第二中学附属第二小学	天元区博古西路	6	279	16856	2021 年	邹晓桃	公办
29	株洲雅礼实验学校	暂借株洲市第二中学附属第二小学场地办学	8	393	建设中	2021 年	侯朵朵	公办
30	天元区太阳宫小学	天元区联谊路 72 号	17	812	3655	1998 年	曲湘云	民办
31	北师大株洲附属学校	天元区庐山路 210 号	96	3968	146222	2005 年	章登享	民办

（张娅露）

科 技

【概况】天元区科技和工业信息化局(以下简称“区科工信局”)加挂天元区科学技术协会牌子，主要负责科技发展规划的制定与实施，各级各类科技项目、科技成果转化及高新技术企业的申报，科技合作与交流，科协工作与农村科技工作。

2021年，株洲高新区、天元区以“三高四新”战略为指引,以创建“五好”园区为抓手,秉承“聚焦、裂变、创新、升级、品牌”理念，聚焦创新主体培育、创新平台打造、创新要素集聚，系统谋划，主动作为，推动科技工作取得新成效。高新技术产业增加值175亿元，同比增长16.1%；技术合同交易额41亿元，同比增长36.7%；新增省级及以上创新平台10家；在全省省级及以上高新区中综合排名第二。动力谷创新创业服务中心获评全国创业孵化示范基地。（罗 敏）

【创新主体培育】2021年，株洲高新区、天元区围绕创新主体“量质双升”培育目标，制定《株洲高新区高新技术企业培育方案》，通过“拉网式”筛查、“地毯式”走访，从近2000家市场主体中挑选出200家企业建立培育库，聘请专家团队通过专题培训会，一对一辅导等多种形式，指导企业做好科研项目管理、研发费用归集及知识产权申请等工作，帮助企业特别是初创型民营企业迅速搭建起创新管理体系。年内，株洲高新区新增高新技术企业64家，高新技术企业数达322家，同比增长24.8%；认定科技型中小企业297家，同比增长39.4%。研发投入占GDP比重4.3%，万人发明专利拥有量45件。（罗 敏）

【创新平台建设】2021年，株洲高新区、天元区加强新型研发机构建设。7月，湖南旭瑞智能技术有限公司纳入湖南省第一批新型研发机构培育计划。株洲市陕研新材料装备技术研究院有限公司、湖南玥昇杰科技有限责任公司获评新型研发机构，为园区企业提供关键共性技术研发、中小企业科技攻关、创新创业孵化服务等科研创新服务。组建全省首家现代产业研究院。整合株洲高新区动力谷企业成长学院、中欧技术合作与人才培养平台、中德工业互联网应用创新中心等各类优质教培资源搭建现代产业研究院，采取“政府引导、市场化运营”的模式，培养符合新时代先进制造业发展需要、具备国际视野和国际竞争力、拥有现代商业文明精神的企业管理者、大国工匠和产业服务人才。高标准通过首批湖南省创新型县区建设答辩工作。（罗 敏）

【科技金融融合】2021年，株洲高新区、天元区开展科技型企业知识价值信用贷款风险补偿试点工程。成立知识价值信用贷款业务综合金融服务工作团队，为“轻资产”的科技型企业提供高效、优质、低成本的金融服务，与建设银行等10家合作银行签订《科技型企业知识价值信用贷款风险补偿试点合作协议》，为11家科技型中小企业发放贷款总额3910万元。开展瞪羚企业评选，年内新认定瞪羚企业27家，为企业提供高新区全额担保的贴息贷款资金7280万元。（罗 敏）

【区域交流合作】2021年，株洲高新区、天元区加强区域协同创新发展。长株潭三地国家级高新区签署区域一体化发展合作框架协议，就产业链有效协同、创新平台共建共享、政策配套协同、人才服务协同、对外开放协同五大领域将展开深度合作。开展标杆企业游学行动。组织39家天元区中小企业的创始人和高管，深入华为、

OPPO、广药集团等多家广州、深圳标杆企业学习考察，了解国内前沿科技和企业的发展现状、趋势，帮助企业管理者进一步开拓视野、提升眼界、启迪思路。（罗 敏）

【技术创新发展】2021 年，株洲高新区、天元区开展科技型中小企业科技成果转化专项行动。对株洲钧诚精密的中小航空发动机关键零部件加工转化等 34 项科技成果转化项目给予 300 万元专项资金支持。鼓励和支持科技型中小企业加强产学研合作，积极引进新技术、开发新产品，增强企业竞争力。开展核心关键技术攻关行动。抓好火炬安泰的 ITO 靶材研究等重点项目的攻关，每个项目给予 20 万元经费支持，鼓励企业持续增强创新驱动力。时代新材全球最长 EN156 聚氨酯风电叶片在动力谷工厂启动量产，首支量产叶片近日下线；株齿研发的 ZFT700TCC 系列减速机替代进口，填补了国内市场空白。（罗 敏）

文化·卫生·体育·旅游

文 化

【概况】2021 年，株洲市天元区文化旅游广电体育局（以下简称“区文旅广体局”）内设办公室、公共文化股、群众体育股、旅游股 4 个职能股室，下设 1 个二级机构文化馆。区文旅广体局为天元区人民政府工作部门，在编干部 15 名。主要管理、指导全区的公共文化、旅游、体育活动，负责对全区公共文化、旅游、体育、广播电视、文物设施监督管理，全区非物质文化遗产保护等。

2021 年，区文旅广体局获评 2017—2020 年度全国群众体育先进单位。落实《湖南省公共文化服务体系高质量发展五年行动计划》，获评省级“优秀”等次；代表株洲市参加全省庆祝中国共产党建党 100 周年群众合唱比赛获“一等奖”“最佳组织奖”；获评省级“法治进文旅场馆”先进单位、株洲市创建全国文明城市工作先进单位；天元区文明建设先进单位、先进基层党组织；天元区优秀领导班子等荣誉。（陈旭宁）

【文旅系统疫情防控】2021 年，区文旅广体局在新冠肺炎疫情防控工作中，做到防疫部署安排到位，监管行业排查到位，上级要求落实到位“三个到位”。日常检查监管行业。8 月上旬，株洲新冠肺炎疫情最为紧张的时期，为杜绝文旅体行业擅自营业和“明关暗开”行为，文旅广体局采取“分片分组”“全天候巡查”的方式，并与市文化市场综合执法局联合行动，对监管行业 168 家采取集体检查行动，织起一张严密的“疫情防控排查网”。完成医护检测人员的调配及保障工作。8 月 4—12 日，在 9 天 3 轮核酸检测工作中，协调 10 余支医疗队伍和检测机构近 800 名检测人员的调配、保障工作。配合相关职能部门开展工作。积极配合辖区隔离酒店征集工作，征用酒店 13 家，医护人员保障酒店 5 家。派出 6 名志愿者在步步高商场、栗雨街道凿石小学参与疫苗接种志愿服务工作，进行接种信息录入登记与秩序维护。（陈旭宁）

【安全生产】2021 年，区文旅广体局监管村（社区）文化服务中心 89 家，区级文化场馆 2 家，网吧、KTV、游戏厅 95 家，11 处文物保护单位（含罗哲、罗学瓒烈士墓），3 处星级景区，4 家星级宾馆，21 家旅行社，11 家办证游泳馆，各种体育场地 927 个。按照“管行业必须管安全、管业务必须管安全、管生产经营必须管安全”的工作要求，全局工作人员分组分片区开展行业监管，局领导班子带队定期检查，各股室每周例行检查，各条线协同配合，加强对监管行业疫苗接种、禁毒、创文、平安建设、未成年人保护等工作监督检查，严格按照“检查要细、措施要实、要求要严”原则，督促企业切实履行安全生产主体责任。（陈旭宁）

【行政审批】2021 年，区文旅广体局严格履行办理流程和办理手续，加强行政审批和市场准入，优化办理流程，积极配合区审批局推行窗口办理，线上办理，完善“一网通办”。完成行政审批事项 88 件。其中，高危险性体育项目经营许可证办理 6 件（经营许可证 5 件，法人变更 1 件），营业性演出准予许可决定 77 件，游艺娱乐场所 5 件（经营许可证 2 件，设备变更许可证 1 件，注销 1 件，退件不予受理 1 件）。（谭 艳）

【宣传工作】2021 年，“天元文旅”微信公众号与“天图小助手”视频号发送新媒体推文 151 篇、短视频 15 篇，关注用户总数 6200 余人，图文阅览量 4.6 万次。（顾 星）

【基础设施建设】2021 年，区文旅广体局根据辖区周边人居环境，将全区 100 个村（社区）综合文化服务中心，分为现代化社区、老旧小区、城中村社区、城郊接合部社区、农村五种代表城市化进程类型，其中现代化社区 9 个，老旧小区 8 个，城郊接合 29 个，农村 30 个，含现代化社区及老旧小区 4 个，含老旧小区及城中村 10 个，含老旧小区及城郊接合 1 个，含现代化社区、老旧小区及城中村 3 个。截至年底，全区 100 个村（社区）综合文化服务中心建成并配套基本文体活动室，能提供文体服务的村（社区）89 个。年内，嵩山路街道综合文化站、三门镇响水村综合文化服务中心、泰山路街道新塘社区综合文化服务中心被湖南省文化和旅游厅评为“最美潇湘文化阵地”，全区新建村（社区）“门前三小”（小广场、小书屋、小讲堂）30 个。（顾 星）

【队伍建设】截至 2021 年年底，天元区培育文化创意、文艺创作、非遗文化、旅游推广等领域人才 153 人，从送戏下乡、送艺术下基层等公益文化活动中培育文化骨干，培养基层文化专干。有群众文艺协会 62 支，体育协会 11 支，天图联盟 16 家，文化团队 419 支，3000 余人的专业服务队伍，其中重点培育近 2000 名志愿者参与到公益服务和基层治理中，营造“奉献、友爱、互助、进步”的志愿服务氛围。（顾 星）

【基层公共文化服务调研】2021 年 9 月中旬，区文旅广体局为提升公共文化服务效能，由分管副局长带队，各股（馆）室负责人参与调研花园里社区、大湖塘社区、湘湾社区、栗山社区、云里社区综合文化服务中心。分别组织召开文旅行业、社会团体的座谈会，了解行业和社会团体的发展情况，探讨新冠肺炎疫情后行业未来发展的思路和社会团体如何更好地发挥作用。（顾 星）

【创新社会服务模式】2021 年，区文旅广体局在“门前三小”建设的基础上，通过对现代化社区、老旧社区、城中村社区、城郊接合部社区、农村五类相对集中且具有代表性的城乡社区，分别打造不同特色的文体公共空间，实现城乡“家前十小”模式，形成示范带动效应。通过前期调研，确定现代化社区文家冲社区、老旧社区大湖塘社区、城中村社区云里社区、城郊接合部社区栗山社区、美丽乡村南江村 5 个城市公共文化设施建设示范点。（顾 星）

【文化馆工作】2021 年 11 月，在第五次全国文化馆评估定级中，文化和旅游部公布全国文化馆评估定级结果，天元区文化馆由三级馆晋升为国家一级文化馆。开展培训。开展馆内戏曲、书画、合唱、舞蹈、健身等 12 个门类的培训 500 多节次，开展大型文化活动 32 次，基层文艺创作作品推广活动 17 次，参与文化培训人数 7 万余人次。文艺创作。原创相声小品《唱响新时代》获株洲市“百团百角唱百年”十佳作品奖，原创小品《生日快乐》、声乐作品《你的故事》晋级湖南省第七届艺术节决赛。鼓励群众开展以疫情防控为主题的艺术作品，创作作品《你是谁》《白衣天使》《恋奴娇·同心抗疫情》，获群众高度好评。天元区绽放艺术团《生命之春》参加株洲市广场舞大赛，获第一名。团队工作。有文旅体协会 56 个，文化团队 419 支专业服务队伍。其中，重点培育近 2000 名志愿者参与到公益服务和基层治理中，营造“奉献、友爱、互助、进步”的志愿服务氛围。（毛姣丽）

【图书馆工作】截至 2021 年 12 月，区图书馆馆藏总量 9.9 万余册，包括纸质文献 6.9 万册、电子文献 3 万册。2021 年，到馆读者 5 万余人次，借阅人数 5000 余人次，文献外借服务总量 2.1 万余册次，读者证新增注册 1000 余人次。举办各类培训活动 68 场，参与读者 2 万余人次。在“图书馆开馆周年”“世界读书日”“建党 100 周年”等重要节点期间，策划推出“先锋开讲”“汉服诵读夜”“建党百年·党史共读”等活动。开展“小小向日葵”寒暑假学生志愿者服务活动、重阳节敬老志愿者活动，给学生和特殊人群献出关爱。整合绘本故事会、万丰湖畔童声飘栏目、图书馆奇妙夜活动资源，打造“天天童学会”活动品牌。发起成立“元书会”，精心打造“21 天读书打卡”“元书会读书沙龙”等大众阅读活动，拓展核心读者群体。“元书会”系列阅读活动获 2021 年株洲市“十佳”阅读品牌称号。借助市图书馆资源，采取共建共享形式，打造文家冲社区“株洲书房·元书馆”，将“元书馆”打造成天元区图书馆总分馆制建设的一大特色品牌，并建设一批高标准、示范性分馆、流通点。（顾　星）

天元区图书馆三周年语言魅力课讲座

【非遗及文物保护】2021 年，天元区申报区内 3 项非物质文化遗产项目均进入株洲市第八批非物质文化遗产项目名录和株洲市第五批非物质文化遗产传承人名录库，分别是吴氏木雕技艺、传统中医药香、古书画装裱修复技艺。开展面向社会的传统工艺展演、体验、讲座、培训等活动，推广普及非遗工艺。加强革命文物保护利用，弘扬罗哲、罗学瓒烈士革命精神，区文旅广体局组队赴武汉、杭州收集关于罗哲、罗学瓒烈士的图文史料。推进文物与禁毒宣传工作相结合，搬迁永禁洋烟碑至区禁毒公园。对罗学瓒烈士墓进行基础修缮，对罗瑶古墓倒塌碑文开展病虫害分析，修复断裂的石碑，还原碑文原貌。（陈　睿）

【建党 100 周年文化活动】2021 年，天元区以庆祝建党 100 周年为契机，举办系列文化活动。6 月 17 日，开展“我心向党 唱响新区”株洲高新区（天元区）庆祝建党 100 周年合唱决赛。经过 2 个多月的辛勤排练及预赛评选，16 支队伍、1200 余名党员干部、企业员工相聚神农大剧院，唱出新区人的初心。6 月 17 日，“百年铸辉煌 火炬耀新区”株洲高新区（天元区）庆祝建党 100 周年美术、书法、摄影主题作品展开幕式完成。活动现场，展出 260 余幅美术书法摄影作品，题材丰富、形式多样、贴近生活，充分展示高新区（天元区）广大人民群众、党员干部热爱祖国、艺心向党的良好精神风貌和独特文化魅力。（陈旭宁）

【公共文旅综合服务平台】2021 年，受新冠肺炎疫情影响，区文旅广体局借力互联网实现线上“云服务”，建成公共文旅综合服务云平台。纵向与省、市、区三级实现数据互联互通，横向与旅游景区、文化场馆、文旅企业等单位打通数据通道，实现宣传联动、活动参与、政策咨询、“一键导航”等 8 大类 12 项服务功能，足不出户即可共享信息与服务，用数字技术提升服务效能。截至年底，公共文化机构数字文化资源总量为 48.68T，访问总人次 17 万余次。（陈旭宁）

卫生健康

【概况】2021 年，株洲市天元区卫生健康局（以下简称“区卫健局”）有行政编制 9 名。所属事业单位有 12 个，包括区妇幼保健计划生育服务中心、区疾病预防控制中心、区卫生健康综合监督执法大队、区会计核算中心、区健康服务中心、3 个卫生院和 4 个社区卫生服务中心。红十字会与卫健局合署办公。天元区各级各类医疗机构共 305 家，其中 3 级医院 2 家，二级民营医院 8 家，一级民营医院 1 家，一级医院 1 家，基层医疗机构 7 家，村卫生室 66 家，卫生服务站 5 家，疾控、妇幼 2 家，其他各类诊所、门诊部、卫生室共 213 家。

2021 年，获评“2021 年国家慢性病综合防控示范区”“2021 年度湖南省健康促进县市区”，被列入 2021 年无偿献血先进县市区和先进单位获奖名单，在国家基本公共卫生服务项目考核中，获全国第五名、中部 6 省排名第一的优异成绩；嵩山街道社区卫生服务中心被评为“2021 年度株洲市医院感染管理先进单位”，泰山街道新塘社区被评为“2021 年国家示范性老年友好型社区”，区卫生健康综合监督执法大队被评为“2021 年度株洲市职业卫生工作目标管理先进单位”。（李小燕）

【党建工作】2021 年，天元区卫健系统共有党员 160 余名，下辖 20 个基层党组织，其中包括 1 个社会组织行业党委、19 个党支部。以意识强党建，落实意识形态工作责任制，开展 12 次党委理论中心组学习，把党员教育培训融入“三会一课”、主题党日等日常组织生活，全面扎实推进党史学习教育。以阵地夯党建，新建优仕口腔党支部，泰山街道社区卫生服务中心联合“两新”党组织向好发展。开展“动力先锋”大培训，轮训 100 余名党员，发展预备党员 12 名，转正预备党员 6 名，为党组织注入新的力量。以党风廉政建设固党建，严格履行“一岗双责”，开展 2 次廉政警示教育，廉政谈话 50 余人次，开展春节期间四风督查自查和违规吃喝问题专项整治、金融领域专项整治、惠民惠农财政补贴资金“一卡通”专项监督检查、“清廉医保”监督检查等工作。（王剑怀 李小燕）

【疫情防控】2021 年，区卫健局牢牢守在新冠肺炎疫情防控的最前线，严格落实好涉外人员管理、核酸检测、重点人群摸排、预检分诊、重点人群闭环转运、隔离点管理、疫苗接种等工作。“7·29”新冠疫情，实现疫情不过湘江的目标。截至2021年12月31日，天元区集中医学观察6569人，接种新冠疫苗90.02万剂次。发挥基层医疗机构“哨点作用”，预检分诊100.61万人次，核酸检测148.15万人次，在辖区内轮番开展“地毯式”疫情防控督查，督查医疗机构2263家次，下达卫生监督意见书1137份，均及时督查整改到位，取得疫情防控“主动战”和“阻击战”的双胜利。（丁利英　李小燕）

【村（社区）卫生室建设】2021年，区卫健局按照《村卫生室建设三年行动计划》，严格按照“两化五统一”（房屋产权公有化、建设标准化，统一选址标准、统一规划设计、统一建设风格、统一设备购置、统一卫生信息化）标准，对58家村（社区）卫生室实施新建和提质改造。新建卫生室要求设置诊断室、药房、治疗室、处置室、公共卫生服务室等，改造卫生室采取迁入村部、居委会等方式，参照新建标准执行，面积不能低于80平方米。实现标准化建设率100%、产权公有化率95%的目标。年内，全面完成提质改造。（殷　卫　李小燕）

【互联网＋医疗健康】2021年，区卫健局引进“微医”“家医云”，与中国农业银行株洲分行合作，由其出资400余万元，在天元区建设“就医全流程”。下半年，取得省卫健委支持，拟在天元区建设“智慧天元大健康平台”，将公卫3.0、医疗3.0、医保支付、金苗系统、人口监测、就医全流程等系统之间的壁垒打通，此举措开全省先河，将打造全省乃至全国“智慧卫健”示范区。（施艳林　李小燕）

【计划生育】2021年度，天元区出生人口性别比115.2，较2020年度有所上升；出生总人口1911人，较2020年出生人口减少440人，下降幅度18.72%。贯彻落实中央决策部署，依法实施三孩生育政策，取消生育证审批制度，实行三孩生育服务登记制度，取消社会抚养费等制约措施、清理和废止相关处罚规定，将入户、入学、入职等与个人生育情况全面脱钩，推动0～3岁托育服务体系建设，全区有5家托育机构完成备案。发放计划生育农村奖励扶助金114.53万元、计划生育特别扶助金433.92万元、计划生育手术并发症扶助金18.24万元、独生子女保健费44.4万元、城镇独生子女父母奖励金325.27万元。认真开展落实计划生育特殊家庭“三个全覆盖”专项行动，100%落实双岗联系人，辖区株洲市中心医院、天元区人民医院仁和眼科医院及7个基层医疗机构全部开通计生特殊家庭就医绿色通道，提供优先便利医疗服务，家庭医生签约应签尽签。区计划生育协会实施生育关怀行动，春节及生日对计生特殊家庭走访慰问全覆盖；强化社会保障，与省、市计生协共同出资20.28万元购买健康保险和住院护理津贴保险，发放重病大病住院护理补贴8.5万元，妥善解决计生特殊家庭住院陪护的后顾之忧。（易　芳　李小燕）

【民生实事】2021年，区卫健局成立“民生100”工程工作领导小组，巩固和完善民生工程的成果和政策措施，落实民生工作的连续性。区疾控中心标准化建设完成实验室改造，设备和实验室面积要求全部达标，完成率110.7%；推进中医药服务基层全覆盖100%完成目标任务；农村及城镇低保适龄妇女“两癌”筛查完成3045人，完成率101.5%；孕产妇免费产前筛查完成2850人，完成率100%。（丁利英　李小燕）

【妇幼保健计划生育服务】2021年，天元区产妇数2611人，孕产妇零死亡，新生儿活产数2681人，出生缺陷率235.92/万人。婚前医学检查率86.66%，免费孕前优生健康检查600人次，免费产前筛查2850人次。早孕随访率和妊娠结局随访率均为100%，孕产妇高危筛查659人次，筛查出高危孕产妇331人次。产妇检查人数为8295人次，艾滋病、梅毒、乙肝孕期检测8295人次，检测率100%。农村及城镇低保适龄妇女“两癌”免费检查3045人次，检查率101.5%，宫颈癌早诊率96.66%，乳腺癌早诊率100%，随访率97.93%；天元区托幼机构新入园儿童和幼教人员年度健康体检全部免费，幼师、儿童入园体检率分别达99%、98%以上。（魏 妮 李小燕）

【监督执法】2021年，区卫健综合监督执法大队出动3160人次，查处疫情防控措施落实不力的医疗机构14家，约谈医疗机构12家，有力保障各项工作的有序开展。针对各级各类医疗机构开展“地毯式监督”“常态化监督”和疫情防控专项监督检查。重点监督检查被监管单位及人员证照、卫生监测、传染病防控等，全区被监管单位均做到“一户一档”，建档率100%，监督覆盖率达100%。严管医疗执业，围绕医疗废物、放射诊疗、生物安全、传染防控等方面有序开展专项整治行动，规范医疗执业行为。注重执法中普法，开展公益性普法1次、企业普法培训3次，入户普法60余次，发放宣传资料2700余份。（刘 羿 李小燕）

2021年天元区管辖医院一览表

表7

单位名称	地址	法人	工作人员（人）	床位（个）
天元区人民医院	天元区泰山路51号	刘仁波	208	200
马家河卫生院	天元区马家河办事处新马社区	唐晓艳	29	20
群丰镇卫生院	天元区群丰镇长岭社区四组	宗　勇	32	30
雷打石镇卫生院	天元区雷打石镇伞铺街	罗庆辉	43	46
三门镇卫生院	天元区三门镇上节街250号	王金城	49	60
泰山街道社区服务中心	天元区圆方路129号	蒋小琴	73	0
嵩山街道社区服务中心	天元区和平路99号	言英姿	69	0
栗雨街道社区服务中心	天元区栗雨工业园新东路	龙沅沅	49	0

（李小燕）

体 育

【群众体育设施建设】“十三五”规划期间，全省人均体育场地面积达到 1.68 平方米 / 人。截至 2021 年，天元区人均体育场地面积 3.01 平方米 / 人，高于全省平均标准。天元区 72 个社区建设 15 分钟健身圈，农村行政村体育设施覆盖率达 100%。截至 2021 年年底，全区体育场地 927 个，包含田径场地 54 个，游泳场地 39 个，足球场地 56 个，篮球场地 280 个，排球场地 22 个，乒乓球场地 215 个，羽毛球场地 116 个，滑冰场地 2 个，健身房 103 个，包含社区健身中心 9 个、健身房 90 个、体能训练馆 4 个，健身步道 11 个，共 83.82 千米。（余祯烨）

【湘江马拉松赛·株洲站】2021 年 5 月 9 日，庆祝中国共产党成立 100 周年“传承红色基因·践行三高四新”2021 年长株潭城市群大型体育赛事系列活动启动仪式暨战马 2021 湘江马拉松赛株洲站在万丰湖开跑，3000 余名选手参赛。该届战马 2021 湘江马拉松赛的主题是“敢为人先·与湘江奔跑”，是天元区连续第四次承办的大型赛事，对推进天元区文旅体深度融合发展，提高全民健身意识，打造赛事品牌具有重要意义。（余祯烨）

【中国新能源汽车拉力锦标赛】2021 年 10 月 12 日，区文旅广体局协助市文旅广体局在株洲国际赛车场举办了 2021 年中国新能源汽车拉力锦标赛·环洞庭湖站的开幕式和发车仪式。首站共有来自全国各地 100 名车手，包括奥运举重冠军龙清泉、谌利军为代表的体育明星车手及国家一级演员翟万臣等人的加入，备受社会各界关注。（余祯烨）

【CTCC 中国汽车（场地）职业联赛】2021 年 10 月 24 日，区文旅广体局指导株洲国际赛车场举办 2021 年 CTCC 中国汽车（场地）职业联赛湖南株洲站。株洲高新区党工委副书记、天元区委书记、二级巡视员邬凌云、副区长蔡滔出席两场赛事活动。（余祯烨）

【“我要上全运”暨湖南省第二届社区趣味运动会天元区排位赛】2021 年 5 月 29 日，2021“我要上全运”暨湖南省第二届社区趣味运动会天元区排位赛的比赛在动力谷文体中心举行。比赛吸引来自天元区各个街道、社区的 400 多名运动员参赛。运动赛场上，大家热情高涨，既当运动员又当观众，加油声、呐喊声、欢呼声响成一片，大家本着“友谊第一，比赛第二”的原则，在比赛中拼力角逐、全力以赴，大人、小孩都积极地参与，充分发挥团队协作精神。（余祯烨）

【“永远跟党走·舞动中国梦”健身广场舞大赛】2021 年 5 月 28 日，“永远跟党走·舞动中国梦”天元区 2021 年健身广场舞大赛在美的城时代广场完美收官。来自全区热爱广场舞运动的 20 支队伍参加总决赛。该次比赛曲目分为自选套路和规定套路两首。比赛设一、二、三等奖和优胜奖。由天元区老年体育协会选送的健身广场舞队以抗疫

健身广场舞大赛

天使——医生为背景创作的《生命之春》舞蹈获得全场最高分，另获得一等奖的队伍为风景线艺术团。获得二等奖的为小湖塘社区学苑队、株洲市二中舞之恋健身队、天元区天之骄艺术团。获得三等奖的为株洲市麦西来普新疆舞团、滨江快乐姐妹志愿队、芳魅舞蹈队、动闪飞扬健身舞团、湘湾社区龙腾国际舞蹈队。（余祯烨）

【首届社区篮球赛】 2021 年 12 月 10 日晚，天元区“首届社区篮球赛”在亿通篮球馆火热开赛，来自天元区各个社区的 27 支精英队伍、近 400 名篮球运动爱好者参加比赛。副区长蔡滔出席该次比赛。活动旨在贯彻落实全民健身国家战略，推进健康天元行动，展现辖区居民积极向上、拼搏进取的精神风貌，进一步增强社区居民的幸福感、获得感和凝聚力。由天元消防救援大队获得决赛总冠军。亚军为王家坪社区队，季军栗雨街道队。（余祯烨）

【组队参加株洲市十四届运动会】 2021 年 10 月 15 日至 11 月 7 日，在为期 28 天的株洲市十四届运动会中，天元区组队参加株洲市第十四届运动会，参加全部 14 个比赛项目，天元区代表团在该届运动会中取得金牌 33 枚，银牌 34 枚，铜牌 20 枚及其他奖项 40 项共 127 枚奖牌，总分 1022 分排名第一，奖牌总数第一，金牌数量第一。（余祯烨）

旅　游

【文旅资源普查】 2020 年 12 月，天元区启动开展全区文旅资源普查，先后有 20 余个区级部门、100 个村（社区）、200 余人参与其中。至 2021 年 11 月，完成全区范围内 284 处文化和旅游资源单体统计，其中五级资源 1 处、四级资源 21 处、三级资源 71 处、二级资源 135 处、一级资源 56 处。（张　杨）

【旅游资源开发】 2021 年 6 月 8 日，天元区促文旅消费工作座谈会召开，辖区神农城景区、石三门景区、动力谷展示中心、湖南旅游国际旅行社、声色艺术工厂等单位参加座谈会，共同商讨辖区旅游资源开发工作。（张　杨）

【文旅融合项目】 2021 年，区文旅广体局策划文旅推广活动，围绕“热爱 105℃的天元”主题，每月以美景、记忆、运动为主题，分别在神农城、国际赛车场、庐山路等具有代表性场景呈现不一样的天元。通过线上宣传与线下展示相结合，吸引游客打卡，带动文旅消费。“十一”黄金周以“假如神农城会说话”（第一期）为主题，10 月底以“追风的超燃赛道”（第二期）为主题，12 月以“冬日最美庐山路”（第三期）为主题。活动一经推出，吸引众多市民打卡体验。（张　杨）

【编制《天元文旅手绘地图》】 2021 年，区文旅广体局根据《天元区“十四五”工作规划文化旅游事业发展规划》，为全面实现文化旅游高质量融合发展，提升文旅品牌，推荐景区景点，全面展示天元工业游、红色研学游、农耕文化游、乡村休闲旅游等精品路线。通过原创手绘、笔画景点的方式，编制文旅手绘地图，呈现天元区 61 处文旅资源点，对外推荐天元区文旅资源。（张　杨）

天元区星级宾馆、酒店一览表

表 8

序号	单位名称	法人或负责人	地址	星级	属地
1	华天大酒店	蔡无双	湖南省株洲市天元区长江北路 1 号	五星	嵩办
2	福尔莱大酒店	王鸿方	株洲市天元区长江北路 368 号	四星	嵩办
3	西苑宾馆	文　岱	湖南省株洲市天元区西苑路 39 号三号楼	三星	泰办
4	金锦海悦酒店	何　利	湖南省株洲市天元区黄河南路 399 号	三星	嵩办

（张　杨）

天元区 A 级旅游景区一览表

表 9

序号	单位名称	法人或负责人	地址	A 级	备注
1	神农城景区	何　静	泰山路街道神农大道	AAAA	泰办
2	悠移生态景区	姚先林	群丰镇湘云社区	AAA	群丰镇
3	石三门现代农业公园响水园	张　龙	三门镇响水村	五星级乡村旅游点	三门镇

（张　杨）

生活·保障

民政事务

【概况】株洲市天元区民政局是天元区人民政府主管社会行政事务的职能部门，属社会发展部门，承担全区社会救助（含城乡低保救助、临时救助、特困人员特殊救助等）、特困人员供养、社区治理和基层政权建设、养老服务和留守老年人关爱、残疾人“两项补贴”核发、流浪乞讨人员救助、留守儿童和困境儿童关爱、行政区划和地名管理、社会组织登记管理、婚姻登记、慈善事业和社会工作、殡葬改革和管理等工作职能。

2021 年，区民政局内设综合办公室、基层政权建设（社区治理）股、社会福利（社会事务）股、社会救助股 4 个股室。下设天元区敬老院、天元区慈善事务服务中心、天元区社会工作服务中心 3 个公益一类事业单位。共有工作人员 25 人，其中在编正式人员 19 人、区派用人员 6 人。9 月，天元区被民政部正式确认为“全国社区治理和服务创新实验区”；区民政局党支部获评株洲市先进基层党组织，区民政局获评株洲市民政重点工作考核第一名。（张 臻）

【社会救助制度改革】2021 年，天元区贯彻落实省、市关于改革完善社会救助制度的重要指示批示，以城乡低保精准差额救助、社会救助审核确认权限下放、“党建 + 社会救助”试点工作三大中心任务为抓手，完善社会救助家庭收入计算评估细则，建立困难群众主动发现和结对帮扶机制，推动镇（街道）“一门受理、协同办理”提质增效，扎实推进社会救助改革举措任务落到实处。年内，在雷打石镇、泰山路街道开展改革试点。（张 臻）

【城乡最低生活保障】2021 年，天元区有城乡低保对象 1080 户 1489 人（城市低保户 508 户 631 人、农村低保户 572 户 858 人），发放城乡最低生活保障资金 910.15 万元。全区城市低保标准为 630 元 / 月、城市低保人均救助水平达到 552 元 / 月，农村低保标准为 7560 元 / 年、农村低保人均救助水平达到 432 元 / 月，各项指标均超过省重点民生实事考核要求。（张 臻）

【特困供养人员救助】2021 年，天元区对辖区内无劳动能力、无生活来源又无法定赡（扶、抚）养义务人，或者其法定赡（扶、抚）养义务人无赡（扶、抚）养能力的年满60周岁的老年人和残疾等级为一、二级的智力、精神残疾人，残疾等级为一级的肢体残疾，以及未满16周岁的未成年人给予特困供养人员救助。全区有特困人员624人，其中分散供养525人、集中供养99人。对不能自理的分散特困人员纳入区特殊救助范围，享受800元/月的护理补贴，对部分丧失、完全丧失生活自理能力的集中供养特困人员分别按400元/月、800元/月下拨照料护理金到所在敬老院，为628人次发放护理费41.36万元。建立特困人员护理保险制度，为630名特困人员购买住院医疗照料护理险20.16万元，发放特困供养金7575人次620.39万元。（张　臻）

【“双节”补贴】2021年，天元区为全区特困供养人员（600元/人）、城乡低保对象（400元/人）发放“双节”补贴（元旦、春节补贴），发放特困供养人员“双节”补贴618人37.08万元，城乡低保对象“双节”补贴1465人58.6万元。（张　臻）

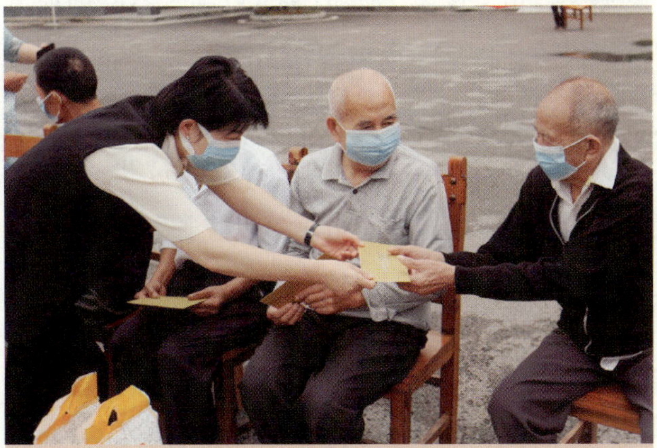

“双节”慰问

【临时救助】2021年，天元区对辖区内遭遇突发事件、意外灾害、重大疾病或其他特殊原因导致基本生活出现暂时较大困难的家庭或个人给予临时救助。发放临时救助337人次68.99万元，其中区级临时救助103人次40.51万元、镇（街道）级临时救助234人次28.48万元。（张　臻）

【特困人员特殊救助】2021年，天元区对特困人员常规救助后仍然存在特殊困难，或现有救助政策难以有效覆盖的生活特别困难、生存特别艰难的人员给予特困人员特殊救助。救助金额最高可达20万元，由天元区特困人员特殊救助领导小组成员单位上户核实相关情况，报领导小组联席会议集体研究确定救助金额。特殊救助设有助学救助、护理补贴等项目，在给予特困托底的同时，根据每个特困家庭的不同需求，提供灵活多样的特殊救助。开展2批次区特困人员特殊救助工作，发放救助金198人次83.22万元。其中，助学救助174人次81.3万余元、护理补贴24人次1.92万元。（张　臻）

【残疾人“两项补贴”】2021年，天元区残疾人“两项补贴”（困难残疾人生活补贴和重度残疾人护理补贴）标准为100元/月。发放残疾人“两项补贴”33251人次332.51万元。（张　臻）

【救助信息动态管理】2021年，天元区加强救助对象动态管理，对全区城乡低保对象进行逐户逐人严格审核，要求“入户调查、邻里走访、民主评议、张榜公示、审查资料、信息比对”，全面实现“应保尽保、应退尽退”。按照“每月一小审，一年一大审”动态管理机制，对家庭情况好转、户口迁出、子女毕业等不再符合低保救助条件的人员予以清退，将符合条件的困难群众及时纳入保障范围。全区新增城乡低保对象104人，取消193人。新增城乡低保、特困供养人员、特困人员特殊救助对象经济状况信息化核对和复核比例均达100%。（张　臻）

【探访照料全覆盖】2021年，天元区对重病重残等困难家庭中的“一老一小”明确临时监护人，加强走访探视，帮助其解决生活困难问题，开展精神慰藉服务。全年共对全区 517 名分散供养对象进行探访 15592 次,对 407 名城乡低保“一老一小”对象进行探访 12256 次。（张 臻）

【养老服务】2021 年，天元区有老年人口约 4.4 万人，占全区总人口的 15.7%。按照“政府主导、民政牵头、部门配合、社会参与”的工作思路，积极应对人口老龄化问题，全力推进养老服务体系建设。指导泰山路街道金锦社区、泰西社区、嵩山路街道尚格社区、韶溪社区（城发集团创办）、栗雨街道凿石社区、群丰镇石塘社区以及三门镇黄田村建设日间照料中心，推进泰西社区、花园里社区、韶溪社区建成长者餐厅。截至年底，全区建成区级智慧养老综合服务中心 1 个、街道级智慧养老服务中心 1 个，街道（镇）综合养老服务中心 7 个、养老服务机构 10 家、长者餐厅 13 家、社区老年人日间照料中心 95 个，为老年人提供助餐、送餐服务约 1.2 万次，区域性养老服务中心覆盖率 100%。区民政局为全区符合条件的老年人发放基本养老服务补贴 40.13 万元，提供助餐、助洁、理发、家电维修、农活帮扶、康复理疗等服务 5822 人次。区民政局投入 16.5 万元为辖区内 89 户特殊困难老年人家庭安装坐便器及洗浴扶手，配置助浴椅、护理床、轮椅等适老化设备，有效改善老年人居家生活环境，提升老年人的居家生活品质。区民政局委托具备专业心理咨询资质的社会组织为全区老年群体提供“温暖养老”心理关怀服务，缓解疫情期间老年群体心理焦虑。开展老年人个体服务 83 人次，机构讲课及心理沙龙 45 场。委托《株洲晚报》老年大学在全区养老服务机构开展书法、剪纸、太极拳、中医养生、智能手机应用以及公益讲座等服务活动 30 场次，受益老人 1200 余人次。（张 臻）

【养老机构安全监管】2021 年，区民政局严格按照属地联防联控要求，抓好养老服务机构常态化疫情防控和安全生产工作。为全区在院老人和工作人员开展 3 轮全员核酸检测；养老机构老人和工作人员新冠肺炎疫苗接种“应接尽接”，接种率 100%。投入 50 万元建成涵盖养老机构消防安全、食品安全、照护安全、防疫安全、视频监管等功能为一体的养老机构安全与质量管理联网系统，为全区 9 家养老服务机构提供视频监管“一张图”服务，全面提升养老机构安全防范能力以及信息化、智能化管理水平。开展养老机构安全生产现场督导检查 300 余次，排查安全事故隐患数 91 例，销号率 100%。（张 臻）

【养老队伍建设】2021 年，天元区有养老从业人员 130 人，护理员 65 人，发放养老护理员特殊岗位补贴 3.7 万元。通过开展业务培训、举办技能大赛等提升养老护理员服务能力，弘扬劳模精神、劳动精神、工匠精神，激励养老护理员立足本职岗位学技术、练本领、比技能。组织 5 批次 62 人参加省、市、区级养老护理员培训，全区护理人员培训率和持证上岗率均达 100%。选拔 4 名优秀养老护理员参加全市养老护理职业技能竞赛，其中，天元区获优秀组织奖，参赛人员获一、二、三等奖各 1 人。开展“最美养老院长”“最美养老护理员”评选活动，在全区营造敬老、尊老、爱老良好氛围。（张 臻）

【高龄补贴】2021 年，区民政局做好高龄补贴发放管理工作。天元区 80—89 周岁补贴标准为每人每月 75 元，90—99 周岁为每人每月 150 元，100 周岁以上为每人每月 1000 元。年内，为全区 7960 名 80 周岁及以上老人发放高龄补贴 741.01 万元。（张 臻）

【全国社区治理和服务创新实验区创建】2021年9月，民政部专家组对天元区创建成果进行结项评估验收，天元区创建全国社区治理和服务创新实验区。《创新基层服务机制助力基层社会治理》工作入选湖南省第一批基层治理创新典型案例。（张　臻）

【“三社联动”项目】2021年，区民政局联合区委组织部、区财政局制定《株洲市天元区“党建领航·三社联动”项目资金管理办法》，做好“三社联动”项目申报工作，重点开展解决社区热点难点问题的创新性项目和满足社区居民生产和生活需要的服务类项目。批复11家社会组织在7个镇（街道）、34个社区实施“党建领航·三社联动”项目36个，申报资金204万元。（张　臻）

【社区服务】2021年，区民政局联合区委组织部、区财政局对2020年全区申报的143个惠民项目进行严查验收，129个项目通过。组织对全区61个社区申报的惠民服务项目进行审核，确定140个项目纳入年内社区惠民服务项目。截至年底，批复社区惠民项目140个，申报资金460.58万元。出台《天元区社区服务场所提质改造项目补助资金管理办法》。批复6个社区服务用房提质改造申请，其中泰山路街道泰西社区、嵩山路街道佳美社区、栗雨街道菱溪社区、马家河街道万丰社区、新马社区申报新建，嵩山路街道东湖社区申报改扩建。提质改造后的社区，功能布局完善，制度完善，标识统一。牵头制定《天元区社区服务用房规划建设和移交管理实施办法》，协助移交小区配套服务用房69处3.1万平方米。（张　臻）

【“两委”换届选举】2021年，区民政局协助组织部门完成“两委”换届选举工作，全区依法依规推选村（居）“两委”成员687名。开展天元区社区工作者为民服务能力提升系列培训，进一步提升全区新一届社区“两委”班子和社区工作者的业务水平与履职能力。（张　臻）

【儿童福利】2021年，区民政局牵头成立天元区未成年人保护工作领导小组，完善党委领导、政府主导、民政牵头、部门协同的未成年人保护工作领导机制，统筹推进未成年人关爱保护工作。组织社区心理服务人才、儿童督导员、儿童主任开展集中培训2次，并开通社区心理服务指导师线上课程。天元区有近80名儿童督导员、儿童主任取得社区心理服务指导师证书。发放孤儿基本生活费4.30万元，事实无人抚养儿童基本生活补贴21.39万元，价格临时补贴3315元。春节、中秋、国庆等节日期间，联合区慈善会、爱心企业为全区150余名孤儿、事实无人抚养儿童、困境儿童、农村留守儿童送去慰问金和慰问物资，价值近10万元。（张　臻）

【“心关爱”心理服务】2021年，区民政局指导区“心关爱”社区心理服务中心积极开展普适性心理服务与针对性个案帮扶，链接10家心理服务机构、社会组织，通过举办主题沙龙、专场讲座、团体辅导、特色课程等形式，为全区提供心理服务。在全区设立3个镇（街道）心理服务中心、36个心理服务站点，其中5个心理服务站点为区级示范点。在各镇（街道）心理服务中心开展精准培训7场，为社区心理指导师、心理志愿者开展沙龙6场；为居民开展心理服务活动84场，服务1.6万人次以上；开展一对一心理咨询63人次，线上心理援助41人次，科普宣传3.1万余人次。新冠肺炎疫情期间，面向全社会招募120名心理咨询志愿者，组建线上专业心理援助志愿者队伍，开通心理援助热线，推出微信群内“1名接待员+1名心理咨询师志愿者”模式线上陪伴、每日1—2次主题课程分享、公众号每日推送心理调节文章

或小技巧、定期直播心理调适课程等服务。疫情期间接听心理援助热线 258 人次，接待微信咨询 200 余条。（张 臻）

【殡葬管理】2021 年，区民政局坚持标本兼治、堵疏结合、积极稳妥的工作原则，扎实推进天元区龙门公园（群丰镇石塘社区农村公益性生态公墓）建设。出台《天元区开展殡葬领域突出问题专项整治工作方案》，制定《天元区殡葬领域突出问题整治工作专项考核办法（试行）》，组建天元区殡葬改革突出问题巡查队伍，查处违规搭棚治丧 15 次，联合相关部门执法 22 次。全面宣传推广免除基本殡葬服务费和节地生态安葬奖补政策措施，审核发放惠民礼葬 92 例 14.8 万元（发放免除基本殡葬服务费 60 例 10.8 万元；节地生态安葬奖励 32 例 4 万元）。召开全区文明治丧宣传动员会，联合市民政执法大队、相关街道、社区工作人员处理 41 例不文明治丧和乱埋乱葬事件。（张 臻）

【界线管理】2021 年，天元区牵头完成株潭线（天元区—岳塘区段、天元区—湘潭县段）第四轮界线联合检查工作，加强行政区域界线管理，巩固株潭线行政区域界线勘定成果。（张 臻）

【慈善事业】2021 年，区民政局联合区慈善会开展春节、中秋、国庆等节假日困难群众慰问活动，为天元区 2000 多个困难家庭送去慰问物资。开展为民办实事"特困家庭光明行动"暨"520·525"社区心理服务宣传月活动，免费为 100 例特困群众进行白内障、翼状胬肉手术治疗。积极发起疫情防控倡议，募集爱心善款、物折合价值 65 万余元，全部用于疫情防控工作。开展腾讯 99 公益工作，募集爱心筹款 123 万元。指导徐家冲社区建成区级慈善超市，链接多方资源打造慈善救助综合平台。8 月，根据《"党建领航·三社联动·文明实践"株洲市天元区第五届慈善金秋助学公益活动方案》，区民政局、区慈善会组织各镇（街道）对全区符合条件的助学对象进行摸底，通过上户核查、联合审查、网络公示等程序，最终确定 43 人符合慈善金秋助学活动资助条件（2021 年新资助大学生 13 人，往年资助过的大学生 16 人、高中生 14 人），发放助学资金 20 万元。（张 臻）

特困家庭光明行动

【地名管理】2021 年，区民政局按照省民政厅《关于审慎稳妥推进清理整治不规范地名工作的要求》，组织栗雨街道、湘湾社区、相关房地产开发商、物业等单位完成"金瓯·维多利亚""白金汉宫"2 个"洋"地名清理整治工作。深化"互联网 + 地名"服务，完成国家地名信息库的信息更新与维护工作 10 余条。开展天元区路名牌清洗、维护工作，清洗路名牌 630 块，修复更换破损路名牌 6 块。（张 臻）

【社会工作】2021 年，区民政局初步建立起"梯次发展、严进严管、激励导向"的专业社工人才体系。链接深圳社会工作学院课程，为天元区 268 人提供线上培训；落实奖励机制，对天元区通过 2020 年度社会工作者职业资格证考试的 71 人按规定给予奖励 8 万元。天元区社工站被省民政厅确定为专家联系点之一，邀请中国青年政治学院孙莹教授实地指导社工站建设工作，开展专

业培训及督导服务20余场。各社工站点开展个案56例、小组活动12场、社区活动70余次,服务1.28万余人次。（张 臻）

【社会组织培育】2021年，区民政局出台《天元区社会组织专项资金使用管理办法》，充分发挥社会组织孵化中心作用，培育孵化“103090型”社会组织和社工人才。开展能力提升培训、公益沙龙29场,服务组织160余家；培育本土社工机构8家、社区社会组织联合会3家，全区备案社区社会组织893家，实现城市社区平均拥有不少于10个社区社会组织，农村社区平均拥有不少于5个社区社会组织。《“全链路”培育社会组织精准推进社区治理服务》入选全国百强社会治理案例。（张 臻）

【社会组织管理】2021年，天元区新成立社会组织29家，其中社会团体6家、民办非企业单位23家；办理变更手续22家。其中，民办非企业单位18家，社会团体3家，基金会1家；注销9家。其中，民办非企业单位7家，注销社会团体2家。截至年底,全区有注册登记社会组织204家。其中，社会团体59家，民办非企业单位144家，基金会1家。配合教育部门联动推进“双减”工作，对校外培训机构进行全面摸底。全区8家需“营转非”的学科类培训机构全部完成登记管理。（张 臻）

【婚姻登记】2021年，天元区坚持以“依法行政、为民服务”为宗旨，以创建文明窗口为载体，以优质文明服务为目标，高质量做好婚姻登记工作。全区依法依规办理结婚登记1424条。其中，跨区登记144条，补发结婚登记证281条；办理离婚冷静期申请1132条，离婚登记648条，冷静期失效411条，冷静期申请撤回4条，补发离婚登记100条，登记合格率100%。接待来电咨询1万余人次,归口整理婚姻档案3133份。（张 臻）

社会保障

【概况】2021年，天元区以城乡居民、企事业单位职工、灵活就业人员为重点，各部门联动协同发力，不断扩大社会保险覆盖范围，企业职工养老保险连续5年参保增长率超过11%，达到9.53万人，新增参保率完成任务数的150.3%；失业保险新增参保企业563家，新增参保人员9509人，增长率16.6%，超额完成扩面任务；城乡居民养老保险实现100%全覆盖，做到“应保尽保”；工伤保险新增参保企业558家。被征地农民社会保障参保3.88万人，符合条件的被征地农民全部纳入保障范围。（谢武林）

【提高社会保险待遇】2021年，天元区不断加大对社会保障的财政补贴力度，区财政对社会保险工作补贴1.26亿元；城乡居民基础养老金标准提高到180元；完成困难群体政府代缴3572人，代缴21.78万元；失业保险发放失业金2704人次、发放420.39万元，发放失业补助金6000余次、发放406.99万元；稳岗返还185.3余万元，覆盖率增加近200%；完成农垦养老保险“缴一办一”和在职缴费工作，历年累计补助资金3.52亿元。（谢武林）

【社保基金安全管理】2021年，天元区全面加强社会保险基金整改整治工作。全省专项整治工作中对9个方面22个内容进行全面核查比对、清查整治，发现7个方面存在14个问题，全部完成整改；核实疑点数据8364条，整改269条，涉及金额56.8万元，全部完成整改。全国专项整治工作中，针对10个方面45类问题进行排查，核查疑点数据2350条，未发现异常情况。全省养老保险待遇核查“回头看”工作中，核查任务数27.08万条，100%完成核查和系统录入工作，整改存在问题1212个,追回资金83.15万元。（谢武林）

劳动就业

【概况】2021 年，天元区城镇新增就业 8392 人，失业人员再就业 6202 人，就业困难人员实现再就业 698 人，农村转移就业 313 人，吸纳见习人员 51 人，城镇登记失业率 1.59%，零就业家庭动态援助 100%。开展“春风行动·百企万岗”稳就业大型综合招聘会、2021 年天元区残疾人就业援助月专项招聘活动、2021 年株洲高新区（天元区）“点亮万家灯火”暨“高校毕业生就业服务季”专场招聘会等线上线下招聘活动 16 期，参加企业 1225 家次，介绍成功 4680 人次。审核创业担保贷款 56 笔，申请贷款金额 1088 万元。辖区获评市级及以上创业孵化基地 9 家，助推株洲高新技术产业开发区动力谷创新创业服务中心和株洲天易科技城自主创新创业孵化示范基地分别获评国家级创业孵化基地、省级创业孵化基地，新增创业主体 4450 户，带动城乡就业近 2 万人，有效缓解重点群体就业难问题，为灵活就业人员提供多种帮扶。（赖珠清）

医疗保障

【概况】天元区医疗保障局（以下简称“区医保局”）为天元区人民政府组成部门，内设综合办公室、医疗保障事务中心，在编人员 9 人。医疗保障事务中心下设城乡居民医疗保险科、被征地人员医疗保险科、职工医疗保险科、医疗救助科、信息科 5 个职能科室。主要负责全区城乡居民基本医疗保险、被征地农民医疗保险以及职工医疗保险的部分职责职能，负责药品（耗材）采购，药品、医疗服务价格管理，医疗救助等管理工作。

2021 年，区医保局被省医保局评为“2020 年度全省医保基金监管工作优秀单位”，被工委、区委评为“天元区 2020 年度文明建设先进单位”，“医疗保障制度改革、医疗卫生服务能力建设”工作获市委真抓实干成效明显单位通报表扬。（张　璐）

【城乡居民医疗保险】2021 年，天元区城乡居民医疗保险参保 22.08 万人，其中农村居民参保 8.74 万人、城镇居民参保 13.34 万人，参保任务完成率为 104%。收缴医保基金 7345.7 万元，农村居民报销 66564 人次、6265.94 万元。全面落实困难群众资助参保政策，对 5287 名特困供养对象、低保对象、残疾人、优抚对象参加城乡居民医保的个人缴费部分给予全额资助，资助金额 148.04 万元。（张　璐）

城乡居民基本医疗保险参保缴费业务培训

【被征地人员医疗保险】2021 年，天元区参加被征地人员医疗保险 18205 人，比 2020 年增长 3.7%。截至 12 月 31 日，收缴征地医保基金 848.13 万元，报销基金 13625 人次 4389 万元。开发上线被征地人员医保微信缴费，告别以往排队缴费、参保人在银行与窗口之间来回奔波的不便，缴费更加便捷高效，服务更加精准。（张　璐）

【职工医疗保险】2021 年，天元区职工医疗保险新增参保单位 808 家，比 2020 年增长 6.4%。完成退役军人事务局退休士兵社保接续次核查工作，核定医疗视同缴费年限，到龄补缴 1 人，补缴 56 个月，补缴金额 12805.52 元。配合企服

中心对动力谷职工医保窗口业务办理进行前期准备，园区窗口开办医保业务，园区共办理业务1000余笔。（张 璐）

【医疗救助】2021年，区医保局对特困供养对象、低保对象、贫困人员、低收入医疗救助对象等困难人员实施医疗救助，资助救助对象参加城乡居民医保。特困人员在区、镇（街道）级医疗机构住院政策范围内基本医疗费用全免，在非定点医疗机构住院产生的政策范围内自付费用按70%救助，年封顶线1万元。城乡低保对象重特大疾病住院按政策范围内自付部分70%救助，年封顶线1万元；普通疾病按政策范围内自付部分60%救助，年封顶线5000元。其他困难群众重特大疾病救助起付线3000元，按政策范围内自付部分20%救助，年封顶线5000元；普通疾病救助起付线1万元，按政策范围内自付部分10%救助，年封顶线3000元。全区享受医疗救助784人次，救助金额139.14万元，其中住院救助775人次，救助金额138.44万元；门诊救助8人次，救助金额0.44万元；核工业救助1人，救助金额0.26万元，实现应保尽保，应助尽助。（张 璐）

【医保基金监管】2021年，区医保局建立和强化基金监管长效机制，加强协议管理，与定点医疗机构签订服务协议书和打击欺诈骗保承诺书，对全市定点医疗机构进行全覆盖督查。创新监管方式，多次联合纪委、卫健、公安等部门开展联合整治行动，建立医疗保险报销审核专家委员会，选聘专家对病历进行评审，从人大、政协、财政、审计部门选聘基金监管社会监督员，引入第三方商业保险公司参与基金监管，凝聚起基金监管强大合力。聚焦“假病人、假病情、假票据”，通过现场督查、病历审核、联合开展交叉检查、系统数据监控等方式，加强对定点医疗机构的日常监管，追回天元区人民医院等违规费用5.4万元；深入开展打击欺诈骗保套保挪用贪占医保基金集中整治行动和“清廉医保”行动，组织辖区内定点医疗机构开展自查自纠，对全区协议医疗机构现场督查全覆盖，现场督查20余次，发现存在问题医疗机构9家，涉及问题31个，并现场下达整改意见，追回违规金额1.18万元；组织辖区内定点药店开展自查自纠，对定点药店存在集中刷卡、大额刷卡等可疑刷卡行为，进行现场核查，整治定点药店医保卡违规兑付现金行为，查出问题药店45家，追回违规金额1.04万元；排查死亡人员434人、服刑人员2人，追回医保基金2.5万元。2021年，约谈定点医疗机构3家，下发整改通知书5份，追回中心医院等违规费用18.78万元。2021年城乡居民医疗保险违规拒付24.9万元，超次均扣费12.9万元，超总控扣费22.54万元，合计60.34万元；被征地人员医疗保险违规拒付37.08万元，超次均扣费6.5万元，超总控扣费26.82万元，合计70.4万元，累计扣除和追回医保基金159.65万元，有力确保了广大参保人“救命钱”“看病钱”安全、高效、合理使用。（张 璐）

【城乡居民“两病”门诊】2021年，区医保局积极落实城乡居民高血压、糖尿病门诊用药保障政策，将“两病”门诊用药保障工作纳入“民生100”工程，结合“我为群众办实事”实践活动，在全市率先开通村（社区）卫生室“两病”门诊直接结

“两病”门诊报销流程

算，群众在家门口可以享受“两病”购药报销。城乡居民“两病”门诊报销 6376 人次，报销基金 53.36 万元。 （张 璐）

【疫情防控】2021 年，区医保局认真贯彻落实新冠肺炎疫苗接种费用拨付相关政策，及时拨付疫苗接种费用 71.87 万人次 718.66 万元，疫苗病毒款上解 911.12 万元，合计 1629.78 万元。疫情期间开通医保业务网上办、线上办，线上办理医保业务 5000 多次。疫情期间，党员干部纷纷下沉一线，协助开展核酸检测、疫苗接种，值守小区核查来往人员和车辆，全力守护居民健康。 （张 璐）

【全国医疗保障信息系统平台上线】2021 年 9 月 22 日，天元区上线国家医疗保障信息平台，辖区内近 400 家医药机构医保业务和医保信息数据实现与全国互联互通，通过接通国家跨省结算平台，实现定点医疗机构全国联网、参保人员跨省异地就医“全覆盖”，医保经办业务更加智能化、标准化、规范化，群众办理医保更方便、更快捷。 （张 璐）

【开通村（社区）卫生室“两病”门诊直接结算】2021 年 6 月 10 日，株洲高新区管委会副主任陈远瑞率区医保局、马家河街道和卫生院等相关人员走进辖区内村（社区）卫生室，为 12 家村（社区）卫生室接入“两病”门诊医保服务系统，通过认定的参保“两病”患者，凭医保手册（或身份证），可以直接在定点村（社区）卫生室购买降血压、降血糖药品，定点村（社区）卫生室按照“两病”门诊用药保障标准实行即时结算，切实解决城乡居民“两病”用药服务“最后一公里”问题。2021 年，全区享受“两病”门诊待遇 6376 人次，报销金额 53.36 万元。 （张 璐）

住房保障

【房屋建筑安全隐患排查】2021 年，天元区政府印发《株洲市天元区房屋建筑安全隐患排查整治实施方案》，成立房屋建筑安全隐患排查整治工作协调小组，切实加强排查工作的组织和领导，多次召开全区房屋建筑安全隐患排查整治部署工作会议。截至 6 月 30 日，全区房屋建筑排查工作全部完成，排查房屋 31843 处。其中，农村房屋 27093 处，城市房屋 4750 处。 （谢开祥）

【农村危房改造】2021 年，天元区制定农村低收入群体等重点对象危房实施方案，明确实施农村危房过程中的各方面要求，危房改造对象的补助标准、申报程序，确保危房改造工作抓到实处。全区完成农村低收入群体等重点对象 13 户危房改造，实现住房安全有保障。 （谢开祥）

【城镇低收入住房困难家庭住房保障】2021 年，天元区加大城镇低收入住房困难家庭住房租赁补贴申报力度，通过广泛宣传，深入摸底，完成区内新增 117 户申请住房保障对象资格资料区级审查，并及时将申请资料交市住建局审核，组织辖区 26 户轮候家庭开展选房工作，改善新区城镇低收入住房困难家庭条件，分享经济发展的红利。 （谢开祥）

【解决安置房办证遗留问题】2021 年，天元区保障房公司解决兴湖家园二期、安泰二期 2 个安置房项目不动产总证手续遗留问题，完成 2 个项目总计 789 户的不动产权证办理。截至年底，依据株洲高新区管委会办公室（株高政纪发〔2021〕13 文件）精神，兴湖二期安置项目的 669 户业主均可享受安置户办证的契税减免的政策。（尹琳燕）

街道 · 镇

泰山路街道

【概况】天元区泰山路街道办事处成立于 1997 年 8 月。辖区范围包含天台路以南的城区及临近部分农村区域，东部、南部临湘江，西与栗雨街道办事处相接，北与嵩山路街道交界，面积 13.5 平方千米，辖区户籍户数 29474 户，人口 79018 人。

2021 年，泰山路街道设置党政办公室、党建办公室、城市管理办公室、公共服务办公室、公共安全办公室、生态环境办公室 6 个内设机构，党群服务中心、综合治理站、退役军人服务站 3 个股级公益一类事业单位，综合行政执法大队 1 个执法机构。核定编制 45 名，机关在职在编干部 37 人，退休干部 1 人。街道下辖新塘、徐家冲、张家园、天台、滨江、金锦、云里、家园、泰园、大岭、铁西、广场、泰西、谢家冲、湘紫、文家冲、工大 17 个社区居委会。辖区内有 151 个小区，其中 87 个小区为物业管理小区，60 个为无人管和自治小区，4 个安置小区，另有 12 个城中村。街道党工委有基层党委 14 个，党总支 6 个，党支部 121 个。有党员 3531 名，其中正式党员 3526 名，预备党员 52 名；35 岁以下党员 506 名，35 岁以上党员 3025 名。（郭志芳）

【党建工作】2021 年，泰山路街道高质量完成社区“两委”换届选举工作，街道下辖 17 个社区依法选举产生 151 名社区“两委”干部，平均年龄不到 35 岁，大专学历以上超过 96%，“两委”班子结构较上届得到优化。完善 78 个小区党支部建设，逐一选派“第一书记”，建设 66 个小区党群服务站点，充实志愿者团队，实现有组织、有经费、有阵地、有活动、有服务全覆盖，获评市级五星小区党支部 3 个、四星小区党支部 2 个。举办全市“幸福邻里节”主会场活动。新塘社区党建工作接受省委组织部部长王成调研并得到肯定。提升“两新”党建水平，对辖区 1245 家非公企业大摸排、大走访，摸清情况、完善台账，并选派 59 名“两新”党建指导员，“两新”党建基础更加牢固。加强干部教育培训，坚持客观公正选人育人用人，激励干部担当作为，带头给全体党员干部上党课，分线开展业务培训，打造“泰山大学堂”青年学习品牌。深入践行群众路线工作，街道 17 个社区定期同步开展社情民意“请进来”主题会、“红色星期天”主题活动，通过3场社情民意“请进来”主题会收集居民代表意见建议230余条，有效解决老百姓急难愁盼问题200余条。（郭志芳）

社情民意“请进来”主题会

【党风廉政建设】2021年，泰山路街道纪工委按照党风廉政建设责任清单，深入落实党风廉政建设责任制，街道党工委召开4次专题会议研究部署党风廉政建设工作；党政领导开展廉政谈话67次1333人次。党工委书记带头，带领各党政领导进机关、下社区讲廉政党课，抓牢抓实党员干部廉洁教育；开展“清廉社区”创建试点，推动党员干部守紧“廉关”过廉节，争当干净、忠诚、担当的表率。开展监督检查26次，廉政审查5次373人。（郭志芳）

【疫情防控】面对2021年新一轮新冠肺炎疫情，泰山路街道切实做好各项防控任务的落实，顺利完成3轮核酸检测工作，累计检测人数30万人次，均未检测出异常结果。疫苗接种工作中，街道、社区全体干部通过入户宣传动员等各种举措，线上线下齐推进疫苗接种。针对各社区年龄偏大、行动不便的老年人，街道联合卫生服务中心通过疫苗接种点进社区与专车接送加免费体检的方式，对辖区老人接种提供温暖贴心的“一站式”服务。辖区居民共接种新冠疫苗38万余人次。（郭志芳）

【文明城市创建】2021年，泰山路街道以庆祝中国共产党成立100周年为依托，通过微信公众平台开设“泰书传红·共述红色经典”专栏，街道党员讲述老百姓身边的红色故事。积极开展“百年辉煌·红色记忆”党史知识竞赛、“百年风华·泰山力量”演讲比赛等系列党史学习教育主题活动，推动党史学习教育深入基层，引导群众感党恩、听党话、跟党走。“新区志愿”平台活跃志愿者人数5280人，在“新区志愿”App上发布各类志愿服务活动超过1.04万次，活动时长1.9万小时。全国文明典范城市创建工作中，严格按照《测评体系》标准要求，主动思考、能动作为，辖区城市面貌得到改观，居民文明素养得到提升。（郭志芳）

【征地拆迁】2021年，泰山路街道从机关、其他社区抽调精干力量，主要领导亲自坐镇指挥，针对徐家冲社区西环线、森林路拆迁项目，按计划倒排时间，责任到人，加班加点，全面突击。6月中旬全部完成房屋的算账签字拆房和9个企业搬迁补偿工作，失地农民基本生活保障也基本得到落实。针对湖南工业大学项目，街道选派优秀党员干部成立“清零攻坚”小组，全力攻坚湖南工业大学第三期建设项目清零扫尾，将历时8年的项目交地。（郭志芳）

【城市管理】2021年，泰山路街道以服务为引领，把城市管理做深做实。在炎帝广场、天台路、天元超市等沿线设置便民服务岗。对辖区内进行全面拉网式整治，拆除各类乱悬乱挂条幅200余条，劝导出店经营3000余起、占道经营5500余起；违停治理工作中，对居民反映强烈的机动车在人行道违停问题，采取现场教育与贴单处罚相结合的方式进行整治，机动车贴单处罚8494台次，发放宣传单1300余份，劝离教育900余台次；治违拆违拆除存量违章建筑77处1208平方米。（郭志芳）

【生态环境保护】2021 年，泰山路街道启动雨污分流整治工作，排查黑臭水体 19 起，摸排餐饮门店 608 个，安装油烟净化器 545 台，完成率 90%。完成禁止焚烧垃圾秸秆烟花爆竹巡查工作 263 次，发现问题 45 起，处理问题 45 起；完成巡河工作 135 次，发现问题 70 余个，处理问题 70 余个。街道、社区两级河长常态化开展巡河督查，两级河长巡河 122 次，协调解决巡河中发现的问题 58 处，包括枫溪大桥城镇雨洪排口、徐家港排渍站和中泰财富湘江排渍站水环境问题。（郭志芳）

【安全生产】2021 年，泰山路街道党工委、办事处高度重视安全生产工作，定期召开党政联席会议专题研究安全生产工作。按照“党政同责、一岗双责”管理的原则，主要领导带队检查辖区安全生产 51 次，联点领导累计检查 77 次。在年内组织的“强执法，防事故”活动中，组织执法活动 390 次，出动执法人员 470 人次，检查生产经营单位 220 家，排查发现隐患 39 处，下达执法文书 3 家，治理隐患 39 处。各社区每月通过新区志愿服务及“红色星期天”主题活动等，联合小区物业及企事业单位开展“5·12”防灾减灾、“6·18”安全生产月、9 月安全生产周、安全知识培训（消防、安全生产）、应急疏散演练、消防救援演练、安全大排查等活动，及时消除安全隐患，全年较大安全生产事故零发生。（郭志芳）

【党群服务】2021 年，泰山路街道党群服务中心采取进社区“一对一、手把手、面对面”方式进行“帮代办”服务和“一门式”服务培训，确保所有社区工作人员熟悉业务办理、流畅操作平台系统，并以“服务融合”为宗旨、“事项融合”为抓手、“数据融合”为基础，推行“三看”（看是否有即将到期办理的事项、看当天需要办理的事项是否录入系统、看当天是否还有未办结的事项）、“三及时”（及时受理、及时办结、及时反馈）工作方法、“帮代办”（街道党群服务中心指派专门代办服务人员无偿给特殊人群提供服务，变“群众来回跑”为“政府帮代办”）工作实施办法。结合基层公共服务“一门式”全覆盖和全科网格工作有针对性地对辖区内孤寡老人、行动不便的老人开展“帮代办”上门服务，努力实现“15 分钟养老服务圈”。“智慧株洲”系统办理业务 29109 件，“帮代办”事项办理 627 件。（郭志芳）

志愿服务活动

【卫生健康】2021 年，泰山路街道辖区出生 482 人，性别比 105.1，符合政策生育率 100%。积极开展免费孕前优生健康检查、“两癌”筛查，免费发放避孕药具和叶酸、建立健康档案，流动人口也可享受常住人口同等服务。围绕“服务计生家庭与育龄群众，促进家庭健康发展”的活动主题，在辖区内开展免费义诊、优生优育宣传、健康讲座等活动，惠及 1000 余人。（郭志芳）

【劳动保障】2021 年，泰山路街道深入开展就业指导服务，指导辖区失业失地人员参加 2021 年“点亮万家灯火”春季大型人才招聘会等 9 场，对辖区内有需求的居民进行求职登记和职业介绍。联合株洲市互联网职业技术学校、株洲市钻石职业技能培训学校在各社区开展技能培训，组织有需要的居民参加抖音职业培训、整理收纳师、营养配餐员等专业培训课程。新增城镇就业2479人，失业人员就业1519人，其中就业困难人员242人，创业担保贷款13人；城镇居民养老保险新增5人，城镇居民医疗保险新增续保参保人数20892人。（郭志芳）

【民政服务】2021年，泰山路街道公共服务办指导社区通过线上微信群、线下反馈收集相结合，着力解决老百姓急盼难愁问题。张家园社区老屋坡小区一直没办理不动产权证的问题通过多部门联动得到解决，18户居民喜领不动产权证。湘紫社区蓝盾景园二期一单元电梯常出现故障，通过社区召集物业公司、业主代表召开协调会，解决电梯受损影响出行问题。联合湖南盛康养老产业发展管理有限公司建立智慧养老平台，提供居家养老上门服务。以泰山路街道智慧养老服务中心为龙头，在17个社区建立日间照料中心和小区养老驿站。3月，在国家公共卫生服务工作绩效考核中，街道代表天元区参加“国考”，以中部地区第一的成绩抢得“C位”；10月，新塘社区成功创建全国示范性老年友好型社区。（郭志芳）

【综治信访】2021年，泰山路街道综合治理站将网格化管理贯穿始终，深入开展反诈、综治民调宣传。开展反诈宣传活动20余场，动员4万余民居民下载反诈App，影响人数13万余人。牢固树立群众纠纷无小事的观念，及时把握各社区矛盾纠纷，认真研判社会综合治理的新情况、新问题，及时平纷息讼，维护社会和谐。调解案件79起，及时化解各种矛盾纠纷。化解区交办积案4件，化解街道级积案4件，并均与信访人签订息访息诉协议。禁毒工作通过绘制泰山路街道行政禁毒版图，指导建成云里社区禁毒文化长廊和泰园社区禁毒教育基地。积极开展“清隐、清零”行动，对全部社区常住人口、可控流动人员进行全面摸底和筛检，对有吸毒史人员进行毛发检测和尿检，大幅度消除涉毒隐患。7月15日、9月22日，国家禁毒办及省禁毒办到街道泰园社区开展调研。11月，泰园社区获全市禁毒工作先进集体。（郭志芳）

【财源建设】2021年，泰山路街道财源办通过基数企业“五个一”（一个园区、一个房产、一个工地、一个楼宇、一个片区）核查、税源底子全面核查摸排行动，对街道辖区内经营户做到“应摸尽摸”。为提高核查质量，精准优化推进工作，与市场监管所协调，调取辖区内9994家个体户、3892家企业的基础信息，核查6594家经营户。其中，企业1522个，门面5062个，楼宇8个，专业市场2个，注册地不在泰山路街道、经营地在泰山路街道82个，按期完成年度入库税收任务。（郭志芳）

嵩山路街道

【概况】天元区嵩山路街道办事处位于天元区嵩山路186号，街道辖区面积15平方千米，户籍户数30620户，人口81719人。

2021年，嵩山路街道下辖桥北、大坪、临江、湘银、尚格、白鹤、花园里、小湖塘、大湖塘、莲花、韶溪、隆兴、佳美、香山、东湖15个社区居委会。机关在编干部38人，其中行政编制干部19人，事业编制干部19人。街道党工委下设107个基层党组织，其中机关党支部1个，社区党委12个，城管中队支部1个，小区党支部54个，城中村党支部2个，“两新”党组织34个，共有党员2864人。（唐　想）

【党史学习教育】2021年，嵩山路街道各基层党组织以线下集中宣讲和线上宣讲相结合的方式开展理论学习宣讲近200次，覆盖6500余人次。组织

“学史明理”“学史增信”“学史崇德”“学史力行”专题学习研讨，开展“学党史、悟思想、办实事、开新局”专题组织生活会，组织百名党员重温入党誓词。市区联点领导、街道党工委班子成员、各党支部书记带头讲党课，邀请老党员、退役军人分享红色故事，开展“党课开讲啦”、微宣讲、红色教育活动等1200余次，精心打造“动力先锋”开讲啦重点课程，向区委党校推荐精品党课3堂，实现党员学习全覆盖。（唐　想）

百名党员重温入党誓词

【小区党建】2021年，嵩山路街道优化小区支部设置，根据现有小区党支部党员数量、年龄结构等情况，新成立小区党支部19个，辖区137个小区已建立10个社区党委，5个社区党总支，50个小区党支部，形成“支部建在小区、组织就在眼前、党员就在身边、奉献就在社区”的良好氛围。围绕“幸福邻聚里”小区党建品牌打造，因地制宜完成35个“六有”（有坚强有力的领导班子、有本领过硬的骨干队伍、有严格规范的组织生活、有功能实用的党建阵地、有健全完善的制度机制、有群众满意的工作业绩）小区党支部阵地建设，整合社区服务用房、物业用房、闲置房屋等资源，有针对性地建设差异化、特色化小区党群服务站点63个，成功申报1个五星党支部、2个四星党支部。（唐　想）

【党风廉政建设】2021年，嵩山路街道纪工委收到问题线索7件，办结5件，移送审理1件。严格执行上廉政党课、廉政谈话等规定，引导班子成员开展廉政谈话36次，涉及79人次。突出监督重点，对安全生产、文明城市复检、疫情防控、社保核查等工作开展督查22次。匡正选人用人风气，对社区“两委”换届选举人选开展廉政审查6批次，涉及372人次。坚持做好幸福株洲微信群巡群工作，利用微信群做好政策信息宣传、便民服务工作，各微信群发布政策宣传、便民服务信息12959条，回复群众诉求6225个，解决民生问题220个。开展廉政宣传活动，采取发放廉政宣传教育资料、党风廉政知识有奖问答、廉政涂鸦绘画台等群众喜闻乐见的形式在街道的15个社区开展廉政宣传活动，将廉政教育送到党员、群众身边。（唐　想）

【城管工作】2021年，嵩山路街道狠抓队伍建设，组织所有队员每月开展2次以上的军训及2次业务培训，着力打造一支“政治合格、作风过硬、业务熟练、纪律严明、保障有力、人民满意”的行政执法队伍。强化综合整治，对学校、农贸市场、产业集聚区等重点管理地段开展集中整治行动80余次，开展各类流动摊点整治170余次，开展城区老旧小区、城中村、城乡接合部全面卫生清洁行动，工作期间清理乱堆、乱放950余处，装修垃圾7500余吨，生活垃圾2.5万余吨。对辖区进行信息化巡逻，拆除违章建筑47处，面积5289.99平方米。完成18处社区服务用房的产权移交协议签订工作，面积7179.78平方米。（唐　想）

【安全生产与环境保护】2021年，嵩山路街道广泛开展安全生产宣传教育，组织安全生产培训、消防演练、集中宣传咨询、应急逃生演练等活动20余场，制作发放安全生产、消防安全、交通安全等宣传资料3万份，制作各类宣传横幅40条。组织安全生产检查545余次、检查生产经营单位583家、一般隐患355个，排查、整治各类安全隐患或问题142起。街道接收区办转中央第六生态环境保护督察组交办转办件3件，已全部销号。全力开展餐饮油烟、散煤污染防治专项整治行动，处理上级环保交办单及居民投诉件256条。加大辖区内2.3千米一级水源保护区巡查力度，对防护栏进行新建和修缮。加大黑臭水体整治力度，完成旺城天悦黑臭水体治理、27区农民新村“雨污分流”排水改造等项目，显著改善周边居民生活条件及环境卫生质量。（唐 想）

【疫情防控】2021年，嵩山路街道面对突发的疫情，街道及社区全力以赴、争分夺秒、履职尽责，严格对标上级指令，控源头，通过核查大数据、逐户走访、居民申报等形式对辖区内所有居民开展地毯式排查，逐户逐人登记造册，利用“五包一”（明确一名街道干部、一名社区干部、一名医务人员、一名网格员、一名公安干警进行管控，并提供24小时全方位服务）实施动态监管，严格标准做好人员居家隔离、居家健康监测工作。发动机关社区干部、市区支援干部、辖区党员、楼栋长、志愿者、物业等2000余人共同投入全员核酸检测的秩序维护、采样录入、后勤保障等工作，做到设施配备到位、人员组织到位、秩序维护到位、宣传发动到位。8月1—11日，嵩山路街道完成3轮全员核酸检测，采样34.7万人次，为基层单位采样之首。积极组织好新冠疫苗接种，接种约20万人次。（唐 想）

【财源建设】2021年，嵩山路街道围绕税费征管提质增效，在街道成立协税护税办公室，以“挂图作战”模式每月进行数据汇总，及时掌握企业和税源的增减动态。通过健全社会治理网络体系全面摸排辖区内所有企业、门店，在幸福大厦开展楼宇经济试点工作。注重招商引资，利用自媒体搭建辖区楼宇推介新平台，制作楼宇宣传册及短视频，获得近万次浏览，实现17家企业将注册地变更到嵩山辖区。以“百名干部下社区、务实担当作表率”践行群众路线专项行动为契机，组织开展为期40天的街道分社区协税护税劳动竞赛，营造“你追我赶”的良好氛围。第四季度街道完成税收入库6146万元，征缴房产税85笔62.7万元、建安税27笔181.8万元、土地使用税13笔19.7万元。（唐 想）

【街道民生保障】2021年，嵩山路街道开展养老保险“回头看”核查工作，通过上门、电话核查等方式，完成户籍核查52602人，其中城乡居民参保和持卡情况核查人员39457人，养老保险待遇人员13145人，核查过程中发现的问题全部稽核到位。组织社区工作人员和网格员举办2次综合业务培训，提高全科网格员业务能力。在智慧株洲平台事项收件、审核、办结1835件。实现城镇新增就业2632人、失业人员实现再就业1255人、就业困难人员实现就业226人，城镇登记失业率控制在1.99%。办理就业创业证471本，审核、办理就业困难人员认定149本，“311”服务对象覆盖1297人，服务总次数7346次。（唐 想）

【垃圾分类工作】2021年，嵩山路街道垃圾分类先试先行，完成栗雨香提等5个垃圾分类示范小区的建成工作，155个小区垃圾分类亭投放设施选址工作，在辖区配备21个垃圾分类亭，60组四分类垃圾桶，195组二分类垃圾桶，对长江北路示范街77家门店统一配备二分类垃圾桶。开展垃圾分类培训30余场次，在尚格广场、苏宁广场、栗雨休闲谷、株洲军分区旁4处设置垃圾分类吉祥物。大力开展垃圾分类进门店、进校园、进家庭宣传活动，开展垃圾分类培训30场次，上户分发垃圾分类宣传手册2万余册、垃圾分类宣传单页8万余份，辖区门店电子显示屏宣传垃圾分类290余条，提升辖区居民对生活垃圾分类的知晓度、认同度、参与度。 （唐 想）

【九·久志愿服务】2021年，嵩山路街道组织开展新时代文明实践志愿服务活动3095次，招募100多家爱心商家，服务群众10余万人，“新区志愿”App注册人数13644人,同比增长36%。将“嵩山路街道九·久志愿服务日”的志愿服务品牌做优做强，在街道新时代文明实践所开展以“医护同城·与爱同行”为主题的志愿服务活动12次，在15个社区的新时代文明实践站开展不同主题的文明实践活动180余场，依托新时代文明实践所、站上下联动，充分发动志愿者，积极动员辖区内爱心商家、爱心机构、爱心专业人士参与，将物品清洗、家电维修、专家义诊、养老咨询、金融理财等志愿服务送到居民家门口。嵩山路街道“九·久志愿服务日”被《株洲新区》《株洲晚报》《株洲日报》、法制频道、株洲电视台等多家媒体报道，在湖南精神文明网、《株洲工作》等党媒以图文并茂方式发表，得到领导和社会各界关注。街道九·久志愿服务项目被评为2021年度株洲市最佳志愿服务项目，佳美社区被评为2021年度株洲市最美志愿服务社区。 （唐 想）

“九·久志愿服务日”大型文艺会演

【27区提质改造】2021年，因居民屡次上访，27区农民新村问题引起市、区主要领导的高度重视。9月初，区委、区政府主要领导亲临现场调研，下定决心彻底解决农民新村的所有遗留问题。面对复杂的形势和艰巨的任务，嵩山路街道以“事不避难，勇毅笃行”的作风，成立工作专班，开启两轮全面走访摸排、组织召开群众大会、选出居民代表、回应居民诉求、制定拆违方案等，做实做细群众工作，27区居民从抵触到观望，再到支持、配合拆违，27区9000余平方米的违章建筑在1个月内拆除完毕，陆续启动提质改造和办证的系列工作。 （唐 想）

栗雨街道

【概况】栗雨街道辖区内各类工业企业、商业服务企业聚集，是天元区的政治中心。地处天元区的西北面，辖区总面积33.2平方千米，户籍户数14378户，人口44011人。

2021年，栗雨街道下辖凿石、南塘、王家坪、栗雨、中路、浅塘、月塘、永安、景园、湘湾、菱溪、庆霞12个社区居民委员会。常住居民39304户、77346人，有居民小组204个。街道党工委下辖86个基层党组织，其中机关党总支1个（下设党支部2个）、城管党支部1个、社区党总支11个（下设党支部22个），社区党支部1个，非公企业党支部48个,党员1391人。机关下设党政办公室、党建办公室、城市管理办公室、公共服务办公室、公共安全办公室、生态环境办公室6个内设机构；设立财政所1个经济监督部门；党群服务中心、综合治理站、农业综合服务站、退役军人服务站4个所属事业单位。设置综合行政执法大队1个综合执法机构。机关工作人员157人。其中，行政编20人、事业编19人，区聘27人，办事处聘55人，劳务派遣36人。

2021年，栗雨街道征地拆迁攻坚克难、全力推进，完成项目签字216个，占全区总数的42%，拆除房屋156栋，占全区的41%，项目交地8宗，面积43.33公顷，征地拆迁工作全区第一。年内，街道财政收入4841.8万元。（晏　雨）

【党建工作】2021年，栗雨街道以党的建设为引领，夯实基础，转变作风。扎实开展党史学习教育，各基层党组织组织开展主题鲜明、形式多样的党史学习教育学习研讨80余场，党政领导和社区书记开展党史宣讲34场次。完成社区“两委”换届选举和天元区第六次党代会代表推选工作。建立39个小区党群服务站，新建15个小区党支部，春藤小镇、湘水湾、西郡佳园3个小区获评株洲市“四星”小区党支部，打造“幸福就像湘水湾”党建品牌，作为全市主会场成功举办“首届幸福邻里节”。株洲日望精工有限公司党支部、湖南科瑞变流电气有限公司党支部分别获评省“两新”工委“优秀基层党组织”“省“两新”领域标杆党组织”。严格落实意识形态工作责任制，党工委理论学习中心组开展“学史明理”“学史增信”“学史崇德”“学史力行”专题学习研讨，各基层党组织利用“三会一课”、主题党日等载体，全方位、多渠道开展“党课开讲了”等学习研讨活动，开展中共十九届六中全会、省市区党代会精神集中学习12次，交流研讨6次。各基层党组织开展社区道路修复、环境卫生整治、便民服务健康义诊等民生实事36件。《株洲日报》、株洲新闻网等各类新闻媒体宣传报道街道各项突出工作85次。（晏　雨　姚　宇）

湘水湾小区首届幸福邻里节

【党风廉政建设】2021年，栗雨街道筑牢拒腐防变防线。党工委会议专题研究党风廉政建设和反腐败工作4次，街道班子成员开展廉政谈话97次，党工委中心组专题学习党内纪律法规内容1次。开展疫情防控、征地拆迁、信访维稳等重点工作效能督查及作风督查61次。办理问题线索30条，其中收到上级转办信访线索16件，案管室转办6件，自收件1件，承办三片区线索7条。截至年底，除承办第三片区2条信访线索尚在初核外，其他线索均已全部办结。街道有1名党员受到留党察看（1年）的处分，1名党员开除党籍，1名党员给予严重警告，1名党员正在进行案件审理中。监督服务微信群发布政策宣传、便民服务信息16265条，回复群众诉求2197个。（晏　雨　喻骐骥）

【疫情防控】2021年，栗雨街道始终绷紧新冠肺炎疫情防控这根弦，“线上线下”联动开展疫情防控宣传，组织社区干部、社区志愿者、物业公司构建起“1+12+N”防疫工作机制。累计摸排涉重点区域及中高风险地区2567人，涉外返株人员169人。大数据推送电话核查400余条，做到日清日结。街道及社区严格落实办公及公共场所测温、查验“两码”、戴口罩防控措施，并做好全面排查工作；劝导居民简化红白喜事，严格要求大型活动落实防疫措施；积极宣传疫情防控知识，倡导全民防疫，提高居民防疫意识。7月，株洲市出现核酸检测阳性病例，街道迅速组织调度，积极应对，在

12个社区第一时间建立起采集点41个，布置工作台77个，参与核酸检测医护人员及录入信息人员308人，完成全民核酸检测7.41万人，实现街道人口核酸检测全覆盖、“零感染”。12月18日，栗雨街道永安社区联合物业、卫生服务中心在江湾壹号小区开展天元区城市居民小区新冠肺炎疫情防控应急演练。演练以现场调度、小区管控、涉疫重点人员转运与环境消杀、健康监测、全员核酸检测、封控解除6个情景演练模拟真实场景。通过以演筑防，提升社区、小区开展防疫工作应急处置能力。（晏　雨　蒋准辉）

【财源建设】2021年，栗雨街道积极探索工作方法，厘清工作思路、搭建工作体系，班子成员、部门主任、社区通力合作、形成合力。街道对辖区内所有涉税人员及单位进行拉网式摸底调查，并与上级工商、税务部门进行数据比对，建立辖区企业门店台账。辖区内有34个园区、3个楼宇经济、1800多家企业，涉及硬质合金、机械制造等重点行业，有2142家个体、18个在建房地产项目。年内，累计协税护税1646万元，助力29家企业回归。完成新增5000万元以下固定资产项目1个、5000万元以上项目2个，完成固定资产投资1.98亿元，工作名列全区前列。（晏　雨　刘晓阳）

【践行群众路线】2021年9月，栗雨街道组织所有机关社区干部在辖区范围内开展“万户有约”百名干部进小区践行新时代群众路线活动，通过上户走访，访民情、听民声、解民忧，深入解决群众身边的“急难愁盼”问题，努力构建共建共治共享的社会发展新格局。开展社区志愿者队伍的建设，挖掘参与社区事务的积极分子及志愿者核心骨干，巩固现有的热心居民和志愿者，助力成立小区志愿者服务队伍36支，积极参与株洲高新区、天元区首届群众大会。（晏　雨）

“万户有约”践行群众路线活动启动仪式

【城市管理】2021年，栗雨街道将精细化管理的理念、手段、要求贯彻落实到城市管理的各项工作，全面提升管理水平，结合全国卫生城市复审工作，开展“大清洗、大整治、大提升”整治行动200余次，拆除违规广告牌百余块。对辖区多条主次干道沿街门店开展上门宣传“门前三包”和相关条例，发放“门前三包责任书”1000余块。积极接收处理数字城管案件及微信交办信息约11000条，组织城管中队开展集中执法行动80余次。在春藤小镇、壹品熙园等小区共安装垃圾分类亭10组，前后接待各级领导参观调研江湾壹号垃圾分类示范小区19次。（晏　雨　胡雨成）

【社会治理】2021年，栗雨街道积极推动市域社会治理现代化，利用信访听证会的形式化解信访积案5件。扎实推进禁毒工作，严格落实社会面吸毒人员每月见面约谈，严格管控中风险人员。在保持在册人员常规化管控的情况下，街道主动添置毛发检测设备，采取尿检和毛发检测相结合的方式，对社会面吸毒人员进行管控，配合公安部门打击涉毒犯罪，有效遏制了辖区内涉毒违法犯罪。稳步推进社区服务用房清理整治工作，移交社区服务用房小区18个7600平方米。（晏　雨　唐毅哲）

【应急管理】2021 年，栗雨街道制定《安全生产专项整治三年行动实施方案》，通过运用重大事故隐患治理“一单四制”“强执法防事故”重点对辖区隐患进行摸排治理，出动执法人员 720 人次、检查企业 476 家，对存在安全隐患且整改不到位的企业简易处罚 30 家、处罚金额 1.61 万元，排查各类重大隐患问题 45 个、完成整改 45 个、整改率 100%。持续开展安全生产、烟花鞭炮打非治违、非法燃气经营整治、非法燃油灌装整治，及防事故保安全、落实企业主体责任专项行动，出动执法人员 279 人次，检查生产经营单位 53 家，立案调查 1 起，收缴非法燃油 3 吨，收缴烟花鞭炮 30 余箱。积极开展安全生产宣传培训，认真组织辖区企业、园区物业、社区专干、应急救援队伍学习安全生产、应急管理、防灾减灾等各类知识，开展培训活动 5 次、发放各类宣传资料 3000 余份、宣传横幅 200 余条。安全生产和消防工作年度考核全区排名第二。（晏 雨 郭 星）

【农业农村工作】2021 年，栗雨街道中路、王家坪、南塘、月塘、凿石、栗雨、浅塘 7 个涉农社区，实际耕地面积 136.15 公顷。中路社区股份经济合作社通过开展土地流转种植艾苗 6.33 公顷。完成街道、社区河长巡河 351 次，整改问题 55 项，发出督办函 9 次。持续开展农村人居环境“五大工程”（农村环境污染整治工程、村容村貌改善工程、农村基础设施提升工程、特色村镇培育工程、乡风文明创建工程）整治行动，清理垃圾 150 余吨，配备特殊有害垃圾收集设施 400 余个，无害化厕所改造 50 户；基本完成涉农社区农村产改工作，社区集体经济改革身份确认成员数 1.97 万人。推进农村宅基地房地一体确权登记工作，完成确权任务户数 2122 宗，申报确权 56 宗。设立禁捕退捕公示牌 7 块。（晏 雨 周 英）

【民生工作】2021 年，栗雨街道以增强群众获得感和幸福感为目标，推进民生工作。全面落实民生兜底政策，发放农村低保金、大病医疗救助等补贴资金 130 万元。完成中路社区 334 户居民自来水改造工程，建设普惠幼儿园 6 个，提供学位 1900 余个，启动王家坪老街、凿石花园、瀚水栗园、兰馨栗园 4 个小区雨污分流改造项目。景园社区、南塘社区日间照料中心正常运营。（晏 雨 蒋准辉）

马家河街道

【概况】马家河街道位于天元区西部，京港澳高速、株洲大道穿过辖区，交通便利，区位优势明显。中国动力谷、新马创新城、万丰湖等产业基地位于境内，既是湖南长株潭经济一体化发展的核心区域，又是株洲高新区园区开发和项目建设主战场。

2021 年，马家河街道辖高塘、太高、新马、金龙、大石桥、仙岭、万丰、泉源、古桑洲、农科 10 个社区，面积 35.97 平方千米，户籍户数 4223 户，人口 17868 人。街道党工委下辖 36 个基层党组织，其中机关支部 1 个、社区党总支 6 个、社区党支部 20 个，非公企业党支部 10 个，党员 637 名。街道机关内设党政办公室、党建办公室、城市管理办公室、公共服务办公室、公共安全办公室、生态环境办公室（经济发展办公室）6 个机构；1 个经济监督部门财政所；党群服务中心（政务服务中心、综合便民中心）、综合治理站（网格化管理站、文化综合服务站）、农业综合服务站、退役军人服务站 4 个事业单位；1 个综合执法机构综合行政执法大队，设立街道人民武装部。

2021 年，街道财政收入 6213.31 万元，完成新增固定资产投资项目 14 个，总投资额 12 亿元；按时按质完成“四上”企业培育及入统工作，新增“四上”企业 18 家。

【党建工作】2021年，马家河街道组织辖区各级党组织开展党史学习教育活动，充分调动党员的学习热情和积极性，分别赴罗哲烈士墓、醴陵左权故居、茶陵工农兵政府旧址等红色教育基地开展红色研学活动，参加建党百年“我心向党·唱响新区”比赛获评一等奖。深入开展“学党史，当先锋，我为群众办实事”活动，帮助辖区困难党员、孤寡老人、留守儿童等特殊群体共圆梦微心愿100个。开展“廉政党课进社区”活动，领导班子讲党课21次。落实“学习强国”通报制，明确专人对学习积分情况进行统计、通报，各支部“学习强国”注册率均达100%，街道日均积分在全区7个镇(街道)中居第一。全面推进小区党支部建设，依照“重点推进，全面提升”的工作思路，以小区党建为切入点，打造仙岭社区“新市民学校”、大石桥社区“1+3小区党建”共建共享、高塘社区“小区党员先锋岗”等特色小区党建品牌　（张文兰）

建党百年“我心向党·唱响新区”比赛

【意识形态工作】2021年，马家河街道筑牢意识形态阵地，街道及各下辖党组织紧紧围绕“学史明理”“学史增信”“学史崇德”“学史力行”专题开展党史学习教育专题学习研讨，通过自学、集中学习等方式加强主流意识形态建设，守住、守牢意识形态主阵地。用习近平新时代中国特色社会主义思想武装头脑、推动工作，组织党工委理论学习中心组集中学习12次。坚持正确舆论导向，以维护网络意识形态安全为重点，妥善处理天元舆情8期、“马上就办”8条、“12345”投诉205条。完善《马家河街道信息公开“三审”制度》，推进信息公开发布制度化、规范化。打造有温度、有品质的宣传作品，在区级以上媒体采用街道党史学习教育活动、创新亮点工作稿件155篇。其中，株洲新区发布等区级媒体采用48篇，《株洲日报》、株洲电视台等市级媒体采用102篇，《湖南日报》等省级媒体采用5篇。　（张文兰）

【党风廉政建设】2021年，马家河街道全面落实从严治党，增强管党治党的意识，把管党治党作为事关全局的大事来抓。领导班子牵头组织街道、社区180余名干部签订《2021年春节廉洁过节承诺书》，组织开展党风廉政建设和反腐败工作专题部署会4次，户外开展党风廉政和信访举报宣传活动1次，发放宣传资料300余份。强化纪工委监督执纪责任，做好区委巡察整改“回头看”工作，对街道35个问题整改情况逐项督导，迅速部署落实立行立改问题，开展重点工作专项督查19次，发通报7期，开展批评教育6人，办结问题线索14件，如期完成百日攻坚任务。　（张文兰）

【安全生产】2021年，马家河街道为企业提供安全风险评估及事故管控服务。排查安全隐患、发现问题及时整改，检查安全生产工作33次，排查隐患生产经营单位471家，企业安全生产隐患得到消除或有效控制。及时跟踪督查整改情况，逐一对企业进行检查，发现问题立即整改，不能立即整改的限期整改并进行复查验收，排查隐患38处，整改38处，整改率100%。　（张文兰）

【环境保护】2021年，马家河街道对中央环保督察组反馈突出的问题全面整改。完成马家河辖区污水管网和排水单元摸排，启动高塘安置小区雨污分流改造项目，推进仙岭安置小区、新马老街雨污分流项目，整改验收农科碎石场，关停新马社区散煤作坊一家。打赢环境治理战，积极做好“污染防治攻坚战”和“蓝天保卫战”，配合完成绿心区巡逻保护工作，实现绿心图斑整改销号 2 处；开展农业生产废弃物资源化利用工作，持续推进秸秆禁烧宣传、巡查和处置，做好巡查记录，与种粮大户签订秸秆禁烧协议。（张文兰）

【征地拆迁】2021 年，马家河街道针对泉源逸镇普通商品房、长江西路 2 号地块项目成立区级征拆攻坚领导小组及指挥部，经过努力，完成土地补偿工作。完成算账签字 102 个编号，拆除房屋 107 栋，其中二合一项目、仙岭储备地块三、东风路项目实现完整交地。及时与职能部门、业主单位协调处理征地遗留问题，成功化解多年信访积案 2 件，完成新马 LED 项目、金龙建材工业园一、二期项目清零扫尾工作。（张文兰）

【农业生产】2021 年，马家河街道免费为有需求的农户提供早稻种子和技术支持，派大型耕田机免费犁田，解决农民实际耕种困难。种植面积 179.26 公顷，其中双季稻面积 57.62 公顷、单季稻面积 121.64 公顷。积极完成抛荒治理工作，完成复耕面积 17.20 公顷，占抛荒总面积的 77.54%，其中水稻 4.97 公顷、旱粮作物 5.83 公顷、其他作物 6.4 公顷。组建志愿护渔队伍宣传禁捕政策，日常巡查河段，协助配合渔政执法人员打击非法捕捞行为，维护禁捕秩序。在古桑洲、沿河堤段设立固定宣传牌 10 块、悬挂横幅 20 余条，开展随机巡查 60 余次。（张文兰）

【城乡建设】2021 年，马家河街道投入 45 万余元夯实垃圾分类基础设施建设，开展环境卫生大整治行动 65 次，清运生活垃圾 800 余吨。新增街道辖区内太高至新马小学公交线路，方便辖区居民出行。对问题公路进行修理维护，完成沥青灌缝 58 条、沥青灌缝长 2000 余米、坑洼填补面积 800 平方米。规范农村改厕设施运行维护管理工作，加强农村厕所的修缮维护和质量的有效监管。对建成的农村污水治理示范项目开展“回头看”，做好后期维护工作。（张文兰）

【社会治理】2021 年，马家河街道完善联防联控机制，及时排查重点治安问题。分别投入 16 万余元和 70 多万元开展平安创建系列宣传活动和综合指挥中心建设工作，联合多个部门开展“平安创建”系列活动，实现社区全科网格化、社会治理要素的“一网统管”。设置护学岗，将预防青少年犯罪工作纳入日常管理服务。严格落实巡防制度，组织夜间志愿治安巡逻 300 余次，开展专项清理整顿行动 5 次，进一步净化社会治安环境。制定、下发禁毒文件，开展禁毒宣传活动 180 余场，发放严禁毒驾告知书 42 份，发放宣传资料 3000 份。广泛采集、检测社会面吸毒人员毛发，实现采集率 100%；对辖区高、中风险人员采取每周一见面一尿检的工作措施，确保涉毒人员有效管控。与社区工作人员共同调解化解矛盾纠纷，处理居民矛盾纠纷事件 780 余件，事件结案率 99%。（张文兰）

【疫情防控】2021 年，马家河街道迅速高效应对疫情，第一时间召开疫情防控紧急工作会议，成立疫情防控工作领导小组，采取清单式管理推动各项责任压实到位，科学安排人员分布，合理完善物资调配。在区政府的统一部署下，进行 3 轮全员核酸检测，采样 56984 人次，处理大数据信息排查电话 3000 余条，排查登记重点地区入株人员 352 人，涉外入株人员 11 人，落实管控到位，实现辖区内“零确诊、零感染”目标。接种新冠

疫苗30650剂次，实现“应接尽接”，筑牢全民免疫屏障。（张文兰）

【居民服务】2021年，马家河街道主动做好就业服务工作，发布就业信息100余条，及时为失业人员提供职业指导。完成2021年度城镇居民医疗保险以及新农合参保缴费工作，10919人参保缴费，基本实现参保全覆盖。对23个计生特殊、困难家庭进行走访慰问，督促医疗机构开辟“绿色通道”，提供就医便利。独生子女保健费发放352人8.45万余元；奖扶奖励63人6.05万余元；特扶奖励14人18.24万余元。工会联合会慰问职工149人次，慰问金额9.1万余元。营造拥军爱军氛围，打造集退役军人服务站、民兵武装阵地、预备役阵地与应急抢险阵地“四位一体”拥军爱军阵地，获评“株洲市2021年五星级基层武装部”。成立全市首个建在产业园区的人大代表工作站，助力民生问题、园区发展问题解决20余件。（张文兰）

【群众工作】2021年，马家河街道充分利用新媒体手段，通过网上群众微信群、朋友圈转发等方式推送信息3万余条，内容涵盖社会治安、民生实事、政策宣传等相关知识，推动群众工作顺利开展。同时通过现有居民微信群、志愿服务平台等载体召集居民加入志愿服务行列，发挥群众自主性。防洪防汛、抗击疫情、防冻抗冰等行动召集志愿者400余名。成立11支志愿服务队，其中3支队伍在天元区首届群众大会集体亮相，展示马家河街道志愿服务新风采。（张文兰）

群丰镇

【概况】天元区群丰镇地处天元区中部，东临湘江西岸，西与湘潭县相接，南靠雷打石镇，北临马家河街道，全镇总面积59.7平方千米，户籍户数9056户，人口28861人。地形为丘陵地带，气候属中亚热带季风性湿润气候。下辖栗山、妙泉、竹溪、江璜、新塘、湘滨、石塘、新文、旗云、合花、响塘、白莲、湘云、长岭、高台岭、新街16个社区，234个居民小组，户籍人口28864人。全镇下设社区党总支13个、党支部3个，非公企业党支部4个，机关党支部1个，综合行政执法大队党支部1个，离退休干部党支部1个，党员1024名。有1所中心卫生院，2所中学，6所小学，1所公办幼儿园，1个教学点。农业主产稻谷、蔬菜、茶叶、生猪、鲜鱼，是唐人神瘦肉型猪饲养基地。工业有冶炼、粉末冶金机械、制砖等10多个门类。全镇有省道8.4千米，县道17.7千米，乡村公路264千米，京港澳高速公路在境内里程2.19千米，形成以旗麦、湘新、响太、马石、株雷、沿江为主网的环镇公路。湘江大道贯穿全镇，T32路公交车通至湘滨社区，D153路公交车途经湘云、江璜安置区。武广客运专线贯穿镇内，武广客运株洲站建在响塘社区。

群丰镇人民政府驻栗雨南路，有机构、站所15个。其中，内设机构7个，即党政办公室、党建办公室、经济发展办公室、民政办公室、生态环境办公室、社会治安办公室、应急管理办公室。其他机构3个，即财政所、纪检办公室、禁毒办公室；所属事业站所4个，即党群服务中心、社会事务综合服务站、农业综合服务站、退役军人服务站；综合执法机构1个，即综合行政执法大队；临时机构1个，即征地拆迁指挥部。核定编制46人，其中行政编制22名、事业编制24名。2021年，全镇固定资产投资5.88亿元，财政收入7724.58万元。（何　京）

【党建工作】2021年，群丰镇完成社区“两委”、镇党委、纪委、人大、政府换届。选举产生社区“两委”86 名，社区“两委”交叉任职占 64%，大专以上学历提高到 91%，平均年龄下降到 38 岁，实现学历、年龄“一升一降”，一批过得硬、敢担当、能带富、会服务、善治理的优秀党员群众选进社区“两委”班子。以庆祝中国共产党成立 100 周年为契机，授予 61 人“光荣在党 50 年”荣誉勋章，举办“咱们支部有力量”主题活动，打造“线上 + 线下”的“红色之声”党课品牌，让党课“声”入人心。邀请区、镇党代表开展驻室接待党员群众 96 人次，“一对一”帮扶 72 人次，认领微心愿 172 条。打造镇内第一个小区党支部（响塘花园小区党群服务中心站点），推动在职党员进小区志愿服务，拓展党员联系服务群众工作新空间。（何 京）

开展“咱们支部有力量”主题活动

【党风廉政建设】2021 年，群丰镇扎实推进党风廉政建设工作，着力筑牢拒腐防变防线。召开党风廉政建设和反腐败工作专题研究部署会 4 次。开展明察暗访 50 余次，受理问题线索 21 件，给予党纪政务处分 2 人，诫勉谈话 2 人，约谈 6 人，提醒谈话 5 人，批评教育 3 人，通报批评 11 人次。开展“纪检监察信访举报集中宣传”活动，发放宣传资料 200 余份。充分利用监督与服务微信群线上监督平台，收集群众反映的问题 36 条，综合处置率 100%。（何 京）

【疫情防控】2021 年，群丰镇全面落实新冠肺炎疫情联防联控工作机制和群防群治工作措施。8 月，面对新冠肺炎疫情突袭，设立镇政府、长岭社区、妙泉社区、湘云社区、二中附小 5 个核酸检测点，开设项目工地专场，8 天时间完成 3 轮核酸检测采样 6.66 万人次，实现“零输入、零确诊、零病例”。扎实推进新冠疫苗接种，完成 18 岁以上人群疫苗接种 4.50 万剂次，12 ～ 17 岁人群接种 1737 剂次。举行“疫情防控最美志愿者”表彰活动，对在新冠肺炎疫情防控中表现突出、无私奉献的 300 余名党员、居民志愿者给予表彰。（何 京）

【征地拆迁】2021 年，群丰镇新征项目 8 个、涉及土地面积 111.2 公顷。按照“和谐拆迁、阳光拆迁”的工作思路，采取“组团作战”模式，全力以赴于 20 天内完成东旭光电一期项目 26.53 公顷、二期 9.86 公顷土地分类签字工作，一期 28 栋房屋算账签字和房屋拆除工作。完成 220 千伏线路工程项目，3 个项目实现攻坚清零，确保长沙一中响浅路等项目正常施工。（何 京）

【财源建设】2021 年，群丰镇以“服务优先”为理念，建立“一周一调度、两周一目标、一讲评”工作机制，涵养培植产业财源，拓宽增收渠道，摸排税源企业 237 家，第四季度完成税收近

开展财源建设工作业务知识培训会

万元，完成税收6415万元，协税护税工作实现基层单位综合排名全区第一。“四项”税收（房产税、土地使用税、耕地占用税、资源税）清收持续发力，5家企业缴纳耕地占用税366万元，实现开展集体土地征税工作以来新突破。（何 京）

【优化营商环境】2021年，群丰镇积极助推园区龙头企业做大做强、民营企业发展壮大、中小微企业蓬勃发展，着力推进“小升规”工作，培育“四上企业”8家。深入开展温暖企业“四联”行动，精准对接企业各项需求，贯彻落实“暖企”措施，帮助企业解决员工子女就学、公路交通、企业招聘等各类具体问题50件。（何 京）

【城市建设管理】2021年，群丰镇开展违建和非法采砂日巡夜防，拆除现存违章建筑96处，拆除面积2.90万平方米，整改卫片图斑50余处，违建和非法采砂行为得到重拳整治。开展村容村貌整治，对车辆乱停乱放、占道经营、游商摊贩等情况全面清理整治5000余次，清理道路主干道两侧“牛皮癣”小广告1万余张，确保道路安全畅通和镇容环境的整洁有序。（何 京）

【安全生产管理】2021年，群丰镇大力推进安全生产，对辖区内81家企业完成安全生产检查、安全隐患整治“回头看”复查132次，大排查大整治等专项行动排查整治安全隐患197起，完成24起简易处罚，对“一单四制”重大隐患交办任务131起。应急能力示范乡镇创建通过省级考核，获全市安全生产和消防工作优秀单位称号。（何 京）

【生态环境保护】2021年，群丰镇创新开展环境卫生及环保问题清单式管理，通过上级交办、循环督查、群众投诉等方式收集并处理各类问题500余条。建设好栗山、高台岭、湘云、新塘、石塘5个垃圾分类示范社区。深化落实“河长制”工作，完成合花高排渠常态化保洁、上游临时工棚整改工作，启动响塘安置小区一期雨污水整改工程、罗家大塘治理等多项重大工程。厕所革命保质保量，完成改厕1340余户，有效提高农村生活品质和控制乡村生活污染。（何 京）

【社会综合治理】2021年，群丰镇推行社区服务管理网格化工作模式，推动16个社区全科网格划分，上户1.58万次，为居民办理（代办）有效服务事项1032起。开展平安创建宣传活动100余次，完成矛盾纠纷调解80多件。实施“五包一”领导包案，成功化解4个信访积案，实现“零非访”目标，获信访“三无”创建先进单位。（何 京）

【社会保障】2021年，群丰镇统筹推进社保、就业、养老等公共服务，发放城市低保金5.6万元，五保金47万元，申报惠民资金30.5万元。推进城镇居民医疗保险和新型农村合作医疗保险全覆盖，社保参保2.4万人，享受退休待遇5000余人。完成城乡居保和职保稽核151人17万余元，所稽核人数和资金均实现100%，全区排名第一。强化就业扶持，稳定就业4538人，转移就业3096人，新增就业140人。优化提升农村交通路网，完成道路建设10千米，实施农村道路安全防护工程3.5千米。优化教育资源配置，长沙市一中株洲实验学校（小学部）、市二中附二小建成开学，新增学位4860个。（何 京）

【政务服务效率更高】2021年，群丰镇始终坚持为民服务导向，深化“最多跑一次”改革，全面推进“一窗受理、集成服务”，通过“智慧株洲”线上收件办理事项44889件，线下帮助群众办理老年证、生育服务证等各类事项470件。办理办结“12345”市长热线504条，办结率和群众满意率100%。提交人大代表建议 17 件，其中“长岭园区饮水安全”“石塘社区推进城乡供水一体化”等建议被列为 2021 年区级民生实事票决制项目。（何 京）

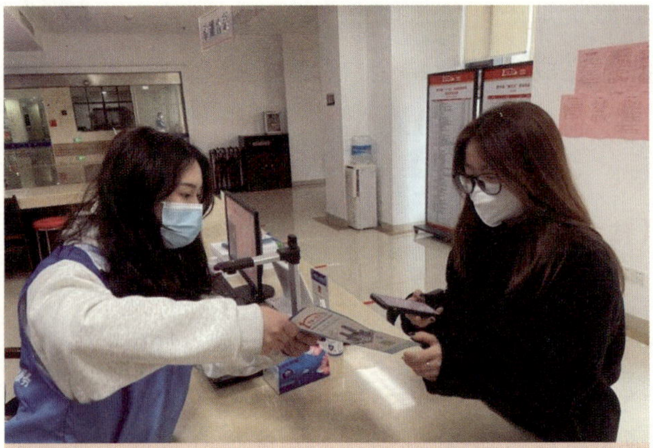

宣传“一件事一次办”微信小程序

【卫生健康】2021 年，群丰镇辖区出生人口 176 人，信息上报及时率 100%，符合政策生育率 97.73%。受理生育咨询、办证 500 本，办理老年优待证 222 本。开展妇幼宣传服务，完成孕前优生检查 116 人，发放叶酸、建立健康档案。开展基本公共卫生服务，完成 65 岁以上老年人免费体检 2801 人。推进家庭扶助政策，申报农村奖励扶助 261 人，城独 356 人，特扶 37 人，独生子女保健费 259 人。开展无偿献血 221 人，献血量达 8.22 万毫升。（何 京）

【乡风文明建设】2021 年，群丰镇以“服务聚群力·幸福同奋进”为主题，凝聚志愿力量，走好群众路线，组建 16 支志愿者队伍。开展“爱苗护苗”“我们的节日”服务活动 326 次，实现微心愿 321 个，完成“我为群众办实事”重点项目 19 件，其中“梦想起航、共同成长”“点亮微心愿”等活动上榜省“红星云”。（何 京）

【妇联工作】2021 年，群丰镇完成镇、社区两级妇联换届选举工作。扎实推进最美庭院创建，评选“最美庭院”2493 户，其中新塘社区 1 户家庭获评市级“最美庭院”。推进中央专项彩票公益金支持低收入妇女“两癌”救助项目、“出手吧姐姐温暖 2021”关爱困境母亲公益项目，让 23 名贫困母亲或“两癌”母亲获得救助关爱。（何 京）

新塘社区 1 户家庭获评市级“最美庭院”

【乡村振兴】2021 年，群丰镇以新发展理念为引领，以市场需求为导向，培育和持续帮扶新塘种植合作社、悠移农业等 10 家公司，建立葡萄园、砂糖橘园、沃柑园、玫瑰花种植基地等特色农业种植园。全力确保粮食生产，实现严格管控区 593.71 公顷耕地全面退出水稻生产改种旱粮，成功创建长岭社区旱粮千亩示范片。以绿色、创优、增效为目标，规模化改种其他农作物，开展耕地抛荒治理 55.47 公顷，安全利用区种植水稻 231.2 公顷。不断壮大 15 个农村社区集体经济，完成集体经济“消薄”任务。着力探索农村产权流转模式，对新塘社区、石塘社区部分闲置土地和房屋在市农村产权交易中心挂牌交易，推动农村生产要素合理流动和优化配置。新塘社区成功创建“湖南省美丽乡村示范村”。（何 京）

雷打石镇

【概况】株洲市天元区雷打石镇位于湘江西岸，与渌口隔江而望，西与湘潭谭家山镇、易俗河镇毗邻，南北与三门镇、群丰镇相接。交通优势明显，雷谭公路直达 107 国道，京港澳高速公路纵贯镇内沙江、新龙、铁篱3个村，并建有伞铺互通口，武广高速铁路横穿沙江、伞铺、铁篱3个村，湘江大道直达镇域，湘江七桥连通隔岸渌口。

2021年，雷打石镇下辖胜塘村、胜利村、砖桥村、神龙村、霞石村、盘石村、养鲤村、伞铺村、铁篱村、先锋村、新龙村、沙江村、建龙村、凤凰山村14个行政村，老街社区1个社区，镇域面积86.96平方千米，户籍户数11514户，人口34391人。以农业人口为主，境内矿区、企业较少，山林地资源丰富，良田沃土分布广泛，以农业种植为主。机关干部工作人员80人。雷打石镇党委下辖35个基层党支部，有党员1160人。其中，农村党员963人，占党员总数的83%。农林牧业及蔬菜、畜牧业供需发展平衡，城乡居民收入稳步增长，社会事业全面推进。雷打石镇获评株洲市关于推进乡村振兴战略和巩固脱贫攻坚成果成效明显单位奖，伞铺村获评2021年度株洲市美丽乡村建设示范村。（谭 瑛）

【党建工作】2021年，雷打石镇党委召开专题研究党建工作会议10次，明确班子成员抓党建“一岗双责”职责。先后召开镇本级庆祝建党100周年总结表彰活动和镇首届群众大会。结合党史学习教育活动，将党委中心组理论学习和“屋场夜话”微宣讲有机衔接，宣讲阵地下沉到村、居民组，开展屋场夜话宣讲活动12场次，收集村情民意380余条。开展党史学习教育专题学习，超过1100人参与学习活动。组织全体班子成员到神农湖进行红色宣讲，带头讲好党课。修缮钱子勤烈士墓，举办线上党史答题比赛、线下党史诵读活动，按要求完成所有“为群众办实事”项目。严把党员“入口关”，新发展预备党员26名，转正党员10名；开展农村发展党员违规违纪排查，清查出的7个问题全部整改到位；完成铁篱村党总支软弱涣散摘帽。全镇15个村（社区）平稳完成支村两委换届，书记、主任“一肩挑”率100%，换届后“两委”干部平均年龄42.9岁，年龄结构得以优化，知识层次大幅提升。先后召开党代会、人大会，顺利选出新一届镇党委班子、镇政府班子。各项工作均达到“选优配强”要求，换届工作获工委、区委肯定。雷打石镇“人大代表+N”的创新工作模式获得省、市人大高度认可，并在全省、全市进行典型推广，《湖南日报》《株洲日报》《株洲新区》均对该工作同步进行宣传推广。（谭 瑛）

【农业生产】2021年，雷打石镇稳步推进粮食生产、严格管控区工作，落实地力补贴、稻谷补贴、早稻种子补贴、规模户补贴、农机购置补贴等政策，完成早稻种植164.40公顷，同比增加15%，一季稻种植813.91公顷，旱粮种植69.97公顷。完成抛荒耕地复耕复种36.33公顷，完成率为61%，达到上级年度治理任务。完成沧沙港铁篱村至伞铺村段3.2千米样板河建设，对石三门大道沿线两侧11个小微水体进行整治和美化，在石三门大道入口处打造天元区首个以“河长制”为主题的文化广场。完成区生猪稳产保控任务13220头，检疫生猪14555头、牛222头、羊2534只、鸡21万羽、鸭1.6万羽，春秋季动物免疫率达100%，无一例重大疫病事件。完成农产品检测720批次。推进水利基础建设、防汛抗旱、水库河道管护，完成沿河10个排渍站、10.1千米湘江河道、沧沙港和罗正坝两条水系及10个水库的日常管护，及时处理沧沙港、叶塘、担水塘等多处险情。（谭 瑛）

【基础设施建设】2021年，雷打石镇污水处理厂部分工程项目验收完成，污水处理厂正式运营手续移交。京港澳高速互通至石三门大道立面整治项目、京港澳高速互通至石三门大道提质改造项目的验收工作完成。完成凤凰山等村3千米农村公路建设、三谭线0.8千米提质拓宽改造、泉丰小学0.6千米入校道路提质改造项目。雷打石老街、铁篱村两处公交中转场站建成投入使用，更改并延伸C1路公交线路由砖建路至铁篱村，城乡公交网络进一步优化，方便了居民出行。完成建龙集市移址建设并实行规范化管理，解决原集市占道经营、阻塞交通这一顽瘴痼疾。（谭 瑛）

【党风廉政建设】2021年，雷打石镇党委开展廉政谈话468人次，上廉政党课11次。在15个村（社区）换届、镇党委、人大换届的选举环节过程中，始终认真履行监督责任，聚焦问题，全程跟进，铁腕执纪，坚决维护换届纪律权威，认真做好与165名村支“两委”候选人提醒谈话，严把党代表选举程序关和质量关，对党代表候选人严格进行资格审查。全镇受理12个信访件，全部确定处置方式，办结4件（处置4人），其余8件（5人）转立案审查。立案6人，其中信访途径立案5人、移送途径立案1人。全镇28个幸福株洲监督与微信群积极回应和处理老百姓提出的问题，处理“五类”问题1万余条，解决工单21条。凤凰山村、先锋村、养鲤村、老街社区、胜塘村、砖桥村、沙江村的典型案例在高新纪检、清廉株洲公众号上发布。（谭 瑛）

【环境保护】2021年，雷打石镇开展“大清洗、大整治、大提升”行动12次，集市专项整治100余次，出动镇机关人员100余人，村、社区志愿者200余人，环卫公司100余人，清理卫生死角300余处，陈年垃圾80余处，清洗垃圾容器2000余个，清理乱堆乱放杂物200余处，乱贴乱画小广告1000余处，劝导车辆乱停500余处。深入推进垃圾分类工作，建设垃圾分类回收屋4座，定人定责做好回收屋的维护和管理，鼓励村民积极参与积分兑换；加大垃圾分类宣传，悬挂宣传横幅28条，发放宣传手册1500余份，安装宣传牌匾200余块，加大设备设施投入，安装垃圾分类自动化设备2台，发放分类垃圾桶2400余套。严格落实省、市关于大气污染防治特护期工作要求，联合开展大气污染整治工作，配合做好中央环保督察工作，对河道沿线环境卫生进行专项整治。取缔老街社区一处非法洗砂厂，捣毁胜塘村一处非法炼油点。建立“管控秸秆、露天垃圾焚烧”巡查队伍。开展巡查300余次。劝导并及时制止露天焚烧110余起。雷打石镇污水处理厂通过市场竞争委托机构安全运营。对湘江沿线排污口进行全面排查建档。（谭 瑛）

雷打石镇小微水体整治

【安全生产管理】2021年，雷打石镇党委政府做到逢会必讲安全生产，政府主要领导主持召开或参加全镇安全生产会议达16次，年度没有发生安全事故。通过多种形式集中对消防安全、用电安全、全面落实企业主体责任、交通安全、打非治违和防止未成年人溺水等知识展开宣传，悬挂横幅30余条、制作2块展板、发放安全知识小礼品300余份、为700余名群众提供咨询、设立防溺水警示牌50余块等。发放安全知识手册、农村交通安全劝导员工作手册、学生消防安全知识读本600余份。邀请省消防协会及区消防大队培训机构，组织企业负责人、学校开展消防安全知识培训暨消防演练活动。组织（包括日常、集中、联合、专项等）执法活动90次，出动执法人员共600人次，检查生产经营单位98家，治理隐患70余处，下达执法文书10份，处罚金额1.23万元，责令停产停业1家，交办重大事故隐患数量72个，完成隐患整改并销号72个。（谭 瑛）

【疫情防控】2021年，雷打石镇扛牢属地责任，严格落实常态化疫情联防联控机制。加大疫情防控宣传，严格管控外地返乡、流动人员。加强人员密集场所管理，实现全年“零输入、零确诊、零病例”。8月，全镇迅速反应，开展全员核酸检测，上下联动、立体配合，开展5.8万余人次的3轮核酸检测。全力构筑免疫屏障，推进新冠疫苗接种工作，接种各类人群疫苗3.64万剂次。（谭 瑛）

【社会保障】2021年，雷打石镇发放低保特困供养资金355万元，新增低保对象25人、特困供养对象10人。镇村干部深入走访，慰问各类困难对象213人，送去慰问资金和各类物资36万元。组织妇女免费进行“两癌”筛查，为辖区2800名65岁以上老人免费体检，为527名残疾人发放“两补”资金46.7万余元。镇有日间照料中心3个，床位数20个；幸福院7座，床位数60个。不断改善老年人的居家生活环境，提升居家生活品质，对有需求且符合条件的困难老人家庭实施适老化改造，改造项目有护理床、轮椅、凳拐、如厕椅、淋浴椅等，改造金额4.62万元。敲门上户，全面完成养老保险待遇核查“回头看”工作。核查符合参保条件人数19654人，核实14193张社保卡信息。办理城镇“4050”就业困难人员社保养老医疗补贴90人，发放基本养老保险待遇12879人，完成农保核查和稽核退款238人。凤凰山村农村安全饮水工程竣工验收，解决600余户饮水困难问题。（谭 瑛）

【志愿服务】2021年，雷打石镇建立志愿服务组织2个、志愿服务队伍16支，注册志愿者4300余人。开展各类志愿服务1500余场9860小时。霞石村潘平洋获评“中国好人”“湖南好人”、天元区见义勇为等奖项，老街社区王青年获评“湖南好人”，养鲤村龙香兰获评“最美志愿者”，胜利村钟清球获评天元区道德模范。（谭 瑛）

【乡村振兴】2021年，雷打石镇紧扣“乡村振兴”主题，围绕石三门农业公园，流转先锋、铁篱、伞铺3个核心村土地110.22公顷，吸纳多家企业及合作社入驻并签订合作协议，精心打造“一村一品”工程，先锋村完成2个智能大棚、8个基础大棚建设，成功打造出伞铺红薯、铁篱贡柚两大特色农产品产业和“绿之优”蔬菜品牌。依托石三门大道的修建带来的发展便利，发展微农庄和休闲采摘农业。持续推动村集体经济发展壮大，稳步增加群众经济收入，以产业兴旺助力乡村振兴，村集体收入达10万元以上的有伞铺村（45万元）、胜塘村（27.98万元）、砖桥村（16.03万元）、先锋村（11万元）、养鲤村（11.14万元）、铁篱村（10万元），实现农民致富、民生改善、共同致富的目的。培育2家“四上”企业，积攒乡村振兴发展后劲。5月4日，市委书记曹慧泉带队调研雷打石镇铁篱村幸福河渠和石三门农业公园的建设。（谭 瑛）

雷打石镇幸福河渠

三门镇

【概况】株洲市天元区三门镇位于湘江河畔，东与渌口区隔江相望，西与湘潭谭家山镇毗邻，北与雷打石镇接壤，南与株洲县龙船镇相接。境内有三古线、三潭线、天小线、三门大道4条主干道，京珠高速贯穿全镇。镇域面积92.33平方千米，户籍户数9739户，人口34590人。耕地2699.33公顷，林地4015.33公顷。辖上节街1个社区，苍霞、白石、响水、株木、月福、月形、南江、护塘、杨柳、湖田、湖坪、松柏、梽木、黄田14个村、419个村民小组。全镇下设村（社区）党总支12个、党支部3个，非公有制企业党支部3个，机关党支部1个，党员人数1064人。全镇机关干部工作人员85人，其中在编干部52人，区聘人员7人，镇聘人员26人。

2021年，全镇实现财政总收入9476.62万元，完成固定资产投资9000余万元，税收1011万元。农林牧业及蔬菜、畜牧业供需发展平衡，农业基础不断巩固。创新推广代耕代种合作模式治理耕地抛荒73.76公顷，超额完成水稻种植任务，种植面积2559.13公顷。城乡居民收入稳步增长，人均可支配收入20832元。社会事业全面推进。先后获全市民政（善治）示范乡镇，响水村获评湖南省乡村振兴示范村、全市十佳民政（善治）示范村称号，响水村、南江村村规民约获评2021年度株洲市最美村规，石三门大道获评“湖南省十大最美农村路”。（周　圆）

【党建工作】2021年，三门镇坚持建强“党委班子”、培育“两委”成员和带好“党员队伍”三者相结合。履行全面从严治党政治责任，不断加强党委班子自身建设，开展中心组学习12次、专题宣讲16次，向农村党员赠送《大道之行》、“四史”（党史、新中国史、改革开放史、社会主义发展史）书籍1000余本。举办综合素质培训班4期、新班子履职研讨会48场。完成党委、“两委”换届选举工作。班子年龄结构更优，综合素质更强，学历经历更佳。落实周例会制度，坚持“一月一考核”，以检查促提升，以考核强落实。多措并举落实“三会一课”制度，把话筒交给普通党员，把讲台搬到田间地头，把知识送到工作一线。严把党员发展“入口关”，发展党员15名，储备入党积极分子34名。（周　圆）

【经济工作】2021年，三门镇坚持厚积优势、提升效力，产业发展基础越发坚实。重点项目快速推进。全面铺开市场主体培育工作，完成3轮财源摸底、复核。特色品牌加快创建。以石三门现代农业公园为核心，持续打造月福蔬菜加工、白石菊花种植、株木黄桃、湘莲、响水休闲旅游等“一村一品”，域内年旅游人数超10万人次。产业强镇成效显著，石三门洞、百花园、白鹭谷等景区持续优化，民宿旅游、瓜果采摘等互动项目独具特色。村集体经济全面提升，响水、株木、月福实现年集体经济过百万元，镇域农家乐、民宿收入同比增长30%以上。以“兴三产促二产带一产”融合发展模式，发展现代农业业态，重点打造裕农、叁农两大品牌蔬菜产业园，推动恒盛田园等本土农副产品品牌建设，分类打造“天元之南”精品工程。做好“引

株木蔬菜大棚

进来”，深化农村集体产权制度、农村“三变”等重点改革，规范引导社会资本有序开发利用闲置资产，盘活各类资产。谋划“自发展”，发展新型农村集体经济组织，推进土地流转，完善企农利益联结机制，助推村级集体经济发展，实现集体经济薄弱村“清零”。（周　圆）

【环境建设】2021年，三门镇坚持聚焦品质、提升魅力，人居环境持续提升。基础配套不断完善。集中力量办好南江文化大礼堂、株木“水美湘村”建设等6项重点民生实事。新修月福谭家坝—唐家坝水利基础设施，完成月形水库渠道整修。生态环境持续改善。以“四治一改”（治垃圾、治污水、治厕所、治村容村貌，改变影响农村人居环境的不良习惯）为抓手，深入推进人环整治，“美丽乡村带动美丽经济”获央视点赞。完成改厕任务1147户，分散式生活污水治理112户。整治“四类房”800余处、农村“危险房屋”30余处，完成改厕任务2520户，黑臭水体整改销号9处，道路绿化11.6千米，在响水、株木2村开展垃圾分类示范村创建。开展村庄整洁行动，月福、株木成功创建区级美丽屋场，全面提升村庄整洁标准。开展河长制工作标准化建设，严守水环境生态红线。严格治违控违，取缔露天砂厂13处，拆除违法建筑80余处。（周　圆）

【社会保障】2021年，三门镇坚持共治共享、提升合力，社会事业蓬勃发展。民生保障全面加强。发放各类民政资金696.11万元，以制度兜住民生底线；新修4.66千米通村道路，新开通2条村镇公交线路，以行动补齐民生短板。安全防线严密牢固，领导带队检查130余次，整治安全隐患44处，坚决守住重点领域安全底线。扎实开展好常态化疫情防控工作，“外防输入，内防反弹”措施到位，成效明显。发动300余名志愿者参与三轮全员核酸检测，镇机关及各村（社区）开展志愿服务活动241次，“志愿蓝”温暖人心。创新推行危房改造联建模式，实现15个村（社区）“五保”户定居点全覆盖。开展脱贫质量“回头看”，核查813户“五类对象”（低保户、特困供养户、重病户、重残户、边缘户）致贫风险。建成14个文化广场、14个农家书屋，完成村卫生室提质改造，建立居民健康档案近3万份。（周　圆）

【社会治理】2021年，三门镇党委、政府多次召开专题会议研究社会治理现代化工作，并把普法、信访工作纳入镇中心工作，形成党委有决定、人大有决议、政府有规划、办事有机构的“四有”机制。严格落实“一岗双责”，实行机关干部包村责任制，真正做到了责任分解、压力传递，确保条条有压力，块块有责任，上下有信心。制作法律宣传栏16个、安全宣传板块15个，悬挂宣传横幅30条，发放宣传资料1万余份，并采取宣传车、村村响喇叭等多种形式，广泛宣传社会治理现代化，营造“上下联动千家创，万人防范保平安”的浓厚氛围。（周　圆）

【党风廉政建设】2021年，三门镇坚持纪律在前、监督在前，推进严管与厚爱相结合。严格监督，协助做好村（社区）“两委”换届、区镇两级党代表和人大代表换届选举工作。积极配合市、区两级纪委开展“一卡通”专项督查工作。收到微信监督群村民反映的问题2492件，回复、处理村民反映的问题2492件，党务、村（居）务公开1459次，宣传政策、教育信息19379条，收到上级交办问题25条，办结23条，办结率为92%。在上节街社区开展“清廉乡村（社区）”建设试范点。节假期间，对全镇机关及15个村（社区）开展“四风”突出问题督查。完成检举举报平台基层版本地化改造试点测试。（周　圆）

【文化工作】2021年，三门镇推进党建领航、三社联动工作，南江村积极探索“三治融合”治理模式，上节街社区定期开展“上善学堂”国学文化课堂暨免费艾灸服务，参与居民200余人次，获得居民好评。组织15个村（社区）党组织书记、文化专干召开三门镇文化和旅游资源普查工作培训会，及时完成预名录信息录入工作。报送12件书法作品参加“百年铸辉煌 火炬耀新区”株洲高新区、天元区庆祝建党100周年美术书法摄影主题作品展。组织参赛队伍参加天元区“我心向党·唱响新区”合唱比赛，预赛取得第二名，决赛获得二等奖。积极开展“3·5”学雷锋、清明节文明祭祀等各类志愿服务，推进乡风文明建设，为乡村振兴提供强大精神动力。（周　圆）

【疫情防控】2021年，三门镇多次组织召开新冠疫情防控工作调度部署会，成立新冠疫苗接种工作小组，并制定相关工作方案和机制。严格按照疫情防控常态化工作方案和摸底排查措施实施管理，并做好早预防、早发现、早报告、早隔离、早救治和强保障的相关措施。摸排重点人员576人，国外返乡人员10人，收到大数据推送1455条。摸排“二密”（新冠肺炎感染者的密切接触者的密切接触者）45人、“一密”（新冠肺炎感染者的密切接触者）7人、红码4人、中高风险地区及黄码497人；红事（结婚等喜庆事宜）17起，白事（丧葬等事宜）60起。高效组织3轮全员核酸检测，采样48049人次，检测结果均为阴性。（周　圆）

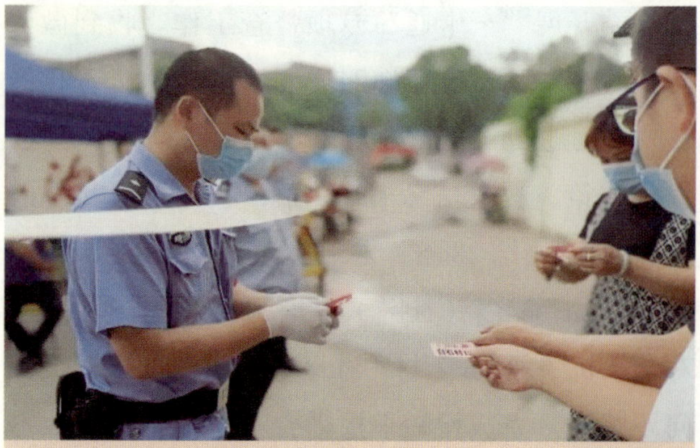

全员核酸检测村民凭号入场

【安全生产管理】2021年，三门镇深入开展安全生产专项整治三年行动，制订年度行政执法计划，共组织执法活动587次，出动人员2021人次，检查生产经营单位589家次，立案调查6起，经济处罚0.47万元，取缔关闭3处，组织领导带队检查110余次，排查重大事故隐患43个，全部整改到位销号。围绕“落实安全责任，推动安全发展”主题开展宣传活动，工贸企业集中宣传3次，制作宣传展板16个，悬挂宣传横幅30条、警示标牌60个，发放宣传资料1900余份。开展消防安全专项整治三年行动，排查多合一场所46个，排查燃气经营店12次，取缔无证经营燃气经营场所1处。组织村、工贸企业消防培训1次，组织镇专职消防队业务培训1次。（周　圆）

【一、二、三产融合】2021年，三门镇月福村、松柏村引进和培育裕农、叁农等优质龙头企业，株木启动上橙有机生态农庄项目，黄桃和太空香莲基地形成规模，月福村成功创建省级美丽乡村示范村。松柏村与叁农公司签订蔬菜种植战略合作协议，独特的“三门肉冬瓜”成为株洲首个直通港澳地区的特色蔬菜享誉三湘；白石菊花、湖田猕猴桃、黄田香椿等“一村一品”逐步形成。（周　圆）

【“两委”班子换届选举】2021年，三门镇推进换届选举工作。完成例行任期经济责任审计和财务清查，形成镇、村“两委”班子综合分析报告。召开动员会并成立换届工作专班，制定工作方案及日程安排表，按节点完成一推、二推程序，高效完成村（社区）“两委”换届选举，软弱涣散党组织“清零”、村级财务“清账”，30岁左右大专学历年轻干部全覆盖，较2017年换届平均年龄下降6岁，大专以上学历占比提升15%，实现“一降一升”。完成乡镇党委换届。党政领导班子11人，平均年龄32.7岁，学历均在本科以上，其中博士1名，研究生3名。（周　圆）

【全市“看学议”活动观摩团成员到石三门观摩考察】2021年1月26日，市委副书记王洪斌率全市“看学议”活动观摩团成员来天元区石三门现代农业公园现场观摩考察。市直有关单位负责人、各县（市）区党委和政府分管负责人参加活动。观摩团成员仔细参观石三门现代农业公园游客中心，听取关于石三门农业公园的整体规划布局、农业产业园建设、特色农产品等情况汇报，并观看宣传片。游客中心内的农产品展示区和电商直播区，吸引了观摩团成员的目光。（周　圆）

【走深走实群众路线】2021年，三门镇在南江村开展群众路线走深走实试点工作，通过梳理、整合、实践，以文化底蕴为基础，形成一套“自治+”模式，一幅乡村治理的“株洲枫桥”画卷。“自治+文化”，让民心更加凝聚。通过展示村民家中的老物件、老照片，见证南江的变迁、发展，深度挖掘本村人文历史和地理文化，让南江文化有寄托。“自治+调解”，让矛盾更快消融。“南江大姐”积极行动、助人为乐、敬老慈幼、清洁村庄、矛盾调解，调解家庭矛盾和邻里纠纷30余次，助人1000余人次。（周　圆）

【建党100周年庆祝活动】2021年6月28日，三门镇党委举行庆祝中国共产党成立100周年表彰大会暨“光荣在党50年”纪念章颁发仪式，镇党政班子、在党50周年老党员代表、受表彰的先进单位及个人、村（社区）书记（主任）及党员代表及机关支部党员等300余人参加会议。全体与会人员面对党旗、重温入党誓词，深刻领悟学在深处、干在实处、走在前列，发挥党员先锋模范作用，用使命践行入党誓言，用优异成绩庆祝建党100周年。（周　圆）

附录

重要文件选登

中共株洲高新区工委办公室 株洲高新区管委会办公室 中共株洲市天元区委办公室 株洲市天元区人民政府办公室 印发《关于进一步推进实施“中国动力谷人才计划”的十九条措施(暂行)》的通知

株高天办〔2021〕2号

各镇、街道，区直机关各单位，市直驻区各单位：

为贯彻落实“三高四新”战略，实施中国动力谷人才计划，建设人才强区，构建更积极、更开放、更有效的人才政策，聚集更多更强的高精尖紧缺人才，全力打造株洲·中国动力谷，工委、管委会、区委、区政府同意出台《关于进一步推进实施“中国动力谷人才计划”的十九条措施（暂行）》，现印发给你们，请结合实际，认真贯彻执行。原2017年12月1日印发的《关于鼓励引进培育“中国动力谷双创人才”的实施意见》的通知（株高天办〔2017〕19号）同时废止。

中共株洲高新区工委办公室

株洲高新区管委会办公室

中共株洲市天元区委办公室

株洲市天元区人民政府办公室

2021年2月2日

关于进一步推进实施“中国动力谷人才计划”的十九条措施（暂行）

为全面贯彻落实“三高四新”战略，扎实推进株洲·中国动力谷建设，着力把株洲高新区、天元区（以下简称“新区”）建设成国家重要先进制造业人才集聚的核心区、人才科技创新发展的引领区、内陆地区改革开放人才发展的强区。加大扶持轨道交通、航空航天、新能源汽车三大优势产业人才，重点支持新一代信息技术、新材料两大支撑产业和新能源及节能环保装备、应急安全、包装、生物医药及健康食品、数字经济（人力资源）等五大新兴产业领域人才引进和培育。结合新区产业实际情况，优化升级构建更积极、更开放、更有效的“中国动力谷人才计划”政策体系，为加快建设现代化新区提供智力支撑，制定以下具体措施。

一、打造极具产业特色的引才体系

1. 加速推进顶尖人才聚集计划。聚焦高精尖技术，引进一批在国家重点工程、重大科技专项、重点研发计划中取得尖端成果、做出突出贡献的“卡脖子”核心技术人才（团队）或国内外一流科技企业管理人才（团队），进一步集聚与产业体系相匹配的高层次人才（团队），5 年内最高分别给予人才（团队）100 万元（1000 万元）的创新创业资金补贴。（落实单位：区委组织部、相关成员单位）

2. 加速推进青年人才提质计划。聚焦创新创业发展，扩大全球青年人才引进范围，加大 35 周岁（含）以下全日制本科优秀毕业生〔“双一流”院校硕士 40 周岁（含）以下〕的引才力度，优化升级激励标准。分层认定首次在区内重点支持企业工作满一年且已在市、区内缴纳社保的优秀青年人才，2 年内最高给予 3.6 万元生活补贴，做大产业青年人才底盘。（落实单位：团区委、相关成员单位）

3. 加速推进技能人才倍增计划。弘扬“工匠精神”，加速集聚产业紧缺人才，壮大与新区产业体系相匹配的高技能人才队伍。设立高技能人才晋级奖励，经区内企业培养的高级技师、技师分别一次性奖励 5000 元、2000 元。分级认定工作满足相应年限且已在市、区内缴纳社保的技能人才，2 年内最高给予 3.6 万元生活补贴。支持重点企业自主开展技能人才评价认定工作，建立实训基地和技能大师（名师）工作室，贯通技能人才职业发展渠道。（落实单位：区人社局、区总工会）

4. 加速推进柔性引才助力计划。突破国籍、户籍、地域、身份、人事关系等人才流动中的制约，大力支持企业以才智并进、智力兼职、人才租赁、退休特聘等方式引进更多更强的区外高精尖人才开展项目合作、难题攻关、技术咨询，每年最高给予不超过 5 万元的工作补贴，最长补贴不超过 3 年。（落实单位：区委组织部、各用人单位）

5. 加快部署全球引才平台搭建。主动适应复杂的国际形势变局，全力推进“中国动力谷人才”引才工作国际化。搭建新区海外人才引进平台，面向全球揽才，提升新区国际竞争力。打破地域限制，支持飞地人才建设，鼓励重点企业、重点产业精准高效地引进高端科研院所或建立企业商学院，成功引进或建立最高给予 2000 万元支持。（落实单位：区委统战部、产业局、招商局、动力谷创新创业服务中心、高科集团）

6. 统筹开展人才双创主题活动。每年的 5 月 16 日设立为“中国动力谷人才”主题节日，在园区、国内外重点城市、重点高校利用战略合作伙伴、招才引智联络点开展“智汇新区 · 云聚人才”“动力谷杯”等一系列路演和创新创业大赛，打造具有区域特色、全球覆盖、产业导向的招才引智系列品牌活动。（落实单位：区委组织部、区人社局、动力谷创新创业服务中心、团区委、相关成员单位）

7. 大力提升用人主体举才效能。进一步破除“唯学历、唯职称、唯论文、唯奖项”等固化人才评价标准，进一步强化企业用人主体意识，更大力度支持企业引才用才。对于区内年缴税额达到 5 亿元、3 亿元、1 亿元、5000 万元、2000 万元的企业负责人 / 法人可以举荐本企业累计不超过 5

名人才申报高层次人才认定。鼓励企业大力引进具有全球影响力、掌握核心技术、产业带动提升能力的高精尖人才，实行“一人一策”“一事一议”，保证人才畅通引进。（落实单位：区委组织部、产业局、招商局、各用人单位）

8. 充分发挥人才特使荐才作用。用好动力谷专家人才库，依托乡情、亲情、校友情，在发达城市、著名高校（科研院所）聘请百名精英人才担任“新区人才特使”，形成“新区人才特使”特色影响力和传播力。鼓励企业和产业链以才引才、以才荐才，发挥人才集聚优势，形成人才集群效应。充分发挥人力资源产业园聚集优势，鼓励高端猎头机构落户新区，凡成功引荐高精尖人才给予最高不超过 50 万元引才奖（机构最高不超过 150 万元），分三年按照 5 ∶ 3 ∶ 2 的比例拨付。（落实单位：区委组织部、产业局、区人社局、招商局、动力谷创新创业服务中心、高科集团、相关成员单位）

二、打造极具创新特质的育才机制

9. 加大人才金融支持力度。扩大财政资金支持，设立不少于 2 亿元的人才专项资金。实施“动力谷人才创业贷”计划，鼓励引导民间资本、金融资本支持人才创业，促进人才、科技和金融有效结合。健全政策性融资服务体系，完善商标、专利、科研成果等知识产权质押融资保险、风险补偿和评估机制，鼓励和引导金融机构加大对人才所在企业知识产权、股权质押信贷投放。搭建综合金融服务平台，畅通人才所在企业与金融机构对接渠道，为人才所在企业融资发展提供专业金融咨询服务。（落实单位：财政局、高科集团、区金融办）

10. 加大高端人才培育奖励。新入选的两院院士、国家“万人计划”专家、中科院“百人计划”专家、教育部“长江学者”、湖南省“百人计划”专家等，给予最高 200 万元科研经费支持。获得国家、省级科技进步奖等重大荣誉，给予最高 50 万元奖励。经区内企业培养新获得博士学历、正高级职称的，每人给予 3 万元奖励。（落实单位：区委组织部、产业局、区人社局、动力谷创新创业服务中心）

11. 加大青年人才创新实践。创建“动力谷人才创新集市”，开展多层次、多维度的青年人才创新实践活动，提升新区对青年人才吸引力。加强校企、校地深度融合，持续开展大学生社会实习、实训活动，给予最高不超过 1500 元 / 月 · 人的实习经费开支，实现青年人才聚集和回归。利用青年人才驿站、青年人才联盟等优势，以简历诊断、职业生涯规划、区内企业双选会等方式吸引在校大学生来区实践、来区就业创业。（落实单位：区人社局、动力谷创新创业服务中心、团区委）

12. 加大支持人才晋级认定。鼓励人才加快成长，符合晋升层次条件的入库人才，申报后经审核认定可晋升享受相应层次的资助政策。所有入库人才有且仅有一次享受资助政策的机会。（落实单位：区委组织部、相关成员单位）

13. 创新人才表彰奖项设置。营造全社会惜才、爱才氛围，创新建立以“实际贡献、社会影响、行业认可、企业认同”为标准的人才表彰奖项，设立“杰出英才奖”“人才工作先进企事业单位（个人）”，每年评选出为新区经济建设、社会发展作出重大贡献的优秀人才和在引才、育才方面作出突出贡献产生较大影响力的企事业单位（个人），每个单位（人）奖励最高不超过 10 万元。（落实单位：区委组织部、相关成员单位）

三、打造极具暖心品质的留才生态

14. 优化完善人才服务环境。做强中国动力谷 · 智库云、动力谷企业成长学院等平台，建立“动力谷人才会客厅”，打造人才培训赋能大讲堂、产业人才高峰论坛等特色品牌人才聚能活动。持续分层落实专家公寓免租入住服务，服务对象放宽至“双一流”院校硕士，最高可享受累计不超过15个月。不断优化“株洲高新人才卡”服务内涵，推动人才、产业、载体、文化、公共服务等多元化、深层次开放融合。建立人才服务专员队伍，提升人才服务窗口水平，优化完善人才服务环境。（落实单位：区委组织部、产业局、动力谷创新创业服务中心、高科集团、区行政审批服务局、相关成员单位）

15. 打造“人才管家”服务品牌。重视人才配偶就业，人才配偶随调随迁，优先推荐安排工作。加大人才子女义务教育配套服务，高层次人才子女优先满足择校意愿；重点企业紧缺人才子女，经主管部门认定后由教育局统筹安排。加强与优质医疗机构合作，建立高层次人才医疗专属服务资源，享受优质服务。探索建立市场化人才服务体系，打造高精准、更便捷的新区“人才管家”服务品牌。（落实单位：区委组织部、区委编办、区人社局、区教育局、区卫健局、相关成员单位）

16. 完善人才申报评审机制。依托中国动力谷·智库云平台，优化人才申报流程及体验，充分发挥人才大数据中心对人才引、育、留等工作的研判。实行分类限时评审机制，直接对标认定的人才申报事项由政策制定部门组织评审认定；其他重大人才事项由区委组织部组织相关单位、行业专家评审，报区人才工作领导小组会议审核认定。（落实单位：区委组织部、相关成员单位）

17. 健全灵活管用的督查办法。加强人才专项资金和人才评审认定工作的监管，对在人才专项资金使用和人才评审认定工作中不正确履职，失职渎职的，由区纪委监察委进行查处；对人才及所在企业进行人才专项补贴财务验收和实地考核验收，由区委组织部牵头组织责任单位或委托第三方机构进行。对验收不合格的人才和企业，停止或终止拨付奖励资助资金，并保留依法追回已经下拨资金的权力；对通过提供虚假材料等方式获得奖励资助资金的，依法追回已经拨付的奖励补助资金，并依法追究相关人员的法律责任。建立“鼓励创新、宽容失败”的机制，提升财政资金的绩效评价宽容度。（落实单位：区委组织部、区纪委监察委、财政局、区审计局、相关成员单位）

18. 强化人才作用发挥的考核。充分发挥用人单位对人才价值发挥的考核主体作用，强化用人单位对人才推荐、评定的审核把关责任。在奖励资助期间，对存在品行不端、违法乱纪等行为的人才，停止拨付奖励资助资金，并保留追回已经下拨奖励资助资金的权力。（落实单位：区委组织部、各用人单位）

19. 加强人才政治引领和政治吸纳。坚持党管人才原则，强化人才政治引领，持续开展“爱国奋斗”教育。大力吸纳优秀人才入党，推荐优秀人才参选“两代表一委员”。健全领导联系专家人才机制，定期开展走访慰问，传递党和政府的关心和关怀。加大人才工作宣传力度，提升人才政策知晓度、人才典型影响力和美誉度。（落实单位：区委组织部、区委宣传部、相关成员单位）

本措施自印发之日起施行，具体解释工作由株洲高新区（天元区）人才工作领导小组办公室会同相关责任单位负责。本措施与我区此前出台的政策有重复、交叉的，按照“从新、从优”的原则执行，部分政策条款的实施口径，以后续公布的配套实施细则为准。本措施适用对象的同一事项如涉及由株洲高新区（天元区）执行的省、市政策和高新区其他政策同时支持的，按照“同一类型不重复享受”和“就高”原则执行。如无特殊规定，本措施涉及的人才补贴等奖励资助资金均为税前金额。

株洲高新区管委会办公室 株洲市天元区人民政府办公室 关于印发《株洲高新区、株洲市天元区科技企业孵化器管理办法（试行）》的通知

株高天政办发〔2021〕3号

各有关单位：

《株洲高新区、株洲市天元区科技企业孵化器管理办法（试行）》已经2021年第3次区长办公会议审议通过，现予以印发，请贯彻执行。

株洲高新区管委会办公室

株洲市天元区人民政府办公室

2021年6月15日

株洲高新区、株洲市天元区科技企业孵化器管理办法（试行）

第一章 总 则

第一条 为贯彻落实《中华人民共和国中小企业促进法》《中华人民共和国促进科技成果转化法》《国家创新驱动发展战略纲要》《长株潭国家自主创新示范区条例》，引导我区孵化器高质量发展，支持科技型中小微企业快速成长，构建良好的科技创新创业生态，推动大众创业万众创新上水平，结合我区实际情况，制订本办法。

第二条 科技企业孵化器（包括但不限于众创空间、新型研发机构等孵化载体，以下简称“孵化器”）是以促进科技成果转化，培育科技企业和企业家精神为宗旨，提供物理空间、共享设施和专业化服务的科技创业服务机构，是创新体系的重要组成部分、创新创业人才的培养基地、大众创新创业的支撑平台。

第三条 孵化器的主要功能是围绕科技企业的成长需求，集聚各类要素资源，推动科技型创新创业，提供创业场地、共享设施、技术服务、咨询服务、投资融资、创业辅导、资源对接等服务，降低创业成本，提高创业存活率，促进企业成长，以创业带动就业，激发全社会创新创业活力。

第四条 孵化器的建设目标是落实国家创新驱动发展战略，构建完善的创新研发、创业孵化服务体系，不断提高服务能力和孵化成效，形成主体多元、类型多样、业态丰富的发展格局，持续孵化新企业、催生新产业、形成新业态，推动创新与创业结合、线上与线下结合、投资与孵化结合，培育经济发展新动能，促进实体经济转型升级，为建设现代化经济体系提供支撑。

第五条 株洲高新技术产业开发区动力谷创新创业服务中心（以下简称“区双创中心”）依照株洲高新区管委会相关工作要求，加强区内孵化器管理服务工作，促进区内孵化器聚焦专业化方向转型升级，推动区域孵化器之间的经验交流和资源共享，负责区域内孵化器的日常管理和年度绩效评价工作。

第二章 促进与发展

第六条 鼓励孵化器投资主体多元化、运行机制多样化。加强对孵化器建设的引导和支持，发挥企业灵活机制优势，架设产学研深度融合的桥梁，充分激发各类创新主体活力，加快形成政府主导型、企业自主型、科研院所主办型等多元主体孵化发展格局。

第七条 鼓励孵化器加强服务能力建设，利用互联网、大数据、人工智能等新技术，提升服务效率。有条件的孵化器应形成“众创—孵化—加速”

机制，提供全周期创业服务，营造科技创新创业生态。

第八条 鼓励孵化器加强从业人员培训，打造专业化创业导师及服务队伍，为在孵企业提供精准化、高质量的创业服务，不断拓宽就业渠道，推动留学人员、科研人员及大学生创业就业。

第九条 鼓励孵化器积极融入全球创新创业网络，开展国际技术转移、离岸孵化等业务，引进海外优质项目、技术成果和人才等资源，帮助创业者对接海外市场。

第十条 鼓励孵化器共享创新服务内容，各孵化器可结合自身优势向其他孵化器提供服务便利，区双创中心结合孵化器共享服务工作绩效，向高新区管委会提请政策支持。

第三章 备 案

第十一条 孵化器管理实行备案制，各类投资主体创办的孵化器自愿向区双创中心申请备案。备案条件具体如下：

（一）备案范围：以孵化与培育科技型小微企业及转化高新技术成果为宗旨，孵化器运营机构为株洲高新区（天元区）财政体制范围内注册和税务登记的企事业单位、社会团体等，且孵化器场地位于株洲高新区。

（二）管理团队健全，机构设置合理，管理团队专职管理人员不少于 5 人，专职管理人员中具有专业领域技术背景或专业能力的人员占 50% 以上，接受过孵化器专业培训的人员比例在 50% 以上。

（三）具有较为完善的培育孵化企业的管理制度和服务功能，有明确的企业入孵条件、毕业标准和退出机制，可为科技创业人员和在孵企业提供商务、信息、咨询、培训、市场、投融资、技术开发与合作交流等服务。

（四）可自主支配的孵化场地面积在 2000 平方米以上（专业孵化器在 1000 平方米以上），在孵企业使用的场地面积（含公共服务场地）占 70% 以上。场地属自有物业的，要求产权清晰，在续存期内不得变更用途；属租赁场地的，要求租期 3 年以上，租用合同明确清晰，在租用期内不得变更用途。孵化场地不得超过 3 处，各孵化场地的运营主体必须为同一法人主体，且场地都位于株洲高新区（天元区）内。

（五）在孵企业数不少于 15 家（专业孵化器不少于 8 家）。

（六）孵化器累计毕业企业应达到 5 家（专业孵化器不少于 2 家）。

（七）孵化器拥有种子资金或孵化资金，或与金融机构以及创投机构、担保公司等建立密切联系，扶持在孵企业的发展。

（八）专业孵化器应有明确的专业发展方向，拥有专业化的信息服务、技术咨询和管理服务能力。

第十二条 本办法中孵化器在孵企业是指同时具备以下条件的被孵化企业：

（一）主要从事新技术、新产品的研发、生产和服务，应满足科技型中小企业相关要求；

（二）企业注册地和主要研发、办公场所须在本孵化器场地内，入驻时成立时间不超过 24 个月；

（三）孵化时限原则上不超过 48 个月。技术领域为生物医药、现代农业、集成电路的企业，孵化时限不超过 60 个月。

第十三条 企业从孵化器中毕业应至少符合以下条件中的一项：

（一）经备案通过的高新技术企业；

（二）累计获得天使投资或风险投资超过 500 万元；

（三）连续 2 年营业收入累计超过 1000 万元；

（四）被兼并、收购或在国内外资本市场挂牌、上市。

第十四条 本办法中专业孵化器是指在同一产业领域从事研发、生产的企业占在孵企业总数的

50% 以上，并提供符合专业领域的技术、信息、资本、供应链和市场对接等个性、定制化服务的孵化器。新型研发机构依据《湖南省新型研发机构管理办法》（湘科发〔2020〕67 号）规定，其孵化场地面积可为 150 平方米以上，其他条件遵照专业孵化器规定执行。

第四章 绩效评价

第十五条 根据服务能力、孵化绩效、创新发展等建立孵化器绩效评价指标体系（见附件），对已完成区级备案的孵化器统一进行年度绩效评价、统计和动态管理。

第十六条 孵化器绩效评价每年组织一次，评分 C 等级（含）以上为合格。评价结果按照评分从高到低排序，考核 80 分以上且排序前 10%（含）的为 A 等级；考核 70 分以上且排序前 10% 至 30%（含）的为 B 等级，考核 60 分以下且排序倒数 10% 的为 D 等级，其余为 C 等级。

绩效评价结果将作为奖补政策兑现的主要依据。连续两年评为 D 等级或不参加绩效评价的单位，取消其后两年参评和享受株洲高新区、天元区有关支持孵化器发展政策的资格。

第十七条 孵化器绩效评价程序：

自我评价。孵化器按照绩效评价指标体系开展自我评价，将评价期内孵化器自我评价报告及有关证明材料报区双创中心，孵化器对提交的自我评价及有关材料真实性负责，如发现孵化器对提交的自我评价及有关资料弄虚作假，经查证属实，该孵化器当年考核不合格；

专家评价。区双创中心对孵化器提交的自评材料进行形式审查，达到条件要求的，委托或组织第三方机构或专家进行资料详细审查、现场审查等，出具相关财务审计报告、专家评审意见等；

结果公示。区双创中心会同区科技主管部门综合研究评价意见，确定等级并公示结果，评价结果以科技主管部门文件形式确认。

第五章 附 则

第十八条 本办法由区双创中心负责解释。

第十九条 本办法自公布之日起30日以后施行。

株洲市天元区人民政府
关于印发《株洲市天元区行政事业单位财务管理制度》的通知

株天政发〔2021〕2 号

各有关单位：

《株洲市天元区行政事业单位财务管理制度》已经区人民政府常务会议研究通过，现印发给你们，请认真贯彻执行。

株洲市天元区人民政府

2021 年 2 月 26 日

株洲市天元区行政事业单位财务管理制度

第一章 总 则

第一条 为进一步规范我区行政事业单位财务行为，加强财务管理，严肃财经纪律，根据《中华人民共和国预算法》《中华人民共和国会计法》《中华人民共和国预算法实施条例》《党政机关厉行节约反对浪费条例》《中共中央 国务院关于全面实施预算绩效管理的意见》（中发〔2018〕34 号）《政府会计制度》和《财政部关于全面推进行政事业单位内部控制建设的指导意见》（财会〔2015〕24 号）等有关法律、法规、政策、制度规定，结合我区工作实际，制定本制度。

第二条 本制度适用于区级党的机关、人大机关、行政机关、政协机关、监察机关、群团组织和区级各事业单位（以下统称“单位”）的财务管理。实行企业化管理的事业单位不适用本制度。

第三条 加强财务管理工作，应遵循如下原则：

（一）依法依规，全面规范。坚持以国家各项法律、法规和财务规章制度为准绳，不断完善单位财政财务管理制度，严格依法理财，按章办事，规范理财行为。

（二）预算控制，集中收付。推进实施全面规范、公开透明的预算制度，健全全口径预算体系，科学合理编制预算，完整准确编制决算，全面实行财政国库集中收付制度，严格预算约束。

（三）厉行节约，注重绩效。坚持“从严从简，勤俭办一切事业”的原则，强化过“紧日子”思想，深化财政改革，加强绩效管理，严格控制经费支出规模，降低公务活动成本，建立健全厉行节约、反对浪费工作长效机制。

第四条 各单位原则上应设置财务会计机构、配备会计人员，负责做好本单位的财务管理和核算工作。人员编制少、财务工作量小等不具备设置会计机构或配备会计人员的单位，可统一按照区大部制改革归口，实行由所属大部统筹安排，分账核算，代理记账管理模式。

第五条 本制度所指财务管理包括：预算管理、收入管理、支出管理、支付核算管理、资产管理、预算绩效管理等内容。

第二章 预算管理

第六条 各单位应当按照财政部门预算编制要求，根据履行自身职能、事业发展的需要和存量资产情况，全面、完整、科学编制本部门、本单位预算草案。

第七条 各单位应当完善预算执行管理办法，遵循“先有预算、后有支出”的原则，严格执行预算，合理安排支出进度，增强预算执行的严肃性，提高预算执行的准确率。按照“无来源不立项、无立项不支出”的原则，规范政府性投资项目管理。严控预算追加，确需增加安排的重大紧急事项支出，按规定程序报批。严禁超预算或者无预算安排支出，严禁虚列支出、转移或者套取预算资金，严禁擅自扩大支出范围，提高开支标准。

第八条 严格执行结余结转回收制度。单位年终基本支出结余，当年度上级下达的转移支付以外的项目资金结余指标一律由区财政部门收回；对不具备实施条件、项目进展缓慢以及预计难以支出的项目，按规定由区财政部门收回资金统筹安排；超过两年以上未使用的专项资金，由区财政部门收回统筹安排。

第九条 各单位应当加强决算审核和分析，规范决算管理工作，保证决算数据的完整、真实、准确。

第十条 经区财政部门批复的部门预算、决算及报表，应当在批复后二十日内由各单位向社会公开，并对部门预算、决算中机关运行经费的安排、使用情况等重要事项作出说明。政府采购的情况一并向社会公开。

第十一条 各单位应当积极支持推进“电子财政”与预算管理一体化改革，不断提升预算管理的科学化、规范化和信息化水平。

第三章 收入管理

第十二条 单位各项收入（包括实物），应当全部纳入单位预算，统一核算，统一管理。严禁设立账外账，不得另设账户或私设“小金库”。单位依法取得的行政事业性收费、罚没收入、政府性基金、附属单位上缴收入、国有资产经营和处置等非税收入，应按规定及时开具《一般缴款书》，且缴入区财政非税收入汇缴户，严格实行收支两条线管理。严禁以任何形式隐瞒、截留、挤占、挪用、坐支或者私分，严禁转移到所属工会、置业公司、培训中心、服务中心等单位账户使用。

第十三条 各单位应科学预测本部门非税收入，全面纳入预算管理，编制全口径部门预算。除重大政策调整变化外，一般情况下出现年度非税收入短收的，由单位自求平衡；非税收入当年超收的，原则上当年不再安排支出，如单位确需安排，由单位提出申请，采取激励性支持原则进行专题研究。

第十四条 严格区分界定单位的非税收入和往来资金。属于非税收入的应开具《一般缴款书》，属于往来资金的应开具往来结算收据，两者不得混淆。

第十五条 单位往来资金指借入资金、暂收、暂存、代收、代扣、代缴款项等，且到期应偿还、归还、缴交其他单位的资金。往来资金一律缴入国库单一账户体系中的财政特设专户，统一办理单位往来资金的收付业务。

往来资金收付应坚持“暂存暂付匹配”的原则，在对应的限额内安排使用，不得超支和改变资金用途。

单位应当定期对所有往来资金进行全面清理，原则上要在年内结清，不得跨年度清算，严禁长期挂账。

第十六条 单位应按照有关规定全面加强《一般缴款书》和往来结算票据管理，应当按照规定安排专人负责管理票据，建立票据管理台账。严格票据领发、使用、核销，坚持限量供票、缴旧换新、以票管收。

第四章 支出管理

第一节 人员支出

第十七条 人员工资支出指按国家政策套改的基本工资，按省、市政策规定的津补贴以及区委、区政府统一规定的绩效工资和单位应负担的各类社会保险、医疗保险和住房公积金等支出。

基本工资和津补贴严格坚持按人员编制、政策标准统一纳入区财政预算安排，并实行财政统发。

绩效工资严格按照区委、区政府的有关规定进行预算安排，按程序审批后，由单位自行发放。

市及其以上文明单位奖和综治奖等应按上级相应政策和区委、区政府有关规定执行。

第十八条 严格执行区委、区政府关于聘用人员管理的有关规定，从严规范聘用人员工资待遇保障范围和标准，严格按核定的编制、员额和标准安排聘用人员经费补助预算。

第二节 公务支出

第十九条 公务支出主要包括差旅费、公务接待费、公务用车购置费和运行费、会议费、培训费、办公费等公务开支。

公务支出管理应严格遵守《党政机关厉行节约反对浪费条例》等有关规定，严格执行公务差旅、公务接待、公务用车、会议活动、培训等公务活动审批制度，严格开支范围和标准，取得合法支出凭据，提供完备的附件资料，如审批单、消费清单、接待清单等，严格支出报销审核，不得报销任何超范围、超标准以及与相关公务活动无关的费用。

第二十条 发生的公务差旅费、公务接待费、公务用车购置费和运行费、会议费、培训费、办公费等公务支出，除按规定实行财政直接支付和授权支付外，应当全面实行公务卡结算制度，原则上不得使用现金支付。

第二十一条 单位采购货物、工程和服务，应当遵循公开透明、公平竞争、诚实信用原则，严格执行政府采购制度。

单位应当在编制部门预算中依法完整编制政府采购预算，严格执行政府采购预算和资产配置标准，合理确定采购需求，不得超标准采购，不得超出办公需要采购服务。

严格执行政府采购程序，不得违反规定以任何方式和理由指定或者变相指定品牌、型号、产地。单位采购政府采购限额标准以下的货物、服务、工程原则上应通过湖南省政府采购电子卖场采购；采购限额标准以上的货物、工程和服务，应当实行政府采购，达到公开招标数额标准的应当采用公开招标方式。不得以化整为零拆分项目的方式规避公开招标。采购单位应当按照政府采购合同规定的采购需求组织履约验收。

第二十二条 各单位要牢固树立过“紧日子”思想，认真贯彻落实上级各项规定，从严从紧控制一般性支出、非刚性支出，把更多的财政性资金用于经济发展和民生领域。

第三节 专项资金支出

第二十三条 专项资金是指上级补助和经区政府批准设立的具有专项用途的资金。专项资金支出应当坚持量力而行、从严从紧的原则安排。除有政策规定外，不得在专项资金中列支人员支出和公务支出。

第二十四条 各单位应建立健全预算支出项目库，实施项目全生命周期管理。通过项目库及预算管理一体化系统动态反映项目储备、项目审核、预算编制、预算调剂、预算执行、决算等全流程。按照“资金跟着项目走”“先有项目再安排预算”的原则，所有预算安排项目必须全部纳入项目库管理。

第二十五条 单位应制定完善专项资金管理办法，做到“一个专项资金一个管理办法”，规范项目的申报、论证、实施、评审、验收和资金筹集、使用、拨付、结算、监督等程序。项目资金全面实行零基预算，凡是存在再分配的专项资金，统一纳入财政部门各业务科室公共专项安排，按照“先定办法，后分配资金”的管理模式，由业务主管部门商财政部门提出资金具体分配方案，按程序报批后，由财政直接下达资金至用款单位。财政和项目主管部门都要建立专项资金使用、拨付台账，做到专款专用。

工程类项目完工后，应按规定办理项目竣工结算评审。

第二十六条 健全专项资金动态调整和退出机制，不作固化安排。除政策法规有规定的外，专项资金设置年限原则上不超过 3 年，到期自行终止。工作确需延续的，由有关部门提出申请，区财政部门进行绩效评估后报区政府审批、确定。

第五章 支付和核算管理

第二十七条 各单位的财务支出应当严格执行国库集中支付制度，将所有财政资金纳入国库单一账户体系管理。单位除保留单位零余额账户外，应当撤销实有资金账户，严禁在国库单一账户体系外开展单位财务收支活动。

第二十八条 严格执行直接支付和授权支付规定的支出范围、流程办理直接支付和授权支付。严格控制现金结算。

第二十九条 严格预算级次管理，存在经费领拨关系的上下级单位，原则上通过财政预算指标划转调整，不再通过实有资金划转。除扶贫、综治等联系村（居、社区）外，不得向非经费领拨关系的镇、街道及村（居、社区）下拨资金。

第三十条 完善财政与单位定期对账制度，加强财政与单位之间预算指标、用款额度的下达、使用和结存情况的核对，确保财政与单位的预算执行准确无误。

第三十一条 各单位应严格执行《预算法》《会计法》《政府会计制度》等法律法规和财务制度规定，严格财务核算管理。积极推进政府会计改革，建立全面反映政府资产、负债、收入、费用、运行成本、现金流量等财务信息的权责发生制政府综合财务报告制度。

第六章 资产管理

第三十二条 各单位应建立健全资产内部管理制度。单位应当合理设置资产管理岗位，明确相关岗位的职责权限，强化对资产配置、使用和处置等关键环节的管控，建立资产信息管理系统，准确完整做好资产的统计、报告、分析工作，实现对资产的动态管理，确保资产安全和有效使用。

第三十三条 各单位取得符合固定资产范畴的货物、工程项目等，应按有关规定办理固定资产登记，增加单位固定资产价值。

各单位使用部门预算资金配置新增资产的，必须编制新增资产配置预算。其中，已有配置标准的通用办公设备、家具等，严格执行限额标准，不得超预算、超标准配置；暂未制定配置标准的，应结合本单位实际情况和存量资产状况，采取调剂、租赁、购置等方式配置，做到厉行节约、反对浪费，并建立资产调剂制度，有效盘活低效运作或长期闲置的存量资产。

第三十四条 各单位固定资产应实行分类管理。固定资产一般可划分为房屋和构筑物，专用设备，通用设备，文物和陈列品，图书、档案，家具、用具、装具及动植物等类型。

单位应制定固定资产管理制度，建立资产台账，做到一物一卡一条码，详细记载固定资产的购建、使用、出租、投资、调拨、出让、报废、维修等情况，明确保管（使用）人的责任，保证固定资产完整。

第三十五条 固定资产的调拨、捐赠、报废、变卖、转让、将非经营性资产转为经营性资产投资等，应当经过中介机构评估或鉴定，报主管部门和财政部门审批后方可执行。资产租赁、处置或投资形成的各项收入应全部纳入单位预算管理。单位不得擅自处置固定资产。严禁公物私用或无偿交由与本单位无关的经营单位使用。

第三十六条 建立资产清查盘点制度。单位应对所占有、使用的资产定期或者不定期进行清查盘点。年度终了，应当对占有、使用的全部资产进行清查盘点，保证账账相符、账卡相符、账实相符。发现不符的，应当及时查明原因，并按照相关规定处理。

第三十七条 单位因机构改革或其他原因发生划转、撤销或合并时，应当在主管部门、财政和审计部门的监督指导下，对单位的财产、债权、债务等进行全面清理，编制财产目录和债权、债务清单，提出财产和债权、债务处理办法，做好国有资产的移交、接收、调拨、划转和管理工作，防止国有资产流失。

第七章 预算绩效管理

第三十八条 认真贯彻落实关于全面实施预算绩效管理的有关政策文件，结合工作实际，建立健全预算绩效评价制度，树立“花钱讲效益，无效不预算”的理念，着力提高财政资源配置效率和使用效益。

第三十九条 各单位申请预算时应结合预算评审、项目审批等，对新出台的重大政策、项目开展事前绩效评估，重点论证投入经济性、实施方案可行性、筹资合规性等，并将评估结果作为申请预算的必备要件。

第四十条 各单位编制预算时要全面设置单位整体绩效目标、政策及项目绩效目标，做到目标设置与预算编制同步进行、相互契合。

第四十一条 各单位应对预算绩效目标实现程度和预算执行进度实行“双监控”，发现问题要及时纠正，确保绩效目标如期保质保量实现。

第四十二条 各单位应对预算执行情况及政策、项目实施效果开展绩效自评。区财政部门应建立重大政策、项目预算绩效评价机制，开展部门整体绩效评价，必要时可以引入第三方机构参与绩效评价。

第四十三条 建立绩效评价结果与预算安排和预算调整挂钩机制。对绩效好的政策和项目原则上优先保障，对绩效一般的政策和项目要督促改进，对交叉重复、碎片化的政策和项目予以调整，对低效无效资金一律削减或取消，对长期沉淀的资金一律收回并按照有关规定统筹用于亟须支持的领域。

健全绩效评价结果反馈制度和绩效问题整改责任制，审计机关要依法对预算绩效管理情况开展审计监督，发现违纪违法问题线索，及时移送纪检监察机关。推进绩效信息公开，自觉接受人大和社会各界监督。积极探索将预算绩效结果纳入政府绩效和干部政绩考核体系。

第八章 监督检查与责任追究

第四十四条 各单位应当切实履行本单位财务管理工作主体责任，建立健全本单位财务管理各项制度，完善内部监督机制，重大资金安排应通过领导集体研究决定，严格依法依规规范财务工作。

单位应当全面建立、有效实施财务内部控制制度，确保内部控制覆盖单位经济和业务活动的全范围，贯穿内部权力运行的决策、执行、监督全过程和业务流程各环节。健全风险防范和评估机制，完善财务人员不相容岗位相互分离、内部授权审批控制、预算控制、会计控制、信息内部公开等内部控制基本方法，切实做到分事行权、分岗设权、分级授权，并对财务人员实行定期轮岗。

第四十五条 单位应当依法接受主管预算单位和区财政、审计等部门的财务指导和监督，并依法公开财务信息，接受群众监督。

第四十六条 有下列情形之一，应依法依规追究单位主要负责人或有关领导、直接责任人的责任：

（一）隐瞒、截留、挤占、侵占、贪污、挪用、坐支、转移或者私分单位非税收入的；

（二）巧立名目违规发放补贴、补助、奖金等福利待遇，或违规扩大发放范围、提高发放标准的；

（三）超范围、超标准、搞变通、弄虚作假、假公济私等违规报销公务支出的；

（四）违规分配、使用财政专项资金，导致资金使用低效、无效，造成经济损失的；

（五）财务管理混乱，不履行审批、管理、监督职责造成浪费和不良影响，干部群众反映强烈的；

（六）违反规定举借债务；

（七）擅自开设、变更账户；

（八）其他违反有关规定的行为。

以上行为应当追究纪律和法律责任的，依照《中国共产党纪律处分条例》《行政机关公务员处分条例》《事业单位工作人员处分暂行规定》等有关规定给予党纪政务及相应处分；涉嫌违法犯罪的，移送司法机关依法追究刑事责任。

第九章 附 则

第四十七条 区属中小学校财务管理参照本制度执行。除行政事业单位基本建设投资的财务管理，按国家有关政策规定外，其他应当参照本制度规定办理。此前区内出台的有关行政事业单位财务管理制度或办法与本制度不一致的，一律以本制度为准。

第四十八条 本制度由区财政局负责解释。

第四十九条 本制度自印发之日起施行。

株洲市天元区人民政府
关于行政复议体制改革的实施意见

株天政发〔2021〕4号

各镇人民政府、街道办事处，区直机关各单位，高科集团，市直驻区各单位：

为深入贯彻落实习近平法治思想特别是习近平总书记关于行政复议体制改革的重要指示精神，加快推进法治政府建设，根据《中央全面依法治国委员会行政复议体制改革方案》精神和《湖南省人民政府关于行政复议体制改革的实施意见》的要求，结合我区工作实际，制定本实施意见。

一、总体要求

坚持以习近平法治思想为指导，深入贯彻落实党的十九大和十九届二中、三中、四中、五中全会精神，在省委、省政府的领导下，全面落实党中央、国务院关于改革行政复议体制的决策部署，坚持以人民为中心，坚持改革与法治相衔接，坚持优化协同高效，坚持问题导向，着力解决职责配置分散等制约行政复议工作发展的瓶颈问题，充分发挥行政复议公正高效的制度优势和化解行政争议主渠道作用，不断增进人民群众获得感、幸福感、安全感，不断提高各级行政机关依法行政水平和公信力，推进国家治理体系和治理能力现代化，促进社会公平正义与和谐稳定，为大力实施“三高四新”战略，加快打造中国动力谷、建设美丽智慧城，加快建设现代化新天元提供有力法治保障。

二、主要措施

（一）整合行政复议职责

1. 株洲市天元区只保留一个行政复议机关，由区人民政府统一行使行政复议职责，区司法局为本级人民政府的行政复议机构，依法办理株洲市天元区人民政府行政复议事项，以株洲市天元区人民政府的名义作出行政复议决定。

2. 株洲市天元区人民政府统一管辖以区人民政府派出机关、镇人民政府、区人民政府部门及其派出机构、区人民政府或者部门管理的法律法规规章授权的组织、队部在本辖区的高速公路交警大队为被申请人的行政复议案件。按照属地管理原则，区人民政府统一管辖以市人民政府部门在本辖区的分局、大队或者派出机构为被申请人的行政复议案件。

《行政复议法》修订后另有规定的，从其规定。

（二）健全配套工作机制

3. 加强规范化建设。在整合行政复议职责的基础上，研究制定株洲市天元区人民政府行政复议工作规则，按照行政复议立案、审理、指导与监督、行政应诉工作职能合理确定岗位职责分工，建立科学通畅、公开透明、便民利民、监督有力、指导精准、宣传见效的工作流程，全面提升行政复议工作规范化水平。

4. 成立行政复议咨询委员会。结合工作实际，探索建立政府主导，相关政府部门、专家学者参与的行政复议咨询委员会，为重大、疑难、复杂的案件提供咨询意见，提高行政复议权威和公信力。

5. 建设“智慧复议”。推进信息化建设，全面推广使用“全国行政复议工作平台”办案，打造互联互通的信息共享平台，建设统一规范的在线办案流程，实现数据汇聚、精准分析的在线指导监督功能。逐步在线公开行政复议决定，增强工作透明度。健全行政复议文书送达机制，采取邮政快递或者电子邮件方式送达各类行政复议文书，方便公民、法人和其他组织参加行政复议活动。

6. 加强宣传工作。落实普法责任制，通过广播、电视、网站、微信公众号等媒介，加大行政复议宣传力度。根据实际情况和工作需要可以在区公共法律服务中心设置行政复议咨询疏导点或者受理窗口，向群众提供高质量的行政复议法律咨询服务，引导公民、法人和其他组织通过法律途径合理解决利益诉求。按照让“数据多跑路，群众少跑腿”的要求，畅通行政复议渠道，方便申请人行使行政复议申请权。

7. 完善监督机制。要充分发挥行政复议的监督功能，建立健全行政复议倒逼依法行政、推进法治政府建设的监督机制，复议机构要建立行政复议决定、意见书、建议书执行情况的监督机制，定期向区委、区政府报告行政复议工作情况。行政行为违法，需要追究有关人员违纪违法责任的，及时通报区纪委监委。区人民政府部门要积极做好本部门依法行政工作，进一步提高部门依法行政能力和水平，发挥部门在法治政府建设中的积极作用。

（三）加强工作保障和监督

8. 加强队伍建设。按照“事编匹配、优化节约、按需调剂”的原则，合理调配编制资源，确保政府行政复议机构的人员配备与改革后的工作实际相适应。配备责任心强、法律素养高的专职行政复议人员，初次从事行政复议的人员应当通过国家统一法律职业资格考试，取得法律职业资格。每个行政复议案件至少由 2 名行政复议人员办理，不得安排事业编制人员或政府购买服务人员单独办理行政复议案件，不得委托或者变相委托事业单位、社会机构办理行政复议案件。建立行政复议执业规范，加强对行政复议人员的培训、考核和管理，不断提高行政复议队伍的政治素质和业务能力。改革过渡期间，区人民政府行政复议机构根据办案需要，经区人民政府同意，可以通过人员抽调等方式，集中公安、交警、城管、自然资源、人力资源社会保障、交通运输、市场监管等案件数量多、专业性强的部门的办案人员协助办案，确保改革期间工作不断、秩序不乱。

9. 加强办案设施保障。加快推进行政复议工作场所标准化建设，政府行政复议机构要按照便民原则，设立符合办案工作需要的接待、听证、调解、阅卷、会议、档案室和立案大厅等业务用房，配齐执法记录仪、便携式计算机、打印机等办案设备。根据调查核实证据、出庭应诉等实际工作需要配备办案车辆。行政复议工作经费列入区人民政府预算。

10. 加强工作监督。将行政复议工作开展情况作为法治政府建设的重要指标，按照《法治政府建设与责任落实督察工作规定》等有关要求，要按照《中共中央关于全面推进依法治国若干重大问题的决定》要求，在行政复议工作中全面落实行政执法责任制，严格确定行政复议机构及其工作人员执法责任和责任追究机制，坚决排除对行政复议工作的干预，防止和克服地方和部门保护主义，确保行使行政复议权受纪检监察机关的监督，确保行政复议权在法治的轨道上公正有效行使。

三、工作要求

（一）提高政治站位。坚持以习近平新时代中国特色社会主义思想为指导，增强“四个意识”，坚定“四个自信”，做到“两个维护”，把思想和行动统一到党中央、国务院的决策部署上来，以高度的政治责任感、历史使命感和改革创新精神，坚决落实行政复议体制改革各项要求，确保改革任务顺利完成。

（二）加强组织领导。区人民政府对本行政区域行政复议体制改革承担主体责任，确保改革各项要求落到实处。区机构编制、财政等部门要大力支持、积极配合改革，形成工作合力，保证改革任务如期完成。

（三）严明工作纪律。要严格执行政治纪律、组织纪律、机构编制纪律、财政纪律，确保政令畅通，不允许搞变通、拖延改革、干扰改革。要妥善做好职责交接，确保改革期间履行法定行政复议、行政应诉职责无缝衔接。

（四）强化宣传引导。切实做好行政复议体制改革的宣传工作，正确引导社会舆论，及时回应各方关切，妥善应对舆情风险。采取多种贴近人民群众的宣传形式做好政策解读，确保人民群众广泛知悉行政复议体制的变化，主动公开行政复议机构名称、地址、电话、行政复议指南等信息，方便人民群众找准改革后的行政复议机关和行政复议机构。

本意见自 2021 年 6 月 1 日起实施。

株洲市天元区人民政府

2021 年 5 月 26 日

株洲市天元区人民政府办公室关于印发《天元区农村生活垃圾分类处理工作方案（试行）》的通知

株天政办发〔2021〕1 号

各镇人民政府、街道办事处，区直机关各单位：

《天元区农村生活垃圾分类处理工作方案（试行）》经区人民政府同意，现印发给你们，请认真贯彻执行。

株洲市天元区人民政府办公室

2021 年 3 月 1 日

天元区农村生活垃圾分类处理工作方案（试行）

为贯彻落实中央、省、市农村人居环境整治工作要求，全面提升农村生活垃圾治理水平，按照《株洲市人民政府办公室关于印发〈株洲市农村生活垃圾分类处理工作指导意见（试行）〉的通知》（株政办发〔2020〕20 号）安排，决定在全区农村（群丰镇、雷打石镇、三门镇）全域推进生活垃圾分类处理，进一步改善农村人居环境，制定本方案。

一、组织领导

天元区农村生活垃圾分类处理工作由区委、区政府统一领导。按照精简组织领导机构的原则，区农村生活垃圾分类处理工作领导小组与区农村人居环境整治工作领导小组保持一致，区农村生活垃圾分类处理工作领导小组办公室与区农村人居环境整治工作领导小组办公室（以下简称“区人环办”）合署办公，负责协调解决工作中出现的困难和问题，对各镇垃圾分类处理工作进行指导、督查和考核。

各镇党委政府是工作推进的责任主体，要结合当地实际抓好垃圾分类处理工作的组织领导和具体实施。统筹本区域垃圾分类布局与建设，组织好分类分拣、收集转运、设施建设和日常运行等工作，确保工作落实。各村（社区）要落实垃圾分类的直接责任，宣传引导农户掌握垃圾分类方法，组织开展村级垃圾分拣工作，聘请村民代表、社会乡贤参与垃圾分类工作评比、经费使用监督等，调动村民参与垃圾分类的积极性。

二、工作目标

2020 年开展农村生活垃圾“首村示范过关制”，即在每个镇选择一个村（社区）开展生活垃圾分类试点示范，以示范村的分类标准、减量水平、创建效果作为当地生活垃圾分类的操作指导规范，“首村示范”减量率要达到 50% 以上。

2021 年，全区农村 30% 的村（社区）实现生活垃圾分类达标。2022 年,全区农村 50% 的村(社区)实现达标。2023 年,全区农村 70% 的村(社区)实现达标。2024 年,全区农村 90% 的村(社区)实现达标。到 2025 年,全区农村所有村(社区)实现生活垃圾分类处理达标,农村生活垃圾得到根本性治理。

三、分类标准

按照市委“城乡联动、统筹推进”的要求,与城市生活垃圾分类一样,明确农村生活垃圾分为“可回收物、厨余垃圾、有害垃圾、其他垃圾”四种类型(细类类别详见附件)。

可回收物,指适宜回收、有一定价值的生活垃圾,包括废弃纸制品、废塑料制品、废金属、废包装物、废旧纺织物、废玻璃、废弃纸塑铝复合包装物、废弃橡胶及橡胶制品、废弃家电产品、废旧家具等能够回收利用的垃圾。

厨余垃圾,指易腐烂的、含有有机质的生活垃圾,主要包括剩菜剩饭、菜叶果皮、腐烂瓜果、动物内脏等易腐烂的生活垃圾,以及作物秸秆、枯枝烂叶、稻糠、谷壳、残次水果和散养的畜禽粪便等生产垃圾。

有害垃圾,指《国家危险废物名录》中的家庭源危险废物,包括废弃的药品、杀虫剂、消毒剂、油漆、废矿物油等及其包装物,还有废胶片及废相纸、废荧光灯管、废温度计、废血压计、废电池、过期或使用完的化妆品等。

其他垃圾,指除可回收物、有害垃圾、厨余垃圾之外需要进行集中无害化处理的生活垃圾,包括一次性用品、塑料袋、卫生间废纸(卫生巾、纸尿裤)、餐巾纸、烟蒂等。

四、处理方法

农村生活垃圾以减量化分类、资源化利用、无害化处置为原则,推行简便易行的“两步四定”分类处理模式。

第一步是农户源头分类减量。由农户将生活垃圾按“可回收物、厨余垃圾、有害垃圾、其他垃圾”进行一次分类。其中“厨余垃圾”采取就近就地喂养禽畜、堆积沤肥等方式自行处理,“可回收物”和“其他垃圾”分别投放到每户配备的“可回收”“不可回收”两个分类垃圾桶,“有害垃圾”要单独收集并送到村组公共定点的“有害垃圾”桶。第二步是保洁员二次分类减量。保洁员定时上门清收农户家中分类垃圾桶,将“可回收”垃圾运至村定点的垃圾分拣站,进行分类存放和处置;将“不可回收”垃圾收集封闭转运出村进行无害化处理。

在“两步”分类减量基础上,因地制宜通过“四定”处理方式就地就近处理,有效解决农村生活垃圾去向问题。

“厨余垃圾”定村组沤肥。以村、组为主,基本做到厨余垃圾处理不出村组。一是分散居住的农户,鼓励采取自行沤肥处理模式,做到厨余垃圾不出户;二是居住相对集中的农户,采取集中沤肥处理的模式,做到厨余垃圾不出组;三是人口适度集中的地方或没有沤肥处理条件的地方,鼓励采取集中厌氧发酵处理模式,做到厨余垃圾不出村。以上三种沤肥处理模式,需达到无害化要求,符合相关技术规范标准。

“可回收物”定人分拣。保洁员(分拣员)按照无价值垃圾、有价值废品等分类进行细分,也可以按照物品种类进行更精细的分拣,有价值废品回收出售,实现资源化利用。

“有害垃圾”定点收集。农村居民生活垃圾中的有害垃圾需按照“便利、安全”原则,以组为单位在公共区域设置“有害垃圾”桶,保洁员及时收集到村定点的垃圾分拣站，并定期送到生态环境部门许可的危险废物处理企业进行无害化处理。

“其他垃圾”定位处理。其他垃圾按现有的收集、转运、处理模式，送至垃圾焚烧厂、无害化处理场进行集中处理。

五、设施配备

按照因地制宜、简便易行的原则，在已有基础上，适当增加垃圾分类的工作人员和设施配备。

农户：每户配备“可回收”“不可回收”两个分类垃圾桶，引导有需要的设置厨余垃圾沤肥池，农户自备“有害垃圾”袋。

村级：明确垃圾分拣员1—2名；配备封闭式垃圾收集车；科学设置公共区域“可回收物”“有害垃圾”“其他垃圾”三联桶放置点；选取废旧厂房、闲置房屋设置垃圾分拣站；在人口集中的地方设置公共的厨余垃圾集中沤肥池。

镇级：统一配备公共区域分类垃圾桶（与城管一致）和农户分类垃圾桶（区人环办指导统一样式，已配备的不需要更换）；配备满足分类清运、密闭性好的运输车辆；设置垃圾转运站；有条件的选址新建集中厌氧发酵池。

按照上级文件要求，由区财政统筹安排资金用于垃圾分类设施配备等支出，并列入年度财政预算。

六、保障措施

1. 实施分工协作。区直相关部门要按工作要求履职尽责，加强指导协调和工作督促，统筹相关涉农资金用于农村垃圾分类处理的配套设施建设。区农业农村局负责政策制定、统筹协调和督导考核工作；区城管局和区住建局负责编制农村生活垃圾分类处理技术指导等标准规范，指导各镇加强农村生活垃圾收运处置体系建设和运行管理工作，逐步提高设施建设、运行管理和执法监督水平；区发改局负责将农村垃圾分类处理纳入相关规划和项目计划；市生态环境局天元分局负责指导农村有害垃圾收集、运输和处理工作；区财政局负责统筹做好农村垃圾分类相关经费保障工作；区卫健局负责将农村垃圾治理和分类情况纳入卫生乡镇的考核内容；区教育局负责发动中小学生积极参与垃圾分类工作；区妇联负责发动农村妇女积极参与农村生活垃圾分类处理。

2. 强化宣传教育。通过广播、电视、报纸、网络、开设宣传栏、发放倡议书、张贴标语、村村响宣传等形式，全方位宣传农村生活垃圾分类处理工作的重大意义、分类标准、政策措施，切实增强群众的垃圾分类意识。各镇、村要发挥组织优势，将农村生活垃圾分类纳入村规民约，层层发动垃圾分类的学习培训，镇开到村，村开到组，组开到户，家家户户上门走访宣传，做到进村入户、入脑入心、养成习惯。各基层单位、区直部门要大力组织“生活垃圾分类进课堂”“小手拉大手、垃圾不落地”“垃圾分类我先行”“垃圾分类识别竞赛”等形式多样的活动，让广大农户积极参与分类，学会分类，准确分类。各镇、村要积极探索开展鼓励群众参与垃圾分类的激励措施，调动村民自觉参与垃圾分类的积极性、主动性，养成良好的垃圾分类习惯。

3. 完善督查考核。区人民政府对农村生活垃圾分类处理工作进行跟踪问效、检查督导、评估验收，形成上下联动、合力共建的工作机制。根据全市考核评估工作要求，区人环办进行“季考核、季排名、季奖惩、季公示、年终总奖评”的考核评估工作。农村生活垃圾分类处理工作将纳入各镇和各相关部门乡村振兴绩效考核内容，作为领导班子、领导干部综合考核评价的重要依据，对进步不快、落实不力的镇严肃问责。

七、工作要求

1. 配备稳定尽职的“两员”队伍。各镇要严格落实属地职责，以村为单位，配备生活垃圾分类宣传督导员队伍（可由村干部、志愿者等人员组成）和分拣员（可由保洁员兼职）队伍。宣传督导员队伍和分拣员要深入村庄开展垃圾分类政策宣传、工作指导，巡查监督，实施各类生活垃圾定时分类收集。建立农村生活垃圾分类收集制度和绩效考核制度，提高收运人员的工作热情和工作质量。

2. 推进市场化的运行模式。继续保持垃圾治理市场化模式不变，完善垃圾分类相应的配套政策，支持再生资源企业参与农村废旧物资的回收业务，鼓励开设村级再生资源回收利用站。支持企业对分类处置产生的有机肥、沼液、沼气统一进行开发利用，拓展绿色循环利用渠道，提高废弃物再利用水平。探索政府补贴的形式，支持环保企业对有害垃圾实施无害化处理。鼓励运用“互联网 +”形式，探索智能识别分类、智能回收平台等方式，组织开展农村生活垃圾示范村、示范点、示范家庭等创建，提高农户分类投放正确率。引导鼓励社会资本投入，参与农村生活垃圾分类工作。

3. 创建精品化的示范样本。各镇要坚持每年打造 1 个以上的示范村，示范村要将垃圾分类与基层党建、民俗文化、示范评选相结合，创新垃圾处理、文明创建、星级评选等群众积极参与的方式，形成垃圾分类处理的文明乡风。示范村的垃圾分拣站要选择合适的场地，在满足垃圾分类、储存的基础上，打造集展示、宣传、教育为一体的科教园地，鼓励通过互动、有趣的活动，将垃圾分类知识寓教于乐，让村民在切身体验中学会准确将垃圾进行分类。

天元区第七次全国人口普查公报

天元区第七次全国人口普查公报[1]
（第一号）

——全区人口情况

株洲市天元区统计局

株洲市天元区第七次全国人口普查领导小组办公室

2021 年 7 月 27 日

根据《中华人民共和国统计法》《全国人口普查条例》和国务院的决定，我国以 2020 年 11 月 1 日零时为标准时点进行了第七次全国人口普查[2]。我区人口普查在区委区政府的坚强领导下，在全体普查对象的支持配合下，通过各级普查机构和广大普查工作人员的艰苦努力，圆满完成了普查现场登记和普查主要数据的汇总工作。现将全区主要数据公布如下：

一、常住人口

全区常住人口[3]为 478309 人，与 2010 年第六次全国人口普查的 215392 人相比，增加 262917 人，增长 122.06%，年平均增长率为 8.30%。

二、户别人口

全区共有家庭户[4]155766 户，集体户 15357 户，家庭户人口为 420782 人，集体户人口为 57527 人。平均每个家庭户的人口为 2.7 人，比 2010 年第六次全国人口普查减少 0.26 人。

三、城乡[5]人口

全区常住人口中，居住在城镇的人口为 427591 人，占 89.40%；居住在乡村的人口为 50718 人，占 10.60%。与 2010 年第六次全国人口普查相比，城镇人口增加 237947 人，乡村人口增加24970人，城镇人口比重提高1.35个百分点。

注释：

[1] 本公报数据为初步汇总数据。

[2] 普查登记的对象是指普查标准时点在中华人民共和国境内的自然人以及在中华人民共和国境外但未定居的中国公民，不包括在中华人民共和国境内短期停留的境外人员。

[3] 常住人口包括，居住在本乡镇街道且户口在本乡镇街道或户口待定的人；居住在本乡镇街道且离开户口所在的乡镇街道半年以上的人；户口在本乡镇街道且外出不满半年或在境外工作学习的人。

[4] 家庭户是指以家庭成员关系为主、居住一处共同生活的人组成的户。

[5] 城镇、乡村是按国家统计局《统计上划分城乡的规定》划分的。

天元区第七次全国人口普查公报[1]（第二号）

——乡镇街道人口情况

株洲市天元区统计局

株洲市天元区第七次全国人口普查领导小组办公室

2021年7月27日

根据第七次全国人口普查结果，现将2020年11月1日零时天元区7个乡镇街道的常住人口情况公布如下：

7个乡镇街道中，人口超过15万人的乡镇街道有2个，分别为嵩山路街道、泰山路街道；在5万人至10万人之间的乡镇街道的为栗雨街道；在5万人以下的乡镇街道有4个，分别为马家河街道、群丰镇、雷打石镇、三门镇。

各乡镇街道常住人口表

表10

地区	人口数	比重	
		2020年	2010年
全区	478309	100.00	100.00
嵩山路街道	169418	35.42	31.19
泰山路街道	154859	32.38	43.94
栗雨街道	68853	14.40	6.39
马家河街道	15892	3.32	8.98
群丰镇	23583	4.93	9.50
雷打石镇	23507	4.91	—[2]
三门镇	22197	4.64	—[2]

注释：

[1] 本公报数据为初步汇总数据；

[2] 2010年六人普雷打石镇和三门镇隶属渌口区（原株洲县）。

天元区第七次全国人口普查公报[1]
（第三号）

——人口性别构成情况

株洲市天元区统计局
株洲市天元区第七次全国人口普查领导小组办公室
2021年7月27日

根据第七次全国人口普查结果，现将2020年11月1日零时天元区7个乡镇街道的常住人口性别构成情况公布如下：

一、全区人口性别构成

全区常住人口中，男性人口为241652人，占50.52%；女性人口为236657人，占49.48%。总人口性别比（以女性为100，男性对女性的比例）为102.11,比2010年第六次全国人口普查下降2.33%。

二、乡镇街道人口性别构成

7个乡镇街道中，常住人口性别比在100以下的有1个，在100～110之间的有4个，在110以上的有2个。

各乡镇街道人口性别构成表

表11　　　　单位：%

地区	占总人口比重		性别比
	男	女	
全　区	50.52	49.48	102.11
嵩山路街道	49.32	50.68	97.30
泰山路街道	50.34	49.66	101.36
栗雨街道	50.78	49.22	103.18
马家河街道	57.95	42.05	137.83
群丰镇	53.01	46.99	112.82
雷打石镇	51.50	48.50	106.20
三门镇	51.20	48.80	104.90

注释：
[1] 本公报数据为初步汇总数据。

天元区第七次全国人口普查公报[1]
（第四号）

——人口年龄构成情况

株洲市天元区统计局
株洲市天元区第七次全国人口普查领导小组办公室
2021 年 7 月 27 日

根据第七次全国人口普查结果，现将 2020 年 11 月 1 日零时天元区 7 个乡镇街道的常住人口年龄构成情况公布如下：

一、全区人口年龄构成

全区常住人口中，0—14 岁人口为 84104 人，占 17.58%；15—59 岁人口为 325509 人，占 68.05%；60 岁及以上人口为 68696 人，占 14.36%；65 岁及以上人口为 49237 人，占 10.29%。与 2010 年第六次全国人口普查相比，0—14 岁人口的比重上升 4.39 个百分点，15—59 岁人口的比重下降 8.40 个百分点，60 岁及以上人口的比重上升 4.02 个百分点，65 岁及以上人口的比重上升 3.76 个百分点。

全区人口年龄构成表

表 12　　单位：%

年龄	人口数	比重
总计	478309	100.00
0—14 岁	84104	17.58
15—59 岁	325509	68.05
60 岁及以上	68696	14.36
其中：65 岁及以上	49237	10.29

二、乡镇街道人口年龄构成

分乡镇街道看，15—59 岁人口比重在 60% 以上的有 5 个，在 50%—60% 之间的有 2 个。

7 个乡镇街道 65 岁及以上老年人口比重超过 7%，其中，3 个乡镇街道 65 岁及以上老年人口比重超过 14%。

各乡镇街道人口年龄构成表

表 13

地区	占总人口比重			
	0—14 岁	15—59 岁	60 岁及以上	其中：65 岁及以上
全区	17.58	68.05	14.36	10.29
嵩山路街道	20.45	67.18	12.37	8.43
泰山路街道	13.88	73.15	12.97	9.16

续表 13

地区	占总人口比重			
	0—14 岁	15—59 岁	60 岁及以上	其中：65 岁及以上
栗雨街道	20.63	68.74	10.63	7.24
马家河街道	15.89	68.90	15.20	11.58
群丰镇	17.66	61.90	20.45	15.34
雷打石镇	15.18	56.49	28.32	22.28
三门镇	15.77	55.21	29.03	22.91

注释：

[1] 本公报数据为初步汇总数据。部分数据因四舍五入的原因，存在总计与分项合计不等的情况。

天元区第七次全国人口普查公报 [1]
（第五号）

——人口受教育情况

株洲市天元区统计局

株洲市天元区第七次全国人口普查领导小组办公室

2021 年 7 月 27 日

根据第七次全国人口普查结果，现将 2020 年 11 月 1 日零时天元区 7 个乡镇街道的常住人口受教育基本情况公布如下：

一、受教育程度人口

全区常住人口中，拥有大学（指大专及以上）文化程度的人口为 161219 人；拥有高中（含中专）文化程度的人口为 86279 人；拥有初中文化程度的人口为 111485 人；拥有小学文化程度的人口为 80170 人（以上各种受教育程度的人包括各类学校的毕业生、肄业生和在校生）。与 2010 年第六次全国人口普查相比，每 10 万人中拥有大学文化程度的由 29638 人上升为 33706 人；拥有高中文化程度的由 20322 人下降为 18038 人； 拥有初中文化程度的由 27746 人下降为 23308 人；拥有小学文化程度的由 15927 人上升为 16761 人。

各乡镇街道每 10 万人口中拥有的各类受教育程度人数表

表 14

单位：人 /10 万人

地区	大学（大专及以上）	高中（含中专）	初中	小学
全区	33706	18038	23308	16761
嵩山路街道	35743	20358	20140	14167
泰山路街道	48658	18122	16681	10144
栗雨街道	27114	19802	26507	17259

续表 14

地区	大学（大专及以上）	高中（含中专）	初中	小学
马家河街道	16172	15083	32840	28165
群丰镇	8459	13310	39350	30085
雷打石镇	5092	11277	37295	38967
三门镇	3974	8578	45123	35343

二、平均受教育年限[2]

与 2010 年第六次全国人口普查相比，全区常住人口中，15 岁及以上人口的平均受教育年限由 11.65 年上升至 12.12 年。

7 个乡镇街道中，平均受教育年限在 10 年以上的有 4 个，在 8 年至 10 年之间的有 3 个。

各乡镇街道 15 岁及以上人口平均受教育年限情况表

表 15　　　　单位：年

地区	2020 年	2010 年
全　区	12.12	11.65
嵩山路街道	12.66	11.99
泰山路街道	13.39	12.97
栗雨街道	11.75	9.55
马家河街道	10.03	8.49
群丰镇	9.27	8.51
雷打石镇	8.54	—[3]
三门镇	8.51	—[3]

三、文盲人口

全区常住人口中，文盲人口（15 岁及以上不识字的人）为 1264 人，与 2010 年第六次全国人口普查相比，文盲率[4]由 0.56% 下降为 0.26%，下降 0.30 个百分点。

注释：

[1] 本公报数据为初步汇总数据；

[2] 平均受教育年限是将各种受教育程度折算成受教育年限计算平均数得出的，具体的折算标准是：小学 =6 年，初中 =9 年，高中 =12 年，大专及以上 =16 年；

[3] 2010 年六人普雷打石镇和三门镇隶属渌口区（原株洲县）；

[4] 文盲率是指常住人口中 15 岁及以上不识字人口所占比例。

统计资料

2021 年天元区主要经济指标完成情况表

表 16

指标名称	计量单位	2021 年	同比增减（±%）
一、综合指标			
1. 地区生产总值（GDP）	万元	5126312	8.3
# 占全市比重	%	15.0	0.0
占城区比重	%	31.5	0.0
2. 规模以上工业增加值	万元	—	11.2
3. 规模以上工业总产值	万元	—	14.1
# 高技术制造业	万元	1236896	53.8
高加工度工业	万元	6205299	13.5
4. 建筑业总产值	万元	991111	12.0
建筑业增加值	万元	343949	3.5
5. 固定资产投资	万元	—	4.5
# 产业投资	万元	1593951	-6.3
工业投资	万元	1128868	-9.7
房地产业投资	万元	1689765	17.9
建安投资	万元	2682751	14.4
6. 社会消费品零售总额	万元	1842765	14.5
# 限额以上	万元	1583564	14.9
# 汽车类占比	%	39.0	-2.2
石油及制品类占比	%	41.7	-4.1
7. 高新技术产业增加值	万元	1754574	16.1
# 占规模以上工业增加值比重	%	—	4.0
占 GDP 比重	%	34.2	-1.6
8. 城乡居民人均可支配收入	元	63781	7.5
9. 全区“四上”单位	家	749	8.1
# 本年新增	家	106	-17.8
10. 地方一般公共预算收入	万元	477889	-10.2
# 地方税收占比	%	84.6	9.3

续表 16

指标名称	计量单位	2021 年	同比增减（±%）
11. 城镇居民人均可支配收入	元	63781	7.5
二、地区生产总值（GDP）			
1. 总量	万元	5126312	8.3
第一产业	万元	110870	6.9
第二产业	万元	2254635	9.6
# 工业（部分划入第三产业）	万元	1911486	10.7
建筑业	万元	343949	3.5
第三产业	万元	2760807	7.4
# 批发和零售业	万元	384167	8.0
交通运输、仓储和邮政业	万元	178146	11.0
住宿和餐饮业	万元	120597	14.0
金融业	万元	341161	0.6
房地产业	万元	525879	-0.4
营利性服务业	万元	556980	14.3
非营利性服务业	万元	651907	10.0
2. 产业结构			
第一产业	%	2.2	-0.6
第二产业	%	44.0	1.7
# 工业	%	37.3	1.6
第三产业	%	53.9	-1.0
3. 经济质量			
一般公共预算收入占 GDP 比重	%	15.7	-2.4
三、农业			
1. 农林牧渔业增加值	万元	112040	6.8
2. 农作物播种面积			
蔬菜	亩	68959	1.4
3. 主要农产品			
出栏肉猪	万头	4.5	5.6
出栏牛	头	412.00	3.0
出栏羊	只	14306.0	10.0
出笼家禽	万羽	100.3	-4.3
四、规模工业			

续表 16

指标名称	计量单位	2021 年	同比增减（±%）
1. 规模工业总产值	万元	—	14.1
#国有及国有控股企业	万元	4993130	10.7
非公有制工业企业	万元	1966770	23.9
#大中型工业企业	万元	5618370	13.3
小微型工业企业	万元	1351446	17.7
按主要行业分			
#汽车制造业	万元	1769205	11.4
铁路运输设备制造业	万元	404371	-15.7
电气机械和器材制造业	万元	1152123	-3.8
计算机、通信和其他电子设备制造业	万元	1051261	65.9
橡胶和塑料制品业	万元	542144	45.6
金属制品业	万元	383327	21.9
通用设备制造业	万元	727005	-2.3
专用设备制造业	万元	176277	16.2
农副食品加工业	万元	235696	35.1
燃气生产和供应业	万元	115768	35.5
2. 规模工业销售产值	万元	6471165	10.9
#出口交货值	万元	401030	132.9
3. 规模工业增加值	万元	—	11.2
#非公有制经济	万元	529824	21.0
4. 规模工业主要产品产量			
汽车	辆	86869	-15.7
#新能源汽车	辆	61469	22.2
电子计算机整机	万台	305	42.0
电子元件	万只	70405	15.7
锂离子电池	万只	2294	-30.0
金属切削工具	万件	1265	48.8
风力发电机组	万千瓦	182	-33.9
5. 规模工业效益			
营业收入	万元	5788360	7.4
营业成本	万元	5090897	9.0
利润总额	万元	-48420	亏损减少 9.5

续表 16

指标名称	计量单位	2021 年	同比增减（±%）
企业亏损面	%	24.1	亏损面收窄 2.7
应收账款	万元	3025544	15.1
产成品	万元	473745	17.8
平均用工人数	万人	3.9	4.6
产品销售率	%	92.8	-2.7
五、固定资产投资			
1. 施工项目个数	个	—	15.9
#5000 万元以上项目	个	—	14.4
房地产业项目	个	—	-17.0
# 亿元及以上项目	个	—	-1.3
# 本年新开工	个	—	35.4
其中：亿元及以上项目个数	个	—	10.9
2. 固定资产投资额	万元	—	4.5
#5000 万元以上项目	万元	—	-4.8
亿元及以上项目	万元	—	4.5
按经济类型分			
# 公有制经济投资	万元	—	-23.8
非公有制经济投资	万元	—	12.5
按产业分			
# 第一产业投资	万元	—	-69.3
第二产业投资	万元	—	-9.5
第三产业投资	万元	—	12.6
按投资方向分			
# 工业投资	万元	—	-9.7
高新技术产业投资	万元	—	5.9
民生工程投资	万元	—	-32.0
基础设施投资	万元	—	19.7
建安工程投资	万元	—	14.4
六、房地产业			
1. 房地产开发业投资	万元	1689765	17.9
# 住宅	万元	1180828	16.0
2. 房屋施工面积	万平方米	1457	-2.3

续表 16

指标名称	计量单位	2021 年	同比增减（±%）
#住宅	万平方米	1077	-2.0
房屋竣工面积	万平方米	154	8.5
#住宅	万平方米	100	3.1
商品房屋销售额	万元	1324746	-21.7
#住宅	万元	1085524	-27.8
商品房销售面积	万平方米	203	-12.8
#住宅	万平方米	148	29.9
七、建筑业			
建筑业总产值	万元	991111	12.0
#建筑工程产值	万元	737933	21.9
安装工程产值	万元	207549	2.4
八、调查单位			
1. 全区“四上”企业个数	家	749	8.1
#规模以上工业	家	245	8.9
限上批零住餐业	家	208	10.6
规模以上服务业	家	120	5.3
资质建筑业	家	70	7.7
房地产开发经营业	家	106	5.0
2. 新增“四上”企业个数	家	106	-17.8
#规模以上工业	家	30	-36.2
限上批零住餐业	家	37	-17.8
规模以上服务业	家	19	0.0
资质建筑业	家	12	33
房地产开发经营业	家	8	-11.1
九、规模以上服务业（1—11 月）			
规模以上服务业企业营业收入	万元	1172791	18.9
#交通运输、仓储和邮政业	万元	132201	-6.7
信息传输、软件和信息技术服务业	万元	233529	7.3
房地产业	万元	42371	-7.7
租赁和商务服务业	万元	606035	37.0
科学研究和技术服务业	万元	53720	8.0

续表 16

指标名称	计量单位	2021 年	同比增减（±%）
水利、环境和公共设施管理业	万元	45007	15.3
教育	万元	18756	-2.5
卫生和社会工作	万元	4710	15.9
文化、体育和娱乐业	万元	10391	17.9
居民服务、修理和其他服务业	万元	26071	44.0
十、高新技术产业			
1. 高新技术及产品企业个数	个	260	16.1
# 高新技术企业	个	218	16.0
2. 高新技术产业总产值	万元	7031306	16.1
# 工业	万元	5941108	16.0
建筑业	万元	223814	42.2
批发和零售业	万元	102812	16.6
信息传输、软件和信息技术服务业	万元	258355	13.2
科学研究和技术服务业	万元	46847	6.4
3. 高新技术产业增加值	万元	1754574	16.1
十一、贸易			
社会消费品零售总额	万元	1842765	14.5
# 限额以上企业	万元	1583564	14.9
# 限额以上大个体	万元	24395	30.8
按行业分（企业）			
限额以上批发业	万元	158179	171.7
限额以上零售业	万元	1368603	7.7
限额以上住宿业	万元	19002	-0.8
限额以上餐饮业	万元	37780	24.8
按消费形态分（企业）			
限额以上餐饮收入	万元	53482	14.1
限额以上商品零售	万元	1530082	14.9
限额以上批零企业商品零售类值			
粮油、食品类	万元	106337	118.3
饮料类	万元	45068	43.7
烟酒类	万元	5110	161.5

续表 16

指标名称	计量单位	2021 年	同比增减（±%）
服装、鞋帽、针纺织品类	万元	13323	-39.6
家用电器和音像器材类	万元	13335	70.0
石油及制品类	万元	660575	4.7
汽车类	万元	618028	9.0
十二、人民生活			
城乡居民人均可支配收入	元	63781	7.5
# 城镇居民人均可支配收入	元	63781	7.5
十三、财政税收			
1. 一般公共预算收入	万元	805712	-4.7
2. 地方一般公共预算收入	万元	477889	-10.2
地方税收收入	万元	404222	0.9
3. 一般公共预算支出	万元	547248	2.6

（阳 倍）

2021 年株洲市县（市）区主要经济指标情况表

表 17

单位：万元

地区			全市	荷塘区	芦淞区	石峰区	天元区	云龙区	渌口区	攸　县	茶陵县	炎陵县	醴陵市
地区生产总值	绝对额（亿元）		3420.3	271.0	455.7	338.0	512.6	52.4	164.9	457.2	245.2	98.1	825.2
	增速（%）		8.3	8.2	7.6	6.9	8.3	7.8	8.4	6.9	9.1	8.8	9.7
	增速排位	全市	—	6	8	9	5	7	4	9	2	3	1
		城区	—	2	4	5	1	3	—	—	—	—	—
其中：第一产业	绝对额（亿元）		259.4	5.4	7.3	1.0	11.1	4.1	25.3	68.4	43.2	16.7	76.9
	增速（%）		9.3	4.7	7.7	2.0	6.9	7.2	10.3	8.1	12.8	8.2	9.8
	增速排位	全市	—	9	6	10	8	7	2	5	1	4	3
		城区	—	4	1	5	3	2	—	—	—	—	—
第二产业	绝对额（亿元）		1627.7	140.9	212.9	219.7	225.5	17.6	74.0	167.7	85.0	43.2	441.2
	增速（%）		8.8	8.8	8.1	6.0	9.6	14.6	9.9	4.6	11.0	9.3	10.9

续表 17

地区			全市	荷塘区	芦淞区	石峰区	天元区	云龙区	渌口区	攸　县	茶陵县	炎陵县	醴陵市
第二产业	增速排位	全市	—	7	8	9	5	1	4	10	2	6	3
		城区	—	3	4	5	2	1	—	—	—	—	—
第三产业	绝对额（亿元）		1533.2	124.8	235.5	117.2	276.1	30.7	65.6	221.1	117.0	38.2	307.1
	增速（%）		7.6	7.6	7.1	8.9	7.4	4.4	6.0	8.2	6.5	8.5	8.1
	增速排位	全市	—	5	7	1	6	10	9	3	8	2	4
		城区	—	2	4	1	3	5	—	—	—	—	—
建筑业总产值	增速（%）		13.5	15.7	14.0	3.2	12.0	13.5	10.5	18.1	15.5	15.9	17.6
	增速排位	全市	—	4	6	10	8	7	9	1	5	3	2
		城区	—	1	2	5	4	3	—	—	—	—	—
城镇居民人均收入	绝对额（元）		52399	55301	58307	55870	63781	45689	41841	46957	40669	34817	48445
	增速（%）		7.4	7.4	7.7	7.3	7.5	7.6	7.6	7.3	7.4	7.5	7.7
	增速排位	全市	—	7	1	9	5	3	3	9	7	5	1
		城区	—	4	1	5	3	2	—	—	—	—	—
规模工业增加值	增速（%）		11.7	8.2	12.2	4.6	11.2	18.3	17.6	11.9	16.3	12.5	14.3
	排　位	全市	—	9	6	10	8	1	2	7	3	5	4
		城区	—	4	2	5	3	1	—	—	—	—	—
规模工业综合能源消费量	同比（%）		0.5	-2.9	-6.5	-1.2	-24.4	13.1	14.4	3.8	-3.8	9.7	-1.1
	排　位	全市	—	4	2	5	1	9	10	7	3	8	6
		城区	—	3	2	4	1	5	—	—	—	—	—
投　资	增速（%）		3.3	7.6	7.7	1.4	4.5	10.0	5.7	-3.0	7.1	8.9	-6.1
	排　位	全市	—	4	3	8	7	1	6	9	5	2	10
		城区	—	3	2	5	4	1	—	—	—	—	—
工业投资	增速（%）		15.4	17.6	41.5	26.5	-9.7	47.7	-8.1	-3.3	30.3	23.1	5.4
	排　位	全市	—	6	2	4	10	1	9	8	3	5	7

续表 17

地区			全市	荷塘区	芦淞区	石峰区	天元区	云龙区	渌口区	攸 县	茶陵县	炎陵县	醴陵市
工业投资	排 位	城区	—	4	2	3	5	1	—	—	—	—	—
社会消费品零售总额	绝对额（亿元）		1246.9	91.3	233.1	67.0	184.3	15.4	59.4	171.3	101.5	37.8	285.9
	增速（%）		14.4	14.3	12.5	12.6	14.5	12.8	18.1	15.2	14.3	18.8	14.4
	增速排位	全市	—	6	10	9	4	8	2	3	6	1	5
		城区	—	2	5	4	1	3	—	—	—	—	—
高新技术产业增加值	增速（%）		22.1	10.5	24.3	17.5	16.1	28.8	34.5	26.7	19.0	28.4	32.1
	增速排位	全市	—	10	6	8	9	3	1	5	7	4	2
		城区	—	5	2	3	4	1	—	—	—	—	—

（阳 倍）

2021 年株洲市县（市）区调查单位以及新增“四上”单位数量情况

表 18

地 区	在库“四上”单位总数（个）	其中：新增“四上”单位（个）	2021 年分行业新增“四上”单位数量（个）					
			规模工业	规模服务业	限上批零业	限上住餐业	房地产业	资质建筑业
全 市	4677	581	216	80	138	62	30	55
荷塘区	444	68	17	17	18	9	2	5
芦淞区	458	52	13	10	16	9	2	2
石峰区	377	53	12	3	14	5	4	15
天元区	749	106	30	19	27	10	8	12
云龙区	112	22	9	1	0	5	5	2
渌口区	300	44	18	5	10	5	2	4
攸 县	610	71	42	7	15	2	0	5
茶陵县	363	39	16	5	8	4	3	3
炎陵县	222	25	8	2	7	5	2	1
醴陵市	1042	101	51	11	23	8	2	6

（阳 倍）

组织机构及负责人

中共高新区工委、天元区委

高新区工委书记	周建光（2021 年 7 月免）
天元区委书记	周建光（2021 年 7 月免）
	邬凌云（2021 年 7 月任）
高新区工委副书记	
天元区委副书记	姚永告（2021 年 7 月免）
	何　柢（女，2021 年 7 月任）
	张见平（女，2021 年 7 月免）
	王志强（2021 年 7 月任）
高新区工委委员	周建光（2021 年 7 月免）
	邬凌云（2021 年 7 月任）
	姚永告（2021 年 12 月免）
	何　柢（女，2021 年 7 月任）
	陈远瑞
	黄继军
	王洪宇
	易文星（2021 年 7 月免）
	张见平（女）
	王志强
	周玉智（2021 年 7 月免）
	袁哲明
	蒋　智（2021 年 7 月免）
	刘　辉（2021 年 7 月任）
	许大为（2021 年 7 月任）
	周天浩（2021 年 7 月免）
	刘　亮（2021 年 7 月任）
	杨喜兰（女，2021 年 4 月免）
	王文绮（女，2021 年 7 月任）
	凡金湘（2021 年 7 月任）
天元区委常委	周建光（2021 年 7 月免）
	邬凌云（2021 年 7 月任）
	姚永告（2021 年 7 月免）
	何　柢（女，2021 年 7 月任）
	易文星（2021 年 7 月免）
	张见平（女）
	王志强
	周玉智（2021 年 7 月免）
	袁哲明
	蒋　智（2021 年 7 月免）
	刘　辉（2021 年 7 月任）
	许大为（2021 年 7 月任）
	吴文静
	周天浩（2021 年 7 月免）
	刘　亮（2021 年 7 月任）
	杨喜兰（女，2021 年 4 月免）
	王文绮（女，2021 年 7 月任）
	凡金湘（2021 年 7 月任）
天元区委二级巡视员	许剑鸣
天元区委四级调研员	黄政发
	徐清林
	石备荒
	王雁清

区纪委、监察委

书记、监察委主任	易文星（2021 年 7 月、10 月免）
书记、监察委主任	张见平（女，2021 年 7 月、10 月任）
常务副书记、监察委副主任	谭洪军（2021 年 12 月任）
副书记、监察委副主任	谭喜民（2021 年 7 月、12 月任）
纪委常委（正科长级）	李祖成
纪委常委（正科长级）	周　荔（女）
纪委常委（正科长级）、监察委委员	叶　军

纪委常委（正科长级）、
监察委委员　张建坤（2021年7月、12月免）
纪委常委（正科长级）　胡　晓（2021年7月免）
纪委常委（正科长级）、
监察委委员　刘子铭（2021年7月、12月任）
监察委委员　申莉萍（女）
谭喜民（2021年7月免）
唐洪亮（2021年12月任）
案件审理室主任　李洪波
办公室主任　刘子铭（2021年12月免）
信访室主任　胡巧珍（女）
党风政风监督室主任　龙　静（女）
第一纪检监察室主任　向　飞
第二纪检监察室主任　张　硕
第三纪检监察室主任　唐洪亮（2021年12月免）
派驻纪检监察组组长　何　静（女）
文音锦（女）
彭凤英（女）

工委办公室、区委办公室

主　任　周天浩（2021年7月免）
刘　亮（2021年7月任）
常务副主任　杨益军
副主任　刘树阳
蔡　刚
赵　勇（2021年5月任，2021年12月免）
深化改革办专职副主任　吴俊贤
区委督查专员兼督查室
主任　吴志祥
档案馆馆长　邓　晔（女）
档案馆副馆长　朱育红（女）
冯军湘（女）
发展研究中心副主任　陈　平
孙曙霞（女）

区委组织部

部　长　王志强（2021年7月免）
凡金湘（2021年7月任）
常务副部长　王维疆（女）
副部长　刘卫军（兼）
张思伟
陈　瑶（女）
党校校长
党校副校长　黄陈丽（女，主持工作）
黄　雨
人才服务中心主任　叶军明
老干部服务中心主任　陈楚天
非公有制经济组织和
社会组织党工委书记　张思伟
非公有制经济组织和
社会组织党工委副书记　刘振华
非公有制经济组织和社
会组织党工委副书记　龙　畅（女，兼）

区委宣传部

部　长　杨喜兰（女，2021年4月免）
王文绮（女，2021年7月任）
常务副部长　宋云辉（女）
副部长　易士强
袁慧娟（女）
新区报编辑部
党支部书记　陈　魁
新区报编辑部主任　夏义凤（女，2021年9月免）
新区报编辑部
副主任　陈灿华（女）
曾红军
区网络舆情监控
中心主任　陈　亮
区融媒体中心主任　于　芳（女）

区委统战部

部　长　周玉智（2021 年 7 月免）
　　　　袁哲明（2021 年 7 月任）
常务副部长　刘　蔚（女,2021 年 9 月免）
副部长　唐亚斌
　　　　董　纯（女）
　　　　刘江云（女，兼）
区民族宗教局局长　唐亚斌
党外知识分子联络
服务中心主任　李　敏（女）
区侨联党组书记　王　芳（女）

区委政法委

书　记　王志强（2021 年 7 月任）
　　　　袁哲明（2021 年 7 月免）
常务副书记　田　亮
副书记　李西民
　　　　冯　艳（女）
政治部主任　彭苏华
网格化管理服务中心
主任　王　敏（女）
网格化管理服务中心
副主任　赵泽宇
　　　　马　杰（女）

区委编办

主　任　吴　丹（女,2020 年 7 月任）
副主任　唐梦君（女）
机构编制事务中心主任　徐　洋

区委巡察办

主　任　陶　理（女,2021 年 9 月免）
副主任　黄美玲（女）

区委巡察组

组　长　何　忠
　　　　李毅军
副组长　易双聪（女）
　　　　刘爱涛

群众团体

区工商联

主　席　李　铭（2021 年 5 月免）
　　　　胡志清（2021 年 5 月任，2021 年 12 月免）
党组书记　刘江云（女）
党组成员、副主席　朱劲军（2021 年 5 月免）
　　　　田　光（女）

区总工会

主　席　董运喜（兼）
副主席　王世平
　　　　彭　英（女）
　　　　谭　曦（女）
　　　　朱剑泽（兼）
　　　　韩靖宇（女，挂职）

区妇联

主　席　齐　赞（女）
副主席　陈　南（女,2021 年 5 月免）
　　　　李思思（女,2021 年 5 月任）
　　　　沈　利（女，兼职）
　　　　张　伟（女，兼职）

团区委

书　记　殷慧敏（2021 年 5 月任）

副书记　殷慧敏（女）
肖亚南（女，挂职）
宋　涛（兼职）

区残联
党组书记、理事长　张　楠（女）
党组成员、副理事长　罗丽斯（女）

天元区人大常委会

人大常委会主任　周　琪
人大常委会副主任　王太培（2021年10月免）
人大常委会副主任　董运喜
刘建南（2021年10月免）
谈培蕾（女）
王　旭（女）
刘根平（2021年10月任）
王维疆（女,2021年10月任）
办公室（信访办公室）
主任　贺文华（2021年11月免）
易湘锋（2021年11月任）
选举任免联络工作委员
会主任　易　平（女）
监察和司法委员会
（法制委员会）主任委员　曾小平（2021年10月免）
陶　理（女,2021年10月任）
监察和司法委员会
（法制委员会）副主任委员　刘文娟（女）
财政经济委员会主任
委员兼常委会预算工作
委员会主任　蔡　亮（女）
财政经济委员会副主任
委员兼常委会预算工作
委员会副主任　李逸群（女,2021年10月任）
教育科学文化卫生委员会
（民族华侨外事委员会）
主任委员　易祝明（2021年10月免）
文洁利（女,2021年10月任）
环境与资源保护委员会
主任委员　龙泳言（女）
农业与农村委员会
主任委员　文　宏（女）
社会建设委员会主任委员　郭大存（2021年10月免）
贺文祥（2021年10月任）

株洲高新区管委、天元区人民政府

株洲高新区管委会
主　任
副主任　姚永告（2021年12月免）
副主任　何　柢（女，2021年7月任）
陈远瑞
黄继军
王洪宇
二级巡视员　罗克俭
一级调研员　宋国武

天元区人民政府
区　长　姚永告（2021年7月免）
何　柢（女，2021年10月任）
常务副区长　蒋　智（2021年10月免）
刘　辉（2021年10月任）
副区长　许大为（2021年10月任）
张伟文（2021年10月免）
黄团结（2021年10月任）
包　剑
黄志斌
蔡　滔（女）

	谌　华
	龙　潭（2021 年 10 月任）
原副区长	张　倩（女）

管委会办公室、区政府办公室

管委办、政府办主任	黄志斌（2021 年 12 月免政府办主任）
	周敦奎（2021 年 12 月任政府办主任）
管委办、政府办副主任	齐　华（2021 年 5 月任、2021 年 12 月免）
	李鹏程
	周高林
	吴敏英（女）
政府办副主任	周　洲（女）
	刘　真（2021 年 8 月免）
	孙胜辉（2021 年 5 月任）
督查专员兼督查室主任	谭文坚
秘书科科长	易倚平（女）
信息科科长	杨　静
接待科科长	黄　英（女，2021 年 5 月免）
	陈　南（女，2021 年 5 月任）
综合科科长	孙胜辉（2021 年 5 月免）
	管卫国（2021 年 5 月任）
文电科科长	唐雅婷（女）
区经济发展研究中心主任	陈大文（女）
区经济发展研究中心副主任	张　宏
	刘锦明

区产业发展局

局长	周　琦（女）

科技和工业信息化局

党组书记、局长	周　琦（女）
党组成员、副局长	何成钢
	万忠顺（2021 年 8 月免）
	王敏成
综合科科长	潘文敏
运行监测科科长	吴　斌
履约管理科科长	范叶柽
科技服务科科长	罗　婕（女）
政策规划科科长	易祖海
园区产业促进服务中心主任	郭剑峰
园区产业促进服务中心副主任	尹　昱
	谭　健

区财政局

党组书记、局长	李拥军
党组成员、副局长	吴宇丹（女）
党组成员	岳晓明（女）
	曹建军
	谭　慧（女）
	徐朝晖（女）
总会计师	谭　慧（女）
企业财务管理科科长	何　平
国有资产监督管理科科长	唐槐鲜
园区财管科科长（评估中心主任）	杨作荣
行财科科长	唐　波
预算科科长	唐觉平（女）
社保科科长	谢波勇
信息管理科科长	叶　鑫
综合科科长	罗　辉
国库集中支付核算中心主任	徐朝晖（女）
国库集中支付核算中心副主任	伍凌云（女）
	田　祎（女）
财政事务中心主任	岳晓明（女）
财政事务中心副主任	苏蓉晖（女）
	周　岑（女）

国有资产事务中心主任 曹建军
国有资产事务中心副主任 黄霜妮（女）
乡镇财政服务中心主任 邓 勇
财政投资评审中心主任 黄 勤

区劳动人事局（人力资源和社会保障局）

党委书记、局长 刘卫军
党委委员、副局长 杨艳辉（女）
贺陈蕾（女）
邬海涛（女）
争议调解仲裁科科长 董超光
社会保障科科长 曾 伟
综合科科长 钟一苇（女）
人事管理科科长 丁彦文（女）
党委委员、社保中心主任 何伟红
社保中心副主任 白 频（女）
黄宇蓉（女）
刘峥嵘
党委委员、人才人力资源开发服务中心（劳动就业管理局）副主任 罗小清（主持工作）
陈建林
党委委员、区机关退休人员协调服务中心主任 聂辉林
党委委员、劳动保障监察大队大队长 夏君伟
区机关退休人员协调服务中心副主任 周振华
劳动保障监察大队副大队长 蒋 为

开发建设局（住房和城乡建设局）

党组书记、局长 言晓波
党组成员、副局长 谭建志
唐前进
黄小飞
梁春花（女）
党组成员、总工程师 夏铁章
人防办副主任 梁春花（女）
住房保障科科长 谢开祥
规划管理科科长 叶 琳（女）
工程管理科科长 易胜前
综合科科长 肖亚南（女）
公共事业管理科科长 田 敏（女）
建设工程质量安全监测站站长 杨 浩
建设工程质量安全监测站副站长 易柯安
黄 江

招商合作局

党组书记、局长 李 浩
党组成员、副局长 鲁贤君
张 彦（女）
党组成员 廖 怿（2021 年 5 月免）
项目管理科科长 刘 陈
综合科科长 刘 练（女，2021 年 5 月免）
杨长江（2021 年 5 月任）
投资促进科科长 汤 慧（女）
驻外联络事务中心主任 胡晓安
投资促进中心主任 廖 怿（2021 年 5 月免）
投资促进中心副主任 汤 雄

株洲高科集团有限公司
党委书记 巢 亮（2021 年 8 月免）
罗克俭（2021 年 8 月任）
董事长 巢 亮（2021 年 8 月免）
党委副书记、副董事长 吴 兵
党委副书记、总经理 李征兵
党委副书记、工会主席 杨 宇
监事会主席 樊 圣

党委委员、副总经理	罗红群
	宋太松
	段新宇
	张水平
党委委员、纪委书记	韩　非（2021 年 9 月免）
	罗荔君（2021 年 9 月任）
副总经理	鲁　俊
	肖　波
	谷早君
	何胜华
	罗文斌

湖南天易集团有限公司

党委书记、董事长	张水平
监事会主席	肖　波
党委副书记、总经理	谷早君
党委副书记、副总经理、工会主席	何胜华
副总经理	张耀辉

动力谷创新创业服务中心（机构改革更名）

党委书记、主任	邱　彬（2021 年 7 月任）
党委委员、副主任	喻征兵
	刘　勇
副主任（聘任）、企业服务部部长	贺志文
综合管理部部长	李　媛
招商引智部部长	郭　超
金融财务部部长	杜　婵（女）
协同创新部部长	罗双峰

区发展和改革局

党组书记	言　方
局长	吴琼瑛（女）
党组成员、副局长	陈　凌
	任莉云（女）
重点建设项目服务中心主任	郭腾龙

区教育局

党委书记、局长	唐厚睦（2021 年 12 月免）
	龙超俊（2021 年 12 月任）
党委委员、副局长	胡　岚（女,2021 年 12 月免）
	谢光华（2021 年 1 月任）
党委委员、主任督学	张志成
教育科学研究室主任	谢光华（2021 年 1 月免）

区民政局

党组副书记、局长	夏金文
党组书记	李立新
党组成员、副局长	龙　畅（女）
副局长	龙海燕（女）
养老服务中心主任	高秋元（女）
慈善服务中心主任	易建霞（女）

区司法局

党组书记	袁汇湘（女）
局长	徐向荣
党组成员、副局长	何建怀
副局长	李永善

区交通运输局

党组书记、局长	贺文祥（2021 年 12 月免）
	颜　赛（2021 年 12 月任）
党组成员、副局长	龙　飞
	易治国

区水利局

党组书记、局长	毛丽辉（女）
党组成员、副局长	贺振宁
	肖　斌
农村排渍站站长	马彬林
杨柳水库管理所所长	文国祥

区农业农村局（乡村振兴局）

党组书记　刘　剑（2021年12月免）
局　长　胡志清（2021年5月免）
党组书记、局长　赵　勇（2021年12月任）
党组成员、总农艺师　邓平辉
副局长　郭　森
党组成员、副局长　冯小辉
农业技术推广服务中心主任　张宏中

区商务和粮食局

党组书记　谭　勇（2021年12月免）
局长　文洁利（女，2021年12免）
党组书记、局长　张建坤（2021年12月任）
党组成员、副局长　丁春辉
　彭亭颖（女，2021年5月免）
　仇文斌（2021年5月任）

区文化旅游广电体育局（区文物局）

党组书记　费　珏（女）
局长　彭　炯（2021年12月免）
　费　珏（女，2021年12月免）
党组成员、副局长　余　鑫
　王　婷（女）
文化馆馆长　毛娇丽（女）

区卫生健康局

党委书记　王剑怀
局长　丁利英（女）
党委委员、副局长　易　芳（女）
　刘湘辉
　施艳林（女）
党委委员　殷　卫
妇幼保健计划生育
服务中心主任　戴　璨（女）
妇幼保健计划生育
服务中心副主任　易利芬（女）
疾病预防控制中心主任　蒋　茜（女）
卫生计生综合监督执法局局长　曾明浩
红十字会副会长　申竹奇

区审计局

党组书记、局长　李　帅
党组成员、副局长　王雪飞（女）
　帅艳兰（女）
区投资审计中心主任　邓　干

区退役军人事务局

局长　张定富
副局长　刘俊慧
　曹　震（2021年12月任）

区应急管理局

党组副书记、局长　谢志毅（2021年12月免）
党委委员、局长　齐　华（2021年12月任）
党组书记　杨卫国
党组成员、副局长　谭　伟
　朱喜来
党委委员、副局长　殷耀光（2021年5月任）

区城市管理和综合执法局

党委副书记、局长　张正根
党委书记　袁　元（女）
党委委员、副局长　刘　伟
　袁　燕（女）
　梁　胜
城管大队大队长　万新亮
城市管理数字化指挥
中心主任　刘　兵
市政维护中心主任　李艳国

园林绿化中心主任　刘东海
环境卫生服务中心主任　唐守章

区市场监督管理局

党组副书记、局长　陈雪桃
党组书记、副局长　张喜文（女）
党组成员、副局长　张　谦
谭　华
刘自强
易新建

区统计局

党组书记、局长　张珈铭
党组成员、副局长　谢子兵
刘江南
普查中心主任　常　泓

区政府金融工作办公室

党组书记、主任　赵　穗（女）
党组成员、副主任　杨　静（女）

区信访局

党组书记、局长　袁国栋
党组成员、副局长　漆　敏（女）
副局长　袁玉峰

区医疗保障局

局长　彭礼刚
副局长　易虹琴（女）

区行政审批服务局

党组书记、局长　彭建军
党组成员、副局长　曾淼洪（女）
副局长　应英姿（女，2021 年 9 月免）

区企业发展服务中心（行政审批代理服务中心）

主任　易　华（女）
副主任　苏联城
张绍治

区机关事务服务中心

党组书记、主任　彭曦辉
党组成员、副主任　易虎明
言万红

区物业指导服务中心

党组书记、主任　袁建强
党组成员、副主任　李军辉

区征地工作协调服务中心

党组书记、主任　王　攀（2021 年 4 月任）
党组成员、副主任　黄　威（主持工作，2021 年 4 月免）
包正洲
莫艳琼（女）
任　杰

政协株洲市天元区委员会

政协委员会主席　谈志明（2021 年 10 月免）
周玉智（2021 年 10 月任）
政协委员会副主席　刘根平（2021 年 10 月免）
李　铭（兼，2021 年 10 月免）
彭　炯（兼，2021 年 10 月免）
袁　峰（2021 年 10 月任）
袁丽凡（女）
丁利英（女）
徐向荣（兼，2021 年 10 月任）
胡志清（2021 年 10 月任）
办公室主任　李　炜（2021 年 9 月免）
刘　蔚（女，2021 年 9 月任）

办公室副主任 彭湘军
提案和委员学习联络
委员会主任 唐正威（2021 年 9 月免）
胡 晓（2021 年 9 月任）
提案和委员学习联络
委员会副主任 宋大勇（2021 年 5 月任，2021 年 9 月免）
应英姿（女，2021 年 9 月任）
经济科技和外事委员
会主任 张岳南（2021 年 9 月免）
李 炜（2021 年 9 月任）
农业农村和人口资源
环境委员会主任 李 霞（女）
文教卫体和文史委员会主任 付细生（2021 年 9 月免）
夏义凤（女，2021 年 9 月任）
社会法制和民族宗教
委员会主任 袁艳芳（女）

区法院

党组书记、院长 帅团结
党组副书记、政工室主任 向曲钢
党组副书记、政工室主任 向曲钢
党组成员、副院长 林 媛（女）
胡劲松
副院长 刘晋强
党组成员、三门法庭庭长 唐玉华（女）
党组成员、审判委员会
专职委员 郭庆林
党组成员、执行工作局局长 刘祥宇
审判委员会专职委员 王 伟（女）

区检察院

检察长、党组书记 王亚波（女）
党组副书记、副检察长 谭向前
党组成员、副检察长 马 励（女）
副检察长 何 永
党组成员、检委会专职委员 吴大勇
检委会专职委员 佘淑华（女）

天元消防救援大队

大队长 方毅杰
教导员 邓维名

街道·镇

泰山路街道办事处

党工委书记 郝陆游（女，2021 年 7 月免）
何玲宁（2021 年 8 月任）
党工委副书记、主任 何玲宁（2021 年 8 月免）
万忠顺（2021 年 8 月任）
党工委副书记 张 露
党工委委员、人大工作
委员会主任、政法委员 龚清泉
党工委委员 姜 凌
党工委委员、纪工委书记 姚泽元
党工委委员、组织委员 罗 敏（女）
党工委委员、副主任 贺谌华
党工委委员、宣传委员 谭德向
副主任 廖 娟（女）
殷宏志

嵩山路街道办事处

党工委书记 文钢举
党工委副书记、主任 唐 芳（女）
党工委副书记 刘文立
党工委委员、人大工作
委员会主任 曾湘明
党工委委员 胡献忠
党工委委员、纪工委书记 冯 骥
党工委委员、组织委员 何新敏（2021 年 5 月免）
邓荣峰（2021 年 5 月任）
党工委委员、副主任、

政法委员	马　翔
党工委委员、宣传委员	徐　芳
副主任	刘　双（女）
	邓成刚

栗雨街道办事处

党工委书记	周敦奎
党工委副书记、主任	唐　颖（2021 年 5 月免）
党工委副书记、主任	刘　真（2021 年 8 月任）
党工委副书记	易卫平（2021 年 5 月免）
党工委副书记	王兴涛（2021 年 5 月免）
党工委委员、人大联络工作委员会主任、政法委员	文　波
党工委委员、宣传委员	袁建红（2021 年 5 月任）
党工委委员、纪工委书记	唐子淇（女）
党工委委员	唐长青
党工委委员、副主任	刘东峰
党工委委员、组织委员	肖　潇
副主任	罗　娟（女）
	谭嘉璟(女,2021 年 5 月免)
	罗　航（2021 年 5 月任）

马家河街道办事处

党工委书记	王建国
党工委副书记、主任	李向锋
党工委副书记、政法委员	邹志伟
党工委委员、人大联络工作委员会主任	刘　赛（女）
党工委委员、纪工委书记	喻向军
党工委委员、副主任	周理平（2021 年 5 月免）
	陈绪军（2021 年 5 月任）
党工委委员、副主任	丁　丹(女,2021 年 5 月任)
党工委委员、组织委员	王晓净（女）
党工委委员、宣传委员	谢成飞
副主任	谈　笑
	朱劲军（2021 年 5 月任）

群丰镇

党委书记	易作为
党委副书记、镇长	颜　赛（2021 年 12 月免）
党委副书记	王　攀（2021 年 4 月免）
党委副书记、政法委员	周理平（2021 年 5 月任）
党委委员、人大主席、政法委员（兼）	王胜华（2021 年 5 月免政法委员）
党委委员、副镇长	卢　洁(女,2021 年 5 月任)
党委委员、纪委书记	袁建红（2021 年 5 月免）
	杜志红（2021 年 5 月任）
党委委员兼政协联络工作负责人	卢　洁（2021 年 5 月免）
党委委员、副镇长	张汉林
党委委员、组织委员	王　虎
党委委员、宣传委员、统战委员	李思思(女,2021 年 5 月免)
	黄　英(女,2021 年 5 月任)
副镇长	宋大勇（2021 年 5 月免）
	王翔宇（2021 年 11 月免）
	粟　叶(女,2021 年 5 月任)
人大副主席	粟　叶(女,2021 年 5 月免)
	钟永超（2021 年 5 月任）

雷打石镇

党委书记	吕军辉
党委副书记、镇长	陈灿星
党委副书记、政法委员	易湘锋（2021 年 5 月任政法委员，2021 年 9 月免）
党委委员、人大主席	易飞翡（女）
党委委员、纪委书记	程　亮（2021 年 5 月任纪委书记）
党委委员、政法委员（兼）	管卫国（2021 年 5 月免）
党委委员、宣传委员、统战委员	杨炽焰（2021 年 5 月任）

党委委员、组织委员　仇文斌（2021 年 5 月免）
　　　　　　　　　　廖　怿（2021 年 5 月任）
党委委员、副镇长　唐晓琛
党委委员、副镇长　谭嘉璟（女，2021 年 5 月任）
副镇长　陈　新（女）
人大副主席　邓　稳

三门镇

党委书记　齐　华（2021 年 5 月免）
　　　　　唐　颖（2021 年 5 月任）
党委副书记、镇长　赵　勇（2021 年 5 月免）
　　　　　　　　　王兴涛（2021 年 5 月任）
党委副书记、政法委员　黄　亮
党委副书记（挂职）　胡荪予（女）
党委委员、人大主席　王　锋
党委委员、副镇长　刘　练（女，2021 年 5 月任）
党委委员　丁　丹（女，2021 年 5 月免）
党委委员、纪委书记　殷耀光（2021 年 5 月免）
　　　　　　　　　　彭丁聪（2021 年 5 月任）
党委委员、组织委员　刘　星
党委委员、副镇长　邓荣峰（2021 年 5 月免）
　　　　　　　　　吴意勋（2021 年 5 月任）
党委委员、宣传委员　刘耀华（2021 年 5 月免）
　　　　　　　　　　彭亭颖（女，2021 年 5 月任）
统战委员　彭亭颖（女，2021 年 5 月任）
副镇长　杨炽焰（2021 年 5 月免）
　　　　罗卓欣（女，2021 年 11 月免）
　　　　杨　锋（2021 年 5 月任）
人大副主席　吴意勋（2021 年 5 月免）
　　　　　　谭　磊（2021 年 5 月任）

"双管"机构

天元区税务局

党委书记、局长　黄东梅
党委副书记、副局长　唐　明
党委委员、副局长　陈新田
党委委员、副局长　谭青锋
党委委员、副局长　彭　俊
党委委员、纪检组长　黄冬洲

天元生态环境保护分局

局长、书记　文红武
副书记、大队长　梁　军
支部委员　李　竑
副局长　张五可
副大队长　漆　杰
　　　　　何　颖

天元公安分局

党委书记、局长　黄团结
副局长　赵　和
　　　　邹　军
　　　　易裕厚
　　　　田　颖
　　　　李清果
纪委书记　尹雷鸣
政工室主任　禹雄飞
工会主席　张　新

天元交警大队

支队党委委员、天元大队
党支部书记、大队长　陈　亮
支部副书记、教导员　文　伟
纪检宣传委员、副大队长　张灿晖
组织委员、副大队长　曹　亮
群众工作委员、副大队长　邓　军
保卫委员、副大队长　江　峰
青年委员、办公室主任　杜京书

索引

说明：

1. 本索引把年鉴的条目（特载、专辑、大事记、附录、表格、概况、综述、彩页除外）用主题分析方法，按汉语拼音字母顺序排列。

2. 类目、分目作索引词的用加粗黑体字标明。

3. 索引名称后的阿拉伯数字表示内容所在页码，拉丁字母 a、b 表示左、右栏。

D

H

J

N

P

Q

T

Z